巨龍的胎動

毛澤東、鄧小平與中華人民共和國

巨龍の胎動
毛沢東VS鄧小平

天兒慧—著
廖怡錚—譯

第二章 從菁英革命到人民戰爭……61

第五章　無產階級文化大革命……185

第六章

革命與現代化的拉扯……226

導讀　如何面對中國？——歷史、「心情」與對話

汪宏倫（中央研究院社會學研究所研究員）

這是一本日本的政治學者所寫的中國現代史。筆者的專長不在政治學，更不是史家，但是願意從自己所關心的「歷史認識」與「東亞和解」的角度，嘗試為臺灣讀者做一點導讀的工作。

作者背景與本書脈絡

本書的作者天兒慧教授（以下敬稱略），是日本中國研究學界中的資深學者。除了堪稱等身的豐富著作外，天兒也活躍於輿論界，經常在報章雜誌發表評論，參與各種論壇，在日本國內外都擁有相當高的知名度。

屬於典型「團塊世代」的天兒慧出身岡山縣，學術生涯堪稱崎嶇坎坷。他不諱言自己曾經是個「浪人」，求學與就職過程並不順遂，輾轉於日本各地不同院校，但也正是這些看似不順遂的經歷，造就他知識上累積突破的契機。二〇〇二年，他終於回到曾經就讀的母校早稻田大學，在亞洲

太平洋研究所擔任教授迄今，並歷任所長、中心主任、日本亞洲政經學會理事長等要職。天兒於一九七六年就有機會進入中國，對中國四十年來的發展變遷，有著來自現場的敏銳觀察。一九八六至一九八八年間，他應外務省之聘，在北京的日本大使館任職，利用兩年的時間跑遍了中國各地，親眼目睹城鄉與地域間的巨大差距，也見證了中國改革開放以來的飛躍進步。由於這些第一手的體驗，加上勤奮地閱讀文獻、蒐集各種資料，他對中國的觀察深刻入微，立論嚴謹扎實。天兒的最高學位是社會學博士（一橋大學），但他的關注議題主要集中在政治領域，從研究取徑來看，可說是位從事區域研究的政治學家。他對中國的研究從內戰時期的基層幹部開始著手，以此題目寫成博士論文，其後的研究一路跟著中國的發展動向，針對從改革開放到鄧後時期的各種現象與問題，發表了上百篇論文與十多部專著。近年來，隨著中國崛起所造成的局勢變動，天兒的研究也觸及複雜的日中關係與東亞國際政治，包括敏感的「臺灣問題」。這本出版於二〇〇四年底的《巨龍の胎動——毛沢東VS鄧小平》，某種意義下可說是他先前研究的濃縮精華。

以毛澤東、鄧小平作為敘事軸線

本書是天兒應講談社之邀，為該社出版的「中國の歷史」系列而寫。在此之前，天兒已經出版過《中華人民共和国史》，本書可說是其姐妹作，也可說是擴大版。除了前言外，本書的構成一共分成九章，其中第一章綜述毛澤東與鄧小平兩人，第二章至第六章處理毛時期，七八兩章主要為鄧時期，第九章則是對邁入二十一世紀的中國的綜合分析與評述。

也許是因為本書被定位為面向大眾而寫的通俗歷史作品，天兒在本書中並未凸顯他在過去分析中國時所提出的結構概念作為分析框架（例如「五大因素」或「四個斷層」），而是標舉出毛澤東與鄧小平兩位代表性人物作為貫串全書的敘事軸線，使得本書多了幾分「演義」的趣味，這從日文原書的副標題「毛沢東VS鄧小平」即可看出。這樣的書寫策略有其根據，畢竟任何研究當代中國的學者，都無法否定或忽視這兩個領導人物在形塑一九四九年後新中國發展軌跡的巨大影響。毛澤東與鄧小平兩人在個性、路線、領導風格乃至人生歷程的對比，常為人所津津樂道，天兒在本書中，將毛澤東歸結為「叛逆者」，鄧小平為「逆境者」，前者勇於挑戰權威、大膽追求夢想，以軍事戰略見長，成為呼風喚雨的領導者，後者百折不回、沉穩務實，終能突破逆境，成為中國現代化的掌舵者。天兒以此對比為主要線索，講述中國如何從屈辱、混亂、挑戰、挫折中，逐步走向富強的現代化之路。這也使得本書內容偏重政治史，尤其是菁英階層的統治模式、權力鬥爭、以及不同階段的政治事件、運動與決策（如反右、大躍進、文革、改革開放、六四天安門事件等）所造成的影響。這在標榜「政治掛帥」的中國，其實是相當可以理解的。毋寧說，這個敘事架構某種程度反映出一九四九年之後，「新中國」發展演變的一個重要特徵，也是認識當代中國的必經之路。

貫串本書首尾的主題是「中華民族的偉大復興」。雖然以政治為主軸，但本書涵蓋的範圍並非僅止於內政，同時也觸及了經濟、社會與軍事、外交等各個領域，使讀者可以較為全面地掌握到一九四九年以來中國的「國族建構」（nation-building）與國家形成（state-formation）的歷史過程。

天兒在書中也強調了中國歷史文化的延續性，因此在他看來，儘管歷經了共產革命，中國的權力運作（如毛澤東的「皇帝」與鄧小平的「半皇帝」模式）與國際戰略及外交思維（如王道與霸道之分）等，都還是受到傳統文化的深刻影響。

天兒對當代中國各個時期不同面向的具體分析，有待讀者自行閱讀掌握，此處不另贅述。在這篇導讀中，筆者想要喚起讀者注意的，主要有兩件事：第一，天兒如何看待中國？第二，臺灣讀者如何閱讀本書、又能從中學到什麼？

同時看見中國的「光」與「影」

戰後日本的知識文化界，經常有「左派 vs. 右派」、或是「進步派 vs. 保守派」的區分。一般來說，人們總有「左派＝親中（＝對臺不友善）」、「右派＝親臺（＝反中）」的印象。然而，筆者並不想用「親中／反中」的簡單二分法，或是輕易以「左派」、「右派」的標籤來為作者定位，因為這樣的圖式放在天兒身上，並不適用。天兒因為經常在左派色彩濃厚的《朝日新聞》發表評論，被貼上「左派」的標籤，甚至被右派點名攻擊；但在某些議題上（例如修改憲法、歷史記憶等問題），天兒的看法和典型的傳統左派也不盡然完全一致。更重要的是，他雖然主張與中國修好關係，但對臺灣仍抱持友善的態度。（事實上，他對臺灣相當關注，也尊重臺灣人民的想法與情感。此點將於下文詳述。）

整體來說，天兒一方面嘗試客觀地分析當代中國的政治、經濟與社會脈動，一方面則是嘗試深入理解中國人的心情與想法，並予以尊重。例如，相較於許多外國評論者對於「中華民族偉大復興」這類官方意識形態與民族主義的修辭充滿懷疑、批判甚至嗤之以鼻，天兒寧願相信，從毛澤東、鄧小平以降，中國的菁英領導階層是真心誠意懷抱著「復興中華」的崇高理想，而他也對這些領導人物所付出的努力致上敬意（參見本書第九章）。對於中國崛起之後將改變權力平衡，進而破壞國際秩序、威脅周遭地區的「中國威脅論」，天兒則是抱持著質疑反對的態度。他以同情理解的角度來解讀中國的外交方針與實際作為，認為從結果來看，中國在現實中仍重視國際合作、支援與協調，基本上仍符合他稱之為「協調主義」的精神；至於國防經費大量增加與軍事實力的擴張，主要則是為了保持對美國軍事威嚇的最小限度抵抗、以及對臺灣獨立保持威嚇，因此不能因為軍事力增強就認為中國將會放棄和平共存的國際協調主義。天兒的言下之意認為，與其嫌惡中國、彼此醜化猜忌，不如建立互信，相互提攜，甚至應該幫助中國在國際上站穩腳步，恢復其大國的自信心，如此才能維持穩定，避免衝突。

上面這些論點，看在飽受中國文攻武嚇、長期被北京打壓的臺灣讀者眼裡，恐怕有點不是滋味，以為天兒未免太過「體貼」中國，但其實並不盡然。根據民族主義的邏輯，為了實現「中華民族的偉大復興」，「祖國」必須統一，而臺獨是實現「祖國統一」的重大阻礙，因此必須增強軍備以嚇阻臺獨。天兒此處的分析僅是點出此一客觀事實（我們在下面將會看到，他在主觀上其實反對以武力解決兩岸問題）。事實上，即使天兒曾被右翼與保守派批評為「賣國」，但在許多人眼裡，他其實並不特別「親中」，因為他並不會為了與中國交好而隱惡揚善，甚至曲意奉承，報喜不報憂。他強調對於當代中國，必須同時看到「光」（光明面）與「影」（陰暗面），不能因為個人好惡而僅著重強調其中一面。他在本書第九章指出，中國在近年來光鮮亮麗的經濟成長表面之下，其實隱藏了許多令人擔憂的問題，例如環境破壞、貧富與城鄉差距、失業問題、三農問題、貪腐問題等等。天兒也不會因為「友中」的立場而影響他對某些普世價值的堅持，例如他在過去評論中曾關注民主與人權議題，直指中國政府在這些問題上的缺失不足。在本書中，他也毫不諱言指出，現代化不可或缺的是法律體制的充實完備，而中國在這方面仍有欠缺，距離民主法治還有一段長路要走，也是未來政治體制改革必然要面對的挑戰。

對臺灣的啟示：如何閱讀《巨龍的胎動》？

天兒自陳，本書雖然是為日本讀者而寫，但在書寫的過程中，他也逐漸意識到中國讀者的存在，因此最後一章在某種意義下，也可說是寫給中國人看的。其實，對臺灣讀者而言，這一章也饒富啟示。尤其在結語部分，作者以他自身在南開大學講學的經驗，率直面對了日中關係中最為敏感的幾個問題，包括：日本官方為過去侵略與殖民的歷史道歉、靖國神社參拜、戰後賠償、南京大屠殺、日本軍國主義化、憲法改正（修憲）問題及臺灣問題等。面對這些敏感而極富爭議性的話題，作者採取「不說場面話、不懼怕辯論」的態度，一一直陳他的看法。

對臺灣讀者來說，大家最關心的，應該是作者如何描繪與看待兩岸關係。和許多被視為「左派」的學者或知識人不同，天兒並沒有因為主張與中國交好而對臺灣隱含不友善的態度。被中國學生問到敏感的臺灣問題時，天兒表明自己既不是獨立派、也不是統一派。他所關切的，只有兩點：第一，兩岸問題必須以和平方式解決，絕對不能發生戰爭；第二，必須尊重臺灣人民的「心情」。天兒更進一步明示：所謂「一國兩制」的提法，並未考慮臺灣人民的心情。兩岸之間，必須追求更具有開創性的新方式來應對。

天兒的專長在區域研究與國際政治，但他並未從主流的現實主義、也不是從日本自身的利益出發來思考兩岸問題，可說難能可貴；尤其他提出對「心情」的重視，與筆者長期以來所關注的「東亞的情感結構」，可說不謀而合。天兒認為日中之間存在著許多相互誤解，在筆者來看，這些誤解來自於情感上的障礙，也屬於作者所說的「心情」問題。換句話說，東亞各國（日、中、臺、韓等）之間，其實都存在著「心情」上的問題，導致相互理解的障礙，需要克服。

天兒「非統一派、也非獨立派」的宣示，並不是企圖兩面討好、誰也不得罪。毋寧說，這樣的立場，背後透露出他對東亞各國之間和平、友好、相互提攜合作的良好關係的深切期盼。在日中關係上，與其關注日本在中國崛起後如何維持在東亞的領先地位、甚或唱衰中國，他更希望中國能成功轉型，成為一個真正受人尊敬的大國。在這個過程中，「民主」、「和平」與「合作」則是他堅持的基本原則與價值，他甚至主張日本應該拉中國一把，協助中國恢復自信，融入國際社會秩序。在其他場合，他也呼籲包括中國在內的亞洲各國應該超越自身的國家利益與戰略考量，彼此共同合作，培養跨越國界的亞洲意識。

天兒並非把這樣的理想寄託在遙不可及的未來，也不認為這是脫離現實的烏托邦，而是積極地從自身的研究領域及專業立場出發，透過他與外務省及企業界長期累積培養的良好關係，經由著述、講學、學術交流、參與公共論壇等方式，積極散播他的理念，期待日、中雙方能消弭誤解與歧見，建立友好關係。天兒認為，日本與中國之間最大的問題是「相互誤解」，而這本《巨龍の胎動》，和他其他諸多著作一樣，都是為了消除誤解、同時向兩邊喊話的努力。

從筆者的觀點來看，如果說，日中之間最大的問題是「相互誤解」，那麼臺灣與中國（甚至包括臺灣與日本）之間，除了「誤解」之外，恐怕還存在著更多的「不解」。日本與中國或可以「兄弟之邦」相稱，但對臺灣來說，卻不是這麼回事。對中、日兩國來說，彼此將對方視為「他者」，毋寧是十分順理成章的事。然而，對臺灣來說，中國究竟是「他者」，還是「我群」的一部分？不同立場的人，對此可能有不同的答案，而也正因為視角的不同，大家所看到的中國，也十分不同。不過，無論是把中國當成「我群」還是「他者」，臺灣社會對於當代中國的理解，普遍嚴重缺乏，這從過去十多年來，許多人動不動拿「文革」、「紅衛兵」等修辭來比況當前的臺灣社會，可見一斑。如果對文革稍有深入一點的認識，當能立時察覺這種比喻的荒誕淺薄。

造成這種現象，有幾個原因。首先是早年在威權時代，中共被塑造成萬惡不赦的匪徒，加上社會相對封閉，資訊無法自由流通，民眾普遍不理解對岸發生了什麼事，所接收到的訊息不是經過篩選、就是遭到扭曲。隨著解除戒嚴與民主深化，本土意識抬頭，兩岸交流日益頻繁，按理說，臺灣對中國的認識應該逐漸加深擴大，但事實卻不盡然。在交流過程中，許多人對中國仍是一知半解，而不同立場的人們根據自身好惡揀擇資訊，對中國片面美化、醜化、或刻意忽視。無論是一知半解、片面誇大或刻意忽視，都造成彼此進一步的誤解。同樣地，當前的中國政府與人民，對臺灣人民的「心情」與想法，仍缺乏「感同身受」的深入體會與理解。兩岸之間的相互理解，仍有許多功課待補。

本書雖然寫成於十多年前，無法反映出胡溫體制後期與習近平上台之後的最新情勢變化，但不失為認識一九四九年後當代中國的一本入門參考書，更是刺激讀者思考日中臺三角關係與東亞局勢的一本好書。筆者建議，讀者不妨從兩個層次來閱讀本書：第一個層次，是借重天兒的學術專長，幫助我們理解如巨龍般的中國如何度過重重危機險阻，走向「民族復興」之路；第二個層次，則是透過本書來理解「日本人如何面對中國」，並從中思考夾縫中的臺灣如何自處。天兒當然無法代表所有的日本人，他的主張和立場或許不是主流，但可說是一股「清流」，值得臺灣讀者細思參照。藉由這篇導讀，筆者希望臺灣讀者不僅能透過本書來理解當代中國，同時也能在字裡行間看到作者積極謀求日中和解與東亞和平的用心與努力，進而從中學習如何以「不卑不亢、不偏不倚」的態度來面對中國。日本曾經侵略中國，國力足以與中國頡頏，因此天兒盡量體察中國人的「心情」來思考如何達成和解、與中國共處。本書雖然以日本讀者為對象，但在本書最後，天兒也不忘向中國喊話，希望中國自身做出改變，減少外界疑慮，消除對日本的誤解。相形之下，兩岸之間勢力對比懸殊、關係錯綜複雜，尤其臺灣長期以來受到中國威嚇打壓，要臺灣讀者仿效天兒一樣體察中國人的「心情」，顯然不合邏輯也不切實際。毋寧說，臺灣人民更希望自己的「心情」被對岸政權與人民所理解接受。如何與身邊這條胎動中的巨龍互動，彼此尊重和平共生，考驗著臺灣政府與人民的智慧，也是讀者在閱讀此書時，不妨努力深思的問題。

本文的重點在於「導讀」而非「評論」，因此對於本書的論點得失並不打算逐一評述。不過，必須提醒讀者的是，本書既然是一部通俗版的中國現代史，無可避免地也涉及史觀與詮釋的問題。例如第二章論及中國共產黨擴大的三個原因，其中之一是因為共產黨在軍事上取代國民黨，成為抗日的先鋒。此一論點較接近中共的史觀，把抗戰的功勞歸到共產黨身上，並將之視為共產黨得以擴大勢力的原因之一。這和臺灣讀者過去一般較為熟悉的「國民黨領導全國抗日、共產黨趁機坐大」之詮釋觀點顯然不同。這其實也反映了一部分東亞的「歷史認識問題」，讀者不妨留意細察。

最後，身為中譯本的導讀者，筆者想提醒的是：這本原來以日文寫就的中國現代史，原本僅以日本讀者為對象，如今能在臺灣以中譯本面世，使中文世界的讀者也能理解像天兒這樣的日本學者如何看待中國，同時能刺激臺灣讀者思考如何應對自處，這對於促進東亞各地不同人群之間的相互理解與對話，無疑具有正面的意義。因此，這個中譯本的出版，有其值得肯定的價值，也符合天兒本人努力促進交流對話的意圖。然而，語言不僅是傳遞訊息的載體，更是創造思想的精靈。載體容易更換，精靈卻不易重生。翻譯本是個艱鉅的事業，難以做到盡善盡美。讀者閱讀時若感覺有未盡之處，不妨參照原文，更能得其箇中三昧與微言大義。

前言　「中華民族的偉大復興」

第十六次中國共產黨全國代表大會

在橫跨十九世紀與二十世紀之時，有兩位人物誕生了。一位出生於一八九三年十二月，地點在湘潭縣郊外韶山地區的農村，此處距離湖南省省會長沙約二小時半的車程，是小康中農家庭的三男（兄長二人皆夭折）。另一位出生於一九〇四年八月，距離四川省重慶約一六〇公里的偏遠鄉村廣安縣牌坊村，是富裕地主家庭之長男。但誰也無法預料，他們後來會成為左右中國歷史的決定性人物。無須多做解釋，前一位是毛澤東，後一位是鄧小平，兩位皆是堪稱「青史留名」的中國共產黨領導者。

經過約一個世紀的歲月，兩人當然已經離開塵世，然而，他們所探尋的道路，其開創的軌跡，功過皆是無限。

兩項重要演說

對於中國共產黨而言，或許應該說對於全中國而言，極為重要的第十六次中國共產黨全國代表大會（以下簡稱為「黨代表大會」），於二〇〇二年十一月八日召開。中共中央領導高層在「國際歌」的樂曲中進場，登上人民大會堂的座席。接著，由黨的最高領導者，當時擔任總書記的江澤民進行「政治報告」。在長時間的報告中，他數度以高分貝、語氣激昂的表示：「讓我們實現中華民族的偉大復興吧。」

聽聞此言，讓人不自覺地想起過去在錄影帶中觀看過的畫面，一九四九年十月一日，毛澤東於北京天安門城樓，發表中華人民共和國成立宣言的演說場景。那是在經過歐美與日本的侵略、內戰中不可估量的苦難、無數人民的犧牲等，最後終於迎來中國革命勝利之宣言。

「中國人民站起來了。……我們的民族將再也不是一個被人侮辱的民族了。」（毛澤東演說於一九四九年九月二十一日的人民政治協商會議第一屆全體會議）

「防衛祖國的領土主權、守護人民的生命財產、消除人民的苦痛、爭取人民的權利……人民解放戰爭已取得了基本上的勝利，全國大多數的人民已獲得解放。在此宣布中華人民共和國的成立，並決定以北京為中華人民共和國之首都。」（〈中華人民共和國中央人民政府公告〉，毛澤東宣讀於一九四九年十月一日在中華人民共和國開國大典）

毛澤東　一九四九年十月一日，在北京天安門城樓宣告中華人民共和國成立。

毛澤東的聲音雖帶有沙啞的湖南腔調，但卻低沉有力、自信洋溢，透過麥克風，響亮地迴盪在擠滿天安門廣場的中國人民心中，激盪起越發熱烈的歡呼。

從前聽到毛澤東發布勝利宣言之時也認為，對中國的領導者及革命家而言，革命勝利之喜悅，未必就是意味著自身所信奉的共產主義思想、或是自由主義、三民主義等思想之勝利，而是感受到所謂「炎黃子孫」之偉大的中華民族，掃除了在近代史上外來強加的屈辱，於世界上重現「中華民族的光輝」。

確實，當我們試著回顧中國近現代史，其中一貫的關鍵字，幾乎就只有「民族的復興」這個目標。例如，十九世紀末以推翻清朝為目的，而組成的秘密社團「興中會」、「光復會」、「華興會」等，高舉復興漢民族的旗幟；蔣介石強調革命事業為「雪恥圖強（洗刷恥辱，力圖成為強國）」；前述毛澤東的「建國宣言」；以及鄧小平在一九八九年天安門事件（第二次天安門事件）[1]後，呼籲「振興中華民族」。

革命史觀的修正

中華人民共和國自建國後，已過半世紀之久。原本已經勝利的中國，在建國最大功勞者毛澤東的時代（一九四九～一九七六），一面對抗美國與蘇聯，一面主張「繼續革命」以及「獨立自主的社會主義建設」，面對各式挑戰屢戰屢敗，屢敗屢戰，不斷重複。高喊著研發原子彈與「大躍進」等口號，實際上卻造成政局混亂、加速生活的貧困化，將痛苦不堪的經驗強加在人民身上。於毛澤東之後成為實質上最高掌權者的鄧小平，認識到了毛澤東時代所留下「負遺產」的嚴重問題，試圖突破困境，進而決定走向改革開放路線，往現代化建設邁進。關於是否突破過去社會主義的架構，從最初的十年來看，明顯地存在著重重考驗，並遭遇由右派到左派的各種抵抗。「第二次天安門事件」的大混亂，就是最好的證明。然而，後來在經濟方面，他明確地下了決斷，要打破社會主義的「外殼」。

一九九七年鄧小平逝世，後繼者江澤民以及其後的胡錦濤等領導階層，時至今日，仍舊繼承著鄧小平的路線，成功地延續了中國自一九八〇年代初期以來，長時間的高度經濟成長。現今，中國被冠上「世界工廠」、「世界市場」、「中國崛起」、「世界大國」、「中國威脅」等各式各樣「肥大化」的名稱。如今的中國，已經不再是「雖擁有古老的文明，卻是落後貧困的大國」。在此脈絡下，江澤民在前述的第十六次黨代表大會，喊出了「中華民族的偉大復興」。

如此「偉大復興」的戰略，是以「全面性實現小康社會」為中期目標。中國共產黨作為此戰略之旗手，將自己重新定位為「中華民族的先鋒」。更進一步聲明共產黨是「三個代表」（先進的生產力、先進的文化、廣大人民利益的代表）。「小康」的概念源自於《禮記》的〈禮運篇〉，並與清末康有為宣傳變法的《大同書》之思想內涵有緊密的連結關係。康有為主張由「據亂世」（亂世＝混亂、無秩序社會）、「升平世」（小康＝安定、較為富裕的社會）至「太平世」（大同＝天下為公、無差別、平等的理想社會）發展的進化論，宣傳以「小康」為目標的變法運動。雖然並無強加連結的必要性，但第十六次黨代表大會認為，應當以傳統中華文化的思想為出發點，展望黨的未來。

歷來解釋中國近現代史時，向來是基於由「黑暗中國」導向「光明中國」之路線，亦即所謂的「革命史觀」。這原本是來自於西歐社會馬克思主義的歷史觀。「黑暗中國」之創造者與維持者，是舊有的統治者、官僚、地主、軍閥及列強的帝國主義等；而開創出「光明中國」的人物，則是許多的革命者與革命組織、開明的知識分子、進步的學生、貧窮勤苦的勞動者等。因此，一般而言，

康有為　一八五八～一九二七，清末維新變法派的代表人物。

在上述的「革命史觀」下，無論是洋務派或變法派、蔣介石的國民黨或地方權勢者，皆屬於前者，亦即代表「黑暗」、「反動」的人物；後者則是經過種種的苦難折磨也不輕易放棄，最後終於打倒「黑暗」，創造了「光明」的人物。中國共產黨在後者占據了核心的位置；共產主義是解放、前進的思想；最終目標則當然是「實現共產主義社會」。

然而，現今的中國開始重新思考過去被簡化的「革命史觀」。例如，重新審視一八六〇年代後期展開的「洋務運動」，以及一九二〇年代國民黨所主導的革命運動，亦即「國民革命」等。在學術領域上，就連過去向日本帝國主義投降、而被貼上「大漢奸」標籤的汪精衛，也開始出現再評價的研究。而且，在這些重新審視歷史的過程中，也直接採取了承繼中國傳統與歷史的思維方式。於第十六次黨代表大會報告中亦表明：「立足於我國之國情，綜合吾輩實踐經驗之同時，雖然也應當參考在人類政治文明上有益之成果，但絕不是完全複製西方的政治制度。」毋庸贅言，此番言論是立足於展望未來中國的思慮之上，現在我們有必要再次從「中華民族」的脈絡出發，展開討論。

以過去的革命史觀，遵照著「中國近現代史＝中國革命史＝中國共產黨史＝毛澤東之革命史」的公式，便能夠說明各式各樣的事態。例如在中國具有代表性的歷史教科書，胡華主編的《中國革命史講義》[2]就是其典型。同時，在建國後重新編纂、訂正的《毛澤東選集》也是學習歷史的必讀書籍。以革命史觀的概念來看，一九四九年中華人民共和國成立，便是由「黑暗中國」走向「光明中國」；從「獨裁者的中國」走向「人民的中國」；從「傳統的中國」走向「新的中國」。換言之，即是意味著一百八十度的大轉變時期。

難以轉換的歷史

然而在現實上，果真是一百八十度的大轉換嗎？與當時單方面地強調「歷史的轉換」＝斷裂性的觀念相較，今日逐漸重視「歷史的難以轉換」＝連續性的看法。有時甚至一味地強調「連續性」，主張一九四九年以後的中華人民共和國，是繼承過去「中華帝國」王朝體制的唯一延續。[3]特別是近年來對於「連續性」的重視論，稍有極端之趨勢。確實，有必要對「革命史觀」進行批判性的再檢證，這個行動也已經正式展開。因此，從中國本身歷史的脈絡重新審視「歷史的轉換」的問題，才顯得格外重要。

我在十多年前曾自問：「為什麼會有中國革命？」「一九四九年有什麼意義？」雖然並非如前所述，是一百八十度的大轉變，卻也絕不是毫無改變。其中確實有著什麼重要的東西被改變了，那麼，這個所謂重要的東西是什麼呢？當時的我所能得到的結論，至少可以做出以下的判斷：「所謂的中國革命，是救國、救民族、民眾的革命＝救國救民革命，一九四九年正是到達此重要時刻的頂點。」[4]當然，我也明白，建國後的毛澤東宛如皇帝一般的作為，雖說是人民的中國，卻絕不是以人民為主人的國家。[5]但即便如此，這也不影響我直到今日仍認為「中國革命」即「救國救民革命」的理解。

就讓我們從當時革命者們的意識，以及傳統政治文化的脈絡上來確認吧。中國的革命志士，毋庸置疑地，是接受中國傳統文化教育的菁英階層，以歷史的用語來說，就是「士大夫」。孫隆基指出，士大夫的理想為「總是思慮著如何使國家安定、安樂」。[6]亦即庶民追求的是「修身、齊家」之生活道德。然而，基於儒教倫理觀念，士大夫必須致力於「治國、平天下」。因此，十九世紀中葉以來的鴉片戰爭、英法聯軍、甲午戰爭、義和團事件引起的八國聯軍攻占北京，以及伴隨而來的龐大賠償金、香港及廈門、青島的強制租借、主權的侵害等，對當時的菁英階層（特別是年輕一輩的知識分子）帶來了強烈的衝擊與危機意識。

鄒容、孫文、毛澤東

一九〇五年，年僅二十歲便於革命中壯烈犧牲的鄒容，在當時廣為流通的小冊子《革命軍》中如下高呼。

「中國人是奴隸。奴隸沒有自由，沒有思想……嗚呼，我中國欲獨立，不可不革命；我中國欲與世界列強並雄，不可不革命；我中國欲長存於二十世紀新世界上，不可不革命；我中國欲為地球上名國、地球上主人翁，不可不革命。」

鄒容的呼籲，正可以代表其後中國菁英階層的內心所感。

被尊稱為「中國革命之父」、「國父」的孫文，在「三民主義」的演講中明確表示：「中國革命就是救國主義。」毛澤東也在與艾德加·史諾（Edgar Snow）的對談中，提起辛亥革命前夕，在故鄉湖南縣城內發生的幾起大暴動，使自己也逐漸出現某種程度的政治意識，因為他讀到了一本小冊子，警告中國即將滅亡，其開頭的第一句便是「啊，中國就快要滅亡了」，毛澤東說，「閱後，思考祖國的未來，一片黯淡，首次理解到救國是全人民的義務」。7 一九三五年八月中國共產黨中央向全國同胞呼籲抗日之宣言，亦即「抗日八一宣言」也洋溢著救國主義之情感。

依據民眾力量的革命

由前所述可明顯得知，拯救瀕臨滅亡危機的國家、民族，是中國革命的最大課題。不過，由毛澤東所率領的共產黨革命，更強烈地表現了受貧困與壓迫所苦的「救民」課題。對毛澤東這個世代來說，較能真實地感受到「救民思想」的時刻，大概就是十九世紀中葉的「太平天國革命」。這個農民革命的領導者洪秀全，在傳統的革命思想以及平等思想之上，結合了基督教的「救世思想」，主張基於徹底平等主義的「天朝田畝制度」之土地革命及各項改革。

除此之外，中國革命中將「救民」等同於「救國」的認知，大多是受到馬克思主義，特別是布爾什維克所領導的俄國革命之影響。當然，馬克思主義在當時國家、民族的救亡論當中也受到重視，尤其是以列寧式的馬克思主義為代表。其革命被定位在帝國主義時代受到壓迫的殖民地國家、

李大釗　一八八九～一九二七，中國共產黨的創建者之一。

民族，如同先前所述的「抗日八一宣言」，正是由此觀點出發。不過，在此同時，俄國革命以後，「救民」抑或是「依據民眾的力量」的馬克思主義，逐漸受到重視。

由此觀點出發的馬克思主義宣傳者，正是李大釗。他曾留學早稻田大學，並於北京大學擔任教授，不久後成為中國共產黨創建者之一，最後被張作霖軍隊逮捕處死。李大釗的代表作〈庶民的勝利〉、〈布爾什維主義的勝利〉（一九一八年），將俄國革命與第一次世界大戰的結束緊密的連結，並高聲讚美「民眾的力量」。孫文也以五四運動及俄國革命為契機，認識到勞動者與農民的力量，主張與蘇聯接近，採納共產主義（聯俄容共），並配合「扶助農工」之「新三民主義」。

另外，於此時期，開始急速地向馬克思主義靠攏的毛澤東，同樣地在一九一八年發表以「民眾的大聯合」為題之長文，受到眾人的注目。其中，毛具體描寫了農夫、勞動者、學生、小學教師、車伕等小人物們，各式各樣悲慘的境遇，並注意到「他們已經無法忍受苦楚，結成了與自己有利害關係的各種小團體」，強力地呼籲，將這些小團體統合為「民眾的大聯合」，正是將中國革命導向勝利的關鍵。關於毛深受李大釗的影響之事，可由莫里斯・邁斯納（Maurice J. Meisner）《中國馬克思主義的源流》[8]、野村浩一《中國革命的思想》[9]、近藤邦康《毛澤東》[10]等研究中得知。其後，一九二〇年代後半，在這群民眾中，毛特別注意農民，並以農民為革命之重要依據。

以「民族國家」的建設為目標

大多數的人都「誤解」了，認為一九四九年中華人民共和國的成立，就是社會主義中國的誕生。其實，中國是以實現新民主主義社會為目標而誕生。此問題請參考拙作，於此不加贅述。[11]其後，中國與其他社會主義諸國結盟，或與資本主義國家內部的社會主義勢力連結，朝向實現共產主義社會邁進，並以此為終極目標。不過，若是如此，為何在《中蘇友好同盟互助條約》締結後不到十年的時間，中蘇關係開始明顯地出現龜裂，甚至後來持續著長時間的嚴峻對抗？此外，為何社會主義中國在一九七〇年代後，會逐漸傾向於意識形態上原本對立的資本主義大國——美國？

獨立、統一、富強的中國

當然，在一九五三年「過渡時期的總路線」以後，急速地推行社會主義，是不可否認之事實。但是，對毛澤東等指導階層而言，中華人民共和國是被認知為「民族國家」（完成與否，則是另一回事）。於建國前夕通過的臨時憲法《中國人民政治協商會議共同綱領》中的第一章（總綱）第一條，宣示中華人民共和國是「為了中國的獨立、民主、和平、統一及富強而奮鬥」。這可以說是作為民族國家所應該持有的理想性目標。「富國」乃是在「救國」的延長線上，實現民生豐饒；「強國」亦是在「救國」的延長線上，實現自立與自強。自十九世紀末以來，無論是否為共產主義者，「獨立、統一、富強的中國」都是中國菁英階層所揭舉的共同目標。

思索一九五〇年代後半中蘇開始對立的原因，當然，其中不乏毛澤東個人的特質以及社會主義

周恩來　一八九八～一九七六，長期輔佐毛澤東，擔任國務院總理的職務。

意識形態的問題，但更有說服力的說法，則是中國基於「國家主權」的危機感而拒絕蘇聯的要求，加深對立的狀態。一九五八年七月蘇聯第一書記赫魯雪夫訪問中國，提出「中蘇聯合艦隊」的計畫，就是因為可能招致中國的主權侵害及內政干涉的問題，遭到毛澤東的否決。此外，發動文化大革命時，巴黎公社型的新權力誕生，誇耀要成為世界革命中心的毛澤東，在一九六七年二月初上海公社設立後，便立即否定公社型革命。這或許是因為毛澤東考量到公社型革命將會埋沒「民族國家」的中華人民共和國。又或者是，一九七二年，中國與向來是「敵人」的美國親近，其原因在於，對於「民族國家」的中國而言，在國家安全保障上，為了威脅蘇聯，而採取「敵人的敵人是朋友」的外交策略。然而，在一九六〇年代以後，毛澤東便不再提起「富國」論。

一九七五年一月，第四屆全國人民代表大會第一次會議召開（以下簡稱「全國人大」）。周恩來總理在其「政府報告」中，提倡實現「四個現代化」，其主張也成為後來的基本目標。當時，周恩來雖呼籲「在本世紀末到來之前，讓我國的國民經濟立於世界之前列，讓我們實現社會主義的現代強國」，但卻未言及「富國」。一九七七年鄧小平再度復出後，約有十年的時間，中國追求的目標都不脫周恩來所言「現代強國」的範圍內。後期的毛澤東思想，以「貧困的平等主義」為核心，亦即「越是貧困越有革命性」，深受此思想影響的「四人幫」及「華國鋒集團」在這個時期，仍留有影響力。或許就是在這樣的背景之下，形成以追求「過得去的生活」（溫飽）為目標的現實。

向天空攀升的巨龍

在一九八七年的第十三次黨代表大會上，趙紫陽的「政治報告」觸及中國菁英分子自尊意識，「富強中國的實現」再度正式登場。在此，趙紫陽呼籲「為了讓我國成為富強、民主、文明的社會主義現代國家，一起奮鬥吧」。此外，並設定當時為「實現中華民族偉大復興的階段」。在本書開頭所提到，第十六次黨代表大會領導階層們的思想，也正是在這一時期開始成形，或者應該說是復活。

但在一九八〇年代後期，鄧小平等領導者認識到了現實的嚴峻。例如鄧小平在數年前便藉機強調「貧困並非社會主義」，並提倡「從貧困中脫離」。而趙紫陽的報告亦將建國以來的中國定位為「工業發展落後，商品經濟未發達，低生活水準的社會主義初級階段」，而這個階段將持續到二十一世紀中葉。

然而，自此時開始，「帶有中國特色的社會主義建設」的這個口號頻繁地被提起，「實現豐饒、強大中國」的輪廓也逐漸清晰。對外，以使中國「屹立於世界民族國家之林」為目標。一九八〇年代轉換為改革開放路線，接著在一九九〇年代以後持續地經濟成長，整體國力也大幅增強，中國菁英階層終於能夠拾起這百年來未曾擁有過的自信。本書開頭提到的第十六次黨代表大會中，江澤民的「政治報告」如下。

「新中國成立後，……實現中國歷史上最偉大最重要的社會變革，開始了在社會主義道路上，

神舟五號　載人太空船神舟五號於二〇〇三年十月十五日發射升空，並於隔日順利返航。

實現中華民族偉大復興的歷史歷程。十一屆三中全會以來，我們黨找到建設中國特色社會主義的正確道路，賦予民族復興新的強大生機。中華民族的偉大復興，展現出燦爛的前景。……萬眾一心，奮發圖強，把中國特色社會主義事業不斷推向前進，共同創造我們的幸福生活和美好未來。」

經濟成長的躍進，軍事力量的增強，政治大國的舉措，以及二〇〇三年十月十五日，緊接著在過去的蘇聯、美國之後，中國成功地發射載人太空船「神舟五號」。彷彿是「向天空攀升的巨龍」一般。

歷經一百年的屈辱、混亂、挑戰與挫折，徬徨不安的中國終於重振旗鼓。第十六次黨代表大會的「政治報告」，宛如「巨龍的胎動」之宣言。回顧近現代的中國，毛澤東與鄧小平這兩位重要人物，以絕對的存在感開創了新時代，翻弄了許多人的命運，在歷史軌跡上留下巨大身影。我們將以這兩位時代人物的軌跡與錯綜複雜的關係作為重要的切入點，嘗試探究中國近現代的歷史。

註釋

1 【編按】第一次天安門事件是指一九七六年四月五日，群眾以悼念周恩來為名的示威運動，並與當局爆發衝突，又稱「四五運動」，參見本書第六章；第二次天安門事件即一九八九年的「六四事件」，參見本書第七章。

2 胡華主編，《中國革命史講義》，中國人民大學出版社。

3 H・E・ソールズベリー著，《ニュー・エンペラー》（上）（下），天兒慧監譯，福武文庫，一九九五年。【譯按】該書譯自：Harrison E. Salisbury, *The New Emperors: China in the Era of Mao and Deng*；中譯本參見：哈里森・沙茲伯里著、林君彥譯，《新皇朝：毛澤東與鄧小平的權力遊戲》，新新聞，一九九二年。

4 菊地昌典編，《社会主義と現代世界1——社会主義革命》，山川出版社，一九八九年。

5 李志綏著，《毛沢東の私生活》（上）（下），新庄哲夫譯，文藝春秋，一九九四年。【譯按】中文版參見：李志綏，《毛澤東私人醫生回憶錄》，時報出版，一九九四年。

6 孫隆基，《中國文化的「深層結構」》，壹山出版社，香港，一九八三年。

7 艾德加・史諾，《中国の赤い星》，松岡洋子譯，筑摩書房，一九七五年。【譯按】該書譯自：Edgar Snow, *Red Star over China: The Classic Account of the Birth of Chinese Communism*；中譯本參見：《西行漫記：紅星照耀中國》，一橋出版，二〇〇二年。

8 莫里斯・邁斯納（Maurice J. Meisner），《中国マルクス主義的源流——李大釗の思想と生涯》，丸山松幸、上野惠司譯，平凡社，一九七一年。【編按】該書譯自：*Li Ta-chao and the Origins of Chinese Marxism*。

9 野村浩一，《中国革命の思想》，岩波書店，一九七一年。

10 近藤邦康，《毛沢東》，岩波書店，二〇〇三年。

11 天兒慧，《中華人民共和国史》，岩波新書，一九九九年。

第一章　毛澤東與鄧小平

叛逆者與逆境者

本書並非毛澤東與鄧小平的傳記。因此，於本章所敘述的兩人人物形象，是為了幫助讀者理解第二章以後的歷史記述所提供的切入點。在此前提之下，最先浮現腦海的，分別是兩人的「叛逆者」與「逆境者」形象。回顧毛澤東的生涯，一般而言是以一九四九年為界，分為前期與後期。在先前所述近藤邦康的《毛澤東》一書中，將前期的毛澤東視為革命家，後期視為建設者。關於前期的認識，大多呈現共通的看法，但也有論者提出，毛澤東後期的作為實為獨裁者，甚至是皇帝化的見解。又或者是在一九七〇年，毛澤東最後一次會見艾德加．史諾（Edgar Snow）時，曾說自己是「無髮無天」，也有人因此評論他為「孤獨的修行僧」或是「孤獨的、永遠的革命家」（參見五六頁）。

叛逆者毛澤東

若要問我毛澤東一生一以貫之的精神為何？我想應該就是面對著橫亙在自己面前的巨大權威，所展現的「叛逆」精神。然而矛盾的是，當毛澤東自己成為「權威者」時，卻不容許被他人否定。促使毛澤東成為叛逆者，是年少時代對「父親」的反抗。他對艾德加．史諾陳述自己少年時期的軼

青年時期的毛澤東　離開湖南之後，毛澤東曾於北京大學圖書館任職。

事，也大多是與父親的對立回憶。

「家中有兩個『黨』。一個是父親，也就是統治者。反對黨則是我與母親、弟弟，有時候也包含家中雇人。……約在我十三歲時，某次父親招待許多客人來到家中，我卻當場與父親起了口角衝突。我父親當著眾人之面罵我是個懶人、廢物。這樣的言詞激怒了我，我也以咒罵還擊，並離家出走。」[1]

十四歲時，父母單方面安排毛澤東與一位二十歲的女性結婚，毛澤東拒絕接受，而且也從來沒有與這位女性一同生活。

毛澤東二十五歲時（一九一八年），大約是他離開湖南半年後，在北京大學圖書館中擔任事務員，此時他對於北京大學所象徵的「知識人的權威」之觀念，萌生反感之意。與毛澤東同年紀，後來成為知識界中最高權威者之一的梁漱溟，當時已於北京大學執教。雖然兩人見過幾次面，但梁漱溟完全沒有把當時的毛澤東放在眼裡。建國後，兩人立場倒置，毛對著梁漱溟大罵說：「你實在是又臭又髒。」此後，知識分子被稱為「臭老九」（地位排名第九，臭不可聞之人），直至文革結束前都翻不了身。

一九二一年中國共產黨成立，毛澤東是創黨大會十二名參加者的其中一人。後來，不管是受到軍閥與國民黨、地主勢力等嚴厲的壓迫，亦或是在上層領導者遭到殺害、改變政治立場、失勢等瞬息萬變的局勢中，毛秉持一貫的精神，擔負革命運動的一翼。儘管如此，在首任總書記陳獨秀之後，毛澤東與瞿秋白、李立三、王明（陳紹禹）等深受蘇聯、共產國際影響的領導者志趣相左，被黨中央劃為黨內非主流。但毛澤東秉持獨自的想法與強烈的意志，以湖南、江西一帶為中心，建立農村根據地，並加以擴大，拓展自己的勢力範圍。農村根據地的防禦被蔣介石的軍隊攻破（當時毛澤東的軍事指導權被剝奪）後，於「長征」的大遷徙中，毛澤東在貴州省遵義舉行的中央政治局擴大會議上，才獲得中國共產黨內實際的領導權。這已經是建黨十四年後的事情。

向蘇聯的權威挑戰

成為中共領導階層的毛澤東，更進一步地向矗立在自己面前的巨大「權威」挑戰。其一是抗日戰爭期間及其結束時，挑戰了中國的最高權威者蔣介石。

抗日戰爭是在第二次國共合作成立後正式開始。所謂一致抗日，意思是在以蔣介石為最高司令官的統一政府、統一國民革命軍的前提之下所進行的抗日活動。對此，雖然毛澤東在表面上予以承認，實際上卻已經在西安北部黃土高原一帶的根據地，取得實質的統治權，當時被改編為國民革命軍第八路軍的共產黨軍，毛亦未交出指揮權。一九四五年八月，抗日戰爭結束後，召開以「避免內戰，和平統一」為目標的蔣介石、毛澤東會談，亦即所謂的「重慶會談」，雙方同意實現以蔣介石為最高領袖而統一的中華民國。即使如此，毛澤東還是不願讓出自己手中的政權及軍權，最後爆發國共內戰。換個角度來看，這可說是毛澤東向「蔣介石的權威」的反叛、挑戰。

蔣介石　一八八七～一九七五，中華民國的首任總統。圖為蔣介石青年時期的戎裝照。

毛的另一個「叛逆」，是針對社會主義陣營的盟主——蘇聯。長期以來，史達林都無視毛澤東的存在。就中國共產黨的歷史來看，自建黨以來都是跟隨共產國際的腳步，而毛澤東則是唯一一位不是共產國際及史達林指名的最高領導者。實際上，毛的叛逆之矛，並沒有直接針對史達林。但是，據說在一九三六年十二月的西安事件（西安事變）中，毛澤東看見史達林「盡快釋放蔣介石」的秘密電報後十分憤怒，因為他原本強硬主張，應該將軟禁中的蔣介石處死。[2]

儘管如此，在建國後不到兩個月的時間，毛澤東便前往莫斯科進行訪問。雖然在莫斯科待了兩個多月的時間，毛卻受到史達林冷淡地對待，嘗盡辛酸。先不管表面上的態度如何，實際上毛恐怕一直拒絕臣服於史達林的權力之下。一九五〇年二月簽訂的《中蘇友好同盟互助條約》，表面上是「加強彼此的合作關係」，以中國的立場看來，背後卻是被強迫簽定數個「侵害主權」的秘密協定。這對誕生不久的新中國而言，其實是在嚴峻的冷戰體制下，為了自己的安全保障，而不得不依附蘇聯的現實。

不難想像，在史達林死後，毛會將累積的怨憤不滿，一股腦兒地擲向蘇聯。相對於赫魯雪夫的「批判史達林」，毛則是以「擁護史達林」的形式，開始公然地挑戰「蘇聯的權威」。中蘇對立的嚴峻程度，正如後所述，就連共產主義的大義、與強敵美國帝國主義的鬥爭，也被模糊化。最後，甚至愚弄、犧牲一同在中國革命中的同志。當自身是「弱者」之時，叛逆大多意味著革命。而當自己成為「強者」之時，若仍鼓吹「叛逆」，則容易導致巨大的「破壞、混亂」。

逆境者鄧小平

若是將「叛逆者」視為毛澤東的首要特徵，那麼該如何看待鄧小平？眾所周知，鄧小平是身高約一百五十多公分的矮個子，既不能說是儀表非凡，也不算是引人注目。生長在四川鄉下的富裕家庭，擁有最好的環境，並受到家中長輩的疼愛。與毛澤東的少年時代大相逕庭。楊炳章的《鄧小平——政治的傳記》[3]中，對於少年時期的鄧小平有如下的評述：「成績不上不下，是個普通的學生」、「鄧在（準備留學的）補習班中也表現平平，並沒有給人什麼特別的印象」、「鄧本來的政治意識不高，年紀也輕。……並沒有像陳毅、聶榮臻等、其他的四川同鄉讓人留下強烈的印象。」

一九一九年，鄧小平獲得至法國勤工儉學的機會，因而離開中國，自一九二〇年至一九二五年於法國半工半讀，這才投身共產主義運動。但是這個時期的鄧小平，並沒有像周恩來一樣有著輝煌的活動經歷，他在旅歐中國共產主義青年團的機關報《少年》中工作，幫忙蠟版油印，最後獲得「油印博士」的封號，這段軼事亦十分有名。一九二六年鄧小平經由莫斯科回國，不久後便負責黨中央內部的記錄工作等秘書性質的活動。從這些過去的經歷，並沒有顯露出任何他將成為未來中國的「偉大領導人」的跡象。

雖然鄧小平個子矮小，稱不上風度翩翩，能力也不怎麼起眼，但或許是基於強烈的自尊心，使他鍛鍊出「忍耐的同時，也一點一滴地貫徹自我主張的精神」。勤工儉學計畫也因他的成績不佳，而必須自付一半的留學支出。年僅十六歲的他，是參加者中年紀最小的。他在船艙最下等的底層甲板上待了近一百天的時日，到了法國在最糟的勞動條件下工作，被揶揄為「油印博士」般的、勤勉持續地做著屈居人下的差事。在這樣的過程中，鄧小平不知不覺地鍛鍊成「逆境中的強者」＝逆境者。

關於鄧小平的私人生活雖然只是外界臆測，約在一九三一年至一九三二年之時，與姿色端麗的金維映女鬥士結為連理，無奈這段婚姻只維持短短一年便告結束。金維映在離婚後不久與李維漢再婚。李維漢比鄧小平年長八歲，是法國勤工儉學計畫的學長，擁有輝煌的經歷。一九二八年任黨中央臨時政治局常務委員，其後歷任上海、江蘇的最高幹部，一九三一年外派至蘇聯，一九三三年回國後成為黨中央組織部的幹部，一九三五年晉升為組織部長。金維映與李維漢結婚後不久便生下李鐵映（前黨中央政治局委員）。因為這一連串的事情，而有鄧小平被李維漢「奪妻」的說法。話雖如此，寒山碧卻指稱這個傳聞的可信度不高。[4]

鄧小平　一九二〇年代於法國勤工儉學的鄧小平。

無論如何，這對鄧小平而言，確實是「身為男性的屈辱」。然而在這樣的逆境中，鄧小平也不得不忍耐。鄧小平在離婚後不久便任職江西省黨委員會宣傳部長，在留蘇派掌握權力的黨中央內，被批判為「羅明路線」的推進者，被剝奪所有職務，並「留黨察看」，這是他在黨內第一次失勢。這個事件的原委是，為了對抗國民黨軍的「包圍討伐」，黨中央採取「寸土不讓」的方針，但福建省黨委員會代理書記羅明卻與中央不同調，表明採用毛澤東的「放棄據點，展開游擊戰」的方式，鄧小平也表示支持；因此被黨中央批判為「右傾的機會主義」，遭到整肅。鄧小平在「留黨察看」的狀態下開始長征，被編入前妻金維映所指揮的中央第二縱隊，其上又有司令官兼政治委員李維漢，他不得不像一名兵士般表現出追隨與服從。對鄧小平個人來說，這恐怕像是在巨大的屈辱之下偷生，才得以完成不可思議的長征。

再度失勢

然而，對鄧小平而言，其後，特別是從新中國建國以後，至文化大革命為止，他在政治舞台的活動經歷，可以用「一帆風順」、「勢如破竹」來形容。在這個過程中，鄧小平憑藉著親近毛澤東而逐漸活躍，並浮上了檯面。然而，在大躍進的「大挫折」後，鄧小平對毛澤東建設國家及社會的方式抱持著疑義，實際上打算推行完全迥異的經濟建設模式，不料等待著他的、卻是所謂文化大革命的特大號陷阱。一九六六年秋天，文化大革命正式展開後不久，他便被紅衛兵拖上街，冠上「中國排名第二的當權派」的罪名，受盡屈辱而失勢。

不過，與最大當權派的劉少奇，被剝除黨籍、永久除名後失意病死的狀況相比，鄧小平被處分「留黨察看」三年半，軟禁在江西省農村中的境遇，已算是不幸中的大幸。[5]在此逆境中，鄧小平把時間花費在讀書、勞動以及鍛鍊上。鄧小平的女兒鄧榕（毛毛）看見他在宿舍庭院中繞了數十圈的身影後，寫下這段文字：「看著父親堅定且快速的步伐，便能清楚明白，他是為了將來的戰鬥做準備，父親的信念、計畫及決心已越來越明確，達到了不可動搖的穩固。」6

一九七六年一月，堪稱為鄧小平的伯樂——周恩來因癌症逝世後，鄧被冠以「死不悔改的當權派」之罪名再度失勢。鄧小平對於這次的失勢，展現了頑強不屈的姿態。之後在第一次天安門事件中召開的政治局會議上，鄧小平向華國鋒懇求，希望華國鋒允許自己前往天安門廣場，說服民眾離開廣場。此時，鄧小平與「四人幫」之一張春橋的爭論，被記錄在某一部後來被禁止發行的書籍中：

鄧小平悼周恩來　一九七六年一月十五日，鄧小平於周恩來的葬禮宣讀弔詞。

張春橋冷笑地說道：「太遲了，小平同志。你就不要再演戲了。」鄧小平以威懾的眼神使勁地瞪著他，露出冷冷的一抹笑容回答說：「春橋同志，這次我倒想要看看你的把戲，要怎麼落幕。」語畢，鄧小平憤然起身，離開人民大會堂的會議室。7

對於年過七十、數度戰勝逆境的鄧小平而言，這種程度的「挫折」，或許已經不到值得賭上生死的程度。其後，正如眾所周知，毛澤東去世、「四人幫」被逮捕、失勢，一九七七年七月，鄧小平如同不死鳥一般復活於政壇，帶領著中國朝向現代化的路線邁進。

土著派與國際派

毛澤東與鄧小平皆是強烈的民族主義者。如果說寫著「啊，中國就快要滅亡了」的小冊子是驅使毛澤東走向革命的契機，那麼，鄧小平以「中國正是因為孱弱所以想要變強。正是因為貧困所以想要富裕。為了找尋救贖中國的道路而想向西洋學習」作為留學法國的動機，同樣也是基於民族感情的驅使而道出的內心話。[8]兩人皆是基於民族的危機意識而參加革命運動，而且在其後都選擇了馬克思主義。然而，毛澤東在其思想上較能探尋出清楚的軌跡，鄧小平就未必如此。

農村包圍都市

毛澤東在少年時代便喜愛中國的古典作品，特別是《水滸傳》、《孫子兵法》等作品的思想，這是受到清末時期故鄉的英雄曾國藩的影響。[9]在五四運動時期，毛澤東有機會接觸歐美各種革命的新思想，他認為當時的自己是「自由主義、民主主義的改良主義、空想的社會主義之觀念的混合物」。[10]毛澤東傾向馬克思主義主要是受到俄國革命很大的影響。特別是在紀念俄國革命三周年，於長沙展開的反軍閥示威運動的經驗中，毛澤東更加地確信：「只有憑藉著群眾運動中民眾的政治性力量，才能夠保障改革的實現。」[11]

自覺到自己為馬克思主義者的毛澤東，在當時接受了列寧的「無產階級專政論」、「階級鬥爭」、「勞動者階級的進步性」等觀念，信奉並實踐著正統派的馬克思主義。[12]然而，以都市為中心的工人革命多次宣告失敗，毛澤東漸漸地察覺到，農村與農民才是中國革命的中心。在毛澤東初期著作中，最有名的一篇〈湖南農民運動考察報告〉文章中，他斷言：「如果將民主革命的功績以十分來計算，市民與軍事的功績為三分，而農民在鄉村的革命功績則是占了七分。」[13]

往後，就算當時的黨中央領導者再怎麼強調都市的奪取、以工人為軸心的都市革命，毛澤東依舊主張「從農村包圍都市」，堅持以組織農民軍及農民革命，擴大農村根據地的方式，最後終於在廣大的農村地區建立「共產黨政權」＝中華蘇維埃共和國臨時政府。在有名的《新民主主義論》中，毛澤東亦斷言：「中國革命，實際上就是農民革命，……新民主主義的政治，實際上就是賦予農民權力。新三民主義、真三民主義，實際上就是農民革命主義。」[14]

毛澤東在延安　一九三八年正在撰寫《論持久戰》的毛澤東。

在與「留蘇派」等教條主義的領袖們的鬥爭中，毛澤東主張「馬克思主義只有在中國化以後才有意義」，全面性地導入中國特色。這包括了：以農村為根據地、帶著強烈傳統性的土地革命、農民運動。另外，「共產主義即是大同社會」之觀念，也與中國傳統理想社會相互連結。這樣的傾向，讓中國在建國後暫時中斷了蘇聯模式的社會主義建設，不久後出現「土法」（鄉村、本地的做法）方式的「大躍進」之挑戰。

客觀看待國際社會

自從毛澤東正式展開革命活動以後，對於外國事務的關心也越來越冷淡。毛澤東首次出國，是在先前所述建國後的蘇聯訪問。而第二次前往莫斯科，是在一九五七年俄國革命四十周年之時，他出國的次數，前前後後數來也就只有這兩回。進入中南海（中國共產黨中央的辦公室及領導者的居住區）以後，喜愛閱讀的毛澤東，更加傾心於中國古典作品。有位曾經進入過毛澤東的寢室兼書齋「菊香書屋」的人，形容毛的書櫃：「在一個又一個的書櫃上，可見龐大數量的中國文學及歷史書籍。外國文學的翻譯書並不多。……馬克思、恩格斯、列寧的著作十分稀少，史達林的著作則是一本也沒有，在這方面的藏書可以說是極度地欠缺。」[15]由此可知，將毛澤東稱為「土著派的革命家」並不為過。

那麼，鄧小平的狀況又是如何呢？正如前文所指出，一九二〇年鄧小平以十六歲少年的身分遠赴法國、一九二六年前往莫斯科，最後在一九二七年一月回到中國，約莫六年半的青春歲月都在國外度過。在此一過程中，鄧小平無意間認識了許多激進派的留學生，不知不覺間接觸到共產主義思想，並漸漸地開始參加相關的活動。楊炳章在述說留法時代的鄧小平時，對鄧曾有如下評述：「並非帶著強烈的意識形態、理論色彩去參加黨的活動。不僅是一九二〇年代的留法期間，在整體的政治生涯上，鄧幾乎是不閱讀，也不寫長文的人。但是，其行動卻讓人看見他強烈的決斷力與熱情。」

因此，雖說鄧小平也在國外學習馬克思主義，但卻與「留蘇派」的王明、博古（秦邦憲）等國際派領導者不同，他們往往埋首於馬克思、列寧及史達林的著作之中，甚至可說是將這些著作內容當成是金科玉律的教條。回國後參加革命運動的鄧小平，透過實際的行動而逐漸向毛澤東的革命、軍事戰略論靠攏，日日投身於農村戰爭，與國際派的形象越顯疏離。在建國後，像是謀求與蘇聯關係的緊密化，或是如周恩來一般、展開以世界為舞台的外交活動等的思考行為，對鄧小平來說，是完全不存在的。

但是，在一九六〇年代前半期的中蘇爭論中，鄧小平身為中國方面的代表，面對蘇聯的代表卻一步也不肯退讓。這就是身為愛國主義者的鄧小平所應有的表現吧。另外，他在復出後不久的一九七四年，出席紐約的聯合國第六屆特別會議，以中國代表的身分發表「三個世界論」的演說，受到世界的注目。其後，毛澤東逝世，在掌握權力的過程中，鄧小平逐次訪問日本、美國、泰國、馬來西亞、新加坡等國家，致力於改善與西方國家的關係。同時，為了能夠積極引進先進國家的資金與技術，大幅修正毛澤東時代自力更生的鎖國政策，推動大膽的開放路線。或許是因為青年時代在國際社會的體驗，使得鄧小平能用客觀的眼光看待國際社會，並能夠積極地接受進步的事物。基於上述，可將鄧小平歸類為「國際派」。

傑出的軍事戰略家

若要舉出毛澤東的另一個顯著特徵，那便是作為軍事戰略家的卓越能力與實力。我不贊同「毛並非大家所認為的軍事天才」之說法。[16]雖然無法提出確切的論證，但以客觀的角度來看，毛澤東可說是二十世紀最好的軍事戰略家。以我的立場看來，這已經是十分保守的說法，因為我內心認為，毛澤東的傑出程度，並不遜於拿破崙、凱撒、成吉思汗等軍事戰略家。那麼，毛澤東的傑出之處為何？我想，那就是毛始終貫徹著「弱小的自己面對著強大的敵人，該如何取勝」的思考原點。自與父親的對抗開始，與地主階級的戰鬥、與日本軍隊的戰鬥、與蔣介石國民黨軍隊的戰鬥，甚至是到最後與美國、蘇聯的戰鬥，都是以認識「弱小的自己」為出發點，構想著叛逆＝戰鬥的藍圖。

在此，首先想到的是「自強」。毛澤東最初所撰寫的長篇論文是一九一七年的〈體育的研究〉，他於文章開頭便感嘆國家力量的弱化、武風的不振，以及民族體質的虛弱傾向，並主張應該要有自覺，以鍛鍊的方式謀求體力的精實。將這樣的想法應用於組織論的成果，便是「根據地理論」。當然並非是絕對的，而是在自力更生的原則之下，創造出相對強大的據點。在建立根據地的同時，想要將自己推進到相對優勢的地位，則需要兩個條件：（一）充分活用空間、（二）盡可能地拉攏廣大的人群，使他們和自己站在同一邊。換言之，（一）就是游擊戰，（二）就是統一戰線理論。游擊戰的戰略可以歸納為以下十六字：「敵進我退、敵駐我擾、敵疲我打、敵退我追。」（敵人進攻我就撤退、敵人駐紮我就擾亂、敵人疲憊我就攻擊、敵人撤退我就追擊）另外，重視統一戰線理論，將敵人縮減到最少，在各個階段盡量連結可聯絡的勢力，將敵人層層包圍。

除了活用（一）、（二）的戰術外，也有必要逐漸地轉換敵我之間的力量關係，在此能夠運用的是（三）持久戰理論。其中又分為三階段：一是戰略性的防禦階段，二是戰略性的對峙階段，三是戰略性的反攻階段。在第一階段，要完全避開大型的決戰及陣地戰，以運動戰的方式逐漸破壞敵方的士氣及戰鬥力。第二階段，基本上一邊威脅敵方的占領地區，一邊準備反攻。接著是第三階段，對此時已大量耗損戰力，且感到孤立的敵軍，進行反攻。如此將（一）、（二）、（三）戰術以綜合性、有機性的搭配為基礎的見解，正是所謂「人海戰術」的戰爭理論，亦即「人民戰爭論」。而且還不忘訴求這場戰爭的正當性，認為戰爭可以二分為「正義的戰爭」與「不正義的戰爭」，而人民的戰爭正是所謂的「正義之戰」。在中日戰爭中，對抗以正規戰求速戰速決的日本軍隊，毛澤東活用上述的戰爭理論而取得勝利，正是佐證理論的最好典範。一九四六年開始與國民黨的內戰，基本上也是以此種戰爭方式獲勝。

基於上述，毛澤東確實是傑出的軍事戰略家。然而，若是追溯新中國建國後的發展軌跡便能明白，毛澤東並不能稱得上是位有才能的建設者。當心中有假想敵時，毛能夠竭盡所能地發揮自己的能力。但是在建國之後，設定假想敵並策畫打倒敵人戰略的機會卻大幅減少。比起打倒假想敵的策略，把目光放在國家、社會、經濟方面的建設上，分別訂立目標，思考如何打穩根基，累積實力去完成，是更為重要的工作。

毛澤東校閱部隊　比起拿破崙、凱撒、成吉思汗，毛澤東是毫不遜色的軍事戰略家。圖為一九四九年三月，毛澤東在北京郊區檢閱人民解放軍。

可惜的是，毛澤東的思維往往偏向軍事戰略的性質，這對建國以後國家及社會的建設來說，實際上成為了「陷阱」，或者說是「缺陷」。面對文化大革命發動時期的劉少奇，以及其後決定打倒林彪之時，毛的戰略清晰可見。然而，如此以軍事戰略思維為出發點的特質，對於中國人而言，究竟是好是壞，這便又是另一個問題。

對照這樣的毛澤東，鄧小平又是如何？鄧小平在幾場戰役中確實有著顯赫的成績，顯示其指揮能力。但與其說這是鄧小平基於自己的軍事戰略，不如說是他忠實地實踐著毛澤東計畫的結果。循著此一軌跡探看，一九三〇年代至一九六〇年代初期，基本上，鄧小平作為一位效力於毛澤東的忠誠部下，確實地完成毛所賦予的任務。特別是在抗日戰爭時期，毛澤東任命鄧小平擔任原由張國燾（為毛的對手，因反抗毛而被黨除名）所率領一二九師團的政治委員，將一二九師團納入毛的勢力範圍內。最後鄧小平不但掌握一二九師團，並開創了河北、河南及山東省境的根據地。

現代化建設的實踐者

由鄧小平所領導，於國共內戰中與劉伯承聯手的第二野戰軍，在幾個扭轉國共勢力關係的重大戰役中，殲滅大批國民黨軍，將戰鬥導向勝利。一九五七年與赫魯雪夫的論爭當中，毛澤東指著鄧小平，提醒道：「千萬不能小看這個小個子。他可是殲滅了蔣介石一百萬的精銳部隊。」此番發言正是毛澤東對鄧小平在實踐能力上的肯定。建國後不久，鄧小平被派任至西南地方戰區，當地仍駐留大批的國民黨軍，最後鄧不負毛澤東的期待，平定西南。在反右派鬥爭之時，面對著毛發起的運動，於陣前指揮的人，也是鄧小平，他當時是黨中央書記處總書記。

鄧小平逝世後，其所論述過的各式主張，被黨中央正式承認為「鄧小平理論」，與「毛澤東思想」並列。但是鄧小平的著作，就以《鄧小平文選》全三卷作為例子，就算全部讀完，也無法看出類似毛澤東所提出的革命論（《新民主主義論》、〈中國革命與中國共產黨〉等）、哲學論（《實踐論》、《矛盾論》等）、戰略論（《持久戰論》、〈游擊戰論〉等）等，與革命和戰爭相關的理論內容。至少在毛澤東在世時，鄧小平的文章大多是關於黨、政府、軍、根據地的活動報告，以及相關的具體政策。

但是，在鄧小平掌握實權之後，有關「社會主義」、「計畫經濟與市場經濟」、「和平與發展」等、相關理論性質的思想論述內容逐漸增多。這些主張逐漸形成「鄧小平理論」的內涵，以最高領導者的身分來說，也是理所當然之事。然而，與其說這些理論是鄧小平秉持著哲學的信念，加以體系化後的產物，不如說是他彙整自己長期的實踐經驗，或是將其他領導者與智囊團的見解，加以整理消化過後的結果，這樣的說法較為妥當。亦即，一如字面上之意義，鄧小平是革命、戰爭、現代化建設的「實踐者」。

「夢」與「現實」

實事求是的思想

自從毛澤東正式展開革命實踐後，最重視的便是調查與現實的實踐。一九二〇年代至一九三〇年代初期的農村革命，農村根據地的建設最重視的就是反覆的可靠調查，其中也包含毛澤東自身的調查經驗。以先前提到的〈湖南農民運動考察報告〉為首，〈中國社會各階級的分析〉、〈木口村調查〉、〈興國縣調查〉、〈才溪鄉調查〉等，皆是毛澤東所進行的農村調查，具有高度真實性。在與黨內馬克思主義「擁護者」的論爭中，最重視的便是「沒有調查就沒有發言權」。特別是在一九四〇年代初期，毛澤東在延安發起整風運動，批判留蘇派向教條主義傾斜時，便主張「馬克思主義的核心是實事求是」。

由上述可知，毛澤東為了打倒敵人，關於實情的掌握以及具體的實踐方法都十分傾向實用主義。但是，建國以後對於國家、經濟、社會的建設，毛卻不以可靠、客觀的情勢分析作為基礎，既不偏向實用主義，也沒有長遠的思考。為何如此，實在是令人想不透。例如，在建國前後，由自己開始提倡「新民主主義社會建設」，正當無論是領導者或是國民，都朝著這個方向努力；卻突然高呼「過渡時期的總路線」，強行推動蘇聯模式的社會主義化。其後沒幾年，毛澤東又捨棄了在數據上看來大致順利的蘇聯模式，走向獨有的、急進的社會主義建設方式，鼓吹「大躍進政策」，最後招致悲慘的結果。而「文化大革命」雖是創造新文化、新思想的革命運動，實際上卻引起以憎惡豢養憎惡的激烈暴力，帶來破壞、失序的巨大混亂。

對於國家、經濟、社會之建設，必須在掌握實際客觀的狀況下，設定目標，訂立計畫，依循規章、法則，按照各個發展階段，一步步地累積變革之工程。在有具體可見的目標＝敵人存在的狀態下，毛澤東能夠冷靜透徹、耐性十足地應對，但他可能不擅長面對看不見的、無形的目標。相較於對於客觀實際規律的掌握，他過度依賴人自覺的努力及可能性（主觀能動性）。即便是純粹的經濟問題，一到毛澤東的手裡，就演變成「階級鬥爭」、「權力鬥爭」的政治問題。

在一九四九年以前，圍繞在毛澤東四周的狀況，幾乎就是戰爭情勢，最前線的現場情報就是致勝的關鍵。一九四九年以後，毛想要親臨現場卻變得十分困難。無論在什麼場合，他要前往的「現場」，都必須讓人在事前進行詳細的探查，並在許多保鑣圍繞之下進行視察。因此毛澤東大多數的

紅衛兵　一九六六年文化大革命的最高潮，紅衛兵高舉毛澤東的照片。

日子，都與人民的日常生活隔絕，在中南海的高牆內生活。關於他的日常生活，雖然可以從其主治醫生李志綏的著作中窺探一二；但像是對部下送上的資訊及政策草案進行指示與評論、喜好閱讀、耽溺於和女性的遊玩、熱愛作詩、在會議上的爭論等，這些毛澤東的日常活動卻幾乎無法直接碰觸到一般庶民的日常生活與經濟活動。在第二章以後也會論述到，「人民公社的理想模式」與文革時期「公社形式權力的創造」等，這些毛澤東提出的目標，則是越來越遠離現實，成為烏托邦式的思想。因此，一旦到了要具體實現這些目標的階段時，便遭到來自乖離現實的強烈反擊而受挫。

「大躍進」的評價

相對地，鄧小平又是如何？正如前述，對毛澤東而言，鄧是長年以來忠實的實踐者。但在一九五六年秋天的第八次黨代表大會上，可以看見鄧小平的立場出現若干變化。鄧雖然執行了關於修改黨的章程的報告，但其內容卻是延續著劉少奇「政治報告」的論調，亦即強調接受「史達林批判」的個人崇拜批判、集體領導以及民主集中制。這對實際走向獨裁、正在推行個人崇拜化的毛澤東而言，十分不快，並感到心頭有刺。[17]然而在當時，鄧小平完全不知情。因為積極地推動毛在一九五七年所提倡的反右派鬥爭、一九五八年的大躍進政策的人，正是總書記鄧小平。

不過，大躍進的失敗大大改變了鄧小平的立場。大躍進政策下，各地出現大量的餓死者，為了視察經濟遭破壞的嚴峻狀況，至各地進行實情探查的鄧小平，與尚未深刻理解大躍進所帶來嚴重問題的毛澤東，漸漸地拉開距離。其後，毛依舊強調政治鬥爭優先，並喊出「絕對不能忘記階級鬥爭」。相對地，鄧小平堅決地踏上了完全不同的道路，並且更加確信恢復生產力及發展，提高人民生活水平等才是最重要的課題。此信念展現在後來的「黑貓白貓論」，以及重視提升生產力、綜合國力及人民生活水準這「三個有利於的判斷基準」之中。

鄧小平在決定具體的政策時，非常嚴肅地看清現實，在不同條件之地域推行不同做法，並嘗試各式各樣的實驗，特別重視現實上的效果。在外交問題上，也如先前所述，立足於中國現實的力量，堅決主張「防守」的戰略。鄧的做法是看清現實，時而慎重，時而大膽地推動政策。這恐怕是因為鄧並不像毛是個有過度自我意識，以偉大的領導者自居，總是描繪理想與夢想，不懼怕失敗地大膽前進，也許是鄧沒有這種理念，也或許是鄧已經放棄這樣的想法。鄧小平的目標非常單純明快，是他於年輕時所抱持著的理念，也就是「拯救貧弱的中國，成為富強的國家」這一點而已。

唯恐天下不亂

當戰爭是「現實」時，毛澤東能夠毫無遺憾的發揮其才能。他在《矛盾論》中提到「矛盾存在於一切（社會）的過程之中」、「無論是共存之時，或是轉化之時，鬥爭始終存在，特別是在矛盾轉化之時，就會出現鬥爭」，對社會的描述非常生動，重視「矛盾的普遍性、絕對性」。他堅信「戰爭為常態，和平只是一時的現象」、「矛盾才是發展的動力」，這是毛獨特的哲學觀。同樣地也反映在毛澤東對歷史的看法，比起統一的大中華帝國時代，他更嚮往戰亂、割據的時代。例如以春秋戰國時代來說，他就曾說：「上無中央政府，諸侯並立……因此各地得以各自發展。」[18]

以正統馬克思主義史觀來說，在社會主義革命成功，達成無產階級專政之後，舊有的統治階級逐漸減少，階級社會、階級鬥爭也會消失，得以展望共產主義社會的到來。自一九五〇年代後半，毛澤東開始對這樣的觀點抱持著疑問。一九五七年九月，對於當時正走向社會主義社會的中國，毛斷言：「今日主要的矛盾，無疑是無產階級與資產階級的矛盾、社會主義道路與資本主義道路的矛盾。」（中共第八屆三中全會擴大會議）如此的見解就連在「大躍進失敗」後也完全沒有改變，更逐漸走向前述的「階級鬥爭至上主義」。

此種階級鬥爭至上主義，亦即文革時期所稱的「繼續革命論」，是毛澤東在馬克思—列寧主義基礎上，所創造發展出來的成果，此革命論正好反映了「矛盾為發展之動力」、「戰爭是常態」的觀點。當既存的權力與秩序崩壞、社會逐漸走向混沌的狀態下，正好讓毛澤東順理成章地主張「唯恐天下不亂」與「造反有理」。

重視「安定」

相對之下，鄧小平又是如何？在這個以戰爭為主要課題的時代下，鄧也只是忠實地實踐著戰爭，與毛澤東之間並沒有浮現太大的問題或差異。然而，如同先前所述，一旦進入到國家、經濟、社會建設的階段時，他與毛澤東之間的差異便逐漸變得鮮明。特別是在「大躍進」挫敗以及文革失敗後，鄧小平作為收拾者與協調者，替毛所造成的大混亂收拾善後，為了恢復安定而努力奔走。一九七五年前後，鄧的發言大多是關於重建、整頓文革時期受到破壞的黨組織、軍組織與國務院等，或是有關生產活動、交通運輸與科學、教育、研究的復興、重建等的指示。這些想法可以清楚地在《鄧小平文選》書中這個時期裡的文章看見。

一九七四至一九七五年，是與「四人幫」的權力鬥爭熾烈展開的時期。四人幫奉為金科玉律、高喊的口號是毛澤東所秉持的「階級鬥爭是最重要的」；相對地，鄧小平所主張的則是「安定團結」。雖然隨著周恩來的逝世，這樣的主張提供了他人批判的藉口，使得鄧再度失勢；但在毛澤東死後，再次重回政治舞台的鄧小平，最重視的觀點仍舊是「安定團結」。一九七八年秋天，蘊含「鄧小平期待論」要求民主化的運動興起，但在隔年一九七九年三月，鄧認為這個運動將會破壞政治上的安定狀態，進而迅速地提倡必須堅持「四項基本原則」（社會主義道路、無產階級專政、共產黨領導、馬列主義及毛澤東思想），近乎冷酷地鎮壓該運動。

一九八六年十二月，要求民主化的學生運動進入高潮，鄧小平指示「立場明確地反對資產階級自由化」、一九八九年春天發生第二次天安門事件時，鄧也表示「立場明確地反對動亂」，毅然決然地鎮壓運動。而他之所以能如此的果決，源自於他在天安門事件發生前所主張的「一切以安定為優先」。鄧小平試著極力迴避黨內的路線鬥爭，拉攏陳雲、李鵬等保守派人士進入最高領導階層，鄧在指揮運作的特徵上可以說是重視平衡與安定。因此在鄧小平時代，雖然有著胡耀邦、趙紫陽失勢等政治事件，但大致上卻不至於發生癱瘓政治領導體制的混亂。

「皇帝」與「半皇帝」

在過去長期的革命鬥爭中，黨內高層領導者曾以「同志」互稱。在延安洞窟中，曾有一段小插曲，描述周恩來、朱德、彭德懷等人大喊「毛同志快起來！」叫醒還在午睡的毛澤東，並與毛爭論。然而建國以後，毛澤東在領導階層中逐漸突出，不久後，過去的同志們便以「毛主席」、「偉大的毛主席」稱呼毛澤東。毛突然提倡「過渡時期的總路線」，以及一九五五年推動「農業集體化」等強硬主張，並沒有受到同志們的反對與異議，毛也變得無法接受他人的意見。但是在這個時期，毛澤東和其他高層領導者之間仍有著激烈的論爭。

謁見「皇帝」

一九五七年的「反右派鬥爭」以及一九五九年的「彭德懷失勢事件」之後，就再也沒有人可以和毛澤東論爭。反右派鬥爭，主要是「引蛇出洞」，假意讓民主黨派人士及自由派人士自由發言，再毫不寬容地加以打擊。與毛同為湖南出身的彭德懷，幾乎是當時唯一能夠以近乎對等的形式與毛對話的人。彭德懷失勢事件，是彭向毛訴說大躍進急進的錯誤所造成的慘況，但卻激怒毛澤東，而受到彈劾，此後再也沒有人敢正面地向毛進言。

然而，實際上在大躍進失敗後，毛的威信也開始下滑，反之，劉少奇與鄧小平的聲望開始高漲。面對如此狀況的「叛逆」、「逆襲」，即是導致文革的原因之一，同時也是毛澤東走向皇帝化的過

毛澤東的皇帝化　一九六〇年代在天安門廣場檢閱紅衛兵隊伍的毛澤東。

程。從文革初期有名的照片中可以看見，毛在天安門廣場上謁見一百萬紅衛兵時的姿態，宛如「皇帝」一般。有關皇帝化的毛澤東，可以從其私人醫生李志綏生動的描寫中得知一二。一生抗拒刷牙與洗澡、自在地讓年輕女性陪侍、無論部下身處何處，隨時召喚到跟前下達命令（即便是周恩來也不例外）等，毛澤東宛如獨裁者的姿態，清楚地呈現在李志綏的筆下。

傳言毛在死前留給後繼者華國鋒的遺言：「你辦事，我放心。」（有關此話的可信度將於後論述），可以說是巧妙地象徵了皇帝權力的繼承儀式。被稱為是「進步性」、高喊著「人民的解放」的共產主義政黨，其領導人的繼承以如此形式進行的事實，以及毛澤東「革命性的思想」與其自身作為領導者的舉止之間的關聯，到底應該如何理解？毛在文革中向史諾述說「自己是無髮無天」，這個自我陳述後來成為討論的話題。當時被認為是「孤獨的修行僧」之意，解釋為毛不眷戀權力，即使是隻身一人，身為革命家的他也會遵從其信念而行。但是，後來竹內實指出，「髮」與「法」的發音相同，因此應該解釋為「無法無天（毫無畏懼）的帝王」較為妥當。

權力的完全繼承

相較之下，鄧小平又是如何？鄧掌握權力的時期，被認為是一九七八的秋天左右，與華國鋒爭權，並確立自己的路線之時。然而，鄧小平體制的確立則是在四年後，一九八二年的第十二次黨代表大會上。於此過程中，不只是先前所敘述的「保守派」陳雲及李鵬等人，也包含對王震、楊尚昆、鄧力群、葉劍英等資深幹部的細心關照。因此，無論是改革派或保守派、年長者或年輕階層、知識分子或軍人，皆仰慕鄧小平，其支持階層十分地厚實。另外，在臺灣問題方面，轉向「和平統一」的方式，提倡一國兩制等，皆是之前其他領導階層已提出之主張，並非為鄧的獨有主張。從這些點看來，與其說鄧小平是一位獨裁者，不如說他是一位提倡現代化、改革開放的「掌舵者、協調者」來得恰當。

然而，鄧小平在後繼者的指名上，也是根據他絕對的判斷。他於一九八二年時期，分別提拔胡耀邦、趙紫陽為總書記、總理時，曾熱切地說道：「就算自己到了天上，地上也還有胡、趙二人。」對兩人寄予莫大的期待與信賴。另外，在改革開放的具體政策上，設置「經濟特區」、積極引進外資、提倡經濟的市場化等，這些皆歸功於鄧小平不屈的決斷力。一九八九年第二次天安門事件中，發布「戒嚴令」，決定以軍隊介入的決定者也是鄧小平。此時，趙紫陽總書記對學生們採取同情態度，並反對戒嚴令。鄧小平毅然地捨棄趙紫陽，提拔江澤民成為新一任的總書記。但是，二〇〇一年出版的《天安門文書》[19]中提到，拔擢江澤民是陳雲、李先念的推薦，因此留下疑問。由這些過程中，可以說鄧小平也是朝著「皇帝化」的方向前進。

一九九二年春節，八十八歲高齡的鄧小平視察深圳、珠海、上海等南方的開放都市，並為了再次加速推動改革開放，而發表了重要講話，亦即「南巡講話」。[20]這可以說是「鄧小平最後的宣言」。「改革開放膽子要大一些，敢於試驗，不能像小腳女人一樣」等，而鄧的呼籲，正好與毛澤東在一九五五年七月呼籲加速推動「農業合作化」的著名講話相互重疊。此後，原本停滯的中國經濟就像是在熱鍋上的豆子般蹦裂，在各地蓬勃發展。我感受到鄧小平的「毛澤東化」，抑或說是「皇帝化」，便是從那時候開始。

但是，鄧小平並不像毛澤東一般，作為皇帝般的人物，直至最後都還執著於權力。一九八九年的秋天，當鄧意識到自己的生命快要走到盡頭後，他將直至最後也不願放手的黨中央軍事委員會主席的地位讓與江澤民，至少在立場上，完全地成為一介黨員。另外，鄧在南巡講話隔年（一九九三年）春節上過電視後，直至死前，便再也沒有出現在眾人眼前。一九九四年後，正式宣告「已完成從第二代交棒給第三代的權力交接」的官方發言。一九九七年二月，鄧離開人世。如此看來，鄧小平有時獨裁，宛如「皇帝」一般，單方面強硬地執行自己的意志；另一方面，他也是一位開明的領導者，聆聽並考慮他人的意見，懂得協調與維持平衡的狀態。

以上，一面追溯毛澤東與鄧小平的活動經歷，一面整理兩人的特質，不知不覺地也論述了中國近現代史，畢竟他們兩人在歷史上占了十分重要的比重。當然，這裡省略了許多枝微末節，試著大膽地描寫毛澤東與鄧小平的特徵。現在，就把以上這些內容暫且擱下，接下來讓我們來追溯更為具體的中國近現代史。

註釋

1 艾德加·史諾，《中国の赤い星》。

2 E·スノウ，《中共雜記》，小野田耕三郎、都留信夫譯，未來社，一九六四年。【編按】該書譯自：*Random Notes on Red China (1936-1945)*。

3 楊炳章，《鄧小平——政治的伝記》，加藤千洋、加藤優子譯，朝日新聞社，一九九九年。【編按】該書譯自：*Deng: A Political Biography*。

4 寒山碧，《鄧小平伝》，伊藤潔譯，中公新書，一九八八年；【譯按】中文原著為《鄧小平評傳》。

5 【編按】一九六九年十月，鄧小平被下放到江西，住在南昌西北十三公里的新建縣郊區，一天得在新建縣拖拉機修理廠內從事三個半小時的勞動（一九七〇年起改為一天兩個半小時）。參見：亞歷山大·潘佐夫、梁思文，《鄧小平——革命人生》，吳潤璿譯，聯經出版，二〇一六年。

6 H·E·ソールズベリー著，《ニュー·エンペラー》（下）。

7 青野、方雷，《鄧小平在一九七六》上卷，春風文藝出版社，一九九三年。

8 參見：楊炳章，《鄧小平——政治的伝記》。

9 竹內實，《毛沢東》，岩波新書，一九八九年。

10 艾德加·史諾，《中国の赤い星》。

11 艾德加·史諾，《中国の赤い星》。

12 蕭三編述，《青年毛沢東》，島田政雄、玉嶋信義譯，青銅社，一九五二年；【譯按】中文原著為《毛澤東同志的青少年時代》。

13 這個部分在《毛澤東選集》中被刪除。竹內實監修，《毛沢東集》第一卷，北望社，一九七二年。

14 《毛沢東選集》第二卷，三一書房，一九五二年。

15 H・E・ソールズベリー著，《ニュー・エンペラー》（上）。

16 楊炳章，《鄧小平——政治的伝記》。

17 李志綏，《毛沢東の私生活》。

18 東京大學近代中國史研究會譯，《毛沢東思想万歳》（下），三一書房，一九七五年。

19 張良編，《天安門文書》，山田耕介、高岡正展譯，文藝春秋，二〇〇一年；【編按】該書譯自：*The Tiananmen Papers*，中文版為《中國「六四」真相》。

20 【編按】西方史家史景遷將一九九二年鄧小平的南巡與清朝康熙皇帝於一六八四年至一七〇七年間的六次南巡相提並論。並分析康熙的南巡著重於長江三角洲的經濟命脈揚州、南京、杭州，而鄧小平南巡所到之處包括上海、武漢，以及更為南方的廣州、珠海及與香港比鄰的深圳。參見：《追尋現代中國——從共產主義到市場經濟》，溫洽溢譯，時報出版，二〇〇一年。

第二章　從菁英革命到人民戰爭

辛亥革命的紛亂

綜觀中國歷史上大規模的政治變動＝改朝換代，從十年到三十年，有時甚至會延續較長的期間，持續地發生起義、叛亂、割據等政治不穩的流動性狀態。其過程中，不斷重複上演著各個政治領導者的登場、下台，最後在某位領導者手中統一，創立新王朝。清朝滅亡，中華民國就此誕生，卻戰亂不斷，在一片混亂之中，中華人民共和國登上了歷史的舞台，這個過程或許可以稱作是中國史上重要轉換時期的一頁。在此轉換時期逐一登場的孫文、康有為、袁世凱、汪兆銘（字精衛）、馮玉祥、陳獨秀、蔣介石、毛澤東等人，都是後來一統中國的領導者的候選人。他們在各式起義、戰爭與合縱連橫中逐漸脫穎而出，最後由毛澤東與蔣介石展開最後的決戰，並由毛澤東取得勝利，成為新國家的領導者。現在，先讓我們來回顧中華人民共和國成立前的歷史。

士大夫的革命

二十世紀的中國，是在列強侵略、王朝腐敗、民眾貧困的愁雲慘霧中揭開序幕。康有為等人以明治維新型態的變革為目標推動變法的挫折、義和團事件及八國聯軍攻占北京，簽訂賠償四億五千

孫文　一八六六～一九二五，致力於中國革命，提出民族、民權、民生的三民主義。

萬兩屈辱的《辛丑條約》等，接連不斷的事件與衝擊，在在顯示了清朝的無能及無力。而在各地早已出現各種秘密結社，以推翻清朝為目標所推動的各種運動。例如孫文的「興中會」、章炳麟、蔡元培的「光復會」、黃興的「華興會」等，皆是這一類的組織，主要是以各地的士大夫（菁英分子）為中心所展開的革命行動。

一九〇五年，當日本還沉浸在日俄戰爭勝利的歡欣氣氛時，孫文等人統合東京的秘密社團，成立革命的中心組織「中國同盟會」。孫文於成立宣言揭示「驅除韃虜、恢復中華、創立民國、平均地權」之目標。亦即，推翻異民族（滿族）的王朝，恢復漢民族的世界，創立設有憲法及議會的國民政府，改革土地制度，改善國民生活。革命的氣勢因此高漲。當時在日本同情中國革命，願意積極提供支援的人士亦不在少數。例如，宮崎滔天因景仰孫文而將其一生奉獻給中國革命，以及北一輝援助當時以政治家的身分而言，擁有比孫文更高評價的宋教仁，皆十分著名。

中華民國的成立

另一方面，由於感受到革命運動的壓力，清朝政府也開始推行改革。康有為、梁啟超等人於維新變法失敗後流亡日本，以「保皇派」的身分成為改革的協力者。伊藤博文及大隈重信等人與康、梁關係匪淺，支持變法圖強的政治改革，從側面給予支援。雖然在談論歷史時不適合談論「如果」的說法，但若是變法派的政治改革能夠成功，那麼明治維新後的日本政府與中國政府之間的關係，說不定就能變得更加緊密與正向。一九〇五年，清朝政府廢除「科舉」這個擁有千年以上歷史的官僚選拔制度，並打算在君主立憲的體制下設置議會，採取責任內閣制，其想法便是受到伊藤博文等人的影響，進而實施測試的一環。同時，也進一步地對革命運動加強取締與鎮壓。然而，推翻清朝的氣勢並未因此被壓制下來，反而愈趨高漲。

一九一一年，四川發生保路運動，即反對將地方鐵路國有化。以此為契機，湖北省武昌的同盟會也群起呼應，新軍發動起義。武昌革命迅速地向周邊擴散，不到一個月的時間，明確表明反清立場的省份便攀升到十二個省。當時人在國外的孫文接獲「革命到來！」的消息之後即刻回國，隔年（一九一二年）一月，於南京宣布成立中華民國臨時政府，並就任為臨時大總統。

另一方面，當時於清朝內部掌控實權的人物，亦即北洋軍閥的袁世凱，他代表清朝政府，與孫文進行會談。孫文與袁世凱達成協議，只要袁能夠讓清朝宣統皇帝宣布退位，便將中華民國臨時大總統的寶座讓予袁世凱。當時孫文認為，只要強化議會的功能，制定防止獨裁統治的《臨時約法》，便能限制袁世凱的權力並削弱他的實權。就這樣地，兩百八十年來的清朝統治終於落幕，至少在形式上，中華民國得以正式走入現代共和國的體制。然而，這並不代表中國就此走向政治安定、富裕強大的康莊大道，倒是揭開了另一場嶄新的混亂局面。

由二次革命走向第三革命

一九一三年三月，在一切尚不完備的情況下舉行了國會議員的選舉。以中國同盟會為軸心的「國民黨」（孫文為理事長），以成為現代政黨為目標，在八百七十個議席之中取得四百零一席，獲得壓倒性的勝利。黨內開始醞釀以實質上的領導者宋教仁為總理，組織內閣。然而，袁世凱為了建設強大的現代化國家，聽取美國政治學者古德諾（Frank Johnson Goodnow）的意見，主張中央集權的強人政治為必要之手段，積極地強化自身權力。不久，袁世凱派刺客暗殺宋教仁，壓制國民黨。以此為契機，一九一三年七月，國民黨發起打倒袁世凱的運動（二次革命）。但是，由於南京陷落，國民黨內部分裂，最後仍舊以失敗告終。

一九一四年，孫文組織「中華革命黨」，試圖重振革命勢力，但是眼前的狀況十分嚴峻。〈中華革命黨宣言〉對於當時的狀況有著以下的敘述：「談及將來事業，意見紛歧，或緘口不談革命，或期革命以十年，種種灰心，互相詬誶，二十年來之革命精神與革命團體，幾乎一蹶不振，言之不勝慨嘆！」[1]

於此狀況下，袁世凱強制解散國會，並於一九一五年廢除共和，恢復帝制，自稱中華帝國皇帝。各地雖然馬上展開反袁、反帝制的護國運動（第三革命），但袁在一九一六年尚未登基前便告病逝。然而，向來被視為大反派的袁世凱，在近年也出現不同的評價，將其視為以實現「富強、統一中國」為目標的實力派領導者。因為確實在極度混亂的狀態下，企圖推行民主主義的政治制度，或許在一開始就是一個「極為困難的課題」。

袁世凱的後繼者段祺瑞組織了北京政府的內閣，而孫文則在廣東成立了軍政府（一九一七年）。當時各地也有馮國璋、張作霖、馮玉祥等地方軍閥紛紛樹立各自的政權，亦即成為「軍閥割據」之狀態。然而，若以民眾的角度來看，辛亥革命前後的狀況似乎與自己毫不相關，宛如是另一個世界所發生的事情。當時在西北地方的農民回顧：「王朝崩壞的時候，我們什麼也不曉得。總之，在我們村子裡，沒有人知道革命這回事。所有的事情都跟往常一樣，農民也如同往常一樣的困苦。」[2]

五四運動＝「民眾力量」之胎動

當屬於士大夫革命的辛亥革命成果陷於泥淖之中，另一處革命的新芽正在萌生。種下新芽的正是中國青年們，他們在五四新文化運動（廣義的五四運動）之中，提出各式主張，希冀中國能有所改變。一九一五年，日本政府向北京政府提出「對華二十一條」要求。日本在吞併韓國後，為拓展在中國之權益，要求繼承德國在山東省享有的特權、擴大日方在南滿洲的鐵路、土地之租借權，以及提出袁世凱政權必須雇用日本人顧問等，對中國而言，實為喪權辱國之要求。

俄國革命

同年，《新青年》雜誌創刊，集結青年們憂國憂民之聲，最初計畫發行一千本左右的數量，在短短的一、二年內，發行量急增到一萬五千多本，成為全國青年們的愛讀刊物。創辦者是北京大學教授陳獨秀，積極地引進西歐民主、自由、平等等思想，藉以鼓舞青年學子們。在刊物中，也聚集

陳獨秀　一八七九～一九四二，中國共產黨首任總書記。

了原為無政府主義者，不久後便傾向馬克思主義的李大釗、左翼作家魯迅、自由主義者胡適以及作家巴金等抱持各式不同思想的人們，並推崇儒家保守主義所批判的「民主與科學」。毛澤東在歷史舞台上的初次登場，便是在一九一七年於《新青年》發表〈體育的研究〉，並在湖南創設「新民學會」，提倡「湖南自治」、「湖南共和國」。

於此時期，發生了兩個重大事件。一是一九一七年的俄國革命，一是一九一九年的五四運動（狹義的五四運動）。青年們一方面對於歐美的民主主義產生共鳴，另一方面卻也因為歐美列強侵略中國而感到矛盾。此時，俄國推翻帝制，建立勞動者政權，迅速地擄獲青年們的心。如同前述，其中最為推崇俄國革命成果的便是李大釗。他於一九一八年的〈庶民的勝利〉、〈布爾什維主義的勝利〉文中，如下所述地強力主張：

「〔第一次世界大戰〕是『大〇〇主義』與民主主義的戰爭，結果顯示，民主主義大獲全勝。且，民主主義的勝利便是庶民主義的勝利」、「這回能夠取得勝利，並不是因為協約國的武力，而是世界人類的新精神；並不是因為某國的軍閥政府或是資本家政府，而是全世界的庶民」、「布爾什維克主義實際上就是民眾運動的一種」、「俄國革命的方式正是二十世紀式的革命，二十世紀的民眾運動便是將世界人類全體集合為一個大民眾的運動」。俄國革命以及其中的思想體系、馬克思—列寧主義，迅速地在中國青年的心中擴散開來。

中國共產黨之誕生

在中國，馬克思—列寧主義的傳入，並非是對純粹的工人革命產生共鳴，而是因為接受了其中被壓抑者＝被壓抑民族的解放之理念構圖。實踐此一理念的，便是五四運動。起因為第一次世界大戰後，在巴黎凡爾賽宮召開的巴黎和會中，撤銷了將原本德國在山東省享有的諸多權益歸還中國的要求，並將之讓予日本。當時北京的青年學生獲知此消息，發起抗議行動，最後擴及全國各地，成為全民的愛國運動。五月一日，聞知消息的學生們聚集在天安門廣場，高喊「撤銷二十一條要求」、「還我青島」等訴求，並嚴厲地抨擊當時被視為親日派的交通部長曹汝霖、前駐日公使章宗祥與陸宗輿。

此運動不久後演變為熱烈地反日愛國運動，反日熱潮遍及上海、漢口、長沙等，南及廣東省，北至黑龍江省等全國二十幾個省份，共有一百多個大、中、小城市，數千萬的學生、工人、商人、教師、農民、軍人參加。抗議的結果，北京政府不得不拒絕在條約上簽字，同時，也認識到民眾運動的力量。

五四運動後，青年們對於重視勞工、農民階層的社會主義、共產思想產生共鳴，以這些青年為中心，民眾運動大大地擴散開來。更進一步地，在各地出現了社會主義研究會，一九二〇年在上海、北京、武漢、長沙、廣州、濟南成立「共產主義小組」。五四新文化運動的旗手陳獨秀便是在此時期轉向，成為馬克思主義者，最初的論文便是以「勞動者的覺悟」為題進行論述。

一九二〇年十月於長沙舉行的、慶祝俄國革命三周年的遊行活動，毛澤東透過其遊行的經驗表示，「從那個時期起，我開始確信，組織群眾運動的政治力量，能夠保證實現有效的改革」，[31]

步一步傾向激進的階級鬥爭論、先鋒政黨論、群眾運動與組織論的共產主義。一九二一年七月，在蘇聯共產國際的直接指導下，中國共產黨正式誕生。創立之初，全國只有黨員五十七名，第一次黨代表大會的參加者也只有十三名。

革命主體的變化

受到俄國革命及五四運動強烈影響的人，並不僅止於共產主義者。對於歷來都是以菁英革命為核心的國民黨、孫文，也受到了強大的衝擊。然而，孫文在五四運動時期並沒有太多的發言。這或許暗示了孫文的內心，在思想、政治指導上的糾葛。但是，不久後，孫文出現了與他向來的理論完全不同調的主張。例如一九二一年，在他給犬養毅的書信中有著如下的敘述：

「歐洲大戰以來，世界情勢已有巨大的轉變。……因為出現了一種新的世界勢力。這個勢力究竟為何？它使全人類中的被壓迫者覺醒過來，並奮起抵抗強權。……在歐洲當中，只有俄國是被壓迫者的核心，在亞洲則是印度與中國。……中國的革命，將成為歐洲列強最不想看到的事情。」（《孫文選集》）

與過去孫文的思想相比較，明顯地可以看出，他對於革命主體的認識之變化。

關於革命的方針，孫文提出了兩個重大的轉換方向。一個是明確地決定「聯俄、容共、扶助農工」。至此之前，孫文的革命戰略，基本上是「先知先覺」的菁英革命，由少數者發起運動，十分仰賴軍人及菁英階層。關於國際也有「日中提攜」的論述。與蘇聯聯手、允許共產主義的加入、依賴工人及農民等廣大民眾的力量來實行革命運動，這樣的基本戰略，確實可以說是十分重大的轉向。另一個轉變便是，國民黨組織內部大膽的改組。孫文認為，國民黨必須由過去與舊菁英階層掛鉤的政黨，蛻變為現代的革命政黨，而布爾什維克（蘇聯共產黨）正是其效法的典範。

孫文由俄國迎來共產國際代表鮑羅廷（Mikhail Markovich Borodin），使其擔任國民黨的最高顧問，並集中黨中央的權力，建立相當於紅軍的國民革命軍，設立軍官學校等，在許多作為上都仿效著蘇聯式的革命組織。因此，中國共產黨與中國國民黨，其實可以說是「同父異母的兄弟」，共通的父親為布爾什維克，母親則分別為共產主義與三民主義。新誕生的共產黨，無論是在規模上或是經驗上，都比不上國民黨。然而，直至一九四九年為止，中國革命的角力賽中，這兩股政治勢力有時相互聯合，有時又激烈地對戰，以此為中心刻造出往後中國革命的軌跡。

如果讓我們將討論的目光從當時飛躍至現在的時間點，將中國與臺灣的關係追溯到國民黨和共產黨的歷史來看，也是十分有趣的現象。國共兩黨一方面相互厭惡、對戰，一方面卻又是「能夠對話的對象」。

從孫文到蔣介石

從根本上改組過後的國民黨，於一九二四年一月，召開第一次全國代表大會。會中，黨內將「救國」與「救民」（亦包含依據民眾的力量）這兩個觀念完全結合在一起。該次大會的宣言主張如下：「故國民革命之運動，必恃全國農夫、工人之參加，然後可以決勝，蓋無可疑者。……質言之，即為農夫、工人而奮鬥，亦即農夫、工人為自身而奮鬥也。」

在此之前的一九二三年六月，中國共產黨召開第三次全國代表大會，在共產國際代表馬林（Henk Sneevliet）的強力指導下，通過採取「國共合作」的方式。這是依據一九二二年，共產國際極東諸民族大會上通過的殖民地、半殖民地組織反帝國主義統一戰線之方針，讓共產黨員得以保留黨籍，以個人身分加入國民黨形式的「合作」。半年後（一九二三年一月），發表〈孫文、越飛聯合宣言〉，與蘇聯的聯合、合作關係據此更加明確化。如此一來，就能明白當時中國共產黨如何在蘇聯、共產國際的強力指導下，確定運動的方針與推動。

一九二四年十一月，孫文發表〈北上宣言〉，為謀求全國的統一與建設，提議召開國民會議。關於日本的行動方面，孫文前往神戶發表「大亞洲主義」的知名演講，針對日漸強大，懷抱著強烈擴張主義的日本，今後該如何作為之議題，提出反問：「究竟是要作西洋霸道的鷹犬，還是要作東洋王道的守護者。」然而，孫文於隔年（一九二五年）三月病倒，只留下「革命尚未成功，同志仍須努力」之遺訓，便撒手人寰。這位領袖兼具理想主義與現實主義、潔癖與汙濁、堅決的信念與柔軟的思維等特質。但是，在孫文逝世後的國民黨，其混亂的程度愈加嚴重。孫文的左右手廖仲愷被暗殺、汪精衛與蔣介石的對立、最高顧問鮑羅廷的解職，以及黨內右派對於國共合作的反對等問題，都漸漸地浮出檯面。

在這段期間，擔任黃埔軍校校長的蔣介石，一步步地擴大其權力基盤。一九二六年七月，蔣介石任總司令官，組織約十萬名的國民革命軍，遵循孫文遺訓，展開「北伐」。北上的國民革命軍，在湖南省會長沙兵分兩路，分別由湖北（武漢）方面以及江西（南昌）方面，朝上海前進、會合。（參見左方之「第一次、第二次北伐路線圖」）途中平定了地方軍閥，而工人運動以及農民運

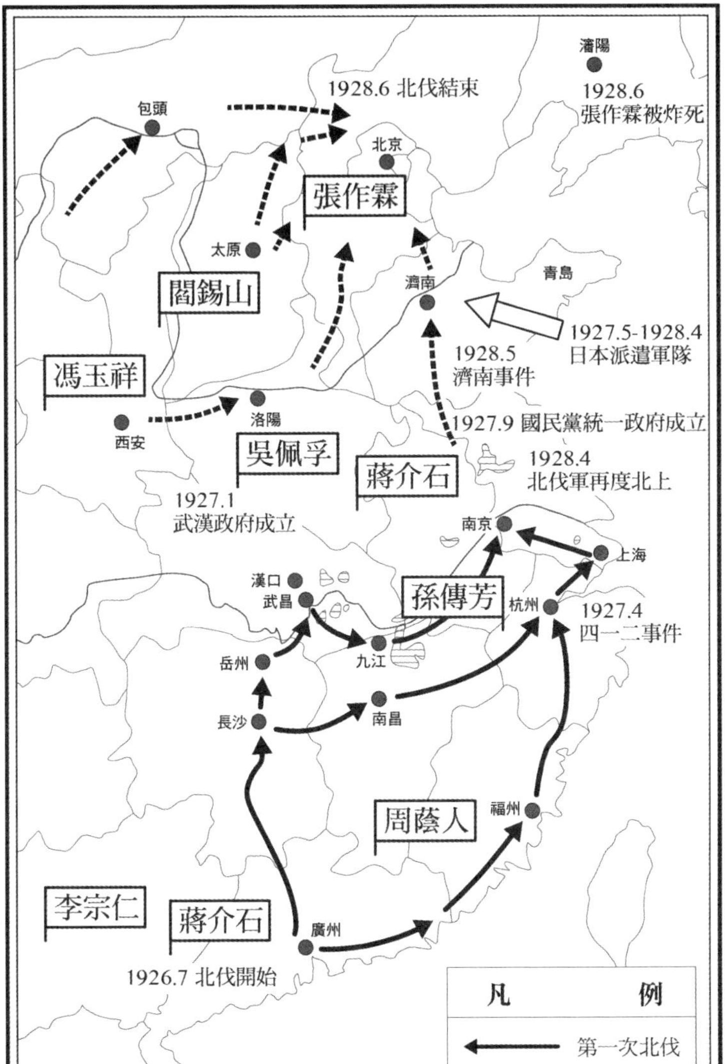

第一次、第二次北伐路線圖

閻錫山　一八八三～一九六〇，山西軍閥的首領。

動，也出現前所未有的活躍狀態。在都市的工人頻頻發起武裝運動、反帝運動；而在農村，主張沒收地主、富農土地及財產的鬥爭運動也逐漸增多。如此一來，對於工人、農民運動的不安心理，使右派的危機意識升高，進而與因農工運動而強大的左派勢力之間的對立更加顯著。

日本的侵略與救國主義

蔣介石與汪精衛兩人，皆與日本關係匪淺。蔣前往日本留學，於一九〇九年以士官候補生的身分進入日本陸軍。期間於東京加入中國同盟會，後來成為黃埔軍校的校長，於軍事方面支持著孫文。孫文逝世後，擔任國民革命軍總司令，指揮北伐。汪精衛是蔣介石的前輩，留學於日本法政大學，期間亦加入中國同盟會。蔣介石在儒教的傳統思想下，秉持著「救國、愛國」的觀念，汪精衛則是激進的左派思想家。然而，汪精衛直至最後都對日本抱持期待，於一九四〇年建立親日派的南京國民政府，以中國的官方角度而言，時至今日汪精衛仍被視為「大漢奸」，而蔣介石的歷史地位則因其民族領導者的身分，獲得重新評價的機會。

北伐途中，國民黨分裂為左派與右派，身為右派代表的蔣介石對國共合作表示批判，一九二七年四月，於上海虐殺大量的工人及左派領袖（四一二事件）。另外，由於共產國際的指導錯誤等因素，使得第一次國共合作崩壞，國民政府在蔣介石的領導下再度回到統一的狀態。蔣介石將廣西的李宗仁、山西的閻錫山、陝西的馮玉祥等大軍閥收編在自己的勢力之下，一九二八年六月進入北京城，完成北伐。東北軍閥張作霖被日本關東軍預埋的炸藥炸死，其子張學良於一九二八年十二月，歸順蔣介石。如此一來，除了共產黨所統治的農村地區以外，蔣介石可說實現了全中國的「統一」。

一九二八年八月，國民黨於南京召開第二屆五中全會，宣布正式進入孫文所提出的革命三階段論（軍政→訓政→憲政）中的第二階段。此外，基於孫文「五權憲法」的構想，在立法、行政、司法之外，增添考試與監察，實施「五院制」。財政方面，改革幣值、統一貨幣、殖產興業、推行新的鄉村建設等，邁向現代化國家、經濟建設的政策也正式展開。在對外關係方面，則是開始回收利權，例如撤廢治外法權以及恢復關稅自主權等。

然而，在一九二九年三月國民黨第三次全國代表大會中，將李宗仁、白崇禧等反蔣人物逐出黨中央的決定，引發不滿，因而展開反蔣戰爭。不久，馮玉祥、閻錫山等重要人物也加入反蔣陣營，直至一九三〇年九月為止，黨內持續著混亂不堪的狀態。此外，又有一九三一年的滿洲事變（九一八事變）、一九三二年「滿洲國」成立、上海事變（一二八事變）等，日本的侵略逐漸激烈，利權回收運動也無法順利進行。

無論如何，蔣介石所推動的國民革命，雖然以共產黨「反革命」的見解來說，有其不恰當的一面，而且蔣介石的獨裁化也是不可迴避之事實，但國民革命仍舊是以「救國主義」為軸心，應該被視為謀求自立自強、民族復興的民族主義運動。

毛澤東的農村革命

從蔣介石強力鎮壓，因苦於生計而投入反抗運動的工、農，以及他維護資本家、地主與既有富裕階層利益之行為看來，其輕視「救民」的思想觀點，顯而易見。一九二七年，國民革命分裂，第一次國共合作瓦解之後，共產黨本身在往後方針的訂定上，其內部的對立及混亂也逐步加深。受到共產國際強烈影響下的黨中央，將國共合作失敗的責任歸咎於陳獨秀，陳獨秀因而失勢。其後，以都市、工人為中心進行武裝鬥爭，致力於建立都市公社。雖然歷經南昌暴動以及廣州公社的建設，卻因為蔣介石壓倒性的軍事掃蕩而接連慘敗，最後失去原有的勢力。

農村根據地理論

另一方面，在一九二七年湖南秋收暴動的失敗後，毛澤東將革命的重點明確地轉移至農村。毛推動革命的方式，特別是以貧困的農民為基礎，加以組織並創立武裝集團（依靠民眾的力量），打倒地主、鄉紳等既有的統治階層，將其土地及財產分與貧農（救民），可以說是創立了以貧農為中心的新農村政權。對此時期的毛澤東而言，在被國民黨及地方軍閥、地主勢力包圍的狀況之下，光是思考該如何依靠民眾的力量，一面救濟民眾，一面度過眼前的困境並擴大自己的勢力，恐怕就已經焦頭爛額，更不用說是否還有餘裕去考慮該如何救國的問題。一九二七年末，毛澤東以湖南及江西省境的山岳地帶——井岡山為最初的根據地。關於當時的狀況，毛回顧如下：「我們一年來轉戰各地，深感全國革命潮流的低落。……紅軍每到一地，群眾冷冷清清，經過宣傳之後，才慢慢地起來。和敵軍打仗，不論哪一軍都要硬仗，沒有什麼敵軍內部的倒戈或暴動。馬日事變後招募『暴徒』最多的第六軍，也是這樣。我們深深感覺寂寞。」4

但是，如同本書第一章所述，毛澤東是以「誘敵深入」的游擊戰、土地分配鬥爭以及農村根據地理論，才逐步地擴大農村的「解放區」。綜觀一九二九年至一九三一年的擴大情形，除了在湖南、江西、福建省境一帶建立中央根據地（蘇區）以外，在福建、浙江、江西的省境以及廣西省（今廣西壯族自治區）左右江地區等，大大小小約有十五個地域，亦建立由共產黨指導的農村根據地。在這些地區創立勞農蘇維埃政府，實施土地革命，沒收地主、富農的土地財產，將之分配給貧農。這個革命，徹底改變舊有農村內部由鄉紳、地主及土豪掌控地方政治、經濟、社會的權力結構，屬於激進的革命，其思想正是所謂的「救民」、「依靠民眾的力量」。

農村根據地逐漸擴大，據說設立蘇維埃政府的縣，在一九三〇年五月已有一百零三縣，一九三一年七月則有一百八十三縣，一九三二年初到達兩百五十縣左右，至一九三三年末增加到三百八十一縣。一九三二年八月，蘇區約占中國本土十八個省份面積中的六分之一，亦即日本面積的兩倍大小。5當然，在戰爭的情勢下，統治地區有擴大或縮小的變化，在其他資料上也記載，於江西一帶的中央根據地，估計僅有五萬平方公里、兩百五十萬的人口。即便如此，一九三一年十一月，中國共產黨建立「中華蘇維埃共和國」的臨時中央政府，以江西省瑞金為首都，由毛澤東任政府主席，制定憲法及其他重要法規，勉強可說是已將國家體制整頓完備。

英雄式長征

然而，在華南地區，依據毛澤東的方式擴大農村根據地的狀況，在三個方面受到了深刻的打擊，最後在一九三四年秋天，不得不放棄中央根據地，展開了無止盡的長征之旅。來自三方面的打擊，第一方面是革命勢力本身的主體性問題。就算存在著「解放區」、「共產黨組織」、「勞農蘇維埃政府」、「紅軍」等組織，但若要滿足領導者們的希望，要求完全不諳革命教育、組織規則的貧農，在奪取地主、鄉紳、富農的財產與土地後，還能持續投入革命運動，是極為困難之事。最常見的現象反而是逃亡、脫離或是叛變等。第二方面則是蔣介石對「解放區」執拗的攻擊行動。對蔣介石而言，各地方的實力者已經被收編到自己旗下，接下來的目標，當然就是共產黨的農村根據地。

整體而言，當時中國的狀況，接連有著山東出兵（一九二七年、一九二八年）、滿洲事變（一九三一年）、上海事變（一九三二年）、「滿洲國」成立（一九三二年）等，顯示日本對於中國攻擊與侵略的意圖已經越來越露骨。在此情勢下，蔣介石決定採取「先安內、後攘外」（先安定國內局勢，再掃除外患）的方針。亦即對於共產勢力的包圍討伐。由第一次（一九三〇年十二月）的圍剿戰開始，其規模漸次擴大至第二次（一九三一年三月）、第三次（同年七月）、第四次（一九三二年六月）。相對地，毛澤東則是以拿手的游擊戰術，持續著頑強的抵抗。

第三方面的打擊則是來自於共產黨中央內部，毛澤東在根據地內部的軍事指揮權遭到剝奪，使他的戰略無處發揮。一直以來共產黨都將據點設於上海，因為蔣介石的攻擊，不得不移轉到江西省的中央根據地。移轉的過程至一九三三年一月才宣告完成。黨中央的權力由王明、秦邦憲等「留蘇

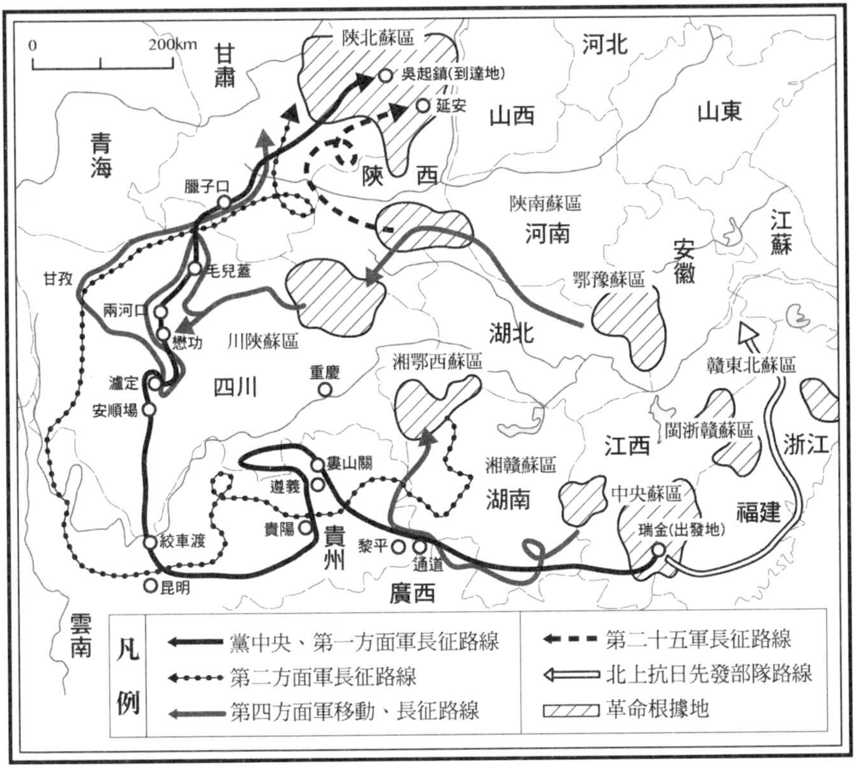

革命根據地與長征路線

派」人士所掌握，他們在移轉的過程中，批判了毛澤東的土地革命及軍事戰略方式，使毛在一九三二年八月失去了軍事指揮的權力。另外，此時的鄧小平則如前述，因為身為支持毛澤東戰略集團（羅明路線）的一員而被批判、攻擊，接受「最嚴重的警告處分」，被「解除黨內所有職務」，因而失勢。

「留蘇派」批判毛澤東「敵進我退、敵駐我擾、敵疲我打、敵退我追」的游擊戰術太過消極，主張以正規戰、陣地戰迎敵，「組織一百萬人的軍隊、建設要塞」。蔣介石的軍隊於一九三三年十月展開了第五次的圍剿戰役。以新組織的九十萬人軍隊，加上兩百架戰鬥

中共中央政治局委員：毛澤東、張聞天、周恩來、朱德、陳雲、秦邦憲	
中共中央政治局候補委員：王稼祥、劉少奇、鄧發、何克全（凱豐）	
紅軍總部和各軍團負責人：劉伯承（中國工農紅軍總參謀長）	
李富春（中國工農總政治部代主任）	
林彪（紅一軍團軍團長）	聶榮臻（紅一軍團政委）
彭德懷（紅三軍團軍團長）	楊尚昆（紅三軍團政委）
李卓然（紅五軍團政委）	鄧小平（中共中央秘書長）
伍修權（通譯）	
共產黨國際軍事顧問：李德	

遵義會議與會者名單　毛澤東以一九三五年一月中共中央政治局擴大會議為契機，掌握了黨內實權。

機，由蔣於陣前親自指揮。為了不被共產軍的游擊戰突襲，蔣介石採取了在要塞地區建立碉堡，封鎖蘇區，一步步地將包圍網縮小的戰術。

正規戰及陣地戰需要的是充足的兵士人數以及完善的裝備，缺乏兵力的共產黨軍隊不得不慢慢撤退。一九三四年十月，正好是國民黨部隊展開大進攻之前，共產黨終於決定放棄中央根據地，離開瑞金，踏上有著英雄之旅稱呼的「長征」。曾被稱為第一方面軍的中央紅軍，以近十萬人的兵力突破前線，卻遭遇追擊，在短短的兩個月內便減少了三萬兵力。

一九三五年一月，到達貴州省遵義的共產黨軍指揮部，召開歷史性的黨中央政治局擴大會議，也就是所謂的「遵義會議」。「留蘇派」在會議上受到批判，增補毛澤東為中央政治局常委，毛實際上掌握了實權。

抗日戰爭體制之形成

毛澤東的崛起與日本對中國的侵略，在時間軸上幾乎是同時並行，可以說是「歷史的偶然」。然而，毛卻諷刺地說道：「多虧日本的侵略，我們才能夠建立新中國。」、「日本是我們的反面教師。」或許正如毛所言，毛澤東、共產黨勢力的擴大與抗日戰爭之間，存在著無法切割的關係。接下來，讓我們來看看中日戰爭。在「滿洲國」成立之後，日本在一九三三年侵占熱河，簽訂《塘沽協定》；一九三五年商定國民黨軍撤退出河北省之後，謀求華北分離而簽訂《何梅協定》（梅津．何應欽協定），並成立冀東防共自治政府，可說是以強硬的方式推動其侵略計畫。另一方面，多數的知識分子、市民、學生在各地自發性地發起「反日抗戰」的運動。

例如，由孫文的遺孀宋慶齡女士為中心，集結四十多個抗日團體而成的「國民禦侮自救會」，抗議一九三三年的熱河攻擊、侵占事件。一九三四年組成「中華民族武裝自衛委員會」，並發表由三千人署名的《中國人民對日作戰基本綱領》，抗日的氣勢高漲。一九三五年，因華北分離、日本的擴大侵略，使得抗日聲浪更加激烈，不久，高喊著「反對華北自治政府」、「打倒日帝」、「停止內戰、一致抗日」等口號的大規模抗議運動在各地登場，「一二．九運動」可以說是這一系列活動的最高潮。在此時間點，由年末至隔年初，全國各地紛紛有學生、婦女、文化界等各界人士成立「抗日救國會」，最後於一九三六年五月，全國二十幾省七十多個團體統合為「全國各界救國聯合會」。由這一連串民眾自發性的行動來看，可說是從社會的基層開始發出「救國」的呼籲，這股無法抑止的浪潮大大地撼動了歷史。

國民黨與共產黨，過往持續推動中國革命運動的兩股勢力，如何回應民眾的運動？蔣介石所領導的國民黨，仍舊不改「先安內、後攘外」的基本方針，並試圖壓制民眾的抗日運動，對日本持續採取綏靖對策。另一方面，共產黨勢力離開瑞金後，一邊承受著蔣介石軍隊的激烈攻擊，一邊從西部內地往西北移動，是趟「生死未卜的行軍」征途。因此，對於共產黨而言，恐怕不是思考該如何應對各城市中高漲的抗日運動的時候。不過，當時人在莫斯科的「留蘇派」王明，則是為中國帶來了新消息。

一九三五年七月，在莫斯科召開共產國際第七屆大會，會中為了對抗日漸壯大的日、德、義的法西斯主義，群起呼籲應該結成世界規模的反法西斯主義統一戰線。王明以此觀點為基礎，並根據由中國獲知的最新情報，以中華蘇維埃政府、共產黨中央的名義，於同年八月一日發表〈為抗日救國告全體同胞書〉（亦即〈抗日八一宣言〉）：「近年來，我國家、我民族，已處在千鈞一髮的生死關頭。抗日則生，不抗日則死。……我們能坐視國亡族滅而不起來救國自救嗎？不能！絕對不能！……同胞們起來：為祖國生命而戰！為民族生存而戰！為國家獨立而戰！為領土完整而戰！為人權自由而戰！大中華民族抗日救國大團結萬歲！」

此種「以救國為最優先」之觀點，在第一次國共合作瓦解以來，對於以一向秉持著階級鬥爭、勞農蘇維埃建設為基本方針的共產黨本身來說，確實是十分重大的轉變。

西安事件之發生

面對如此大的轉換，毛澤東本身又是如何應對？細讀資料後可以推知，毛雖然同意「抗日八一宣言」的宗旨，但並不表示他完全接受其行動方針。例如，「抗日八一宣言」為了具體地打造出抗日之體制，提出必須盡速設置「單一的全國的國防政府，以及單一的抗日聯合軍隊」之方針。更進一步地來說，「此抗日聯合軍是由所有以抗日救國為目標的部隊組織而成，在國防政府的主導下組織總司令部」，而共產黨軍隊也必須納入其指揮。

然而，對毛澤東而言，以「單一政府、單一聯合軍隊」進行抗日的構想並不可行。當時可以說是共產黨與蔣介石之間的「生死之戰」，若是採納這個構想，在客觀上來說，便是納入蔣介石的勢力之下，同時也就意味著根據地已死。因此，在一九三六年九月，毛澤東主張：「國防政府與抗日聯合軍隊，必須以蘇維埃政府及紅軍為最高的基本綱領，而不是藉由與其他的政權及武裝勢力締結政治、軍事協定，與其混合。……如此一來，蘇維埃及紅軍的勢力便絕對不會被削弱。」

處於相對立場的蔣介石，與毛澤東有同樣的想法。一九三六年七月，沈鈞儒、章乃器、陶行知、鄒韜奮四位著名的知識分子，希望國共兩黨停止內戰，要求蔣介石調整「先安內、後攘外」的政策。相對地，蔣介石回應：「最近半年來的對外情勢，尚未到達和平無望的時期。」顯示他對日本仍採取外交交涉優先的方針，並接著說「目前最大的敵人是共產黨」、「對怠於攻擊共匪，輕率地叫喊著抗日的人物，應加以制裁」，駁回了他們的諫言。十月，蔣介石決定動員二十個以上的師團，對共產黨進行第六次圍剿；並在十一月以「組織非法團體、企圖結交赤匪以顛覆政府」的罪名，逮捕、監禁七名知識分子，包含上述四位。亦即所謂的「抗日七君子事件」。

當時的環境背景，正是由於毛的「保持根據地」與蔣的「先安內、後攘外」之堅持，兩者產生種種相互摩擦與衝突的後果。這也是一九四六年以後爆發國共內戰的最大要因。但是，先不論兩者各自所持之執念，在「救國」的巨大浪潮之下，即便是毛、蔣如此擁有強烈個性的領導者之主張，也被吞噬殆盡，並將歷史大大地翻轉了過來。一九三六年十二月初，「討伐共匪」的正、副司令官

張學良　一九〇一～二〇〇一，奉系軍閥張作霖的長子，西安事件的主導者。

張學良、楊虎城，向至西安視察的蔣介石「淚諫」，提出「停止一切內戰、釋放愛國領袖與政治犯、召開救國會議」等八項要求，但卻遭到蔣嚴厲地駁回。諫言不被採納的結果，讓張、楊痛下決心。他們在十二月十二日，軟禁當時在西安郊外華清池靜養的蔣介石，迫其再度抗日。即為有名的「西安事件」。

聞知「蔣介石遭逮捕」消息的毛澤東喜不自勝，表示「應立即處刑」。但在不久後，卻透過宋慶齡接到史達林要求「釋放蔣介石」的電報，據說毛澤東氣得直跺腳。[6]蘇聯認為，此一事件是由於張學良陣營內日本間諜的陰謀所導致，因此必須迅速解決，並表態反對對蔣處刑。美、英方面，則是希望蔣與張、楊達成妥協，並要求維持蔣的領導地位。中國國內將張、楊二人的行動視為愛國之舉，舉國上下充滿著對他們的壓倒性支持與同情。因此，蔣介石表明接受「八項提案」的意願，獲得釋放。

往後幾經波折，一九三七年，共產黨的蘇維埃政府成為中華民國特別區（陝甘寧邊區）政府，紅軍改稱為國民革命軍第八路軍；國民黨則通過「根絕赤禍案」，形式上是因共產黨勢力「屈服」而停止攻擊，第二次國共合作關係正式開始。同時該年七月七日發生「盧溝橋事件」，中日進入全面戰爭的局勢。

抗日戰爭與共產黨之擴張

從盧溝橋事件至隔年（一九三八年）左右，日軍攻勢日趨猛烈。一九三七年八月，發生第二次上海事變（八一三事變），由於中國軍隊頑強地抵抗，使原本只有兩個師團的日軍增派至九個師團，並於兩個月後攻占上海。幾乎在同一時期，日方的「華北方面第一軍」沿著京漢鐵路（北京—漢口），第二軍順著津浦鐵路（天津—浦口）開始南下。蔣介石早一步察覺到危機，於十一月二十日，將首都由南京遷往武漢。十二月，占領上海的「華中方面軍」五萬士兵，不費數日時間便進占南京。接著便發生今日仍舊議論紛紛的「南京大屠殺」慘劇。

南京大屠殺的慘劇

關於屠殺的人數，眾說紛紜，有四萬人說（秦郁彥）、五至六萬人說（拉貝日記）、十一萬九千人說（遠東國際軍事裁判判決）、三十萬人說（中國的官方數字，恐怕也包含戰死者）等，姑且不論哪一個說法才最貼近真實的數字，在南京發生大規模的屠殺是不容否認的事實。

一九三八年一月，近衛內閣發表聲明：「今後將不以國民政府為敵，而是協助新政府的成立謀求解決之道。」並在二月的御前會議上決定「戰線不擴大方針」。但是日軍的攻擊仍然如同洶湧怒濤，未曾停息。一九三八年五月攻陷北京至廣州之間的要塞——江蘇省的徐州，十月進攻戰時首都武漢，緊接又攻下廣州。日軍將大量優質的兵力，集中在連結主要都市的重要鐵路上，希望以速戰速決的方式進行。這樣的作戰策略，於戰爭初期便展現了豐碩成果。中國方面也開始動搖，例如國民黨的汪精衛，對於近衛內閣的聲明寄予和平的厚望，並呼籲停止抗戰，與日本進行和平交涉。

毛澤東在延安　一九三七年在延安時的毛澤東和周恩來。

然而，整體而言，中國對日抗戰的氣勢並未消沉。蔣介石為抗戰做準備，將首都遷往四川省內地的重慶地區。而以黃土高原內地的延安地區作為據點的共產黨勢力，則展開以西北、華北為中心的抗日游擊戰。一九三八年五月，毛澤東發表著名的《論持久戰》，提出以抗日戰爭的基本認識及長期戰為前提的戰略論點。毛澤東釐清敵強我弱的關係，將抗日戰爭的基本對戰守則分為三階段：（一）敵之戰略進攻、我之戰略防禦的時期；（二）敵之戰略保守、我之準備反攻的時期；（三）我之戰略反攻、敵之戰略退卻的時期，依此階段戰略邁向勝利的道路。在毛澤東的敏銳分析下，認為一九三九年九月左右將會進入第二期的對峙階段；一九四二年左右開始第三階段，也就是「要在抗日戰爭中取得勝利的最後階段」。雖然在現實上，因為有著後述的內部因素導致對峙階段延續至一九四四年的下半年，但毛澤東的戰略判斷依舊令人驚嘆不已。

軍與黨組織的擴大

若要問抗日戰爭的最大特徵為何，那便是民眾的組織化以及動員的狀態。關於此點，毛澤東斷言：「戰爭威力中最強大的根源就在民眾之中。日本之所以輕視我們，主要就是因為中國的民眾呈現無組織的狀態。要是我們能夠克服這一點，日本侵略者就……如同飛奔向火海的野牛一般……必死無疑。」另外，共產黨勢力也透過抗日戰爭獲得強大的力量，面對掌握「點」與「線」的日軍，共產黨則是以廣大的農村為「面」，推進民眾的組織化。

讓我們來試著看看此一時期共產黨軍隊擴張的狀況。首先，在「長征」結束後，於一九三六年初，在西北地方重振旗鼓的主力部隊約有一萬人左右。在共產黨指揮下的軍隊，除了由中央紅軍所改編而成的國民革命軍第八路軍之外，尚有新四軍（一九四三年又組成華南抗日縱隊），一九三七年時合計約有九萬二千人，一九三八年倍增至十八萬一千七百人，一九三九年持續成長到三十二萬人，至一九四〇年時則壯大到五十萬人。可惜好景不常，遭到日軍及國民黨軍隊的掃蕩攻擊，一九四一年兵力減少至四十四萬人，一九四四年則為四十七萬人。為了阻止共產黨的擴張，發生新四軍事件（皖南事件），當時在安徽省南部的新四軍受到突襲，其主力部隊遭到殲滅。新四軍事件顯現出國民黨執拗的反共主義。儘管如此，在抗日戰爭結束前後，共產黨的兵力再次獲得發展的空間，一九四六年爆發國共內戰時，兵力已經膨脹至九十萬人。

共產黨組織在一九三四年長征前尚有三十多萬人，經過第五次圍剿戰及長征之後，人口銳減。其後逐漸恢復，一九三七年時有四萬多人，一九三八至一九三九年，於陝西（陝）、山西（晉）、河北（冀）、河南（豫）、山東（魯）的山岳地帶建設根據地。在河北一帶成為日軍重要對戰的敵手。在獲得如此廣大的地區後，黨員人數在一九四〇年迅速攀升至八十多萬。後來，共產黨組織和軍隊一樣，都受到國民黨軍隊和日軍分別的掃蕩與包圍攻擊，一九四二年人數減少至七十萬三千人。但在一九四四年則超過九十萬人，到了一九四五年五月第七次黨代表大會時，已達一百二十一萬人。

汪精衛與東條英機 一九四二年汪精衛（右三）前往東京會見日本首相東條英機（左三）。

軍隊與黨的組織擴大幾乎是並行的速度，共產黨統治的地區（邊區）也持續擴張。抗日戰爭前，因為蔣介石的攻擊而幾近毀滅狀態的「解放區」，在抗日戰爭日漸激烈的同時，共產黨也在全國的農村、邊境地區進行建設。一九三七年至一九四一年間，以黨中央陝甘寧邊區為首，在華北、西北的晉綏（山西、綏遠）、晉察冀（山西、察哈爾、河北）、晉冀豫（山西、河北、河南）、晉冀魯豫（山西、河北、山東、河南）等八個省境地帶、十一個地區上建立由共產黨所統治的根據地。根據統計，一九三七年統治地區的面積為十萬平方公里，人口有兩百五十萬人；至一九四五年則急速擴大至一百萬平方公里、一億多的人口。[7]

共產黨擴張之三大原因

為何共產黨能夠以如此快的速度擴張其勢力？當然，首要的前提是日本侵略中國所造成的慘烈犧牲，激起大多數中國人悲傷、憤怒的情緒，導致抗日氣勢高漲的時代背景。共產黨擴張的第一原因，便是因為他們站在「救國」的前線，吸引了眾多愛國人士、學生、工人、農民們的目光，將之召喚到自己的陣營之下。一九三七年八月的〈抗日救國十大綱領〉以及黨中央發表的〈關於目前政治形勢與黨的任務決議〉，起身高呼打倒日本帝國主義，呼籲全軍隊、全人民總動員。毛澤東除了有前述的《論持久戰》之外，尚有

抗戰時期的鄧小平　一九三七年時任國民革命軍第八路軍政治部副主任。

〈抗日游擊戰爭的戰略問題〉（一九三八年五月）、〈戰爭和戰略問題〉（一九三八年十一月）等，對於該如何在抗日戰爭中取得勝利，有著諸多的論述與指示。共產黨設立了抗日軍政大學，以及各式抗日救國的民眾組織，延安簡直被神聖化為「聖地」，全國的青年、愛國人士紛紛前往朝聖。

共產黨擴張的第二原因，在軍事面上，共產黨也代替了國民黨，站在抗日的最前線上。毋庸贅言，國民黨軍隊也參與了戰鬥，例如在武漢陷落、重慶遷都後，面對日本的攻擊，所展開的防禦保衛戰。但是，國民黨的軍隊卻開始迴避大規模的戰事。汪精衛撇開蔣介石，在日軍的支持下，於南京成立親日派的「中華民國政府」。另一方面，共產黨軍隊的戰略則是繞到日軍陣營的後方，以游擊戰的方式擾亂日軍，成功地在抗日戰爭中生存下來。共產黨軍隊與日軍的戰鬥次數，從抗戰第一年開始的六百三十八回，第二年的三千一百二十八回，第三年的八千四百一十九回，到第四年的八千五百五十九回，年年增長，且戰況也越來越激烈。其中，以林彪所率領的「平型關戰役」（一九三七年九月），以及一九四〇年夏天在華北五省展開的「百團大戰」最為著名。此時鄧小平則是與劉伯承將軍合作，以一二九師團政治委員的身分，指揮晉冀魯豫邊區一帶的抗日行動。

共產黨擴張的第三個原因，便是因為他們提出了要在邊區（根據地）進行政治機構的民主化，以及改善人民生活的主張，並且最後能夠將之實現。想當然耳，在所謂戰爭的強大制約環境下，許多事情會因地而異，但是邊區政府在組織抗日體制的同時，大規模地納入非共產黨系的人士（「三三制」：分別給予中間派及左派三分之一的議席），組成新政權。

在經濟面上，自從抗日戰爭開始以來，過往所施行的「土地革命」雖然被迫中止，但「減租減息」（降低地租、利息）的實施降低了農民的負擔，並能進一步地展開「大生產運動」。大生產運動的目標，是希望在遭遇日軍及國民黨軍隊的封鎖攻擊時，能夠確保根據地內部的自給自足體制。其方法是動員未直接參加戰爭的幹部及軍人們，進行糧食的生產與開墾工作。如此一來，不僅可以提高邊區內的生產力，也強化了經濟的基礎。在共產黨統治地區，雖然談不上富裕，但至少是足以果腹的經濟體制，吸引了不少民眾前往歸附。原本已在瀕死狀態的共產黨，之所以能達到如此飛躍性的發展，或許正如前文所述毛澤東的評斷：一切都多虧了「日本侵略中國」的行為。這個說法，確實可謂切中核心。

自立的共產黨領導者——毛澤東

延安整風運動

若是從「領導中日戰爭人物」的觀點來看，中國抗日的最高領導者，毋庸置疑地，非蔣介石莫屬。這項事實，在前文討論「西安事件」之際，從美、英、蘇「擁護蔣介石」的立場上便能清楚地看出；而共產黨本身也表示：「我偉大的中華民族在蔣委員長的率領之下，實施共產黨與國民黨的民族抗戰政策，……最後決定奮力貢獻於偉大的、英雄式的保衛民族戰爭。」（黨中央第六屆擴大六中全會決議，一九三八年十月）此外，毛澤東雖然如前所述，在一九三五年一月時終於握有黨中央的實權，但是身為共產國際中共支部代表的王明等「留蘇派」的實力仍舊強大，毛未必是最為突出的領導人物。

然而，透過抗日戰爭，在共產黨影響力擴大的同時，作為中國革命領導者的毛澤東地位也逐漸升高，對蔣介石的權威也形成挑戰與威脅。抗日戰爭初期，毛澤東除了提出前述的戰略理論之外，也陸續發表了關於中國革命論、新中國國家論社會論等正式的論述。例如：〈中國革命與中國共產黨〉、《新民主主義論》。無論是哪一篇文章，都是以共產黨為軸心進行論述，先總括歷來的中國革命歷史，再將眼前的階段定位在新民主主義革命時期；對於未來的政權、社會建設構想，則是謀求廣大人民的團結合作；而共產黨本身，正是肩負著革命中樞的重要角色。這確實是共產黨向國民黨遞出的挑戰書，同時也是毛澤東對蔣介石權威的挑戰。因此，強力主張「三一主義」（思想為三民主義，政府為國民政府，領導者為蔣介石。也就是集中為一個主義，一個政府以及一位領袖）的蔣介石，事實上也接受了這個挑戰，正式展開「對共匪的包圍攻擊」。

面對國民黨的包圍與封鎖，共產黨的對策，除了前述的大生產運動等自力更生的路線與游擊戰以外，也同時展開了思想改造與教育運動，亦即所謂的「延安整風運動」。黨內激增的黨員，有百分之六十為農民；另外，來自大都市的知識階層及市民等則占百分之十五。這個數字意味著，黨必須在思想教育方面下不少的工夫。然而，整風運動之目的並不僅止於此。其另一個目的，是想要徹底排除氾濫於黨內的教條主義者，這些教條主義者大多遵從馬克思、列寧及史達林等的權威及文

毛澤東嶄露頭角　毛澤東在抗戰時期接連發表重要論述，其影響力與地位逐漸提高。圖為一九三九年的毛澤東。

獻。更具體地說，就是希望能藉由整風運動，削弱當時仍仰賴共產國際及史達林權威的「留蘇派」，削弱他們在黨內的影響力。

一九四一年五月，毛澤東以「改造我們的學習」為題，在延安幹部會議上進行報告。毛在會中強烈批判：「許多同志學習馬克思—列寧主義似乎並不是為了革命實踐的需要，而是為了單純的學習。……只會片面地引用馬克思、恩格斯、列寧、斯大林的個別詞句，而不會運用他們的立場、觀點和方法，具體地研究中國的現狀和中國的歷史，具體地分析中國革命問題和解決中國革命問題。」時間進入一九四二年，毛澤東接連呼籲「整頓黨的作風」、「反對黨八股」、「反對主觀主義」，並對文藝界發表〈在延安文藝座談會上的講話〉，表示就算在文藝界也要重視對於革命的工作與貢獻。

整風運動持續至一九四三年，毛澤東的權威也藉此攀升。在當時的延安，傳唱著如下的歌謠：「東方紅，太陽升，中國出了個毛澤東，他為人民謀幸福，他是人民大救星。……」[8]後來，毛澤東正式成為中國共產黨主席，過去以黨中央書記處書記的身分而擁有發言權的「留蘇派」張聞天（洛甫）被毛鬥下台，其職位由劉少奇接任。與此同時在一九四三年五月，指揮世界共產主義組織及運動的共產國際，因「各國諸問題的複雜化與……，考慮各國共產黨指導機關的成長以及政治的成熟」，而決定解散。如此一來，可說中國共產黨「自立」了，同時也確立毛澤東在黨內的權威。

日本戰敗

讓我們將目光轉移到中日戰爭的國際局面。一九四一年十二月，因為攻擊珍珠港，使得日軍的戰線大大地延長；而日本在一九四二年六月中途島海戰敗北後，在所羅門群島海戰、瓜達爾卡納爾島（Guadalcanal）海戰等戰役中也是節節敗退。陸戰方面，日軍的疲弊也日漸顯著。一九四一至一九四二年，蔣介石在攻擊共產黨上有不錯的成果，於一九四三年初，發表〈中國的命運〉，分析國內外局勢，並提出往後在中國的國家及社會建設事項。相對地，毛澤東批判蔣「反共主義、反自由主義」，於一九四五年五月戰爭結束前，發表《論聯合政府》，針對蔣的構想主題，提出不同的建議與對策。

《論聯合政府》的發表場合，正是睽違八年所召開第七次黨代表大會的「政治報告」上。會議上，首先是劉少奇的發言。他誇張地敘述，毛澤東同志是中國有史以來最偉大的「革命家、政治家、理論家、科學家」，並且表示「毛澤東思想正是統一馬克思—列寧主義與實踐中國革命的思想」，將毛澤東思想定位為共產黨的指導方針。

在毛澤東所報告的《論聯合政府》中，以抗日戰爭為中心，對比地描繪了兩個路線、兩個戰場以及兩個統治地區等，表示「破壞抗日戰爭，國家岌岌可危」，嚴厲地批判國民黨政權。這是自《新民主主義論》以來，又向前邁進一步的戰後構想。此外，報告中放棄向來所持「在蔣介石委員長領導下的抗日」之敘述，而採用「對等的領導者」之立場，可以看出毛澤東已做好準備，在抗日戰爭後向蔣挑戰。

中日戰爭在日軍的「三光作戰」（燒光、殺光、搶光）與中國軍隊的「堅壁清野」（當敵軍進

日本投降　一九四五年九月九日，中國陸軍總司令何應欽（左）於南京接受日軍代表遞交降書。

攻某處時，將當地的物資、糧食加以隱藏、燒壞，並撤出當地住民）作戰下，如同字面上的敘述，呈現焦土戰的狀態。由於日軍在太平洋戰事的戰果不佳，一九四四年七月，東條英機內閣總辭。自此之後，中國各地的八路軍、重整的新四軍等，開始進行局部地區的反抗行動。可惜的是，直至一九四五年八月日本接受《波茨坦宣言》確定戰敗為止，並未因中國軍隊本身的反擊行動而出現扭轉戰局的狀況。日軍的瓦解，應該是因為同盟軍的包圍攻擊以及在陸戰的長期消耗戰所導致。今日，中國估算戰爭所帶來的損害狀況，犧牲者兩千一百萬人，其中包含戰死者一千萬人，經濟損失則高達五千億美元。[9]不論其數據是否具有客觀性，對中國而言，這場戰爭雖不是「慘敗」，卻也算是「慘勝」。

蔣介石、毛澤東的兩巨頭會談

在戰局逐漸明朗的一九四五年五月，國民黨召開第六次全國代表大會。在會中，雖然明示中國已進入孫文「革命三階段」（軍政→訓政→憲政）的第三階段「憲政」時期，但在實際上，仍然只是一個構想，並且是預計由國民黨所主導的國民大會加以施行。另一方面，共產黨也幾乎在同一個時期召開了第七次黨代表大會，提出前述的「聯合政府構想」，對國民黨的提案表示反對意見。戰爭結束前的八月十三日，毛澤東發出了如下的內部指示：

「我們是不要打內戰的。但若是蔣介石無論如何都要將人民逼向內戰的話，……我們也只能拿起武器與他們戰鬥。……現在蔣介石已經在磨刀了，因此，我們也要磨刀。」

迎接戰爭畫上句點的八月，大多數的中國人在歡呼的同時，也深感可能爆發內戰的不安。再加上經濟蕭條與通貨膨脹的現象，更加深人民的躁動情緒。中國民主同盟等第三勢力，以及各個抗日民眾團體皆齊聲高喊「避免內戰、和平統一、反對飢餓」，這股熱切期望日漸高漲。基於人民的聲音與願望，八月三十日在重慶召開「蔣介石、毛澤東兩巨頭會談」，又稱為「重慶會談」，內容是關於國共和平與統一的交涉。毛在邊區政權及軍權等重要方面絲毫不願讓步，交涉陷入膠著，會談長達四十三日。最後總算在十月十日達成「雙十協定」（重慶會談紀要），確認雙方一同朝著迴避內戰與建立統一政權的方向努力。蔣介石是孫文的後繼者，向來以革命領導者的身分稱雄中國；而在重慶會談中能與蔣介石平起平坐、協商會談的毛澤東，也已經成長為能夠代表全中國的領導者，可以說是蔣介石的強敵。

重慶會談　談判期間，毛澤東與蔣介石舉杯祝賀對日抗戰勝利。

毛澤東的逆轉戰略

項目		數量	比例
兵力	共產黨	1,200,000 人	1 : 3.58
	國民黨	4,300,000 人	
地區面積	共產黨	2,285,800 平方公里	23.8%
	國民黨	7,311,720 平方公里	76.2%
都市	共產黨	464 都市	23%
	國民黨	1545 都市	77%
人口	共產黨	136,067,000 人	28.6%
	國民黨	338,933,000 人	71.4%

國共內戰全面爆發時雙方的戰力比較表

國共內戰的激化

然而，當時代表國民黨的蔣介石，以及代表共產黨的毛澤東，論及雙方的立場，前者無疑占有壓倒性的優勢地位。一九四三年十一月，為了處理戰後問題，美國、英國及中國一同召開「開羅會議」，當時與會者為美國總統羅斯福、英國首相邱吉爾，中國方面的代表則是蔣介石。美國一貫地支持蔣介石勢力，希望蔣能完成與日本的抗戰。另外，史達林預測到日本戰敗的可能，在「雅爾達會議」上決定蘇聯對日宣戰，並在戰爭落幕前夕與中國締結《中蘇友好同盟條約》，其簽署的對象並非毛澤東的共產黨政權，而是蔣介石所率領的國民黨政權。從軍事力、統治力各方面來看，如同上方圖表所顯示的規模，大致上來說，在一九四六年六月，國民黨與共產黨的勢力比率大約是從四比一到三比一的程度。

在重慶會談上，雙方都釋出了某種程度的讓步。國民黨方面承諾「政治的民主化」、「各黨派間的平等性及承認其合法性」、「政治協商會議（黨派之間協商平台）的召開」等；共產黨方面則是承認「蔣介石主席的領導」以及「在國民黨的指導下進行統一中國的建設」。儘管如此，細看會談紀要的內容，還是可以看出，對兩黨而言，實屬最重要卻也是最難解決的問題，全都被擱置下來，例如關於國民大會代表的選舉問題（以各縣、市為單位的小選舉區制度，事實上就是排除少數派的當選）、對共產黨的軍隊及解放區的政策等。一九四六年一月，為了具體實現重慶會談的協議，嘗試邁向建立統一政權的道路，在重慶召開了政治協商會議。與會人士的組成，分別是國民黨八位、共產黨七位、青年黨五位、民主同盟兩位，其他政黨及無黨派人士十六位。[10]會中通過了政府組織案、國民大會案、和平建國綱領、軍事問題案及憲法草案等，而後閉幕。自此可以看出，國民政府委員會（政府最高機關）的委員，約有半數皆非國民黨派系的人士，因此，國民黨方面也已做出一定的讓步。

然而，在各地，國共於軍事上對立的狀況則是越來越嚴峻。一九四五年十月，在「雙十協定」簽署日當天，於山西省南部一帶，開始了「上黨戰役」，可以說是國共內戰的前哨戰。當地的東西方坐落著太岳、太行山脈，南方則有黃河為障壁，為戰略要地。在此，共產黨軍僅花費三天的時間，便殲滅了國民黨派出的三分之一兵士，約三萬五千人。於此戰役中，鄧小平一戰成名。一九四五年末，為了接收、管理投降日軍，國民黨軍被大量地派往東北地方，同一時間，共產黨則在林彪的指揮下，派出東北民主聯合軍進攻，當地局勢陷入緊張的狀態。在華北各地、雲南、四川等地也接連傳出兩黨發生摩擦、鬥爭等報告。

負責戰後處理的美國派出馬歇爾，在一九四六年一月與國民黨的張群、共產黨的周恩來共同發表「停戰協定」。但是，在三月所召開的國民黨第六屆三中全會上，出現對共產黨的不信任感、拒絕民主聯合政府，以及必須強化國民黨領導權的聲音。對此，共產黨表示強烈的抗議。從三月至四月，東北地區的國共兩軍衝突愈趨激烈。此外，國際情勢的緊迫更加速了國共的對立。三月五日，英國首相邱吉爾發表著名的「鐵幕演說」，表示對社會主義陣營持有強烈的不信任感及敵意，其後逐步邁向冷戰的國際結構。此外，美國也對國民黨政府通過對中軍事援助法案。

共產黨的反擊

一九四六年六月二十六日，蔣介石動員正規軍約一百六十萬人，向共產黨地區發出了全面進攻的命令。毛澤東將這場與國民黨的戰爭視同抗日戰爭，決定以「人民戰爭」及「持久戰爭」的方式進行戰鬥，將第一階段定調為「國民黨的戰略性攻擊、共產黨的戰略性防禦」，並早在七月二十日，毛便指出「暫時放棄幾個地方、幾個都市的做法，不僅是不得不的措施，更是必要的作為」，準備在陝甘寧邊區的最大根據地進行游擊戰，並放棄延安。在同項指示中，毛也強調必須與人民大眾進行緊密地合作，盡可能地獲得民眾的支持，也要進一步地獲得國民黨內部對內戰持消極態度人士的支持。

特別是為了博取農民大眾的支持，共產黨再度展開因抗日而中止的「土地革命」，沒收地主的土地，將之分配給農民。藉此，吸引大批的貧農投入共產黨。另外，將原有的八路軍改稱為人民解放軍，再度徹底地施行「三大紀律、八項注意」，爭取民眾認同。而且在一九四六年年底至隔年年初，於北京、天津、上海、南京、開封、重慶等數十個大、中型都市中，陸續出現「反對內戰、反美愛國」的示威遊行，參加人數多達五十萬人以上。其中，大多是因不滿國民黨的統治而參與遊行活動。

國民黨的全面進攻持續至一九四七年初。同時在一九四六年十一月將共產黨排除在外，召開國民大會；一九四七年一月一日制定《中華民國憲法》，宣示進入憲政時期。然而，因為考慮到國共內戰的狀況，制定《動員戡亂時期臨時條款》，暫時停止憲法的執行，將權力集中於總統一人。這項條款伴隨著國民黨政府遷移到臺灣，持續施行至一九九一年。國民黨的進攻不斷地遭到共產黨軍隊游擊戰式的抵抗與攪亂，一九四七年三月，蔣介石不得不將戰略由「全面攻擊」轉換為「重點攻擊」。這同時也意味著國民黨和共產黨之間已經進入了「戰略性對峙的階段」。國民黨的重點對象，即是共產黨中央的所在地——延安，以及與首都南京鄰接的山東省南部地區（魯南）。

在共產黨方面，決定在三月二十八日從延安撤退，引誘國民黨軍隊進入山岳地帶，試圖消耗其戰力。共產黨軍在東北地區則是自五月起至六月末，對國民黨軍展開夏季攻勢，殲滅國民黨軍八萬三千人，讓國民黨在長春、瀋陽等大都市的據點陷入孤立。內戰經過一年，在一九四七年六月時，雙方所管轄的面積、人口及都市數目，共產黨方面仍舊是落後的狀態。但是共產黨的黨員數，自一九四六年的一百三十六萬人，激增到一九四七年的兩百七十六萬人；在兵力方面，也從一百二十萬增加到一百九十五萬人。相對地，國民黨方面的兵力，則是由四百三十萬減少至三百七十三萬人。

同年七月至九月，展開了一場更為重要的戰役。共產黨進攻位於南京西側、武漢東側的大別山脈。大別山脈座落於河南、安徽、湖北省境地區，連接華中的中樞，可說是國民黨據點之心臟。這場戰役的戰略構想由毛澤東所擬定，實戰指揮者則是劉伯承及鄧小平軍隊。共產黨軍橫跨三省，渡過五大河流，突破無數次敵人的封鎖，於九月初抵達大別山，並在當地設置大別山根據地。若能固守這個地區，將使得國民黨難以對華北進行攻擊，也使共產黨的反擊成為可能。

長江大攻擊　一九四九年四月二十一日，渡江發起總攻擊前，共軍部隊在長江邊觀察登陸點。

三大戰役的勝利

一九四七年九月一日，毛澤東發出「黨內指示」，認為內戰第二年的基本任務為：「進行全國性的反攻，也就是踏出自己的陣營，將戰爭帶入國民黨統治的地區，大量殲滅敵人。」九月二十一日發表〈人民解放軍大舉反攻宣言〉；十月十日發表〈人民解放軍宣言〉；十二月在黨中央會議上毛澤東表明「已經進入了戰略性的反攻階段」，展開正式的戰略性反攻。然而，國民黨也並未退縮。於十月十日雙十節發布〈告全國同胞書〉，呼籲全民討伐共匪，並在二十七日確定民主同盟的非法化。蔣介石在一九四八年一月的元旦廣播中宣布，「一年之內將可以撲滅匪軍的主力部隊」，展示其堅決的態度。

除了戰場上的苦戰之外，反蔣的國民黨革命委員會在香港成立了，與被判定非法的民主同盟一同宣言：「打倒國民黨政府、建立聯合政府、強化與共產黨的相互合作。」另外，雖然有著美國所提供大規模的經濟支援，但通貨膨脹、饑荒、腐敗等經濟問題，卻也加深了社會的混亂。以這樣的局勢作為背景，毛澤東在一九四八年一月十八日的「黨內指示」中，首次使用「中華人民共和國」的新國家名稱，同時提出，這個政權是「由工人階級領導的人民大眾（包含工人階級、農民階級、

	遼瀋戰役前 （1948 年 6 月）	遼瀋戰役結束時 （1948 年 11 月）	渡江戰役前 （1949 年 6 月）
國民黨軍隊	365 萬人	290 萬人	204 萬人
共產黨軍隊	280 萬人	300 萬人	357 萬人

三大戰役時期國共雙方的軍力盛衰比較表

城市小資產階級、民族資產階級、知識分子）的反帝、反封建政權，……中華人民共和國的權力機關是各級人民代表大會及其所選出的各級政府」。如此一來，可以看出一九四八年發生所謂「大轉換」的歷史，一切因素皆已齊備。

最大的局勢轉變應該可以說是一九四八年九月至一九四九年一月期間「三大戰役」的勝利。首先，揭開序幕的是東北的「遼瀋戰役」。[11]一九四八年九月至十一月，以林彪、羅榮桓所指揮的第四野戰軍為中心，占領了連結東北及華北的錦州，後來也接連占領長春、瀋陽及營口等地。這場戰役殲滅敵軍約四十七萬多人，國共的軍事比例逆轉為兩百九十萬人對三百萬人。緊接著是十一月至隔年一月，以徐州為中心，在山東、江蘇一帶所展開的「淮海戰役」。[12]指揮者為劉伯承、鄧小平，其所率領的第二野戰軍，聯合陳毅、粟裕所領導的第三野戰軍，設置總司令部「淮海總前敵委員會」，鄧小平被任命為書記（總司令官）。

鄧小平等人於一九四八年二月開始，便為了這場戰役進行縝密的準備工作。淮海戰役共動員了國民黨軍八十萬、共產黨軍六十萬人，可以說是中國史上大規模的戰役，以日本史來比喻，其意義相當於「關原之戰」[13]。結果由共產黨軍取得勝利，國民黨軍則損失了五十五萬五千五百人。另外，為了追擊逗留在華北的國民黨軍，一九四八年十二月至一九四九年三月，展開了「平津戰役」，[14]一月攻陷天津與北平（北京），殲滅了五十二萬的國民黨軍。

一九四九年的毛澤東　毛澤東於該年三月在中國共產黨第七屆中央委員會第二次會議報告。

中華人民共和國之誕生

再加上其他無數的戰役，當時共產黨已經將許多地區納入統治領域之下，於是便開始在各地方建立正式的政權與各種組織。一九四八年五月，於華北合併晉冀魯豫邊區以及晉察冀邊區，成立華北解放區；八月召開華北人民代表大會，建立華北人民政府。其後又接連建立了西北人民政府（一九四九年二月）、中原臨時人民政府（同年三月）、東北人民政府（同年八月）。這些由地方所形成的政權，成為後來樹立中央政權的穩定基盤。

除此之外，在這個時期，各地也開始建立全國性的組織。一九四八年八月，在哈爾濱召開全國勞動者大會；十二月設立中國人民銀行，發行人民銀行券。一九四九年三月，在北京召開中華全國學生代表大會以及全國婦女代表大會。四月舉辦中國新民主主義青年第一次全國大會；七月召開中華全國文藝工作者代表大會，邁向建立新中國的組織，如雨後春筍般地陸續出現。

毛澤東在一九四九年三月，召開中共第七屆中央委員會第二次全體會議（第七屆二中全會），在全國性勝利的局面下，將黨的活動重點，由農村移至都市，向全國各界人士及各黨派表示：「召集新政治協商會議，建立民主聯合政府所需的一切條件皆已成熟。」四月，毛澤東與朱德總司令官發出進攻全國的命令，人民解放軍開始在長江一帶進行總攻擊，逐步攻陷南京與上海。六月的新

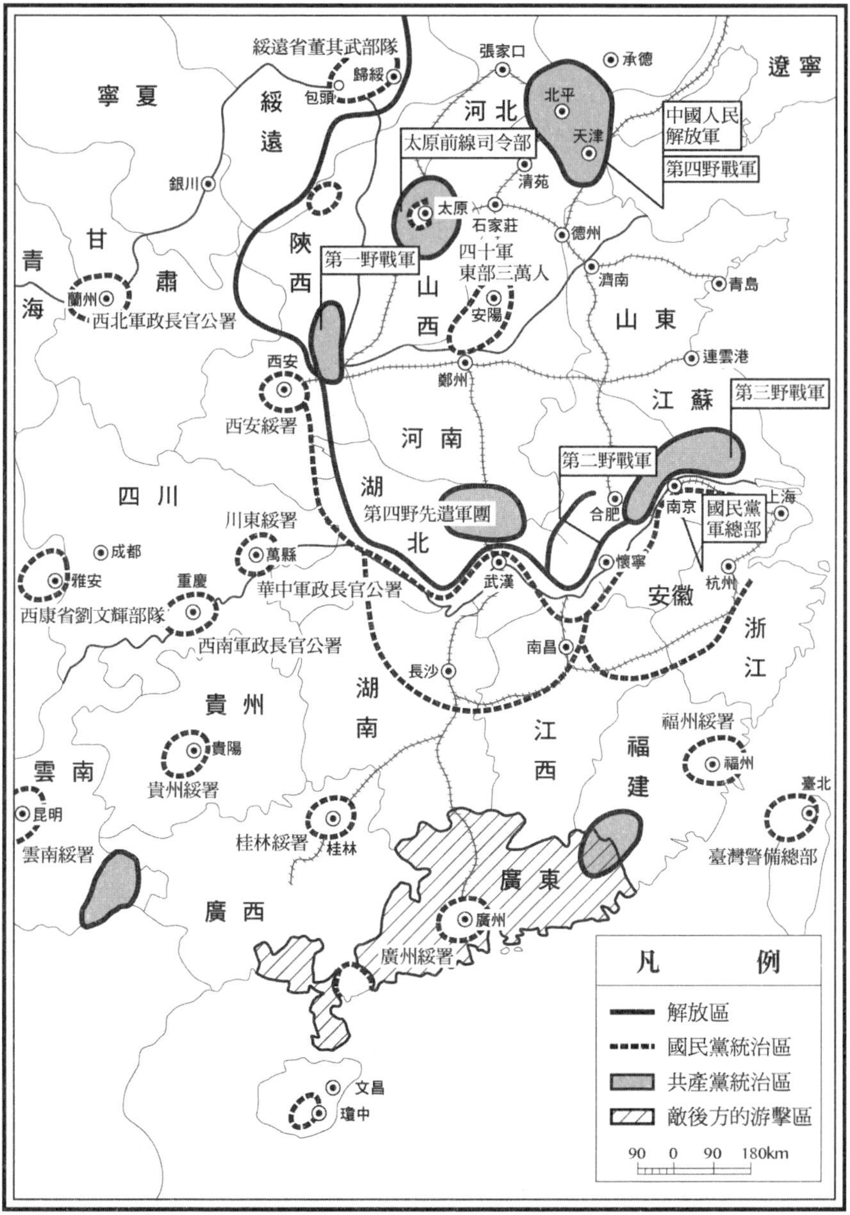

人民解放軍發動攻擊前，國民黨、共產黨勢力圖

政治協商會議準備會，聚集了共產黨、民主同盟、中國革命委員會等二十三個單位的代表者，共一百三十四人參加。九月二十一日至三十日，召集全國著名的知識分子、各政黨的代表，召開「中國人民政治協商會議」。會中通過堪稱為臨時憲法的「共同綱領」，以毛澤東為中央政府主席，中華人民共和國於十月一日正式誕生了。

註釋

1 《孫文選集》，社会思想社。
2 ヤン・ミュルダル，《中国農村からの報告》，三浦朱門等譯，中央公論社，一九七三年。
3 艾德加・史諾，《中国の赤い星》。
4 《毛澤東選集》第一卷。
5 《國際共產》第五巻第一期，一九四三年，王明論文。
6 艾德加・史諾，《中共雜記》
7 胡華，《中国新民主主義革命史》，國民文庫編輯委員會譯，大月書店，一九五六年。《中國昨天與今天》，人民解放出版社，一九八九年。
8 ガンサー・スタイン，《延安》，野原四郎譯，みすず書房，一九七六年。
9 〈人權白皮書〉，一九九一年十月。
10 【編按】依張君勱先生《中國第三勢力》（稻鄉出版，二〇〇五年）指出，該次政治協商會議的組成是國民黨八位、共產黨七位、青年黨四位、民主同盟兩位、民社黨兩位、救國會兩位，職教社、鄉建會及第三黨各一位，無黨無派九位，共三十八位。
11 【編按】國民黨軍隊稱此戰役為「遼西會戰」。
12 【編按】國民黨軍隊稱此戰役為「徐蚌會戰」。
13 【編按】關原之戰是發生於日本戰國時代末期，由德川家康率領的東軍與石田三成率領的西軍雙方的會戰，是一場決定天下大勢的戰爭，結果由德川家康勝出。
14 【編按】國民黨軍隊稱此戰役為「平津會戰」。

第三章 搖擺不定的新國家建設

中華人民共和國之成立

一九四九年十月五日，在毛澤東的中華人民共和國成立宣言所營造出的熱情氛圍尚未冷卻時，鄧小平與戰友劉伯承一同搭乘列車趕往南京。而後又為了西南地區國民黨軍隊的抵抗（當地的國民黨軍隊仍有約九十多萬名的兵士），由南京奔赴西南。重慶是蔣介石的大本營，且蔣依舊擺出堅決抵抗的姿態，此地的戰役對鄧小平等人來說，是極為重要的一役。劉、鄧的第二野戰軍於十一月十五日解放了貴州省省會貴陽；二十三日，成立黨中央西南局，並以鄧小平為第一書記。同月下旬，以三面包圍四川省的方式，終於在十一月三十日解放重慶，將蔣介石逼退至臺灣；十二月，再進軍雲南、甘肅西部、成都，平定整個西南地方。

制定臨時憲法

約在同一時期，毛澤東向林彪（當時為黨中央華中局第一書記，兼第四野戰軍司令官）發出戰鬥指示，消滅湖南省至中南[1]一帶的國民黨勢力。幾乎將西北、華北、東北、華東及中原地區納入統治下的共產黨，一邊高聲地謳歌中華人民共和國的成立，一邊又必須面對如何平定中南、西南地方的難題。雖然除了西藏地方以外，大部分區域的戰事皆已分出勝負，但至一九五〇年六月為止，

中共中央革命軍事委員會

主　席　毛澤東
副主席　朱　德
　　　　劉少奇
　　　　周恩來
　　　　彭德懷
秘書長　楊尚昆

中國人民解放軍總部

總司令　　朱　德
副總司令　彭德懷
參謀長　　葉劍英

總參謀部
總參謀長　　周恩來（兼）
副總參謀長　葉劍英

總政治部
主　任　劉少奇（兼）
副主任　傅　鐘

總兵站部
部　長　楊立三

- 第一野戰軍（彭德懷）
- 西北軍區（賀龍）
- 第二野戰軍（鄧小平　劉伯承）
- 第三野戰軍（陳毅）
- 華東軍區（陳　毅　饒漱石）
- 第四野戰軍兼華中軍區（林彪）
- 華北軍區（聶榮臻　薄一波）
- 東北軍區（高崗）
- 總部直屬軍團
- 南方各遊擊部隊

建國初期中國人民解放軍職位序列表

小規模的戰鬥仍舊持續著。一般而言，將一九四九年七月至一九五〇年六月期間，視為「內戰第四年」。當時被俘虜或是被改編為共產黨軍隊的國民黨軍隊人數十分龐大，正規軍有一百三十九萬一千八百二十人，非正規軍有九十八萬八千一百三十人，合計兩百三十七萬九千九百五十人。

中華人民共和國是以「中國人民政治協商會議」（以下簡稱為「人民政協」）為基礎而建立。人民政協除了共產黨之外，尚有中國民主同盟、中國國民黨革命委員會、中國民主建國會等八個民主黨派及無黨派人士、軍、地方、民眾團體等、正式代表共五百八十五人、候補代表七十七人，總計六百六十二人所組成的統一戰線協商組織。在一九五四年《中華人民共和國憲法》發布，正式的國家機構尚未發展完善前，人民

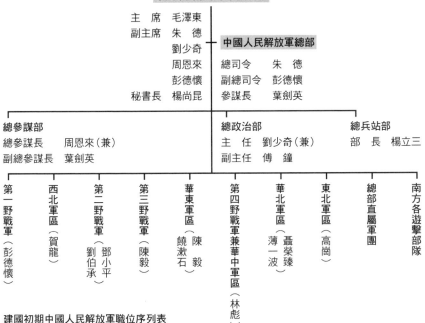

政協也負責制定相當於臨時憲法的「共同綱領」，進行人民政府成員的選舉等，其機能在事實上為最高的權力機關。

當時政權的構成如下：中央人民政府委員會主席為毛澤東；副主席為朱德、劉少奇、高崗（以上為共產黨派系）、宋慶齡（孫文遺孀）、李濟深（國民黨革命委員會）、張瀾（民主同盟）六名；政務院（國務院的前身，相當於內閣）總理為周恩來；副總理及其他部長大約是共產黨派系與非共產黨派系各占百分之五十的比例。在「共同綱領」中，強調中華人民共和國為人民民主主義國家，亦即新民主主義國家，將以建設新民主主義社會為目標；完全沒有使用「共產黨領導」及「社會主義」等詞語。

歐洲冷戰的陰影

關於外交政策，「共同綱領」內雖然有「第一，要聯合蘇聯、人民民主主義諸國，以及各個被壓抑的民族」的內容，但在這個項目的開頭卻強調「將聯合世界上所有愛好和平與自由的國家、人民」、「站在國際和平民主的陣營……保障世界的永久和平」，並未表現出向社會主義陣營「一面倒」的主張。此外，今日也已知，在內戰後期，中共在檯面下努力拉近與美國的關係。然而自一九四七年以來，歐洲冷戰的對立也在亞洲留下巨大的陰影。因此，毛澤東在建國前著名的演講〈論人民民主專政〉中，開始主張「向蘇聯一面倒」，同時也可以看見新政權在「外交上的動搖」。

從統治的層面上看來，在經過上述激烈的戰鬥之後，中華人民共和國的政權也未必能夠達到穩固的狀態。即使坐擁廣大的國土，但地域間的差異極大，交通網路也尚未完備，加上在有些地方仍立足未穩，新政權要執行大一統的國家運作，事實上可說是困難重重。關於實際的統治、行政狀況，則是將國內分為六大行政區，設置八個直轄市。在大行政區方面，政府當然是遵從「共同綱領」的精神，服從中央政府的基本方針；但在其主管的工作範圍內，則是依其獨自的方針及政策，經適當處理後再向中央政府提出報告即可，在某種程度上可以說是承認行政區的「自治」。（《大行政區人民政府委員會通則》，一九四九年十二月）。

六大行政區的層級是置於中央與省之間的位置，大約是將四至六個省份歸為一個大行政區。具體來說，六大行政區即為東北（黨及政府的最高掌權者為高崗）、華北（彭真）、西北（彭德懷）、華東（饒漱石）、中南（林彪）、西南（黨內權力者為鄧小平，政府方面的權力者則是劉伯承），此六大行政區皆設置黨中央地方局及政府。各地方的掌權者，如括號中所註明，皆是在抗日戰爭及國共內戰中戰功彪炳的重要人物，行政區的實際運作狀況，大大地反映了這些掌握權力者的意向。以國家的規模而言，將中國內部劃分出的六大區塊，其各自所占有的領土大小，也可與世界上的大國相比擬。

三反五反運動

共產黨與國民黨之間的內戰，其結果在一九五〇年六月左右，便已分出勝負，但是在國內的秩序恢復與安定程度上，仍然存在著幾個大問題。一是在全國各都市中，仍舊殘留著反共產黨及反人民共和國的勢力。二是在廣大的農村中，地主與鄉紳等舊有的統治勢力，依舊根深蒂固地深植於基層社會。加上一九五〇年六月爆發的韓戰，直至一九五三年七月的停戰協定為止，中國捲入這場戰爭的漩渦之中，在國內建設上帶來巨大的陰影與影響。關於都市與農村的狀況，在一九五〇年的同一時期，黨中央作出了重大的決策。都市方面，政務院通過《關於鎮壓反革命活動的指示》；農村方面，中央人民政府則是通過了《土地改革法》（六月二十八日）。

鎮壓反革命活動的對象，是當時在檯面上下試探新政權力量的勢力集團，如殘留的國民黨分子、特務、地方勢力、匪賊、「會道門」[2]等秘密結社，以及黑社會等組織。這項活動的進行，將廣大的民眾也牽扯進來，直至一九五三年，鎮壓反革命活動的任務宣告結束。其結果逮捕了反革命分子一百二十九萬人，一百二十三萬人受到拘留，七十一萬人被判處死刑，並消滅了兩百四十萬人的武裝勢力。同時，在都市方面，也展開了呼籲民眾群起響應的運動，亦即一九五一年末開始的「三反運動」以及一九五二年初開始的「五反運動」。所謂「三反」，即是反貪汙、反浪費、反官僚主義，意味著應該讓行政組織更加簡單化、樸素化、清廉化。接著發起的「五反」，則是反行賄、反逃漏稅、反偷工減料、反盜騙國家財產、反盜竊國家經濟情報，實際上是以國內的資本家、金融相關業者為目標對象。根據幾項都市調查報告，違反國家政策者約占全體的百分之二十五至三十，「五反運動」對工商業者造成嚴重的打擊，同時也是促進中華人民共和國由「新民主主義社會」轉移向「過渡時期總路線」的重要背景，詳細內容將於後文敘述。

一九四九年十二月，毛澤東將蔣介石逼退到臺灣，達成平定全國的目標，並將國內的建設大業交與劉少奇與周恩來負責，自己在十二月六日由北京車站出發，途經瀋陽、滿洲里，進入西伯利亞鐵路，前往莫斯科。之後，於一九五〇年二月十四日簽訂《中蘇友好同盟互助條約》，於二月十七日啟程歸國。一個才剛剛誕生的國家，其元首竟然離開國土超過兩個月的時間，此狀況非比尋常。因此，我們可以由毛澤東與史達林雙方在個人、黨及國家之間的關係，窺見中蘇關係內部的複雜程度，這趟莫斯科之旅，絕對不只是單純展現出「社會主義國家」同盟之間的友好、團結。

中蘇友好同盟互助條約

根據毛澤東身邊的秘書兼俄文翻譯——師哲的陳述，由於毛與史達林的初次會面經驗並不愉快，加上後來史達林對毛澤東的無禮接待，使得中蘇交涉所花費的時間長度超乎原先的預想。以個人之間的關係來說，史達林本身從未對毛澤東表示過積極的支持與贊同。在毛澤東以發展農村根據地而取得勢力的一九二九年，史達林雖然在對中國共產黨中央所發出的指示中，曾提到有關農村根據地的動向，但在其談話中，毛澤東也只是被稱為「朱毛農民運動者」。[3]朱毛即為朱德與毛澤東兩人姓氏的合稱，當時的紅軍也稱為「朱毛軍」，史達林可能是將朱毛誤解為一個人的姓名。史達林對於來訪的毛澤東認識不深，對他的招待可見一斑。一九三五年遵義會議上，毛澤東就任黨的最高領導者時，史達林的共產國際也並未表態支持。

這樣的情況，也表現在黨與黨之間的關係上。如同前述，中共是在蘇聯共產黨、共產國際的指導下所成立的組織，在遵義會議以前，中共內部關於領導階層的人事，皆是在共產國際，也就是史達林的強力干涉下所決定的。因此，堅持農村與農民革命論的毛澤東，從一開始就被排除在領導階層之外。在如此背景之下，遵義會議對史達林而言，是一場無法如自己所願、不愉快的會議。史達林在抗日戰爭後，將自己的心腹大將——王明（陳紹禹）喚至莫斯科，希望透過王明，能將自己的主張貫徹在中國革命上。另一方面，對於史達林的作為心生厭惡的毛澤東，則在一九四〇年代初期，以王明等「留蘇派」的人士為標靶，徹底地展開整風運動。

史達林與毛澤東兩人剪不斷理還亂的私人糾葛，也徹底地反映在一九四五年八月第二次世界大戰的結束時期。正如前述，中共在毛澤東的領導下，於一九四五年時擁有超過一百二十萬的黨員，統治面積也廣達兩百萬平方公里，擁有一億多的人口，逐漸成長為強大的勢力。儘管如此，史達林在戰後對於中國的政策當中，卻完全無視毛澤東的存在，而與蔣介石交涉，締結與中華民國間的《中蘇友好同盟條約》。在中國未能參加的雅爾達會議中，達成「保證蘇聯在大連商港的優越權益；承認蘇聯在旅順海軍基地的租借權；在蘇聯的優越權益被保證的條件下，中東鐵路、南滿鐵路由中蘇雙方共同經營；維持外蒙古的現狀」等協議，其背景便是史達林在對中交涉時的強硬要求。事實上，《中蘇友好同盟條約》的簽訂，幾乎是對蘇聯的要求照單全收。4

新中國的安全保障

想當然耳，當國共內戰的局勢偏向對共產黨有利之時，史達林的態度也隨之轉變：在解放東北的背後，蘇聯採取了支持中共的行動。然而，當新中國成立後，在國與國之間的關係上，就不能忽略《中蘇友好同盟條約》的存在。毛澤東前往蘇聯訪問之時，史達林並沒有締結新同盟條約的念頭，雙方在幾乎沒有正式交涉、議論的情況之下，白白地度過了約一個月的時間。期間，毛澤東雖然曾壓抑自己的情緒，想盡辦法和史達林進行對話，但交涉卻無法如願進行。一九五〇年一月二十日，毛將當時人在北京的周恩來喚至莫斯科，使其負責實際交涉，才突破了眼前的困境。《中蘇友好同盟互助條約》內容的重要部分，當然是由毛、周及史達林三人共同協議而決定，最後由周統整為條約草案。為了與中華民國簽訂的《中蘇友好同盟條約》作出區別，並且強調條約內容的平等性，於是加上了「互助」一詞，成為《中蘇友好同盟互助條約》。

新條約在基本上歌頌彼此平等的關係，尊重毛澤東與周恩來的提案，史達林也可以說是作出了大幅度地讓步。確切地否定了雅爾達會議的內容、廢棄舊有的《中蘇友好同盟條約》；此外，一九五〇至一九五四年間，由蘇聯提供相當於三億美元的借款，並承諾於一九五二年為最後期限，將旅順、大連、長春鐵路權歸還中國。然而，最後有關鐵路權歸還的部分，因韓戰而將期限延至一九五五年，在期限前鐵路權是由中蘇共同管理。另外，在秘密協定中，將新疆維吾爾自治區的礦山、石油開採權益讓與蘇聯，中國在實際上也放棄對外蒙古的主權等。在這些交涉中，中國方面隱忍了許多不滿的情緒。一九五八年，毛澤東於成都的會議上，將蘇聯擁有特權的東北及新疆地方，以「兩個殖民地」稱呼之，其不滿之情緒溢於言表。

即便如此，在冷戰狀況漸趨嚴峻的世界情勢之下，中蘇交涉中承諾：「在受到日本或與日本同盟的國家（意指美國）侵略之時，雙方將會立即給予軍事上的援助。」對於甫成立不久的新中國安全保障而言，這項承諾的成果非凡。對毛澤東來說，在簽訂條約之前願意咬緊牙根地忍耐、讓步的最大理由，無非就是為了本國的安全保障。無論如何，《中蘇友好同盟互助條約》的簽訂，清楚地向世界宣布，中國已被納入蘇聯陣營的立場。

韓戰與土地改革

歷史是由無法預測的事物所構成，同樣地，領導者也可能會被導引至意想不到的方向。在締結能夠對抗外來威脅的同盟後，毛澤東終於可以專心地處理國內問題，然而就在此時，爆發了韓戰。一九五〇年六月二十五日，北韓軍隊突破了北緯三十八度的界線向南前進。美國原本將朝鮮半島劃離防衛線之外，蘇聯對於朝鮮半島問題也採取消極立場，如果依照美蘇原先的態度：南北韓間的膠著狀態將會持續下去。但是，事後根據資料顯示，北韓領導者金日成曾在南進之前詢問過史達林的意見，其南進的行動獲得史達林的認可。

參與韓戰

依據種種資料及情報推論，哈里森・沙茲伯里斷定：「不少證據顯示，〔北韓的〕攻擊並沒有事先向毛澤東發出警告，對毛而言可說是晴天霹靂的衝擊。」[6]美國立刻向聯合國安全理事會提出「北韓為侵略者」的決議案，因為擁有否決權的蘇聯缺席會議，此決議案成功地通過。六月二十七日，美國在聯合國軍隊之名下開始介入戰爭。

對中共領導者而言，這是個冷不防的突擊，朝鮮半島問題一躍成為眼前最重要的課題。中共以周恩來總理的名義，不斷地對「美國介入韓戰的非法性」以及「派遣艦隊至臺灣的侵略性」表示抗議與責難，並且自七月開始高聲地呼籲大規模的「抗美援朝運動」，中國國內反美氣勢亦隨之高漲。對中國而言，當時較為重要的課題是「平定臺灣與西藏」，對於直接加入戰爭的行動，則仍在謹慎評估中。若是輕率地介入韓戰，將會成為美國攻擊中國的最佳藉口，並且也會讓蔣介石對「反攻大陸」計畫更增添信心。

韓戰　一九五〇年韓戰爆發。圖為一九五〇年底，韓戰期間長津湖戰役，美軍陸戰部隊撤退途中的情景。

九月十五日，聯合國總司令麥克阿瑟毅然實行登陸仁川大作戰。之後，聯合國軍隊漸漸地朝北壓制北韓軍，持續朝著鴨綠江的方向推進。面對如此局勢，中國開始正式地討論該如何對北韓進行軍事上的支援。毛澤東深信「空軍蘇聯、陸軍中國」的分工原則。十月一日，也就是金日成向毛澤東發出請求「援助」電報的隔日，毛向史達林發出「決定派遣中國軍隊至朝鮮」的電報，[7]並在文中加了以下這段文字：「我們認為必須採取如此行動。」哈里森・沙茲伯里將毛的「如此行動」解釋為「與蘇聯採取相同的行動」。[8]

對此，史達林雖然最初同意派遣蘇聯的空軍部隊，但十月十日時卻向周恩來表示，將不會直接派遣蘇聯軍隊進行支援行動。毛澤東立即於十一日派周恩來至莫斯科，要求蘇聯改變其決策。然而，毛等不及史達林的回覆，於十三日便向還在莫斯科的周恩來發送「決定參加韓戰」的電報。十月十九日，任命彭德懷為總司令官，派遣中國人民志願軍越過鴨綠江，向朝鮮半島進行攻擊。

第一次停戰會談

中國軍隊的動作十分迅速敏捷。至十一月初為止，投入三十八萬人的兵力，與聯合國軍隊在前線的十三萬人形成對峙的局勢。首戰便獲得勝利的中國軍隊於十一月末，突破北緯三十八度界線，占領首爾。時間進入一九五一年，聯合國軍隊也開始反擊，經過二月中旬的激烈戰事後，戰況呈現拉鋸的狀態。期間，經歷麥克阿瑟提出「由國民黨軍進行華南進攻作戰」的構想、杜魯門總統「考慮對中國使用原子彈」，美中全面戰爭的可能性曾一度升高。但不久後，杜魯門於四月將積極作戰派的麥克阿瑟解職，並對蘇聯聯合國代表馬立克（Яков Александрович Малик）所提出的停戰交涉建議案表示樂觀的態度，中國與北韓也同意，七月十日開始第一次停戰會談。

儘管如此，毛澤東深怕在停戰交涉期間，聯合國軍隊可能會出現大舉進攻的動作，因而保持高度警戒，數度向彭德懷、高崗及金日成等發出指示，必須從東北地方開始，進行軍備的補強以及加強重要據點的戒備。[9]八月中，聯合國軍隊果然展開大規模的「夏季攻勢」，八月二十三日起不得不中斷第一次停戰會談。十月二十五日，雖然再度展開停戰交涉（板門店會談），但在同時間，面對聯合國軍隊的「秋季攻勢」，中國與北韓軍隊亦展開反擊。十一月二十七日，即使在形式上接受了中國與北韓方面的要求，卻還是無法達成停戰的狀態。

透過韓戰可以窺見，毛澤東對前線指示的頻繁與細瑣。例如在停戰協定交涉之時，十一月二十日毛澤東對外交部副部長李克農的指示為：劃定軍事界線、設定非軍事地區，並將原先「三十日以內」的實施期限修正為「三十日以內」，同時還加上了「若敵方急躁，我方亦不能顯出急躁之態」的評述。[10]毛事先預測敵方的攻勢，採取「積極性的防衛戰」、「一面交涉一面戰鬥」的兩面作戰，乍看之下似乎是以防禦為主，實際上卻是攻擊性的作戰。

史達林之死與停戰

時間來到一九五二年，美國再度反擊，使用「細菌武器」。然而中國與北韓軍隊動員人民展開防衛戰，於北緯三十八度線一帶，雙方持續著一進一退的拉鋸戰，戰況陷入膠著。八月二十九日「停戰協定草案」的基本部分已經取得共識，但是在「俘虜歸還問題」上卻仍然爭執不休，十月，美國片面宣布停戰交涉進入無限期的擱置狀態。之後，美國集中兵力，在四十三日內進行九百多次的攻擊，試圖展現「最大規模的攻勢」。中國與北韓方面雖然蒙受巨大的損失，卻還不算遭受致命一擊；中國與北韓軍隊自五月到七月間，也以大規模的「夏季攻勢」回擊，於北緯三十八度線的南、北漢江一帶，雙方展開了激烈的戰鬥。然而，戰局並未有決定性的改變。

一九五三年七月二十七日，中國與北韓的最高司令官彭德懷、金日成，以及聯合國軍總司令官克拉克（Mark

史達林　一八七九～一九五三，蘇聯最高領導人，於一九五三年三月去世，韓戰於該年七月簽訂停戰協定。

Wayne Clark）正式簽訂《朝鮮戰爭停戰協定》，歷時三年一個月的戰爭，進入休戰狀態。一九五三年三月，為世界帶來巨大影響的史達林離開人世。其死亡對韓戰有著何種影響，目前還無法得知，無論如何，停戰終於獲得實現。

關於雙方所發表的損害程度，如下所述。根據聯合國方面的資料，聯合國軍隊的死傷者達四十九萬六千人（其中美軍占十三萬人）、中國與北韓方面則是一百八十九萬七千人；根據中國方面公布的資料，聯合國軍隊死傷者達一百零九萬人（其中美軍占三十九萬人）。中國與北韓方面雖然沒有公布自己國內的損害數字，據某資料顯示，中國軍隊的傷亡人數大約是一百萬至一百五十萬人左右。[11]哈里森・沙茲伯里指出，中國軍隊有四十五萬至五十萬人戰死沙場，北韓軍隊則有兩百萬人戰死，與抗日戰爭、國共內戰相較，可謂犧牲慘烈。[12]

這個時候的中國，並非只有韓戰這件大事，在各個領域上，都正遭遇著重大的變化。於國內，有先前所述的鎮壓反革命運動、三反五反運動，以及將於後詳述的土地改革運動。在如此亢奮的狀態下，光是「抗美援朝運動」的發起，就已大大地提升了國民的士氣。至一九五〇年十月為止，於國內署名同意「擁護世界和平、反對美國侵略」的中國人，就多達兩億兩千三百七十多萬人（約占總人口的百分之四十七）、至一九五三年停戰成立為止，抗美援朝運動的參加者攀升到全國的百分之八十。同時期的一九五一年十二月，中國軍隊入侵拉薩，平定西藏。

土地改革運動

新中國成立約九個月後，也是韓戰爆發時期的一九五〇年六月三十日，公布《中華人民共和國土地改革法》。其對象為當時尚未實施土地改革的地區，約有兩億六千四百萬的農業人口（約占全國農業人口的百分之六十五）。此次土地改革的對象，以華南、華中、西南為中心，光是中南軍政委員會所管轄的六省（河南、湖北、湖南、江西、廣東、廣西）內部，就有超過一億的農業人口。《土地改革法》在一開始便強調「解放農村的生產力、使農業生產獲得發展」的重要性，並明確提出「保護富農經濟」。這正是非社會主義性質的「新民主主義改革」中重要的一環。

土地改革運動在中央層級避開急躁的推行程序，而強調「遵從階段性」、「循序漸進的方式」，其目標是在（自一九五〇年末開始）兩年半或三年的時間內完成基本的改革。讓我們以廣東省具體的狀況為例，來看土地改革運動的推行。廣東省內有九十九個縣，總人口兩千七百四十六萬人，農村人口占全體的百分之七十，約一千九百十一萬人。在一九五〇年冬天為止，省內只有三個縣，約兩百多萬人的地區，開始實行土地改革。與其他中南五省比較起來，算是起步較晚的狀態。一般而言，當地的土地改革分三階段施行。第一階段為「清匪反霸、退租退押」，亦即肅清盜匪、反對地主獨大，要從地主身上回收佃租、不當的稅金以及權利金等。第二階段是區分農村的階級，並分配土地。第三階段則是整頓農村，例如地主們的待遇、土地權利書的發行、生產活動的準備等。

推行改革工作的核心組織為「土地改革工作組（班）」。《土地改革法》第二十八條明文規定：「土地改革期間，縣以上的各級人民政府……組織土地改革委員會，指導有關土地改革的各類事項，並負起處理之責任。」在華東地區，光是一九五〇年的夏季與秋季，就有多達十七萬六千多人的幹部，在委員會的領導下接受訓練，最後進入農村，指導土地改革事宜。至一九五三年末，全國每年約有三十萬人的土地改革工作隊被派遣至農村當地。

雖然上層嘗試著「有秩序」、「穩健」的土地改革，但實際上在各地的推行狀況卻是十分地激進。最重要的原因是當地農民的積極性。對於那些忍受長期的虐待、被不當剝削的農民而言，打倒掠奪者、統治者等地主階級，獲得屬於自己的土地等，光是這樣的宣傳與指導，就足夠使他們展現積極、急進的行動了。

農民、工人的解放

一九五〇年五月末，農民協會在華東、中南地區已擁有兩千四百萬的會員。即便如此，光是華東地區，至九月中旬時便有一千零五十三萬人，十二月下旬更增加到兩千四百萬人；中南地區在九月下旬則是擴張到兩千五百十二萬人（《人民日報》與其他）。僅僅半年的時間，農民組織的加入人數便呈現倍增的狀態，其原因不單是上層的領導，更重要的是農民本身自主性、積極性的參與。以兩年半至三年為目標時程的土地改革運動，實際上卻是急速地、生氣勃勃地在地方上展開，並提前完成目標。在一年十個月後的一九五二年春天，黨領導者宣布：「以全國為範圍的土地改革，基本上已經宣告完成。」[13]

由於土地改革的完成，中國近代史上洪秀全、康有為及孫文等領導者們所強調的「耕者有其田」之願景，首次獲得實現。農民們的生產意願大為提高，各項農業生產額也瞬間向上攀升。以

農產品	1952 年的指數	工業製品	1952 年的指數
穀物	109	薄絹	147
棉花	154	布	137
甘蔗	126	鋼	146
豬	114	水泥	125
魚貝類	111	發電量	122

一九五二年農業、工業生產額之增長（以一九四九年中華人民共和國成立前的最大生產額為 100 設定指數基準）

一九四九年以前生產量最高之年作為基準（以一百表示），一九四九年時雖然曾大幅減少（十二～七十），但一九五二年的生產量中，約有半數的農產品項突破一九四九年以前的最高數字，呈現大幅增加的趨勢。例如，對比戰前最高年（一百），一九五二年穀物等食糧為一〇九、棉花為一五四、甘蔗為一二六、豬為一一四、魚貝類為一一一等。另外，在工業的生產量方面，其成長趨勢比農業更為顯著，與一九四九年以前的最高額（以一百表示）相比，一九五二年的薄絹為一四七、布為一三七、鋼為一四六、水泥為一二五、發電量為一二二等，各項發展都大幅地超過以往的數字。

如此一來，農民、工人的生產意願向上提升，國民經濟的復興，以及韓戰爆發後的「抗美援朝運動」、土地改革運動、鎮壓反革命運動、三反五反運動等，同時期所發生的各項大事，綜合看來，這一切都在「中國革命勝利」的餘韻以及滿懷希望的新社會建設等、狂熱的氣氛當中徹底地實現。其結果，大大推進了社會的組織化。全國勞工組合在一九五三年召開第七次全國大會，與第六次（一九四八年）的會員兩百八十三萬人相較，成長到一千零二十萬人（三倍以上）；新民主主義青年團也從一九四九年的十九萬人，增加到一九五三年的九百萬人，大幅地強化了組織的力量。農民們也開始自行組織，農民協會的建設廣泛地擴張。這並不只是停留在土地的沒收與分配工作，而是意味著在都市及農村的舊有權力關係上出現了巨大的變化。農民們不僅讚美使自己獲得解放的共產黨，同時也歌頌其領袖毛澤東。

蘇聯型社會主義的建設

過渡時期總路線的提倡

在戰爭時期誕生的中華人民共和國，經過驚濤駭浪，於洶湧的波濤中漸漸站穩了腳步，強健的筋骨也逐漸成形。一九五二年九月二十四日，以「第一次五年計畫的任務與方針」為主要議題的黨中央書記處會議上，毛澤東提出「向社會主義靠近，亦即『過渡期』的問題」。毛澤東指出私營企業與國營企業在比率上的變化，並表示必須思考五年後、十年後的私營工商業將會有什麼樣的變化，也就是共產黨與勞動者的關係該如何緊密、強化，以及農業合作化的發展問題。薄一波感動地回憶道：「這是毛澤東根據情勢的變化與發展而導出的新判斷。」該年秋天至隔年（一九五三年）上半年，毛不斷地鼓吹「社會主義的過渡期」。[14]

然而，這項建議卻使得大多數，在建國以來一向主張建設新民主主義社會的領導者們十分困惑。黨內雖然沒有出現直接的論爭，劉少奇、周恩來、鄧子恢等人對此議題的發言，即使在毛澤東極力的倡導之後，也還是採取了消極的意見。例如周恩來在一九五二年十月的座談會上指出：「毛主席的方針是穩步前進的。新民主主義的發展或許還需要十年、二十年的時間。」[15]鄧子恢則是在一九五三年四月農村工作會議上表示：「對農民而言，社會主義改造必須慎重且穩步。……小農經濟的社會主義改造不應是輕率地進行，而需要長時間的推動。」16

毛澤東的主張如下。他在中共第七屆三中全會（一九五〇年六月）上表示：「有些人認為快點消滅資本主義之後，就能夠實行社會主義，這是大錯特錯的，是不符合國情的。」在其後的人民政協全國委員會第二次會議上也說：「將來，私營工業的國有化以及農業的社會化將可以獲得實現，話雖如此，那將是十分遙遠的將來。」但在一九五二年末，毛澤東坦承自己思想的變化，修正自己的論述，表示：「要花費十年、十五年甚至是更長久的時間來建設新民主主義之後，才能邁向社會主義的過渡期，這樣的說法是不恰當的。」17

毛澤東與史達林　一九四九年十二月，毛澤東（左二）在史達林（左四）的七十歲祝壽宴席上。

向蘇聯一面倒

到底是什麼原因，讓毛澤東開始主張基本路線的轉換？可參考過去拙作之中提出的三點分析：（一）前述的土地改革、抗美援朝運動等展現了「出乎意料的好成績」，對共產黨而言十分有利於勢力成長；（二）在韓戰、《日美安全保障條約》的簽訂、「臺灣防衛」等以美國為軸心所展開的「封鎖中國」戰略逐漸成形，處於如此險峻的環境下，毛澤東認為，若是維持新民主主義國家此等曖昧的體制下去，國家無法保持安定的狀態；（三）毛澤東本身的認知、戰略思想就是即使在經濟問題上也優先從政治條件上來思考，例如軍事式的思維、動員群眾的方式、重視主觀能動性及唯意志論等思想特徵。綜合上述三點，毛澤東因而提倡向社會主義靠近的「過渡時期總路線」。[18]

（一）就如同前述薄一波著作中所提；（二）或許是一九五二年十月，毛澤東託付訪問蘇聯的劉少奇，將手中的書信遞交給史達林，其書信中的內容，正如前述。史達林對毛澤東懷有強烈的不信任感，也深深地懷疑「毛澤東將會是另一位狄托（Josip Broz Tito）[19]」。[20]毛澤東在此時期，為了博取史達林強而有力的支持，因而認為有必要展現其向蘇聯及史達林傾斜、依附的姿態。這也是提倡「過渡時期的總路線」、建設全面性「蘇聯模式」的社會主義，以及從一九五三年開始推動「第一次五年計畫」的背景。史達林對於這封書信的內容也明確地表示贊同：「我認為你的做法是正確無誤的。」[21]

此後，自一九五〇年中蘇同盟以來，在外交上所呈現的「倒向蘇聯」開始，於國內的政治經濟體制建設層面上，也形成了「向蘇聯一面倒」的傾向。其親密關係的象徵，便是中國對蘇聯喊出「老大哥」的稱呼。

向蘇聯型社會主義靠近的努力

一九五三年三月，對中國革命的走向、中國的國家建設及外交上有著深遠影響的史達林離開了人世。毛澤東立即送上題有「最偉大的友情」之弔唁，並感懷追悼：「我們失去了我們偉大的教師、最真摯的朋友，我們的同志史達林。如此的不幸所帶給我們的悲傷，已無法用筆墨來形容。」史達林逝世時，正好是蘇聯型社會主義建設的「第一次五年計畫」推行起步之時。這項「五年計畫」，是由一九五二年十一月新成立的國家計劃委員會（主席為高崗）所主導，將重點放在重工業基地的建設上，並提前擴展到全部的產業部門。

五年計劃期間所花費的總額為四百二十七億四千萬元、執行了六百九十四項的大型工業工程、其中蘇聯援助了一百五十六個項目（有償援助），規模之大可說是史無前例。第一次五年計畫的成果，若是將計畫開始前的一九五二年與計畫結束後的一九五七年相互比較，簡單來說，工業總生產額從兩百七十億噸上升到七百八十四億噸、粗鋼生產量從一百三十五億噸上升到五百三十五億噸、煤炭生產量從六千六百四十九萬噸上升到一億三千一百萬噸、農業總生產額由四百八十四億元上升至六百零四億元、糧食生產量由一億六千三百九十二萬噸上升到一億九千五百零五萬噸，無論是哪一個項目，都呈現飛躍性的大幅成長（全部突破原本的目標），可說是成果豐碩。

對於踏上「過渡時期總路線」，以「第一次五年計畫」作為成長之開始的中國而言，以新民主主義共和國姿態所成立的「人民政治協商會議」之國家體制，將不可避免地轉向為社會主義國家。在土地改革、鎮壓反革命運動、三反五反運動、抗美援朝運動的成果，以及全國對毛澤東、共產黨的信賴與支持度大幅提升的背景之下，於一九五三年召集人民代表大會。各地區的鄉、縣、市、省、自治區開始選舉，推選出各地方的人民代表。這項全國性規模的選舉，即便投票的農民與工人並不十分理解其意義與手續，但這仍意味著共產黨首次由人民手中接受請託，成為執政黨，可謂中國史上首見的大事。

經過近一年的選舉作業，選出各地代表一千一百三十六名，加上軍代表六十名、海外代表三十名，合計共有一千二百二十六名代表，組織成第一屆全國人民代表大會（以下簡稱為「全國人大」）。第一次會議在一九五四年九月召開，逐項審議、通過了《中華人民共和國憲法》、《全國人民代表大會組織法》、《國務院組織法》、《地方各級人民代表大會和地方各級人民委員會組織法》、《人民法院組織法》、《人民檢察院組織法》等國家內部的基本法規。並重新選出國家的領導者：毛澤東為國家主席、朱德為副主席、劉少奇為全國人大委員長、周恩來為國務院總理、其他十名副總理也皆為共產黨員。如此一來，一改一九四九年的態勢，共產黨員幾乎囊括了所有的重要位置，即使是全國人大的副委員長、國務院閣僚等位置，非共產黨體系領導者的比率大幅地下降。

此次大會的特徵，第一便是帶入「過渡時期論」，明文記載社會主義的改造是國家的基本任務，在實際上的領導權力則完全由共產黨所掌握。為了將權力向中央集中，達成以黨掌控國家的制度化體系，在各機關內設立了黨委員會——黨組（黨的支部、小組），導入蘇聯的統治方式。第二是將國家的形式統整完備，並正式開始推動政治、軍事、經濟的現代化，以及社會的制度化。在「政府活動報告」中，更強力訴求現代化的建設：「若是我們不建設強大的現代化工業、現代化農業、現代化的交通、運輸、現代化的國防力量，那麼我們將無法脫離落後與貧困。」這正是日後一九七〇年代「四個現代化建設」發想的濫觴。

高崗、饒漱石事件

在「向蘇聯一面倒」的趨勢之下，於經濟與國家建設之上都徹底地導入蘇聯模式向前推進，但不久後卻發生了不可思議地去蘇聯化、反蘇聯的「高崗、饒漱石事件」。高崗這位人物，是以一九三〇年代西北根據地的創設者聞名，後來經過內戰，一手掌握了東北地方的黨、政、軍勢力，與史達林的關係匪淺，一九四八年，搶在建國之前，與史達林締結了《蘇聯、東北人民政府貿易協定》，實行獨立的地方指導營運。又如前述，在一九五二年末獲得國家計劃委員會主席的地位，坐鎮指揮蘇聯模式的經濟建設。饒漱石則是在建國後就任大行政區的華東軍政委員會主席，為當地的當權者，同時也在一九五三年成為黨中央組織的部長。

有關此事件的全貌，至今仍舊是壟罩在一團迷霧之中。毛澤東等人的陰謀論之說雖然已經深植人心，但為求客觀起見，將事件的內容簡要說明如下。一九五三年六月至十二月左右，高崗因為反對劉少奇、周恩來的中央領導，因而布下了種種陰謀，希望能夠取而代之。一是提出「兩黨論」，一九四九年以前的共產黨，有國民黨所統治的白區，以及共產黨根據地的紅區，高崗主張紅區才具有正統性，質疑在白區內活動的劉少奇。另一是「軍黨論」，提出掌控軍隊的黨，才是黨的主體，點出劉少奇在軍務方面的經驗不足。另外，根據鄧小平後來的敘述，高崗等人是在一九五三年，毛澤東提案將指導部分為第一線與第二線之後，其陰謀活動才越發活躍。不過，這項提案的時間點，在《鄧小平文選》中表示為一九五三年末，與薄一波所記錄一九五二年十二月高崗的動向相互矛盾。以下將根據薄一波之記述，略向前追述高崗的種種動作。

一九五三年十二月，毛澤東因身體不適而離開北京靜養。當時，劉少奇以代理主席的身分主持中央工作，高崗對此事曾表達強烈批判。同月二十四日，回到北京的毛澤東，在政治局會議上說：「現在在北京有兩個司令部。一個是以我為首的司令部；一個是以別人為司令的司令部。」暗批高崗與饒漱石。若是從鄧小平的說法來推測，這時高崗分別向中南領導者林彪、華東領導者饒漱石、西南領導者鄧小平以及陳雲等人呼籲，希望大家能夠幫助他，合力將劉少奇從第二的位置上拉下陣來，可惜這項計畫除了饒漱石之外，皆不被眾人所採納，反而將高的陰謀暴露出來。

次年（一九五四年）二月，召開由毛澤東提案、劉少奇主掌的第七屆四中全會，朱德、周恩來、鄧小平、陳雲等人猛烈批判高、饒的「反黨分裂活動」，並通過〈關於增強黨的團結的決議〉。其後過了一年多的時間，在事件收尾的同時（高崗自殺），鄧小平進入黨的中心，在中央工作委員會上完成「報告書」。一九五五年三月，召開黨全國代表會議，以鄧小平的報告為基礎，〈關於高崗、饒漱石反黨聯盟的決議〉，問題獲得解決。確實，在一九五三年十二月以後的動向，可以感受到毛澤東所設下的「陷阱」。

無論其事件的真相如何，其結果便是，在黨內所發生的派系活動、要求地方治理的「獨立性」都受到嚴厲的批判，強化了黨內以毛澤東為中心的中央集權。另外，鄧小平、林彪成為政治局委員，陳雲也在一九五四年九月被拔擢為國務院副總理，可以被理解為是此事件「論功行賞」之結果。由於他們擔任中央的要職，因而被視為毛的親信。附帶一提的是，建國後設置的「大行政區制」，也因為此事件的關係而被廢止，往後以省制直屬於中央。

農業集體化

與史達林關係密切的高崗失勢下台，與此同時，在政策面上的去史達林化，則是加速農業集體化的推動。正如前述，由於「耕者有其田」的政策，使農民大眾得以沉浸在擁有土地的喜悅之中；然而，就在開始邁向社會主義化的「過渡時期總路線」後不久，黨中央開始將農業的重點轉向合作社化，也就是所謂的集體化方向。特別是一九五三年十二月，黨中央通過〈關於發展農業生產合作社的決議〉，將「今後在農村中黨的指導中心」定位在互助的合作化運動上。在農村建設的思考方式上，中國與蘇聯的模式有著微妙但重要的分歧。單純說來，也就是相對於蘇聯的「機械化優先於集體化」之方式，毛澤東主張「將集體化優先於機械化較為妥當」。

集體化的農業　一九五〇年，黑龍江哈爾濱市農機廠的技術員講解新式播種機的使用方法。

當時的黨中央內部，贊同蘇聯模式的領導者也不在少數，毛澤東一邊經歷嚴峻的鬥爭，一邊走向自己所主張的社會主義建設。其重要的象徵性事件便是在一九五五年七月三十一日，召集省及自治區層級的地方幹部所進行的〈關於農業合作化問題〉之講話。在這番講話中，對於集體化採消極態度的高級幹部們，毛澤東劈頭便以諷刺的語氣如下批判：「在全國農村中，新的社會主義群眾運動的高潮就要到來。我們的某些同志卻像一個小腳女人，東搖西擺地在那裏走路，老是埋怨旁人說：走快了，走快了。過多的評頭品足，不適當的埋怨，無窮的憂慮，數不盡的清規和戒律，以為這是指導農村中社會主義群眾運動的正確方針。」

確實，自一九五四年末以來，農業集體化政策已出現窮途末路之前景。這個時期，關於合作社化的停止與倒退的動向，光是在媒體報導上揭示的地區就已經廣及湖北、河南、廣東等十二個省份。黨中央在一九五五年一月，發出〈關於整頓和鞏固農業生產合作社的通知〉，呼籲「停止發展，集中力量進行鞏固」。發出通知的雖然是黨中央，但其實是來自於與毛澤東論調相左的保守派（反冒進派）的聲音。黨中央農村工作部長鄧子恢，雖然可以說是保守派的代表，但周恩來等人的發言也傾向保守派。毛澤東對於此派的論調抱有強烈的不滿。

於此狀況下，上述毛澤東的講話（〈關於農業合作化問題〉）帶來了絕佳的效果。一九五五年三月底，集體化的數字與前年十二月底相比，雖然有所增加，但增加的比率卻大幅下降。又，三月底至六月底幾乎是停滯的狀態，組織化的比例只占了全農家的百分之十四點二。然而，在毛的講話經過三個月之後（十月底），達到百分之三十二，一九五六年一月上升到百分之七十九，同年十二月則是到達百分之九十八，完全朝向集體化的方向前進。當時，毛以強硬的語調表示：「加速、完成所有的任務，正是（即將召開的）第八次全國代表大會的思想。若是能夠更早地完成過渡時期的全面任務，那麼戰場上的工作將更能得心應手。越早著手將會越有利，這是應該盡早完成的工作。」、「沒有必要總是與蘇聯並肩前進。」（《毛澤東思想萬歲》上）

不久後，毛澤東更進一步大膽地推動集體化（在某種意義上，也是為了與赫魯雪夫對抗），最後甚至推行了人民公社，其詳細內容將於第四章論述。

去蘇聯化與反右派鬥爭

概觀中國這段期間的外交政策，可以說是完全取決於毛澤東在政策的決斷之上。[22]然而，在內政部分上卻未必是如此。高崗的失勢、農業集體化的急進與強制推行（以今日的角度來看），以及與赫魯雪夫之間的不睦等，這些恐怕都是與毛澤東心理上的變化，有著相當強烈的連帶關係。這也是伴隨著「史達林之死」而出現的內心變化。但是，無論是劉少奇、周恩來或是鄧小平，都沒有察覺到毛澤東心理上的微妙改變；在日漸嚴峻的冷戰環境下，深信不疑「向蘇聯一面倒」、「與蘇聯共生」之路線是不可動搖的選擇。

毛澤東的私人醫生李志綏，正巧將這時候毛澤東與其他上層領導者的日常關係記錄下來：

「所謂『延安精神』不過是個神話罷了。劉少奇和周恩來有時會來，但毛與他們之間的交談只限於公文上的批閱往來，和不定期在『頤年堂』或毛所巡行的城市裡，舉行的會議討論。毛和其他領導同志之間很少相互來往。他最親近的人是那些年輕、知識水平很低的衛士。」[23]

毛澤東的現場經驗日漸淡薄，獨攬大權的趨勢卻如日方升。然而，在這樣的狀況下，毛的思考卻也漸漸地失去了公允。至少從一九五六年前後開始，欠缺客觀的判斷，在政策決定上出現了影響。如果不以這樣的思考方向來觀察，將無法理解其後的政治狀況。

史達林批判的衝擊

一九五六年初，高崗、饒漱石事件正式告一段落，農業合作社化也終於朝著毛澤東所想望的方向前進，然而與蘇聯之間的關係卻再度地出現衝擊。一九五三年史達林死後，在與馬林科夫（Georgy

毛澤東與赫魯雪夫　一九五七年攝於北京機場候機室，相談甚歡的毛澤東與赫魯雪夫。

Maximilianovich Malenkov）、貝利亞（Lavrentij Pavlovich Berija）等人經過激烈的權力鬥爭之後，脫穎而出的赫魯雪夫成為黨、政府的最高權力者，並在第二十次蘇聯共產黨大會（一九五六年二月）上，毫無預警地進行全面性的「史達林批判」。赫魯雪夫報告這個大事件，雖然屬於非公開的秘密性質，但是內容卻嚴厲指責史達林的「獨裁」、「大肅清」、「個人崇拜」等行為，認為史達林是「無謀荒謬」的專制領導者，史達林無論是在作為一個人，或是領導者的價值上，都被完全且徹底的否定。

面對此份報告，毛澤東表現得極為慎重，花費了近兩個月的時間，才明確地表示了中國共產黨的態度。朱德表示「應當支持赫魯雪夫的史達林批判」，毛澤東對此事十分地不愉快。[24]毛以諷刺地語氣說道：「我們不應該盲從，而應該加以分析。……蘇聯的屁並非全都是香的。」雖然如此，在這個時期，「關於史達林與共產國際所幹的壞事，傳達給地區委員會的書記、縣委員會的書記們也無妨。」（《毛澤東思想萬歲》上），就有意識地也推動著批判史達林的行動。一九五六年四月五日，由人民日報編輯部所撰寫〈關於無產階級專政的歷史經驗〉的長文，刊載於《人民日報》上。這也是經過毛澤東仔細地審查、修改過後，代表中國對「赫魯雪夫報告」的正式回答。

對於蘇聯在第二十次黨代表大會上遵守黨的集體領導，並透過批判史達林進而推動自我批判的行為，毛澤東表示高度的贊同：「如此勇敢的自我批判，顯示出黨內生活的高原則性以及馬克思—列寧主義的偉大生命力。……這麼做並不會有任何損失，得到的卻是廣泛人民大眾們的支持。」另外，毛澤東在評論史達林晚年活動之時表示：「他驕傲自大，缺乏必要的謹慎，其主觀主義與專斷獨行，使他在幾項重大問題上做出錯誤的決定，最後招致嚴重的惡果。」[25]然而，在批判的同時，卻又主張：「或許有人認為，史達林是犯了全面性的錯誤，但是這樣的見解是大錯特錯的。……我們必須站在歷史的觀點上來看史達林，對於其正確及錯誤，進行全面性的、適當的分析，並記取教訓。」之後更斷言：「史達林的歷史評價應該說是『三七開』（三分錯誤，七分成績）。」在這一點上，毛澤東與赫魯雪夫有著明顯的差別。

之所以做出這樣的決斷，可以推想毛澤東內心的兩項意圖。一是，因為無法從正面批判身為社會主義「老大哥」的蘇聯，因此在表面上表示支持，並藉由主張正視史達林的功績，來暗示毛澤東其實與赫魯雪夫的地位平等，甚至在革命家、領導者的身分上是赫魯雪夫的前輩。二是，藉由指出史達林的錯誤，來推翻「作為模仿原型的蘇聯」之印象。事實上，在《人民日報》刊登〈關於無產階級專政的歷史經驗〉之後，毛便開始鼓吹中國獨自的社會主義建設路線以及社會主義作風。換言之，前者所提的便是一九五六年四月二十五日在黨中央政治局擴大會議上所發表的重要講話〈論十大關係〉，而後者則是一九五七年五月由宣傳部長陸定一在黨外高呼的「百花齊放、百家爭鳴」，這在〈論十大關係〉中毛澤東也有提起。

至今所進行以蘇聯為原型的社會主義建設之特徵，若是以工農關係來說，便是重視工業；若是以重、輕工業的關係來說，便是重視重工業；若是更進一步，以中央和地方的關係來說，那便是重視中央集權。毛澤東的〈論十大關係〉，便是將中國內部的重大問題集中為十項，第一項便是論述工業與農業、重工業與輕工業之關係，同時也強調必須致力於農業及輕工業的發展，才能取得平衡。在中央與地方的關係上則主張：「今後應該注意的是，給地方更多的獨立性，讓地方辦更多的事情。」如此，毛澤東一一針對十項問題提出對策方案，在發展論上考慮均衡的關係，可以說是在基本的出發點上，便和蘇聯原型的做法大不相同。

「百花齊放、百家爭鳴」，從字面上的意思來看，就是所有人都能夠自由、無所畏懼地表達意見與想法的環境。在〈論十大關係〉中所提倡的，便是希望大家能夠針對共產黨的所作所為，進行自由的發言。這在處理「人民內部矛盾」的問題上，相對於史達林的「大肅清」、赫魯雪夫對「資產階級」的修正、妥協之做法，中國的「百花齊放、百家爭鳴」政策，無論是對內或對外，都可以被解讀成較為「優秀的回應方式」。然而，對於非共產黨體系的領導者與知識階層們而言，因為「過渡時期總路線」的轉換，使他們所想望的「新民主主義社會建設」的理想受到打擊與挫敗，導致他們對於共產黨懷有無法輕易抹除的猜疑與不信任感。此時，這些異樣並沒有被毛澤東及其他領導者察覺，在隔年的年初，一切的不滿才爆發出來。

九月，中國共產黨召開了睽違十一年的第八次黨代表大會。一九四九年時只有四百五十萬人的黨員數，於一九五六年夏天，黨員數一舉躍昇到一千零七十三萬人，這也是共產黨發展的最高峰時期。當時，劉少奇與鄧小平被認為是最效忠於毛澤東的領導者，被毛委任負責此次大會的營運。劉少奇代替毛發表了最重要的講話，亦即會中的「政治報告」，鄧小平則負責了第二重要的「關於修改黨的章程的報告」。

去蘇聯化路線

在劉少奇的報告中表示，透過「過渡時期總路線」的實踐，社會主義改造的任務取得了決定性的勝利，並強調「同偉大的蘇聯和各人民民主國家建立了牢不可破的友好合作關係」。鄧小平的報告，則是以前述對於「史達林批判」之問題，中國所做出的回答為基礎，極力主張應當致力於「黨內民主主義」及「集體領導」的工作。毋庸置疑的是，無論是劉少奇或是鄧小平的報告，其內容皆是揣摩、遵從著毛澤東的意向所導出的結果。毛澤東本人也在「政治報告」及「關於修改黨的章程的報告」的草案階段，數度提出意見進行修正。26

劉少奇的報告中還提及：「毛澤東同志糾正了黨內抑制農民的合作化積極性的右傾保守思想，農業生產合作社開始了特別迅速的發展。」讚揚毛的功績。另一方面，毛澤東於「開幕詞」中也表示：「我們又有偉大的盟國蘇聯和其他兄弟國家的援助，我們又有世界上一切兄弟黨的支持。」高度讚許與蘇聯之間的友好關係。儘管如此，毛澤東的私人醫生李志綏卻提出了完全不同的看法：「聽著劉少奇、鄧小平的兩場演說，我當下便直覺，這會激怒毛澤東。就連我也愕然失聲。……在鄧小平的『關於修改黨的章程的報告』中，『以毛澤東思想為國家政治思想的指標』之說法被刪除

布達佩斯動亂　一九五六年十月，匈牙利首都布達佩斯發生動亂，蘇聯派軍隊坦克入城鎮壓。

了。」[27]此外，李志綏也說道，因為劉少奇與鄧小平將毛澤東「辭去國家主席」的說法信以為真，向毛傳達著手準備「名譽主席」之事，也加深了毛澤東對兩人所懷抱的不信任感。

在第八次黨代表大會過後的十月，於匈牙利布達佩斯發生了大規模的示威遊行，人數高達二十萬人，示威的訴求是希望蘇聯軍撤退，並要求政府採行多黨政治體制。當時的納吉政權雖然決定接受這些要求，但是卻引來蘇聯的軍事介入，最後以武力鎮壓示威活動，政權也因此崩壞，亦即史上的「匈牙利十月事件」。針對此事件，毛澤東在十二月時如下說道：

「那些國家的工作沒有做好，一概仿套蘇聯的辦法，沒有照顧到具體情況，出了毛病。……我們提出學習蘇聯經驗的口號，從來沒有提過學習他們落後的經驗。」（《毛澤東思想萬歲》上）在毛的心中，「去蘇聯化路線」之思維已漸趨明確。

批判修正主義

前述的「百花齊放、百家爭鳴（雙百）」的呼籲成果並不如黨中央所想像，至一九五七年，仍不見雙百運動的活躍現象。憂心忡忡的毛澤東於一九五七年二月召集最高國務會議擴大會議，出席者包含民主諸黨派、各界著名人士等共八十多名，毛在會上發表了〈關於正確處理人民內部矛盾的問題〉之重要講話，獎勵從黨外提出對黨及黨幹部的積極批判意見：「無論是什麼樣的幹部、什麼樣的政府，只要是有缺點錯誤，都應該接受批評。」毛甚至說出「言者無罪」來鼓勵人們積極發言。

即便如此，黨外人士與知識分子們仍舊疑心重重。「提倡雙百已經有半年之久了，為什麼到現在還是『早春』的氣息呢？雙百的提倡究竟是認真的，抑或是做做樣子而已，到底可以允許到哪個程度等……不能不多加思考。」（翦伯贊）然而黨中央的宣傳部及統一戰線部仍舊積極地宣導。在五月八日的座談會上，統一戰線工作部李維漢部長說道：「期待各界的民主人士能夠對黨的各方面進行批判，援助黨的整風活動。」；另外，五月十七日的《人民日報》上也刊載「請黨外人士更大膽地列舉出黨的缺點。黨並沒有打算肅清黨外人士的想法」等，希望能夠促使黨外人士的積極發言。

其後，在民主黨派與統一戰線工作部的座談會上，氣氛熱烈且高漲，自五月八日至六月八日一個月內，共舉行了十三次會談，黨外人士也開始積極發言。與商工會人士的座談會也幾乎在同時期舉辦，共計二十五次，約有一百零八人提出意見。從中國民主同盟副主席章伯鈞提出的「政治設計院」及儲安平的「黨天下」言論中可以看出，大多數的意見是批判共產黨的獨裁化，以及各部門黨幹部的特權生活、特權意識與大權獨攬。

使人意想不到的是，如此「熱烈且自由闊達之發言」的鼓吹行動只是表面，背地裡的計畫也正在悄悄地進行中。三月十九日，毛澤東在江蘇、安徽省幹部面前發表內部講話：「百花齊放以來放出了許多的毒素，簡直就像是從毒蛇口中開出花來一般。……我在這裡被誤解為倡導牛鬼蛇神，事實上並非如此。我並不是要倡導牛鬼蛇神，而是要消滅牛鬼蛇神。辦法就是讓牛鬼蛇神現出原形，在社會上讓大家一同去批判。」[28]又在五月十五日，向黨內幹部們發出了〈事情正在起變化〉一文，文中說道：

「現在應當開始注意批判修正主義。……最近這個時期，在民主黨派中和高等學校中，右派表現得最堅決最猖狂。……我們還要讓他們猖狂一個時期，讓他們走到頂點。他們越猖狂，對於我們越有利益。」[29]

批鬥右派分子

一九五七年六月二日的《光明日報》上，甚至出現對最高領導者的批判言論：「最近大家對小和尚提了不少意見，但對老和尚沒有人提意見。我現在想舉一件例子，向毛主席和周總理請教。解放以前，我們聽到毛主席倡議和黨外人士組織聯合政府。一九四九年開國以後，那時中央人民政府六個副主席中有三個黨外人士，四個副總理中有二個黨外人士，也還像個聯合政府的樣子。可是後來政府改組，中華人民共和國的副主席只有一位，原來中央人民政府的幾個非黨副主席，他們的椅子都搬到人大常委會去了。姑且不說，現在國務院的副總理有十二位之多，其中沒有一個非黨人士，是不是非黨人士中沒有一人可以坐此交椅，或者沒有一個人可以被培植來擔任這樣的職務？」[30]既然引出了這麼一條大蛇出洞，六月八日，黨中央發出〈關於組織力量準備反擊右派分子進攻的指示〉。同時，在《人民日報》上發表題為〈這是為什麼？〉

之社論，強烈呼籲「對右派進行嚴厲批判」。至此，「百花齊放、百家爭鳴」的自由氣氛驟然一變，開始了風聲鶴唳、草木皆兵的肅清運動，也為「反右派鬥爭」正式地揭開了序幕。

接收到黨中央的指示後，於北京、天津、瀋陽等各都市的政府機關、教育機關、各民主黨派、媒體機關及各工業單位等立即召開座談會，針對「右派分子」的反共、反社會主義、反黨的言論行動進行批判。當時各民主黨派的黨員數大約是一千人至四萬人程度，屬於弱小黨派，無力承受共產黨的攻擊，紛紛瓦解。六月底，反右派鬥爭展開後不到一個月，各個黨派居然開始批判自身的領導者章乃器、章伯鈞、儲安平、羅隆基、費孝通等。特別是章伯鈞及羅隆基，因為在民主同盟內密組反共同盟＝「章羅同盟」，而被視為嚴厲批判的對象。[31]

雖說「反右派鬥爭」的始作俑者是毛澤東本人，但站在前頭揮旗吶喊的人則是當時的黨中央總書記鄧小平。鄧對於此時期的歷史經過不願多加描述。在《鄧小平文選》中，關於反右派鬥爭時期的言論、文章也一概未被收錄。唯一能看到的是，鄧小平對一九八〇年〈關於建國以來黨的若干歷史問題的決議〉起草文所提出的意見中提到：「極少數資產階級右派分子乘機鼓吹所謂『大鳴大放』，向黨和新生的社會主義制度放肆地發動進攻，妄圖取代共產黨的領導，對這種進攻進行堅決的反擊是完全正確和必要的。……但是反右派鬥爭被嚴重的擴大化了。」[32]然而，在一九五七年九月召開的中共第八屆三中全會（擴大）上，關於「整風運動」的長文報告書中，可以看見反右派急先鋒鄧小平當時的想法。

首先，鄧表示：「這四個多月運動的發展，完全如同中央以及毛澤東同志所分析一般，完全證明了中央方針的正確性。」將黨所推進的反右派鬥爭以及其後的整風運動賦予正當化的意義。最後，更進一步地強調推行運動的必要性：「現在，有必要繼續加強反右派鬥爭的推行。雖然在這個層面上，我們已經獲得了完全的勝利，但改善工作才正要開始。」

毛澤東的激進主義

想當然耳，這場會議的主角仍舊是毛澤東。毛在會議上揭示了受人注目的、與其後「繼續革命論」相互關聯的想法：

「反映到八大決議上說，資產階級與無產階級的矛盾基本上解決了。這句話也沒有說錯。……到今年青島會議時就看清楚了，提出了城市和農村還有兩條道路的鬥爭，這種階級鬥爭沒有熄滅，這次右派分子瘋狂進攻，就應說資產階級與無產階級的矛盾是主要的。」（《毛澤東思想萬歲》上）

一九五七年時期被劃為右派分子的人數，根據官方正式發表的數字，全國約有四十九萬多人，一九五八年前半，施行「反右補課」（徹底搜索右派分子的活動），全國被劃為右派分子的人數上達五十五萬二千八百七十七人。寒山碧結合其他資料，指出被貼上「右派」標籤，直接受到打擊的人數約有八十萬至一百萬人，若是包含被牽扯入反右風暴的家族人數，犧牲者約有三百萬至四百萬人。[33]悲慘的是，這樣的悲劇並不只展現在數字上。非共產黨人士、知識分子、勞動者大眾們深切覺悟到「百花齊放、百家爭鳴」不過是一場騙局，即使在背地裡對共產黨有著「心灰意冷的絕望感受」，表面上卻還是要表示對共產黨的支持，由此可知，在這時候的中國並不存在「表達的自由」。

經過反右派鬥爭，毛澤東的激進主義路線可說是更加地強烈化，但另一方面，也存在著「向赫魯雪夫的挑戰」以及「向蘇聯的挑戰」之事實。最能明顯看出這兩項挑戰的時間點，便是在一九五七年十一月「俄國革命四十周年紀念」，毛澤東第二次訪問蘇聯之時。下一章的內容，將試著探討「毛澤東的挑戰」。

註釋

1 【編按】中南地區是指中國地理上位於中南部的區域，包括河南省、湖北省、湖南省、廣東省、廣西壯族自治區、海南省等。此一地理概念是在中共建國後才使用的。

2 【編按】民間以宗教信仰為連結的秘密結社，因多以教、會、道、門取名而簡稱「會道門」。

3 J・デグラス，《コミンテルン・ドキュメント》Ⅲ，対馬忠行、雪山慶正等譯，現代思潮新社，一九二七年。

4 石源華，《中華民國外交史》，上海人民出版社，一九九四年。

5 劉傑誠，《毛澤東和斯大林》，中共中央黨校出版社，一九九三年。

6 H・E・ソールズベリー，《ニュー・エンペラー》（上）。

7 毛澤東，《建國以來毛澤東文稿》第一冊，中央文獻出版社，一九八七年。

8 H・E・ソールズベリー，《ニュー・エンペラー》（上）。

9 毛澤東，《建國以來毛澤東文稿》第二冊，中央文獻出版社，一九八七年。

10 毛澤東，《建國以來毛澤東文稿》第二冊。

11 大酒保泰，《中国共産党史》下，原書房，一九七一年。

12 H・E・ソールズベリー，《ニュー・エンペラー》（上）。

13 《新華月報》，一九五二年第十期。

14 薄一波，《若干重大決策與事件的回顧》上、下，中共中央黨校出版社，一九九一年。

15 周恩來，《周恩來統一戰線文選》，人民社，一九八四年。

16 姜華宣等編，《中國共產黨會議概要》，瀋陽出版社，一九九一年。

17 薄一波，《若干重大決策與事件的回顧》上、下。

18 天兒慧，《中華人民共和国史》，岩波新書，一九九九年。
19 【編按】狄托是南斯拉夫共產黨的領袖，也是戰後首先對抗蘇聯，與史達林絕裂的共黨領導人，因而被史達林視為「修正主義」的樣板。
20 ロス・テリル著，《毛澤東傳》，劉路新等譯，河北人民出版社，一九八九年。
21 薄一波，《若干重大決策與事件的回顧》上、下。
22 朱建榮，《毛沢東の朝鮮戦争——中国が鴨綠江を渡るまで》，岩波書店，一九九一年。
23 李志綏，《毛沢東の私生活》（上）。
24 李志綏，《毛沢東の私生活》（上）。
25 《建國以來毛澤東文稿》第六冊。
26 《建國以來毛澤東文稿》第六冊。
27 李志綏，《毛沢東の私生活》（上）。
28 R・マックファーカー等編，《毛沢東の秘められた講話》上冊，德田教之等譯，岩波書店，一九九二年。【編按】本書譯自：*The Secret Speeches of Chairman Mao: From the Hundred Flowers to the Great Leap Forward*。
29 《中共黨史大事年表》，人民出版社，一九八七年；《建國以來毛澤東文稿》第六冊。
30 【譯按】此即著名的「黨天下」言論，儲安平於一九五七年六月一日在座談會上以「向毛主席和周總理提些意見」為題的發言，次日報端刊出全文。
31 【編按】關於章伯鈞、儲安平、羅隆基等民主人士的事蹟可參見章伯鈞先生次女章詒和女士的著作：《最後的貴族》，牛津大學，二〇〇四年；《往事並不如煙》，時報出版，二〇〇四年。
32 《鄧小平文選》第二卷。
33 寒山碧，《鄧小平評傳》第一卷。

第四章　中國走向社會主義之挑戰

大躍進政策

東風壓倒西風

毛澤東在反右派鬥爭中，極力排除異己並且成功地使旁人保持沉默後，於一九五七年十一月初，訪問莫斯科。當時的蘇聯，正沉浸在「俄國革命四十周年」的歡慶情緒之中，等待著中共的祝賀。在莫斯科當地的官方祝賀慶典上，毛澤東依舊向蘇聯獻上最高級的恭賀祝詞，強調中共與蘇聯之間無可撼動的友好關係。即便如此，在某些觀點上仍舊可以看出毛獨特的見解。例如十一月十日中國提出的「意見要綱」中，針對赫魯雪夫所提倡的「向社會主義的和平過渡」之觀點，毛澤東表示：「雖然和平過渡的願望是應該被提起的，但卻不能因此作繭自縛。資產階級並不會將自己拉下歷史的舞台。不管是哪個國家，無產階級與共產黨在革命的準備上，都是刻不容緩的工作。……就算在議會中已掌握多數，但也絕對要打破舊有的國家官僚體系，樹立新的國家機構。」這便與赫魯雪夫所主張的觀點有著明顯的差異。

其後，針對赫魯雪夫謀求與美國和平共存路線之想法，毛澤東在對留學莫斯科的中國留學生所進行的講話當中，提出了尖酸的諷刺，亦即著名的「東風論」：「現在世界正在大變，不是西風（資本主義陣營）壓倒東風（社會主義陣營），就是東風壓倒西風。你們讀過《紅樓夢》沒有？這句話是林黛玉說的。我們說西風壓不倒東風，東風一定壓倒西風！」[1]；毛更激動地主張：「（以美國為首）一切反動派都是紙老虎。」由此可見，不同於蘇聯打算和美國走向「和平共存路線」的政策，毛澤東在國際情勢上採取十分強硬的立場，不惜與西風陣營相互對決、一較高下。

再往前追溯，早在一九五七年前期，從毛澤東大膽的發言中，不難發現毛的野心：「我們地大物博，人口眾多，在地理上的位置也不差，海岸線也十分地長，我們應該是文化、科學、技術、工業發達的世界第一大國才是。……如果在數十年後還沒有辦法達成世界第一的大國，那真是太不像話了。現在，美國只有幾十顆的原子彈和粗鋼一億噸而已。在我看來，那根本就不算什麼。比起美國，中國將可以製造出數億噸的粗鋼才是。」（《毛澤東思想萬歲》上）

赫魯雪夫的「和平過渡論」與「和平共存論」，在毛的眼中，不過是對美國以及資本主義的「妥協」、「示弱」罷了。另一方面，在毛澤東心中或許是這麼揣想著：若是中國能夠挺起胸膛，與美國進行正面交鋒，以不向資本主義妥協的姿態推動社會主義建設，那麼未來中國取代蘇聯，成為社會主義的「盟主」，將不再只是癡人說夢的空想；如今正是表明姿態的絕佳時機。事實上，自蘇聯返國後，毛澤東也突然開始前往全國各地進行視察，至次年（一九五八年）四月為止，在南寧、杭州、成都、漢口等地都發表過重要談話。在這些重要談話當中，毛所構思具有中國特色、激進的社會主義路線，亦即「大躍進政策」的計畫，也逐漸成形。

「大躍進政策」的發動

何謂「大躍進政策」？這個問題看似簡單，實際上卻十分難解。「大躍進政策」確實可以說是在毛澤東的強硬蠻幹下所創始出的計畫。其發動的最初關鍵，便是一九五八年三月於成都所召開的重要會議（黨中央政治局擴大會議），毛澤東在會中發表了六次的重要談話，帶頭號召：「解放思想，要像馬克思和魯迅一樣，敢想、敢說、敢幹。我們需要堅定獨自的目標，不能盲目地模仿外國經驗。」

統整「大躍進政策」的內容，大致上可以看出兩個特點。一是藉由精神上的大力鼓舞，動員民眾力量，希望實現高速的經濟發展。二是毛澤東所自創的共產主義（或者應該說是實現共產主義社會前的階段）社團，亦即「人民公社」的設置。

關於第一個特點，舉例來說，毛澤東主張在鋼鐵及其他主要工業方面，要在十五年內追上英國，要以多、快、出色、不浪費的精神，努力達成目標（《毛澤東思想萬歲》上）。一九五八年的經濟計劃，其實就是由現實的數值，以及未來預計達成的高目標數值等，兩項預估為基礎所制定。例如鋼鐵的目標值是六百二十四萬噸與七百萬噸（一九五七年的實際紀錄是五百三十五萬噸），糧食是一億九千六百萬噸與二億一千五百八十萬噸（一九五七年為一億八千五百萬噸），國家財政總收入則是三百三十二億元與三百七十二億元（一九五七年為三百零八億元）。前者的數字是一九五八年二月全國人大會議上公布的數值，後者則是非公開的數字。2

大躍進政策，基本上就是立足於〈論十大關係〉中的均衡發展論，兼顧工業與農業、重工業與輕工業、中央工業與地方工業，也就是「雙腳前進」方針，同時也是「全面性的同時發展論」，並且是以竭盡全力、高速的方式推行。雖然毛澤東所主張的內容有其道理，不過若是從實踐性的層面來考慮，只能說是有勇無謀的政策。即便如此，毛仍舊提倡「一窮二白論」（「窮」是指經濟上的窮困落後，「白」是指人民的知識水平低下。毛認為這兩項條件能夠提高幹勁）[3]與「主觀能動性論」，無視於現實的生產條件與能力，倡導自身所描繪出的突飛猛進之計劃藍圖。即便這只是毛澤東個人好高騖遠、過分高估的政策，但在經過反右派鬥爭及整風運動之後，「絕不容許對毛的批評」之政治風氣已然成形，就算是其他幹部與民眾再如何惶恐不安，也只能背負著毛主席的期待，咬著牙繼續走下去。

大躍進　一九五八年廣東新會，人民公社社員在夜間插秧。

建立在虛偽報告上的增產命令

大躍進政策將工業急速成長的重點置於「鋼鐵生產」，至於提高農業生產的關鍵，則是增建跨縣、跨省的大規模治水、灌溉水利設施。於此基礎之上，需要盡可能地動員所有人民，藉以完成計畫上的目標。在全國各地接連出現動員農民力量，以手工搭建出來的粗糙製鐵爐，稱為「土法煉鋼」，於一九五八年至一九五九年期間，成功地生產出大量鋼鐵，但其品質低劣。一九五八年的鋼鐵生產量，大幅超出原先所預定的目標值，達到一千零七十萬噸。然而，其中大多是品質粗劣的鋼鐵，實際上根本就派不上用場；不僅如此，為了製鐵的燃料而砍伐了大批樹木，森林資源遭到嚴重破壞。

在水利建設事業上，也同樣地動員了大批農民。各地農民們完全不仰賴機械的力量，手持鐵鍬與鐵鎬掘起土石，以扁擔挑起運送，開闢堤防、水池、灌溉渠道與土地。這樣的光景，就像是成群的螞蟻黑壓壓地聚集在一起，宛如一座黑山般，奮力地運送著過冬的儲糧。雖說在農業發展的基礎上，水利灌溉工程是必要之作業，但更重要的問題是，農民們犧牲了平日生產活動的時間與精力，在農村進行製鐵與水利建設工程，如此本末倒置的做法，為糧食生產帶來了巨大的影響。光是一九五八年，動員農民進行鋼鐵生產的人數便多達一億人以上，水利建設工程的動員人數想必也相差不多，能夠投入農業生產活動的勞動力，比起去年，減少了三千八百一十八萬人。

最後，全國各地不得不面對糧食生產嚴重不足的現實；雪上加霜的是，因為上級機關發出了絕對增產的命令，各項作物的減產都是不被容許的結果。因此，各地方開始浮報數字，其謊報的數值更是由下而上如同雪球般的越滾越大。中央領導者接收到一九五八年虛報的報告結果，決定乘勝追擊，提高一九五九年的目標數值。由於一九五八年的鋼鐵生產值有著一千零七十萬噸的飛躍成績，便將一九五九年的基礎目標拉高到兩千七百萬噸（高目標值為三千萬噸），糧食生產則是由八千億斤（一斤＝零點五公斤）提高到一兆斤。這樣的基準下達至各部，基於壓力，各部又更加強烈要求生產數字必須超越目標值。至此，情況已經不是可以用「過分高估」或是「冒險主義」來解釋，「悲劇」也已是無法避免的結果。詳細狀況將在接下來的人民公社之主題詳述。

人民公社之建設

在經濟高速發展的同時，大躍進的另一個特徵，也就是為了實現共產主義社會而必須建設新社團，而這項需求，在這個時候也開始受到注意。一九五八年三月的成都會議上，提出「關於小規模農業合作社應該合併為大規模合作社之意見」。往後，在各地開始出現大型化的合作社。有關於此一現象，毛澤東的主導性及首創性是不容忽視的。他強烈主張「一大二公」（一是大，意指擴大公社規模，便於進行大規模的生產建設；二是公，意指人民公社的公有化，比起農村生產合作社更具有社會主義化、集體化的性質）。當時擔任毛澤東的政治秘書，同時也是黨機關報《紅旗》的總編輯陳伯達，便是宣傳人民公社的「掌旗人」。

陳伯達在七月一日《紅旗》上刊載的論文中，強力鼓吹：「應該將工農商學兵都逐漸地組織成『大公社』，成為『社會的基本單位』。」其實這就是毛澤東本人所抱持的想法。在該篇論文中，將這一組織稱呼為「人民公社」。毛在八月六日造訪河南省的七里營人民公社（據說是河南省最先被命名的人民公社）時，讚歎道「人民公社好」。八月十七日起，在北戴河所召開的黨中央政治局擴大會議上，通過了〈關於在農村建立人民公社若干問題的決議〉。

試歸納人民公社的特點，有下列五點：（一）如前所述，具有「結合工農商學兵」之特徵。（二）人民公社是將原有的經濟組織，也就是合作社，與鄉人民政府、鄉人民代表大會等行使政治權力的機構結合在一起，形成「政社合一」的組織。（三）可以看見「三級所有制」的特徵。一九五八年十一月，在「極左傾向的矯正」中，有著「統一領導、分級管理」的指示，這是一種職權歸屬所有制的管理方式，也就是沿襲過去農村內部在行政及經濟上的三個層級——鄉＝公社管理委員會、行

人民公社　北京附近的人民公社社員在收割小麥。

政村＝生產大隊、自然村＝生產隊，將職權與管理制度組織化。（四）以馬克思所提倡社會主義的特徵「依能力進行勞動，依勞動接受報酬」作為實踐的原則，採取依勞動工分制[4]領取報酬。（五）為了更能接近共產主義的理想原則「各盡所能、按需分配」，毛澤東開始提倡設置「公共食堂」，試著提供糧食的免費配給制度。另外，也建蓋「共同住宅」，為共產主義的基礎單位提供應有的形式。

混亂、矛盾、分裂的開始

透過人民公社的普及，毛澤東認為古代社會所衍生出「農民與工人、農村與都市、體力勞動與頭腦勞動的差異」之問題，將能夠獲得解決。[5]一直跟隨在毛澤東左右的私人醫師李志綏，將當時的狀況敘述如下：「中國終於找到從貧窮邁向富裕的道路。中國農民就要站起來了。我當年也支持人民公社的成立。我深信毛主席不會錯，『人民公社好』。回北戴河後，毛十分興奮。毛相信中國糧食生產問題已得到解決，人民現在有吃不完的糧食。」[6]

人民公社運動正如火如荼地進行著。在這一方面走在前頭的河南省，至一九五八年八月底於北戴河通過的〈關於在農村建立人民公社問題的決議〉為止，河南省內的農家走向公社化的比率已經有百分之九十九點九八，約合併了三萬八千多家合作社，設置了一千三百七十八個人民公社。

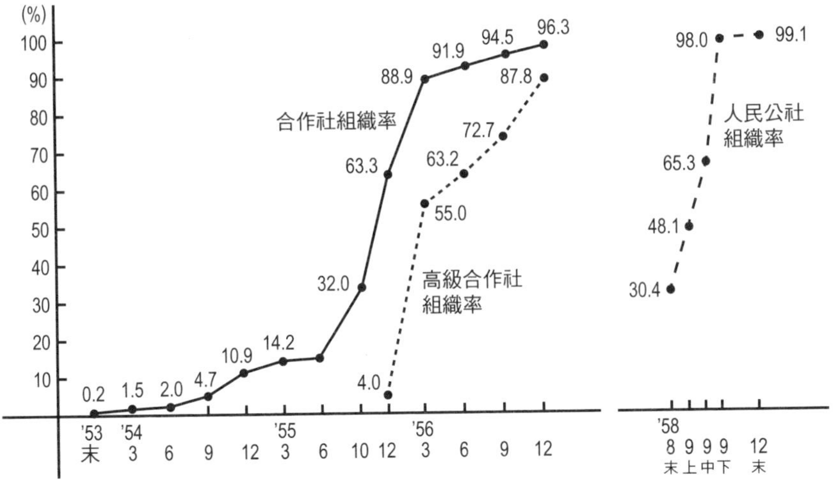

合作社及人民公社的組織化狀況　參考《中國農業合作化運動資料》下冊（一九五九年）、《偉大的十年》（一九五九年）之資料統計而成。

國內其他地方設立人民公社的動作也迅速地展開，一九五五年七月至一九五六年，是合作社合併率的巔峰時期。在運動推行短短五個多月的時間，於地大物博的中國境內全土，居然能夠實現人民公社的基本形式，實在令人驚嘆不已。

然而，即使人民公社的浪潮在檯面上是如此地來勢洶洶、銳不可擋，但在暗地裡卻也開始產生了混亂、矛盾與分裂的危機。不可否認的是，此運動的推行，原本就是基於中央，更加精確地說，是基於毛澤東個人的專斷獨行，並非是農民由下而上的自發性運動。某高級合作社的黨書記曾如下紀錄著：「所有的事情都是由黨來決定的。以將來的發展為目標劃出藍圖的也是黨。一九五八年八月便開始準備設立人民公社。雖然各部會都進行了討論，但我們當然還是必須遵守中央委員會的決定。」[7]

除此之外，我們也可以從陝西省的農民發言中，窺見人民公社運動的真實樣貌：「雖然在一九五八年設立了人民公社，但並沒有什麼值得一提的內涵，關於當時是否發生了什麼特別的事、出現了什麼改變等，在我的記憶中是不存在的。我所待的蔬菜栽培隊，從一九五六年以來，一直都是延續著同樣的方式在工作著。……不管是在改成人民公社以後或是任何時候，我們的做法都沒有任何的改變。」黑龍江省的農民也道出同樣的話：「全國發起了所謂的『一步登天』，將全國的合作社改成了人民公社。但是，人民公社和高級合作社並沒有什麼不同。名稱雖然不同，實質上的內容卻是相同的。只不過是將名字改成了人民公社罷了。」8

從上述的紀錄中，可以明白人民公社運動，在實質上對於農民的日常生活並沒有任何的改變，同時也顯示了社會基層與黨中央之間的極大斷層。然而，人民公社運動的影響，若只是單純地存在著斷層，那倒也不是太大的問題。

糧食生產下降與糧食浪費

事實上，毛澤東心中的理想藍圖與動機，農民們根本就一無所知，甚至也沒有想要了解的意圖。農民們只不過是在突如其來的某一天，聽見「製鐵」、「參加水利建設」的命令之後，便被迫地荒廢手邊的農耕作業。又在某一天，上層突然宣布「在食堂可以吃免錢飯」的通知，即便一時之間搞不清楚狀況，卻也一窩蜂地湧向食堂，「免錢的話當然要吃個夠本」的浪費風氣便一舉擴散開來。糧食生產活動的荒廢與糧食的浪費，其最後的結果，當然是可想而知的。

根據後來所公開的資料顯示，這個時期的糧食生產統計，一九五八年有二億噸（與前一年相較增加了約五百多萬噸），但是每個人的平均供給糧食量卻與去年相同，為二百九十九公斤；

一九五九年的生產量為一億七千萬噸，減少了三千萬噸，每人平均供給糧食量也減為二百四十七公斤，已經低於所謂二百五十公斤的飢餓基準。附帶一提的是，一九六〇年、一九六一年之數據，更是降低到慘不忍睹的程度。

一九五九年入冬之後，數個地區的儲備糧食已經開始見底。「許多的農具機械、家畜等，因為大躍進運動而被徵收，損失慘重。在這一年，農村的耕地面積逐漸減少、土地的生產力也開始下降。此外，人民公社的『共產制』與『口號至上』的工作態度，讓人開始不把秋穫當一回事……乾旱與水害接踵而來，就算是繼續耕作下去的成長率，也遠低於計畫中的目標數值」。[9]對於製鐵、水利建設大運動的狂熱氣氛，也開始呈現疲乏的狀態。

可惜的是，在中央層級，特別是毛澤東，並沒有見識到社會基層所面臨的嚴峻現實。一九五八年九月，毛澤東收到經過浮誇虛報的報告後，對於次年的目標下了如此非現實的期許：「今年的穀物生產量幾乎增加了兩倍之多。……粗鋼也超過了兩倍。……也就是說，基本上，我們明年就能夠追上英國，除了造船、汽車、電力等幾個項目之外，我們就快要追上英國了。十五年內追上英國的計畫，基本上在兩年內就可以實現。」（《毛澤東思想萬歲》上）光是從這段發言，就可以看見毛澤東野心勃勃所推行的大躍進，其成功與否之關鍵，只在於可否在數字上端出讓世界各國大開眼界的成績。

緊迫的國際情勢與「大躍進」的失敗

當時毛澤東「向前猛烈衝刺的氣勢」，也同樣表現在國際關係上，因而引發了多起重大事項。一是中蘇關係，二是臺灣海峽危機，三是西藏暴動，接著是中國與印度之間的緊張關係。在這些事件的背後，美國的存在有如巨大陰影一般地籠罩著中國。美國向希望推動美蘇「和平共存路線」的赫魯雪夫，提出了「禁止核武試驗以及防止核武擴散」的要求，這對一九五七年締結的《中蘇國防新技術協定》（全稱《關於生產新式武器和軍事技術裝備以及在中國建立綜合性原子能工業的協定》）造成不小的影響。一九五八年六月二十日，赫魯雪夫致函中共中央，表示必須廢棄這項秘密協定。

次年七月，正值大躍進運動開始推行的時期，赫魯雪夫訪問中國，目的是為了進行綜合性的說明以及謀求雙方關係的強化。於此行中，赫魯雪夫提出應該在亞太海域設立「中蘇聯合艦隊」，但是卻遭受到毛澤東冷淡的拒絕，毛表示「自己國家的海域該由自己守護」；其結果更加增長了赫魯雪夫對毛澤東的不信任感。

反攻大陸VS解放臺灣

另一方面，臺灣的蔣介石政權或許是掌握到中國正面臨矛盾混亂的情報，於此時期派遣戰鬥機盤旋於雲南、貴州及四川一帶，「反攻大陸」的氣勢高昂。赫魯雪夫仍停留在北京的七月二十七日，毛提高警戒，致信國防部長彭德懷、副部長兼軍委秘書長黃克誠表示：「目前不打，看一看形勢。……彼方如攻漳、汕、福州、杭州，那就最妙了。」八月十八日，毛下達攻擊金門的指示，明白說出攻擊行動之意圖：「這是直接針對蔣介石，間接針對美國的行動。……先停止深圳方面的演習，別讓英國人察覺。」並下令「追擊不可越過金門、馬祖之界線」。[10]由此可知，此回軍事行動之目的並非是為了「解放臺灣」，而是另有考量。

八月二十三日，中國開始對金門、馬祖列島展開砲彈攻擊。[11]依據臺灣方面的資料，當日所落下的砲彈數量，在短短的兩小時內就有五萬七千五百顆（中國方面的資料，則是當日共投下一萬八千顆砲彈），二十四日以後的三天內，約有十萬顆的砲彈落在金門地區。二十四日以後，雙方的海軍、空軍皆加入戰局，九月二日發生最大規模的交戰。八月二十七日，美國總統艾森豪（Dwight David Eisenhower）在與記者的談話中提及：「不得不出兵防衛金門、馬祖。」然而，九月四日，美國國務卿杜勒斯（John Foster Dulles）卻發表聲明指出，除了武力之外，「以和平方式解決兩岸問題也是可能的辦法」。[12]

對此，中國立即提出回應。九月六日，周恩來發表聲明表示「同意中美再次召開大使級會談」，九月十五日雙邊在華沙舉行會談。九月十八日至二十三日的交戰，最後使臺灣海峽危機落幕。在周恩來發表聲明，表示願意與美國展開和平交涉的七日之後，一直在旁觀望的蘇聯，公開了赫魯雪夫致信給艾森豪的書信內容：「美國在面對臺灣問題上的確需要慎重思慮。蘇聯將全面支持中國。」對於表面上聲明支持中國的蘇聯，毛澤東依舊抱持著懷疑的心態。毛冷靜地詢問周恩來的意見：「雖然有百分之九十是肯定的，但仍舊有討論檢討的餘地。你怎麼看？」[13]綜合上述，可以推測毛展開軍事行動的真正目的，並非「解放臺灣」，而是在戰爭底線前測試美國可能採取的行動，以及當中國面臨危機時，蘇聯真正的態度為何。

時間進入一九五九年，關於西藏的統治政策，達賴喇嘛十四世的獨立運動，將西藏捲入巨大的漩渦之中。

西藏暴動

一九五八年，激進的社會主義波瀾也推向西藏，在這一年當中，青海、雲南及西藏等地接連發生了反抗運動。「自一九五八年後半，毛澤東便預測到西藏地區可能出現叛亂，甚至有點在等待叛亂發生」。[14]確實，在一九五九年三月西藏發生暴動之前的二月十八日，毛澤東便說：「這種叛亂有極大好處，有練兵、練民以及對將來鎮壓叛亂和徹底改革提供充足理由等。」[15]

三月十日，爆發西藏暴動。西藏人民高喊著「西藏要獨立」、「漢人滾出西藏」的口號，並且建立了「西藏獨立國人民會議」。然而，獨立運動並不順利。三月十七日，「西藏的精神領袖」達賴喇嘛逃亡至印度；十九日，人民解放軍一舉攻入拉薩；才經過短短的九天（三月二十八日），周恩來總理便發布國務院命令宣布，「解散西藏地方政府，由西藏自治區籌備委員會行使地方政府職權」，且說明「平定叛亂」與「民主改革」並行實施。即便如此，各地的反抗活動仍舊如火如荼地進行著，直至一九六二年三月，中央終於得以發表「平定勝利」宣言，但對於西藏人民來說，這段時間的鎮壓行動充斥著大量的屠殺以及長期的牢獄之災，每日的生活皆是水深火熱。[16]

達賴喇嘛逃亡至印度，也使得中印關係陷入緊張的情勢。一九五九年八月二十五日，在「彭德懷失勢」事件（將於後文詳述）尚未落幕以前，於中印國境上發生了軍事衝突。九月八日，周恩來回信給印度總理尼赫魯（Jawaharlal Nehru），字面上表現得極度溫和有禮，卻嚴正指責了印度方面違反一九五四年中印所締結的「和平共存五原則」之內容，同時也對西藏發生暴動以來，印度大幅度地跨越中國未承認的國境界線，即「麥克馬洪線」（McMahon Line），侵入中國境內，挑起「第一次武裝衝突」表明嚴重的抗議。

令人玩味的是，針對此番指責，立即採取行動的國家並不是印度，而是蘇聯政府。隔日（九月九日），蘇聯發表了「關於中印國境問題紛爭之塔斯社聲明」。內容除了對中印之間發生的國境紛爭表示「遺憾」之外，蘇聯在對中國及印度兩方皆表示友好關係，極力主張：「我們應該嚴正的譴責，任何想要利用中印國境上所發生的衝突事件，試圖加劇冷戰的對立，以及破壞各國間友好關係之行為。」[17]

中蘇對立的擴大

蘇聯的這份聲明從同屬社會主義陣營的中國眼中看來，這是份表達了不滿的聲明。這個時候赫魯雪夫所關注的重點，恐怕是放在九月二十五日至二十七日與美國艾森豪總統的會談上。美蘇的領袖會議，無需贅言，其召開的意義正是雙方為了慎重確認彼此「和平共存」之共識。毛澤東在八月七日，也就是「中印紛爭」之前，便收到赫魯雪夫的書信通知，告知與艾森豪總統的會談即將實現之消息，毛於八月二十一日回覆，信中提及：「我深信，您的這趟美國之行會將美國好戰分子逼向被動的地位。」[18]這正是毛澤東對「美蘇和平共存」發出的委婉警告。

九月三十日至十月三日，赫魯雪夫一行人結束與美國總統的會談後，於回國途中順道訪問北京，主要是為了出席中國建國十周年的紀念慶典。在中蘇領袖會議上，由於意見分歧無法達成共識，彼此之間的言談應對也都夾帶著尖酸諷刺之意。雙方所累積的新仇舊恨，在這趟訪問中一舉爆發，甚至連原先預定發表的「共同聲明」也臨時取消。

毛澤東在一九五九年十二月發表的〈關於國際形勢的講話提綱〉中提到：「敵人（美國）的策略是什麼？（一）和平旗子，大造導彈，大搞基地，準備用戰爭方法消滅社會主義。這是第一手。（二）和平旗子，文化往來，人員往來，準備用腐蝕、演變方法消滅社會主義。這是第二手。……亞洲緊張。爭取機會主義，孤立馬列主義。」此外，毛澤東針對以下歷史事件，對蘇聯的行為及態度進行全面性的批判，包括：一九四九年至一九五一年，《中蘇友好同盟互助條約》的締結過程與蘇聯對中國進行工業建設援助的問題；一九五三年，蘇聯在背後支持高、饒、彭、黃等人，發生「高崗、饒漱石事件」；一九五六年，在「史達林批判」中雙方的對立；一九五八年的大躍進政策、「中蘇聯合艦隊」的倡導、金門炮戰；以及一九五九年西藏暴動及中印邊界事件。[19]此時，中蘇之間的對立與隔閡已經到了無可修復的地步。

糧食不足之大騷動

在此，讓我們再度把目光移向一九五九年的中國國內，大躍進政策正陷入難解之僵局。一月十三日至二十六日，黨中央農村工作部召開了全國農村工作部長會議。於會議上檢討全國各地的人民公社運動，認為在經營管理層面上存在著大問題，並提出勞動定額管理制、各級承包責任制等「整社運動」（人民公社的整頓）實為必要。

五月七日，黨中央發出〈關於農業的五條緊急指示〉。對一九五九年夏收作物減少，該年的農業生產任務很有可能無法順利完成，提出了警告。約莫在同一時間，黨中央在內部傳閱湖北、河北、廣東三省黨委會所作出的人民公社與農村狀況調查報告。各報告異口同聲地指出，眼前正面臨著極為嚴重的糧食問題。湖北省從春節至四月為止，到處都出現糧食不足的騷動，約一百七十萬人受害，被視為重度災害區。此外，河北省則有三十多個縣發生騷動，廣東省粗略估計也有一萬九百三十人處於飢餓的狀態，其中還出現一百三十四個人餓死的報告。[20]到了冬天，全國的儲備糧食只剩下一千六百五十萬噸（平均每人只能分得二十五公斤）。

基於這些調查以及來自各地方的報告，一九五九年七月二日至八日一日，黨中央政治局擴大會議於江西省廬山召開。這場會議原本的目的是要矯正大躍進政策中所發生的極左行徑，不過毛澤東在會上致詞：「成績是偉大的，但也有些問題。即便如此，前途仍是光明的。」表明其基本看法。其實這是在六月二十六日，毛澤東喚來湖南省第一書記周小舟聽取情報時，周小舟所提出的說法。[21]在會議上，首先針對毛澤東所提出的十九個問題，分組進行討論，分別為中南組、華東組、華北組、西南組、東北組五個小組。

曾任韓戰總司令官，同時也是毛澤東湖南省同鄉的彭德懷，在會議前視察了湖南省的鄉里，痛感當地糧食減少，甚至出現「活活餓死」的慘況。被分類在西北組的彭德懷，率直地報告實情，並提出幾項要點。第一，小資產階級的狂熱性使我們容易犯左傾的錯誤。第二，過於強調大躍進的勝

彭德懷　一八九八～一九七四，面對大躍進政策所招致的慘狀，無法視若無睹，因而提出諫言，卻也因此失勢，後來在文化大革命中受到迫害，於一九七四年去世。圖為一九五一年在韓戰前線的彭德懷。

利，使得幹部們變得傲慢，並開始遠離農民大眾。第三，在各級黨委員會中，第一書記的個人主義橫行，輕視了集體領導，使黨內民主停滯不前。第四，高級合作社的優點尚未充分發揮，人民公社的建設言之過早。周小舟雖然參加的是中南組的討論，在基本上卻也贊同彭的見解。

彭德懷集團的失勢

彭德懷為了突破眼前的困境，便將西北組的討論內容梳理成文，在七月十四日以「私信」的方式向毛澤東提供諫言。當時，毛澤東的「皇帝化」已經是眾所周知之事實，光從這一點來看，便可知彭德懷的此一行動，確實需要莫大的勇氣。彭在湖南的農民運動以來，向來與毛維持著「同志」的交情，其直爽、懷有強烈責任感的性格，使他敢於向毛澤東說出實際狀況，並表明自己的意見與想法。他在信中以謹慎的語氣強調，「大躍進政策與毛澤東的領導皆是正確無誤的」，是由於下層幹部出現「過度左傾的狂熱主義」，才導致上述嚴重事態的發生。在西北組的討論會議中，彭德懷則是率直地吐露心聲：「人人有責任，人人有一份，包括毛同志在內。」

然而，毛澤東卻充耳不聞，不僅無視其「私信」，在七月十六日，毛甚至印發此信給政治局擴大會議的參加者，要求各組討論並發表意見。除了周小舟以外，黃克誠也贊同彭的意見，張聞天更書寫了長文「支持彭德懷聲明書」。胡喬木、周小舟、田家英、吳冷西、李銳等人與張聞天站在同一陣線。可惜，在各組討論中，對「意見書」表示嚴正批判的聲音占了大多數。在詢問過全部的意見之後，七月二十三日召開政治局全體會議。毛針對彭的觀點進行反駁：「有些人在關鍵時是動搖的，在歷史的大風大浪中不堅定。」、「這封信中的幾項觀點是資產階級動搖性，右傾化是問題。」彭德懷在會議結束後，對於將「私信」擅自公開一事，曾向毛表示抗議，但事已至此，也無法有什麼補救措施。22林彪則是毫不留情地批評彭德懷：「我的直接印象，這個人非常英雄主義，非常驕傲，瞧不起人，非常目空一切，對人沒有平等態度。不但對他的下級當兒子一樣隨便罵；就是對上級，也很不尊重，可以說是傲上慢下。他野心很大，想大幹一番，立大功，成大名，握大權，居大位，聲名顯赫，死後流芳百世。他非常囂張，頭昂得很高，想當英雄，總想做一個大英雄。他參加革命，包含著很大的個人野心。毛主席才是真正的大英雄。他覺得他也是個大英雄。自古兩雄不能並立，因此就要反毛主席。」

原本是以「矯正大躍進的過度左傾」為目的而召開的政治局擴大會議，一瞬間風雲變色，成為「批判右傾的盛會」。接著在八月二日至十六日，同樣在廬山舉行中共第八屆中央委員會第八次全體會議（第八屆八中全會）上，批判彭德懷的聲浪更加高漲：「眼前我們面臨的最大危險，便是在部分幹部間滋長的右派機會主義思想。」彭德懷以及與彭站在同一陣線的周小舟、黃克誠、張聞天等人被打為「右派機會主義反黨軍事集團」，因此失勢。順道一提，彭德懷在向毛提出意見的一個月前，曾訪問蘇聯，會見赫魯雪夫及國防大臣馬利諾夫斯基（Rodion Jakovlevič Malinovskij）。而彭德懷正式被解除國防部長職務的日子，正好是赫魯雪夫往訪美國的隔日（九月十七日）。當然，彭德懷與蘇聯之間並沒有檯面上的關係，且事實上兩者在私下毫無聯繫的可能性較高，但毛澤東卻仍舊心懷疑慮，擔心彭德懷與赫魯雪夫之間有著秘密的聯絡。

餓死人數高達四千萬人

自此之後，大躍進運動更加地左傾、激進。一九五九年至一九六一年，發生嚴重的天災，但在如此左傾化的氛圍下，想要謀求經濟上的變革並不是件容易的事，既有的問題也如同雪球般越滾越大，加快悲劇到來的時刻。知名電影導演陳凱歌，當時仍未滿十歲，他回憶起這段過往，在書中寫道：「當飢餓突然露面時（其實它一直跟在背後），城市居民中的重體力勞動者的月糧食定量，降低到十四公斤。而孩子們，只有六到九公斤。我記得我曾在市場附近尋找菜根和菜葉，切碎了用紅薯麵包成菜團子，用雙手捧著吃，以防它散開。……而在河南省，為了能交出指標規定的商品糧，武裝民兵用小掃帚掃淨了農民倉底的糧食，又設置了封鎖線，禁止農民外出乞食。農民們先是吃淨了樹皮、草根，甚至連泥土都吃了，然後就在道路、田野和村莊中成群地死去。……而後在清理現場時，在烹煮過的鍋中發現了幼兒的手腕。」[23]

想要完全掌握這場饑荒的全體狀況並不容易。小林弘二根據《中國統計年鑑》所公開的人口數（出生率、死亡率等）計算，得出非正常死亡，亦即餓死的人數為一千五百萬人至一千八百萬人之多。[24]時至今日，也可以看見中國內部的種種推算統計資料。陳凱歌在上述的書中指出，當時的餓死人數，實際上約有二千萬人至三千萬人。金輝則是使用今日各地方的資料，加以統計分析，算出四千萬人的結論。25

對於大躍進運動有著詳細研究的安藤正士則表示：「一九五九年至一九六〇年，各地發生嚴重的饑荒，估計約有一千五百萬人至四千萬人因缺乏營養而死亡。」26這樣的數字，與中日戰爭中國方面死傷者（包含傷者）的二千一百萬人的數據相比，可以說是難以置信的慘烈結果，由此可知，大躍進政策所帶來的影響甚鉅。

「大躍進政策」的矯正與鄧小平

在此，讓我們回過頭來看鄧小平。身為毛澤東的親信，鄧小平在反右派鬥爭以及整風運動中，曾主動積極地從旁輔助；然而，在大躍進的舞台上，卻幾乎看不見鄧小平活動的身影，就連導致彭德懷失勢的廬山會議，也未見鄧小平出席。《鄧小平文選》的第一卷，在一九五七年五月至一九六〇年三月期間，也就是從反右派鬥爭到大躍進運動的時期，幾乎未收錄任何文章。對此，楊炳章提出如下解釋：「毛澤東強硬地推行其政策時，鄧在一旁的身影無疑是明顯的。從政府官方的出版物中完全不見鄧在大躍進期間的任何講話、演說內容，即是明確的證據。鄧小平與毛澤東兩人的關係在一九五八年大躍進時期時達到最高峰。」「鄧並未參加廬山會議。……（然而）卻出席了北京的中央軍事委員會擴大會議，並嚴加批判彭德懷與黃克誠。」27

疑問的萌生

在先前已數度引用，集結毛澤東日常的指示、評語、意見等的《建國以來毛澤東文稿》中，也能夠發現當時毛澤東向鄧小平（其中亦包含同時向多人指示的狀況）所下的指示與要求最多。我們可以由此想像鄧小平作為毛的左右手，努力地遵從指示進行活動的樣貌。因此，正如楊炳章所形容，鄧確實是毛的忠實部下。儘管如此，自一九五九年開始，面對著經濟上的重大打擊，以及出現因饑荒而死亡的人民慘況，對於毛澤東所構築的理想世界與其手段，懷疑的種子已在鄧小平心中逐漸萌芽。

一九七〇年代末期，鄧小平回首當年，曾說：「一九五八年大躍進，我們頭腦也熱，在座的老同志恐怕頭腦熱的也不少。這些問題不是一個人的問題。……毛澤東同志頭腦發熱，我們不發熱？劉少奇同志、周恩來同志和我都沒有反對，陳雲同志沒有說話。在這些問題上要公正，不要造成一種印象，別的人都正確，只有一個人犯錯誤。這不符合事實。」毛澤東並未從根本上否定大躍進運動，也因此在後來推動「文化大革命」。鄧小平恐怕在大躍進運動進行的過程中，便已開始察覺到其中所犯的「錯誤」。若非如此，鄧小平也不會在「大躍進」停止之後，積極地進行經濟調整。在此，毛澤東與鄧小平之間的關係，也開始靜靜地增生出龜裂之痕。

大躍進之後的鄧小平

先前已經提到，自一九五九年冬天，發生經濟危機以及饑荒，且隨著時間的經過，狀況越趨嚴峻。即便如此，到了一九六〇年，毛澤東對於「大躍進」所招致的危機仍舊缺乏足夠的認識。二月下旬，廣東省黨委員會提出報告書，指出人民公社的缺陷與錯誤，並訴求及時的改正。對此，毛澤東的回答是：「現在的情勢大好。當然也有部分的缺點和錯誤。……大家充滿了幹勁與熱情。想將中國改變為一個偉大的、強盛的、繁榮的、高尚的社會主義、共產主義國家的雄心壯志十分值得鼓勵。」此外，看見三月初由貴州省黨委員會所提出的報告內容：「公共食堂的營運完善，確立了貧農及下層中農的領導權，群眾路線與民主管理十分順利，糧食也節約運用。」毛澤東大喜，認為這是「躍進的一大步」，下令將此篇內容刊載於黨刊之中，在公社黨委員會內部廣泛傳閱。[28]

針對當時的狀況，鄧小平的處理方式便不同於毛。鄧當然不可能從正面去批評毛的所作所為。在一九六〇年三月黨中央工作（天津）會議上，鄧還以「正確地宣導毛澤東思想」為題進行講話，強調學習與宣傳毛思想的意義價值。其中，鄧也極力主張「切勿忘懷馬列主義」、「我們的黨是集體領導，而毛澤東同志便是這個集體領導的代表人物」。如此迂迴的說法，在理解上當然是見仁見智，不過也可以解釋為鄧小平主張毛澤東（思想）並非唯一、絕對的。[29]

如同幾項資料顯示，自一九五九年以來，鄧小平單純遵從毛澤東指示而行動的傾向，有減少的趨勢，反而是常與劉少奇、周恩來討論。鄧對於毛在廬山會議中的「彭德懷處分」雖有不滿，卻還是接受毛的判斷，批判彭德懷。不久後的中蘇論爭中，鄧也作為毛的忠實代言人，面對蘇聯的代表，沒有半點的退縮與讓步。只不過，在關於國內經濟問題的看法上，鄧逐漸地踏上迥異於毛的道路。其第一步，便是通過「農業六十條」的提案。一九六六年十月，進入文化大革命時期，也展開對鄧小平的批判，當時毛澤東曾嘆：「自一九五九年以來，鄧小平什麼事都不來找我，不跟我說。」[30]

讓我們來看看事情詳細的經過。一九六〇年十一月三日，召開黨中央工作會議。會議上由於各地方接連報告目前事態的嚴重程度，使得毛澤東不得不承認大躍進政策有「矯正」的必要。黨中央發出〈關於農村人民公社當前政策問題的緊急指示信〉，指出必須徹底糾正「一平二調」[31]的錯誤。在農業政策上屬於穩健派的鄧子恢，則認為必須將管理人民公社以及基本的核算單位，從目前的生產大隊下放到原來的生產隊。毛也不得不贊同並表示：「在農村許多問題上，鄧子恢同志是正確的。」接著在一九六一年一月，召開黨第八屆九中全會。會中通過去年八月北戴河會議中所提出的「八字方針」（調整、鞏固、充實、提高），徹底修正大躍進政策的錯誤。

重新審視農業集體化

同時，毛澤東也下令各地方施行徹底地調查研究，並在調查後，組織關於「經濟調整」問題的緊急小組。劉少奇、鄧小平以及主管經濟的陳雲、李先念皆是緊急小組的成員，共同商討具體的解決策略。三月，黨中央於廣州召開工作會議，通過《農村人民公社工作條例草案》（農業六十條）。而這項草案在後來的文化大革命中，成為批判的焦點，因為它象徵了修正主義式的人民公社路線。草案是由黨中央書記處向黨中央工作會議提出，當時的總書記便是鄧小平。這回，鄧小平並不是遵循著毛澤東的指示而採取行動。因此，對於「農業六十條」的決定，毛諷刺地說道：「是哪兒的皇帝下的詔？」透露其內心的不滿。

「農業六十條」大幅縮小了人民公社、生產大隊的規模（大約縮減至三分之一的程度），並取消公共食堂及配給制，採用公社的「自負盈虧」（無論損益，自己負擔）制，將經濟的核算單位下放至生產隊。另外，使各農家能夠保有「自留地」，即使只是極小的土地面積，也能夠自由地從事個人生產活動。這對當初訴求「集體化」的原則來說，是一項後退、走回頭路的決定。然而，站在農民的角度來看，卻能夠顯示出他們的懇求受到了回應。農民們為了要從飢餓的深淵中脫逃出來，也開始積極地從事生產活動。至少在當時，毛澤東也同意了這樣的做法與政策。

時間進入到一九六一年，政策的調整更進一步地向前推進。在「農業六十條」之後，於黨委員會的指導下，陸續制定了明訂工廠廠長責任制的「工業七十條」，以及「商業四十條」、「手工業三十五條」、「高等教育六十條」等，開始進行各項領域的全面性整頓、調整。這些幾乎都是在鄧小平的積極倡導之下才得以順利推行的政策。然而，事情的演變卻超出了鄧的想像，整個社會開始走向去集體化的道路。一九六一年至一九六二年春天，在幾個省份的生產隊中，開始試驗性的嘗試「責任田」以及「包產到戶」制度，也就是將生產的責任下放到個人及家庭之中。安徽省內約有百分之八十五以上的生產隊，採用此種方法。容許省內走向去集體化的省黨書記曾希聖，雖然原本是最積極支持大躍進的推動者之一，但也正因為身為地方領導者的身分，才讓曾希聖深切體認，不得不重新審視與思考農業集體化的做法。

黑貓白貓論

在廣東、廣西、河南、湖南等數個地方也開始採用承包制的經營管理方式，根據黨中央農村工作部的調查結果所得到的結論，各項的生產責任制將有助於農業生產的恢復及發展，因此向中央提案，希望能夠正式採用承包制度。劉少奇與鄧小平對此事也表達支持之意。一九六二年，鄧小平在共產主義青年團中央委員會上，做出大膽的發言：「現在全國有公社所有制、生產大隊所有制、生產隊所有制。在安徽省還有『責任田』，事實上，將土地分配給各個家庭，可以說是非法的。……哪種形式在哪個地方能夠比較容易恢復和發展農業生產，就採取哪種形式；群眾願意採取哪種形式，就應該採取哪種形式，不合法的使它合法起來。」並且幾乎在同一時期，他還說出了一句名言，極力主張：「現在最重要的是糧食問題。……不管白貓、黑貓，能抓老鼠的就是好貓。」鄧小平所提出的這些政策被稱為「三自一包」（自留地、自由市場、自負盈虧以及包產到戶），後來在文化大革命中被強烈抨擊為「錯誤政策」。

鄧小平會做出這樣的主張，究竟是因為民間的現實情況過於悲慘殘酷，使得他甘願承受被毛澤東批判的風險；抑或是鄧認為，毛說不定也會支持這樣的做法？然而我們永遠無法得知，鄧心中的盤算。但是，至少可以看見，如此朝向穩健方向發展的做法，是毛在大躍進政策的僵局中，不得不認可的轉向。無論如何，在「廬山會議」之後，即便是支持調整政策的劉少奇與周恩來，仍舊是以溫和委婉的言詞發表意見；與之對照，鄧小平的表達方式則是明顯地直率大膽。例如在一九六一年的黨中央工作會議上，鄧直言：「生產關係緊張、黨與民眾的關係也緊張，幹部與民眾的關係也緊張。三年來所有的關係都被破壞了，被大大地破壞。天災不是主要原因，人禍才是。」另外，在一九六二年，鄧亦說道：「只要能夠增產，就算單幹（個人經營）也可以。」

劉、鄧的倡導

一九六二年一月十一日至二月七日，召開黨中央擴大工作會議，綜合檢討大躍進政策。與會人士主要是來自全國各地的省、市、縣級的領導幹部，俗稱「七千人大會」。今日在中國最大規模的會議，為全國人民代表大會以及共產黨全國代表大會，其規模也不過二千五百人左右。由此可見，七千人大會的驚人規模。在這場大會上，積極表達自我意見的，便是劉少奇與鄧小平。首先，在第一階段，劉少奇代表黨提出書面報告，這份報告在事前並未讓毛過目。但由於顧慮到毛澤東，在不否定「三面紅旗路線」的原則下，向參加者們募集對於書面報告的意見，最後完成修正版的書面報告。其後，劉少奇綜合修正過後的內容，於會上進行講話。

會議進入第二階段，一月二十九日，由毛澤東進行講話。毛強調，必須發揚黨的民主，並且有解決上下通氣的必要，因此呼籲召開「出氣會」（吐露內心積聚的怨氣、怒氣之會議）。三十日夜晚，毛召集各大組的負責人，說道：「有了錯誤，一定要做自我批評，要讓人家講話，讓人批評。……凡是中央犯的錯誤，直接的歸我負責，間接的我也有份。因為我是中央主席，我不是要別人推卸責任，其他一些同志也有責任，但是第一個負責的應當是我。」（《毛澤東思想萬歲》下）這對毛澤東來說，確實是第一次的自我批評。然而，話語之中，毛也同時表達了「黨的中心人物是我，而不是劉少奇」之意。至二月六日為止，各組針對種種問題進行檢討、批判以及自我批判，會上討論的氣氛十分熱烈。

六日，鄧小平進行了較為長篇的重要講話。內容主要是承接著毛澤東、劉少奇講話的概要，強調黨的優良傳統，並認為應該堅持並注重毛所提到的民主集中制之傳統，以及建立經常工作（深入

中共中央擴大工作會議　一九六二年一月召開，自右起為鄧小平、毛澤東、劉少奇、陳雲、周恩來、朱德。

細緻的基礎工作）。鄧表示：「這幾年來，由於我們沒有搞好民主集中制，以致上下不通氣，這是一個帶普遍性的嚴重的現象。」[32]但是，這項發言如果和「大躍進的推進」、「彭德懷失勢事件」等，由毛澤東所主導的事件聯想在一起的話，也可以被解釋為是「挖苦毛澤東」的說法。

二月七日，七千人大會迎接閉幕之日，將綜合全體會議內容的「書面報告」第三稿，採用為正式的黨內文書。大躍進政策的功過評斷，總結為「三分天災、七分人禍」，並提出必須強化民主集中制，列出大躍進的過錯為目標過高、國民經濟失衡、人民公社運動的失敗、過度高估農業增產的可能性、分散主義等。

毛澤東威信的降低

往後約於半年內，數度召開重要會議，如政治局擴大常務委員會（二月下旬）、科學工作會議、文藝創作會議、中央財經小組會議（三月初）、第二期全國人民代表大會第三回會議（三月中旬）、黨中央擴大工作會議（四月下旬）、黨中央政治局常務委員會（五月上旬）、全國統戰工作會議（六月中旬）、民族事務委員會工作會議等（六月中旬）等。在各項領域中仍舊堅持「八字方針」，進行政策調整、組織再編，並更改反右派鬥爭以來，對知識分子所採取的打壓政策及重新恢復名譽等。值得一提的是，這些會議皆是由劉少奇、鄧小平、周恩來及陳雲等人所提倡推動，毛澤東在當時是被排除在外的。毛澤東再度開始活動，要等到八月的北戴河會議之後。

六月，在毛澤東威信降低的時期，彭德懷向毛及黨中央上書，提出辯解陳情的長文（亦即歷史上所稱的「八萬言書」），要求上級對彭個人的歷史評價進行全面的重審。其中特別提出對於自身被扣上「反黨集團的組織化」、「與外國的私密聯絡」等罪名與事實不符之異議。這份「八萬言書」要如何處理，必須等到九月份中共第八屆十中全會召開。無論如何，我們可以看見，在確認「大躍進的挫折」之後，毛澤東的權威開始大幅下降，「民主集中制」再度受到重視，且其他的領導者們也紛紛表達意見，這封陳情長文，正是出現在如此的氛圍背景之下。然而，這並不足以促使毛澤東進行反省，或是改變他的領導態度。關於毛當時的心理狀態，李志綏的紀錄如下。

「關於彭德懷的平反，劉少奇並沒有獲得毛澤東的同意。另外，黨中央組織部長、安子文的回歸也沒有獲得主席的同意。……『我看安子文這個人從來不向中央作報告，打算成為一個獨立王國。這不是在壓我？』……被逼到絕境的毛澤東，決定要反攻。一九六二年的夏季，一直深居簡出的毛澤東，終於出現在眾人眼前。他告訴我，接下來要召開兩個大規模的黨務會議，我知道毛終於要反擊了」。33

毛澤東的反擊

第一波的反擊，便是七月中至八月，為期一個月的北戴河會議（黨中央工作會議）。八月九日，毛澤東召集高層幹部進行重要講話，一開頭便說出宗旨：「今天單講共產黨垮得了垮不了的問題。」像是要傾瀉積怨已久的不滿，毛大膽地陳述自己的觀點：「一九六〇年以來，不講一片光明了，只講一片黑暗，或者大部分黑暗。思想混亂，接著有以下的任務。全面的或者是大部份的單幹。據說只有這樣才能增產糧食，否則農業就沒有辦法。……問題是非常明確的，也就是兩極化。一方越來越富有，另一方則是越來越貧窮。」、「羅隆基說，我們現在採取的辦法，都是治標的辦法。治本的辦法是不搞階級鬥爭。我們要搞一萬年的階級鬥爭，不然，我們豈不變成國民黨、修正主義分子了。」（《毛澤東思想主義萬歲》下）

在九月二十四至二十七日的黨第八屆十中全會上，毛的語氣更加地強硬堅定：

「那麼，社會主義國家有沒有階級存在？有沒有階級鬥爭？現在可以肯定，社會主義國家有階級存在，階級鬥爭肯定是存在的。……要承認階級長期存在，承認階級與階級鬥爭，反動階級可能復辟。要提高警惕，……所以我們從現在起就必須年年講，月月講，天天講，開大會講，開黨代會講，開全會講，開一次會就講，使我們對這個問題有一條比較清醒的馬克思列寧主義的路線」、「道理就是一條，就是階級鬥爭問題。」

這個論調是毛澤東在文革時期著名的「繼續革命論」的原型。這個主張確實與一九五六年劉少奇在第八次黨代表大會所提出的，「由於社會主義制度的確立以及階級關係在根本上的變化，目前我國所面臨的主要矛盾，並非是無產階級與資產階級之間的矛盾」，有著重大的差異。

階級鬥爭的重視

劉少奇、周恩來、鄧小平對於毛澤東在「北戴河會議講話」以及「黨第八屆十中全會講話」所發表的內容，都有點不知所措。後來，鄧小平在描述此時期的毛澤東時，曾如下說道：「一九六一年書記處主持搞工業七十條，當時毛澤東同志對工業七十條很滿意，很讚賞。……看起來，這時候毛澤東同志還是認真糾正『左』傾錯誤的。他在七千人大會上的講話也是好的。可是到一九六二年七、八月北戴河會議，又轉回去了，重提階級鬥爭，提得更高了。……但是，十中全會以後，他自己又去抓階級鬥爭，搞『四清』了。」34

毛澤東自己也不得不面對大躍進所導致的悲慘後果，因此，首要工作便是致力於恢復糧食生產，將民眾由飢餓的深淵當中拯救出來。在這一點上，就算被劉少奇與鄧小平搶先占去政策的主動權，也是在毛可以容忍的範圍之內。即便如此，這也只是暫時性的撤退戰術，若是以毛的話語來說，這不過是「枝微末節的問題」，並不會就此打退堂鼓。

正是因為如此，針對調整政策所帶來「非關階級性」內容的滲透，毛在一九六二年八月北戴河會議上提出「共產黨垮得了垮不了」之議題、在黨第八屆十中全會上也以「階級鬥爭」作為最重要的關鍵字。另外，在此次的十中全會上，毛捨棄「彭德懷復出之問題」，並首次將主張包產到戶的農村工作部長鄧子恢批為「黨內的修正主義」，進行肅清活動。毛澤東與劉少奇、鄧小平之間關係的裂痕，也開始急速地擴大。

時間進入一九六三年，毛澤東開始出現具體的動作。五月初，召集杭州一部分的政治局委員與書記處書記，於會議上起草《關於目前農村工作中若干問題的決定（草案）》（通稱「前十條」）。

在此之前（同年二月），中共中央於工作會議上討論於農村開展社會主義教育運動之議題，而「前十條」正是推進農村社會主義教育運動之基本思想。毛表示：「在中國出現了重大且激烈的階級鬥爭現象。……曾經被打倒的地主、富農分子等絞盡腦汁，不擇手段地使出千方百計，設法讓幹部腐敗墮落，進而從幹部手中奪取領導權。事實上，已經有一部分的人民公社、生產隊的領導權力落入這一批人的手中。在其他機關的某些地方，也有他們的代理人。」、「這個革命運動是土改以來第一次最大的鬥爭。」（《毛澤東思想萬歲》下）

中蘇論爭與世界人民革命戰爭

在我們了解文革的歷史之前，也萬萬不能忽略當時牽動中國內情勢的國際狀況，以及中國（毛澤東）的回應。有關一九五〇年代晚期的外交情勢，無論是毛澤東與赫魯雪夫在世界觀、革命方法以及對美關係上的分道揚鑣，導致中蘇之間的關係緊張；還是臺灣海峽危機、西藏叛亂、中印國境紛爭等事件，我們皆已於前略述。

蘇聯技術人員的撤回

進入一九六〇年代後，中國在國際上的外交關係，更陷入緊迫的態勢。首先，一九六〇年七月，蘇聯毫無預警地廢除與中國之間的科學技術合作協定，一舉撤回已派遣至中國的一千三百九十名專門技術人員，並決定中止派遣九百名專家至中國的預定計畫。如此一來，中國在經濟、國防、文化教育、科學研究等領域上，將有二百五十多個相關部門的事業受到影響。在同年十一月，召集八十一個國家的共產黨、工黨代表所召開的莫斯科會議，以及隔年（一九六一年）十月的第二十二次蘇聯共產黨大會上，中蘇之間的對立關係成為定局，除了阿爾巴尼亞等少數國家以外，大多數社會主義國家以及各國共產黨，對於中國的批判聲浪逐漸高漲。

在邊境問題上，自一九六〇年開始，至一九六二年間，於新疆維吾爾自治區的中蘇邊境上，陸陸續續地出現武力衝突。此外，一九六二年九月，「侵占」西藏的印度軍隊與人民解放軍發生衝突，以此為契機，十月至隔年一月，中印之間發生大規模的武力對抗。然而，就在中印紛爭上演至最高潮的時候，十月二十日發生「古巴危機」。

在地理位置上，古巴可以說是位於美國戰略位置的咽喉。而事件的起因，便是赫魯雪夫準備在古巴秘密佈署ＩＲＢＭ（中程彈道導彈），美國總統甘迺迪得知後，展開海上封鎖，雙方一度僵持不下，美蘇戰爭一觸即發。最後，赫魯雪夫答應撤回位於古巴的攻擊性武器，危機獲得解除。中國在這場危機事件中，強烈譴責蘇聯在對美外交上的軟弱態度。即使如此，中國在處理中印紛爭上，動員了大量武力，突顯了中國在國際上的好戰姿態；因此，國際輿論對於中國批判蘇聯的言論冷眼相待，中國在外交上的孤立也更為顯著。另一方面，東歐各國在此時於義大利召開共產黨大會，赫魯雪夫也利用出席的機會，重申對中國的批判。

這樣的背景，為「中蘇公開論爭」揭開了序幕。這項公開論爭是以一九六三年二月二十七日，刊登於《人民日報》的社論〈分歧從何而來——答多列士等同志〉為起點，持續了一年半之久。三月，蘇聯共產黨要求中國共產黨，順應世界情勢及國際階級勢力的變化，必須制定世界共產主義運動共通的「總路線」。對此，中國共產黨在六月以〈關於國際共產主義運動總路線的建議〉一信予以回覆。信中主張國際上階級矛盾的激化，並批判單方面的「和平共存」、「和平競賽」、「和平過渡」，強調在世界革命的層面上，反美反殖民的民族解放革命鬥爭的重要性。七月五日，鄧小平以中共代表團團長之身分前往莫斯科，與蘇聯代表團團長蘇斯洛夫進行論戰，最後雙方仍舊無法取得共識，鄧於七月二十日歸返中國。

赫魯雪夫下台與核爆試驗成功

於中蘇會談期間的七月十五日，赫魯雪夫迎接美、英的領導者至莫斯科，針對部分停止核爆試驗的問題進行會談；同月二十五日，三國完成條約的草簽儀式。中國方面得知後，認為這是蘇聯對美、英帝國主義的投降，並且剝奪中國本身進行核武開發的權利，因此對外發出強烈的譴責。自九月的〈蘇共領導同我們分歧的由來和發展〉一文作為起始，直到次年（一九六四年）七月批判赫魯雪夫為「假共產主義者」之文章，共發表了九篇公開的評論，史稱「九評」。

所謂的「九評」，究竟是否只是中蘇之間關於「意識形態」的論爭？事實上，毛澤東對於赫魯雪夫的敵對意識及心態，可以說是到了異常的程度。在「九評」出現以後，毛澤東與姪兒毛遠新的對話中表示：「現在革命任務還沒有完成，到底誰打倒誰還不一定，蘇聯還不是赫魯雪夫當政，資產階級當政。」（《毛澤東思想萬歲》下）這可以說明，毛澤東與赫魯雪夫之間所存在的，並非是單純思想上的論爭，而是敵對性的鬥爭。

一九六四年十月十五日，突如其來地傳來赫魯雪夫下台的消息。宛如是嘲笑著赫魯雪夫的失勢，就在隔天，中國成功地進行了首次的核爆試驗，歡慶著：「赫魯雪夫的下台，正是全世界馬克思列寧主義者、同時也是堅決反對修正主義鬥爭者的偉大勝利。」大多數的人都認為，中蘇對立的情勢應該會漸趨緩和，而當事者們也是這樣盤算著。十一月，中國派出以周恩來為團長的代表團，參加蘇聯「十月革命四十七周年之祝賀儀式」。然而，在宴席之上，蘇聯的國防部長馬利諾夫斯基（Rodion Jakovlevič Malinovskij）卻向賀龍將軍說道：「就像我們讓赫魯雪夫下台一樣，你們也應該讓毛澤東退下陣來。如此一來，中蘇之間的關係就能迅速恢復友好了。」[35] 周恩來對此事表達強烈的抗議，並在返國後立即向毛澤東報告。不久，中國便認定：「布里茲涅夫（Leonid Il'ich Brezhnev）政權是沒有赫魯雪夫存在的赫魯雪夫路線。」

赫魯雪夫與甘迺迪　美國總統甘迺迪與赫魯雪夫於一九六一年在維也納舉行會談。

鄧小平的微妙立場

一九六五年八月，戴高樂的特使馬爾羅（André Malraux）訪問中國，在與毛澤東的會見中，毛表示：「蘇聯想走資本主義復辟的道路，對這一點，美國是很歡迎的，歐洲也是歡迎的，我們是不歡迎的。」其後，馬爾羅問道：「難道主席真正認為他們想回到資本主義道路？」毛立刻回答：「是的。」（《毛澤東思想萬歲》下）毛對蘇聯強硬的論調，也激起布里茲涅夫的對決態勢。一九六六年後，蘇聯增強了中蘇邊境的兵力，由赫魯雪夫時代的十個師團擴張至四十三個師團，人數約一百萬名，據說占蘇聯總兵力的百分之二十四之多。[36]

對此，鄧小平的態度又是如何？如同先前所述，在國內問題上，鄧小平積極宣導「黑貓白貓論」、「三自一包」等，與毛澤東主張相左之政策；即便如此，在中蘇論爭上，鄧小平依舊維持一九五〇年代的立場，扮演著毛澤東底下的忠實發言人。會談中，「鄧幾乎只是按照在北京起草的聲明，以中文朗讀出來，面對蘇聯的代表蘇斯洛夫（Mikhail Andreevich Suslov）提出的質問，鄧只是如同石頭一般地沉默以對」。楊炳章對此出如下的解釋：「在當時的狀況下，自始至終都可以看出這是鄧小平討好毛澤東的結果。」[37]

確實，鄧小平的立場是處於十分微妙的狀態。既在國際上展現了對毛澤東的忠誠不二；在國內的作為，我們也可以間接地判斷，他絕不是懷有背叛毛澤東的企圖。於此同時，鄧作為一位愛國主義者，我們也不能忽略，鄧對蘇聯的態度有所不滿，因而可能產生反蘇情緒的這一點。在一九八九年與戈巴契夫（Mikhail Sergeevich Gorbachev）的會談上，鄧小平回顧當時的情景，並說出了以下這段話：「從六十年代中期起，我們的關係惡化了，基本上隔斷了。這不是指意識形態爭論的那些問題，在這個方面，現在我們也不認為自己當時說的都是對的。真正的實質問題是不平等，中國人感到受屈辱。」[38]即使鄧小平因內政問題，與毛澤東關係疏離，甚至因而遭受到殘酷的對待，但是鄧的民族主義、愛國主義論調，卻還是不可思議地與毛澤東一致。

中間地帶論

在美國的帝國主義與蘇聯的修正主義合流，試圖掌握世界的情勢之下，作為一位軍事戰略家的毛澤東，對於究竟應該如何突破如此不利的局面，花費了不少心思。首先，讓我們來看看，毛是如何分析國際體系的特徵。一九六四年一月二十一日，《人民日報》的社論發表了新的「中間地帶論」。早在一九四六年，毛澤東就已經提出了「中間地帶論」，而新「中間地帶論」的特徵可以歸納為兩點：（一）世界上反帝國主義鬥爭的重點國家，已經轉移到中間地帶，特別是亞洲、非洲以及拉丁美洲（AAA＝第一中間地帶）。[39]（二）西歐、加拿大以及大洋洲等為第二中間地帶，這些國家與美國之間的矛盾關係正逐漸加深。

在新中間地帶論中，並未否定冷戰的基本架構，亦即資本主義陣營與社會主義陣營的對立。然而，卻與建國前後的主張——「沒有第三條道路」、「向蘇聯一面倒」的國際體系之認識，明顯地大異其趣。除此之外，對於上述蘇聯修正主義的鬥爭意識也漸次增強。進入一九七〇年代，中間地帶論與反蘇情緒的高漲，可以說正是孕育出毛澤東「三個世界論」背後的重要基礎。換言之，「三個世界論」的國際體系結構之特徵，與冷戰時期二分法的組織體系相異：美國帝國主義與蘇聯社會帝國主義相互勾結，試圖支配世界（第一世界）；與之對抗的AAA諸國（第三世界）；以及夾在中間，左右動搖的西歐、東歐等國（第二世界）。[40]在毛的腦袋裡，資本主義與社會主義陣營間的對立鬥爭之冷戰結構，已然解體。想當然耳，這樣的說法，並未取得國內所有領導者們的認同；而後，這樣的認知差異，也成為毛澤東在文革中攻擊異議者的要因之一。

國防部長林彪是一九五九年以後積極讚頌毛澤東的追隨者。在調整政策時期，林彪不僅讚美毛澤東的「三面紅旗」，甚至節錄毛澤東的著作精髓，製成人手一冊的《毛澤東語錄》，加以宣傳普及。當毛澤東主張，已經準備好發起與美蘇之間的全面戰爭之時，林彪亦表示支持；並於一九六五年九月發表〈人民戰爭勝利萬歲〉之文章，提出「今天的世界革命，從某種意義上說，也是一種農村包圍城市的形式」，將毛澤東過去的農村革命論延伸擴大至世界革命的層級。對此，解放軍總參謀長羅瑞卿諫言，應該把與美國的對決作為第一優先，為此有必要與蘇聯一同組成反美的統一戰線。因為這項發言，羅瑞卿激怒了毛澤東，不久後其解放軍參謀總長以及其他所有職務都被解任。

世界人民革命戰爭論

毛澤東的軍事革命理論之根本，便是先前所提的「弱小的我們，如何打倒強大的敵人」，其具體手段為「人民戰爭論」，內容是將根據地理論、統一戰線論、游擊戰論與持久戰論相互結合而成。毛澤東認為可以利用此種方式與美蘇進行對決。首先，中國本身必須成為「革命的根據地」。一九六七年七月，正值文革的高潮時期，毛的主張如下：「目前許多地方反華，形式上好像是我們孤立的，實際上他們反華是害怕中國的影響，……這些國家的人民認識到中國是求得解放的唯一道路。我們中國不僅是世界革命的政治中心，而且在軍事上、技術上也要成為世界革命的中心，……要成為世界革命的兵工廠」（《毛澤東思想萬歲》下）。這樣的觀點，在中蘇正式決裂的時期，逐漸浮上了檯面。

一九六四年五月開始為期一個月的黨中央工作會議，毛澤東在會議上提出「國防三線建設」，其背景是假設美蘇侵略，中國全境將成為戰場，為展開廣大的人民戰爭，必須建設龐大的後方基地。

提議將原來集中在沿海、都市（第一線）一帶的軍事建設，遷移至內陸貴州、四川、陝西、甘肅等重工業基地（第三線），以便於作為人民戰爭的根據地。三線建設即為四川的攀枝花、甘肅的酒泉等五大鋼鐵基地、貴州等地的煤礦開發，以及在四川、甘肅、江西等地設置水力、火力發電所；而其建設的費用在一九五六年一舉大增到占整體基本建設費用的百分之三十五之多，到了一九六六年第三次五年計畫期間，則在總基本建設投資額的八百五十億元中占了近百分之六十的比例。這塊大後方基地，不僅僅是中國人民戰爭的根據地，同時也是作為支援世界革命的重要基地。

甘迺迪暗殺事件發生後，美國介入的越戰戰況更趨激烈，並陷入了泥淖。一九六五年二月，美國總統詹森（Lyndon Baines Johnson）下令轟炸北越同海，正式展開對於北越的轟炸行動。由於地點接近中越邊境，不久後美軍將可能對中國西南部進行轟炸的疑慮也油然而生。是故，中國加強支援北越，大後方基地也在這樣的國際軍事支援中擔起責任，越戰也成為反美民族解放鬥爭的世界性象徵。

B-52 轟炸機　圖為越戰期間，在北越投下大量炸彈的美國空軍 B-52 轟炸機。

實現理想社會的再挑戰

在《人民日報》發表社論〈中間地帶論〉後一週（一九六四年一月二十七日），中國與法國正式建交。相對於美蘇在國際上的聯合態度，法國總統戴高樂堅持獨自的道路，中國這時與法國改善外交關係，也表示其重視第二中間地帶，朝構築新國際統一戰線而努力。除此之外，也致力於與第一中間地帶的國家取得良好關係的聯繫，周恩來總理於一九六三年十二月至一九六四年兩年遍訪非洲諸國，就是一個例子。一九六四年三月三日《人民日報》的社論便提及「一個先進的亞洲和一個先進的非洲，正在地平線上光芒萬丈的升起」，顯示對亞非諸國締結良好關係的強烈期待。四月出席第二次亞非會議（ＡＡ會議）會前會的外交部長陳毅，統整周恩來在遍訪非洲時所發表的內容，公開宣布「中國對外援助的八項原則」，以強化與亞非各國之間的關係。

一九六五年一月，在亞洲內部與中國維持良好關係的印尼，宣布退出聯合國，中國立即以政府名義發言表示：「有人說，退出聯合國就要孤立。我們看，絕對相反。中國就不在聯合國，我們並不感到孤立。……中華人民共和國堅決支持印度尼西亞的決定，這是印度尼西亞人民反對美英帝國主義威脅，維護國家獨立和民族尊嚴的一個果敢且正義的革命行動。」當時亞洲的國際態勢，可以說是中國—雅加達軸心，或是中國—河內—雅加達軸心的緊密連結關係。在毛的認知中，或許已經萌生了一個新的國際秩序構想，也就是亞非諸國將會把中國視為「第二個聯合國」的中心國家。可惜好景不常，中國與印尼的關係因為一九六五年發生的「九三〇事件」而呈現斷絕狀態。除中國以外，被認為是亞洲最大共產黨的印尼共產黨，遭到蘇哈托（Haji Muhammad Soeharto）所率領的軍隊擊潰，「軸心關係」因而解體。不過，就在這個時期，許多亞非諸國的領導者接連至中國訪問，頻繁地與毛澤東展開會見，其光景彷彿是將毛澤東視為「世界的革命指導者」一般。

由上述的國內外情勢進行分析，毛澤東絕非是在一九六二年的七、八月時，才突然改變態度呈現左傾傾向。「大躍進」的挑戰，在某種程度上來看，可以說是毛試圖為了實現內心所構築的理想社會而努力。即使現實逼迫毛澤東不得不承認「大躍進」的失敗，他並未放棄目標，堅持再次挑戰。因為毛要與赫魯雪夫對抗的意識，以及為了鞏固自己作為中國最高領導者的威信，都使得他沒有讓步的空間。因此，即使劉少奇、鄧小平等人違背、反抗其意志，毛澤東仍然堅信著自己的道路，朝此奮進的決心更加高漲。這些在中共第八屆十中全會的講話中，毛即已暗示。是以「文化大革命」的激烈震盪襲捲而來，也只是遲早的問題。

註釋

1 【編按】此語出自《紅樓夢》第八十二回，林黛玉說：「但凡家庭之事，不是東風壓了西風，就是西風壓了東風。」

2 《新中國四十年研究》，北京理工大學出版社，一九八九年。

3 【譯按】依常理來說，一窮二白的狀況是不利於國家發展的。但毛澤東卻認為這是發展的優點。因為窮，所以要革命；因為白，所以容易教導人民革命思想與社會主義價值觀。

4 【譯按】勞動工分制又稱勞動支票、勞動憑據，是社會主義中根據勞動程度而分配物品的手段，工分依農民的工作時間來計算，單位的生產收穫所得依工分分配給農民。

5 《建國以來毛澤東文稿》第七冊。

6 李志綏，《毛沢東の私生活》（上）。

7 J・ミュルダル著，《中国農村からの報告》，三浦朱門、鶴羽伸子譯，中央公論社，一九七三年。

8 J・ミュルダル著，《中国農村からの報告》。

9 蘇曉康等，《廬山会議——中国の運命を定めた日》，辻康吾等譯，每日新聞社，一九九二年。

10 《建國以來毛澤東文稿》第七冊。

11 【編按】此役即國人熟知的「八二三砲戰」，中國稱「金門砲戰」。

12 張讚合，《兩岸關係變遷史》，周知文化事業公司，一九九六年。

13 《建國以來毛澤東文稿》第七冊。

14 毛里和子，《周縁からの中国——民族問題と国家》，東京大學出版會，一九九八年。

15 《建國以來毛澤東文稿》第八冊。

16 毛里和子，《周縁からの中国——民族問題と国家》。
17 日本國際問題研究所現代中國研究部會編，《中国大躍進政策の展開——資料と解說》下卷，日本國際問題研究所，一九七四年。
18 《建國以來毛澤東文稿》第八冊。
19 《建國以來毛澤東文稿》第八冊。
20 《中國共產黨執政四十年（1949-1989）》，中共黨史出版社，一九八九年。
21 蘇曉康等，《廬山会議——中国の運命を定めた日》。
22 蘇曉康等，《廬山会議——中国の運命を定めた日》。
23 陳凱歌，《私の紅衛兵時代》，刈間文俊譯，講談社現代新書，一九九〇年。
24 宇野重昭、小林弘二、矢吹晉，《現代中国の歷史》，有斐閣，一九八六年。
25 上海《社會》，一九九三年四、五期合版。
26 《岩波現代中国事典》，岩波書店，一九九九年。
27 楊炳章，《鄧小平——政治的伝記》。
29 《鄧小平文選》第一卷。
30 寒山碧，《鄧小平評傳》第二卷。
31 【譯按】指人民公社內部所實行平均主義的供給制、食堂制，以及對生產隊的勞力、財物的無償調拔。
32 《鄧小平文選》第一卷。
33 李志綏，《毛沢東の私生活》（下）。
34 《鄧小平文選》第二卷。
35 席宣、金春明，《文化大革命簡史》，中共黨史出版社，一九九六年。

36 《中華人民共和國史稿》，黑龍江人民出版社，一九八九年。

37 楊炳章，《鄧小平——政治的伝記》。

38 《鄧小平文選》第三卷。

39 【編按】AAA指的是Asia（亞洲）、Africa（非洲）以及Latin America（拉丁美洲）。

40 【編按】西方世界在冷戰期間將世界各國家分為三個世界，第一世界是資本主義國家，第二世界是社會主義國家，第三世界是開發中國家與中立國。毛澤東的「三個世界論」與此一分類方式有明顯的不同。

第五章　無產階級文化大革命

何謂文化大革命

如果問，中華人民共和國自一九四九年以來的歷史中，最具衝擊性的「政治事件」為何？恐怕大多數的中國人都會毫不猶豫地回答「文化大革命」。它的正式名稱是「無產階級文化大革命」，簡稱為「文革」；鄧小平時代以後對於文革，給予了嚴厲的評價：「不管從哪一個面向來看，都與革命、社會進步等字詞沾不上邊。」並被稱為「災難的十年」（一九六六年至一九七六年）。然而，想要掌握「文化大革命」這一重大政治事件的全貌，絕非易事。近年來，由於大量的資料開放，許多人開始針對文革進行專題研究，例如以「集團暴力」為焦點的主題研究，或是將範圍縮小集中在特定地域的地方實態研究等，研究的視野變得更加寬廣，主題也逐漸有細分化的趨勢。1

解放人類、解放社會

我和文革可謂隸屬於同一時代，在一九六〇年代後半至一九七〇年代初期，正是文革風潮最盛的時候。現在說出來也許讓人難以置信，文革在當時可是毫無疑問的大新聞，是毛澤東所發動的「偉大的革命」，受到世界各地的注目。環顧當時的國際情勢，美國的貧富差距不斷擴大，且因介入越戰而身陷泥淖之中，不僅在國內發生了反戰運動與黑人反抗運動，在國際上也出現反美的潮流。另一方面，國家官僚主義化的蘇聯獨裁體制，也受到各界強烈的批判。一九六八年春天，於捷克斯洛伐克所發生的「帶有人性面孔的社會主義改革」＝「布拉格之春」，雖然不久後便因蘇聯軍的武裝鎮壓而失敗，但從改革運動的發起可以看出，這是社會主義陣營內，因不滿蘇聯型態社會主義所提出的內部告發。

在如此的國際態勢之下，毛澤東所提出「觸及靈魂的革命」、「廢除三大差別（將於後文詳述）、實現平等社會」的口號，十分具有新意。毛的革命主義，被認為是超越了追求物質豐饒，將「精神的解放」置於最崇高的地位。自「史達林批判」以來，原本以解放人類為目標的社會主義，明顯出現了「異化」的問題。在此背景之下，世界各地出現許多「毛澤東主義者」，信仰毛澤東的「神話」，認為毛澤東的理論與實踐方法，正是「解放人類、解放社會」的正確道路。然而，如同我們事後所見，毛澤東所推動文革的「現實」，與所謂「解放人類」的做法完全不同，甚至可以說是重複著毫無人性的、相互攻擊、背叛、虐待及殺戮等非人道的手段，最後導致政治、經濟及文化等社會所有層面的毀滅性混亂。

豐饒還是平等社會的實現？

對於文革的重新評價，始於一九七〇年代末期。學者 Hong Yung Lee（李鴻永）將文革解釋為：「關係到中國所有人民，將他們捲入廣泛的爭議之中，並導致各式各樣、不同程度的衝突……顯示出人類所能設想的所有類型，以及所有政治行動種類的型態。」[2]不可否認的，要探討「何謂文革」這個問題時，除了可以從政治的觀點切入之外，不管是從經濟、社會、文化、文學，抑或是國家、社會組織、家族及個人等各項層面、領域上，都能夠道出文革之內涵；在這一點上，Lee的說法是正確無誤的。但是如果有人進一步地探問：「所以呢？」那麼上述這些內容皆無法回答問題之核心，亦即文革究竟是什麼。如此一來，探究文革之時，究竟該用什麼方式切入較為妥當？

在文革逐漸出現負面評價之時，黨中央領導者也對文革發表了如下的結論：「毛主席提出文革的出發點是正確無誤的，但是採取了錯誤的鬥爭方針與方法，導致了悲慘的結果。」[3]在日本，雖然也出現不同於文革讚頌論的意見，但也存在著「文化大革命之弔詭」的論點，如同「因為極度追求和平，最後導致了戰爭」、「因為探求絕對性的自由，而孕育出獨裁的結果」一般，其出發點便是「歷史會再三地以弔詭的形式呈現」。[4]

揮舞著自由、民主大旗的美國布希政權，在擊潰海珊之後仍舊在伊拉克進行著戰爭、殺戮的行為，或許也可以說是「弔詭」的表現之一。學者加々美光行運用市井的觀點探討文革，說明毛澤東在「徹底解放人類之革命」的階段出現「弔詭」，最後導致慘烈的「悲劇」。

在毛的思維之中，確實是存在著色彩強烈的「革命主義」。毋庸置疑地，毛也曾經想要實現「富饒中國」，例如一九四五年的《論聯合政府》、一九四九年的「人民民主專政論」、一九五八年提倡「大躍進政策」等，都可以看見毛的努力。然而，如同前一章所述，若是容許個人經營，在生產上或許能夠得到增產的效果，但是貧窮階層的生活卻只會越來越困苦，因此也出現「那將是資本主義復活」的思維。經過大躍進的挫折之後，以資本主義模式出發的經濟調整政策正開始廣泛推行，恐怕在「實現豐饒」的努力之上，更應該開始重視如何「實現平等社會」，而毛澤東與劉少奇、鄧小平於心中所描繪的「未來社會圖像」及其實現的方法路線，正是在這一點上出現了分歧，彼此關係的裂痕也更加明顯。

紅五類、黑五類

如果我們要運用「弔詭論」來說明的話，就不得不釐清，在這項帶有革命主義性質的文化大革命發生後，究竟是何時、為何以及如何，於最後轉化為始料未及的「弔詭」結果，為中國社會帶來莫大的悲劇。在此，其重要的關鍵字詞便是「出身血統主義」。於後文也會提及，自一九五〇年代後半，中國社會出現所謂「紅五類」與「黑五類」的「階級規定」：紅五類為出身良好階級（革命幹部、革命軍人、革命遺屬、工人、農民），黑五類為出身惡劣階級（舊地主、舊富農、反動分子、惡劣分子、右派分子）。

依照其原本的含意，或許不應該說是「階級」；其真實情況是，一旦被貼上「黑五類」的標籤，便會被記錄在「檔案」之中。這份檔案由公安部門保管，並且不管個人遷移到何處，這份檔案將會如影隨形地跟在後頭，並對工作、升遷、社會關係、結婚等人生大事產生重要影響。此項帶有「革命性」的主張[5]，反倒孕育出新的「階級差別結構」。此外，在教育方面也出現「重點校」制度與「非重點校」制度；勞工中也分類出「常用勞工」制度與「臨時勞工」制度。既堅持社會主義路線，卻又創造出「新差別的社會結構」。

毛澤東推動文革之目的，便是要破壞此種「社會主義社會所打造出的差別結構」，創造出一個新的平等社會。確實，自一九六六年秋天，文革開始正式啟動時，紅衛兵逐漸活躍於社會，出身「黑五類」的紅衛兵也參加文革，燒毀「檔案」，批判「出身血統主義」。經過一九六七年一月「上海革命」，二月於上海設立「上海人民公社」。但在一個星期過後，提倡人民公社的毛澤東卻說：「還是叫革命委員會好。」於是便改變「上海人民公社」的名稱，成立「上海革命委員會」。由此可以看出文革走向「革命主義的挫折」，亦即「文化大革命的弔詭」。因為革命委員會的組成，被認為應該是由「革命幹部、革命軍人以及革命大眾的三大結合」；換言之，這與原來由紅五類所掌權的情況如出一轍。因此，希望藉此讓紅五類所創造出的「差別結構」能夠就此瓦解，這簡直就是痴人說夢，「文革的精神」就此結束。

即便如此，我們也應該謹慎思考，難道徹底追求革命主義的結果，就是讓文革往相反的方向發展嗎？是否也應該考慮其他層面的原因？那麼，究竟該從何切入？我並非要把文革本身切割出來談，而是要將文革放在其前後的歷史脈絡、國際環境之中，釐清其中幾項主要的因素與人際關係，這才是恰當的方法。在此，作為文革不可輕忽的現實，便是圍繞著權力所衍生的危機意識、野心、忌妒、反叛等，領導者之間爭權奪利的心理，亦即所謂的權力鬥爭，正如野火燎原般的迅速蔓延開來。這一個面向，是探討文革時不可遺漏的重要層面。

如火如荼的權力鬥爭

由嚴家祺、高皋夫婦所著《文化大革命十年史》上下兩冊，最初於一九八六年出版，[7]不久後被列為禁書；後來經過改訂，於香港出版，可以說是中國人文學者首次針對文革所進行的研究專著。該書的內容是以豐富的資料作為基礎，並藉由訪問當時關係者，生動地重現文革。文革的基本構成，簡單來說，便是毛澤東集團（「文革派」）與劉少奇、鄧小平集團（「當權派」）之間的權力鬥爭所交織而成的政治肥皂劇。

書中所見的文革歷史概況如下：由於大躍進的挫折而轉向推動調整政策的過程中，劉少奇與鄧小平等人的權力逐漸高漲；毛澤東便利用國防部長林彪、妻子江青等人試圖展開奪權鬥爭；而林彪、「四人幫」亦野心勃勃，在對抗劉、鄧集團的同時，擴張自身勢力，最後與毛之間形成了錯綜複雜的關係，並在權力鬥爭中被擊潰鬥垮。文革不只是如同傳統宮廷政變一般，在檯面下有著暗潮洶湧的爭權陰謀，更值得注意的是，它將成千上萬的人民大眾也一同捲入這場權力風暴之中，可以說是集合了各式各樣、所有型態的權力鬥爭於其中。在文革時期身為北京大學學生的楊炳章，在其近來的著作中提到：文革是「事關數億人民的一大政治運動，其中牽扯了太多複雜的面向」；並斷言文革的運動方向，「主要是國家的政治性活動，由北京決定地方之事務，上層的政治關係決定下層的群眾運動，絕沒有逆向影響的可能」。[8]此外，研究文化大革命歷史的學者、其成長背景可以說是文革世代的印紅標強調，若是想要理解文革的內涵，那就必須從（一）共產黨內部的對立、（二）領導階層與知識階層的對立、（三）領導幹部與群眾的對立，這三個基本的對立關係來看政治鬥爭。[9]廣義的說，亦即所謂的政治權力鬥爭論。

毛澤東的危機意識

然而，若我們單從權力鬥爭的面向來探究，真的能夠掌握文革的全貌嗎？在我心裡浮現出這樣的疑問。在文革時期高喊的口號當中，如同眾所周知一般，最為朗朗上口的便是「反帝反修」（反對帝國主義與修正主義）、「破四舊、立四新」、「打倒中國的赫魯雪夫劉少奇」、「打倒也是赫魯雪夫的鄧小平」。在文革發動前的一九六四年，中國首次進行「原子彈試爆」成功，接著在文革高潮時期的一九六七年也成功地進行了「氫彈試爆」，引起世界各國的注意。這也暗示了中國國內的一大政治事件——文化大革命與國際之間存在著密切的關係。此種由國際關係的視角觀看文革的研究途徑，出乎意料之外，很少人注意關切。不過，我確信這是一個很重要的切入方式。[10]

經過不斷地摸索與嘗試，我認為，或許將「毛澤東的危機意識」作為出發點來觀看文革，會是一個解決問題的好途徑。所謂的「危機意識」，便是由毛澤東本身所理解的（一）國際認識（國際世界圖像）以及（二）國內認識（國內社會圖像），加上其所秉持著的（a）革命主義與（b）權力主義的觀點結合而成。如果我們從（一）—（a），也就是「國際認識與革命主義」的組合來思考的話，毛所萌生的危機意識便是：由於美國與蘇聯聯手，企圖推進和平共存路線，那麼在世界規模上，將可能出現資本主義與修正主義的相互連結，甚至是迅速蔓延的風潮。從（一）—

毛澤東與劉少奇　一九六七年的毛澤東與劉少奇，兩人還一同接受群眾的歡呼。

繫上紅衛兵臂章的毛澤東主席　或許毛澤東看見了蘇聯修正主義路線的沒落，在此危機中意識到了自己必須承擔起世界革命領導者之使命吧。

（b）「國際認識與權力主義」的組合來看，過去立於社會主義盟主地位的蘇聯領導者赫魯雪夫採取修正主義失敗後，導致社會主義陣營的分裂，加上毛本身與赫魯雪夫之間的隱晦複雜的對立情結，毛的危機意識應運而生——自己才是世界革命之領導者。換個角度來說，也可以看見毛心中膨脹壯大的權力慾望。

（二）—（a）「國內認識與革命主義」的組合，則可以看出毛內心的疑慮：大躍進挫敗後所採取的後退政策，恐怕不是「暫時性的權宜之計」，而是可能會引起「資本主義的復活」，亦即「富人與窮人兩極化」的現象。而從（二）—（b）「國內認識與權力主義」的組合可以看出，毛本身所推行的大躍進政策必須面對「事實上的失敗」，且經過調整政策的推動，經濟獲得改善，劉少奇與鄧小平的權威及權力基礎得到強化；毛澤東因此深刻警覺到自己所面臨的弱勢情境。

毛澤東向企圖支配世界的美蘇挑戰、向赫魯雪夫類型等蘇聯領導者的挑戰、向理想社會的挑戰、向劉少奇與鄧小平的權威挑戰，以上種種行動的背後，都代表著毛澤東這號人物的思考以及意志的組合。毋庸贅言，文化大革命的發生並非是單純出自於毛澤東的想法與指示，而是在上述這些危機意識的基礎上，加上林彪集團、江青集團的想法與野心，以及積累在社會各階層內部的鬱憤不滿，相互產生共鳴，最後引發出這一場驚天動地的政治事件。

毛澤東「打倒當權派」之戰略

如此一來，實際上的文化大革命又是如何開展？一九六五年時期的毛澤東，確實是處於孤立無援的狀態。在一九四五年中共第七次全國代表大會上，首次使用「毛澤東思想」之稱呼，將毛澤東的地位抬升至最高領導者的推手，正是劉少奇。周恩來在創黨時期的地位雖比毛高，但在一九三五年的遵義會議上，是幫助毛澤東從「留蘇派」手中奪回領導權的最大功臣，其後便成為毛在外交及實務上的左右手。

此外，鄧小平在「大躍進」之前對毛澤東的忠誠不二，可以說是毛最為信賴的部下。上述這幾位能幹的領導者們，在一九六五年時正掌握著黨及政府內部的實權，且正走在與毛澤東方向迥異的道路之上。而由於毛澤東生性頑強的叛逆精神，他也絕不會選擇妥協，而是毅然決然地邁向相互對決的道路。

若是讓我們先從結果來看，劉少奇與鄧小平、周恩來的境遇大不相同。劉少奇最後被冠上「反革命分子、叛徒、中國的赫魯雪夫、國民黨的間諜」等最嚴重的罪名，並在一九六八年十月的中共第八屆十二中全會上，確定自黨內永久除名，於一九六九年十一月在河南省開封的牢獄中死去。鄧小平雖然在第八屆十二中全會上確定失勢，但由於毛澤東反對剝奪鄧的黨籍，最後只決定「留黨監察」的處分，將鄧軟禁於江西省的農村中。在最近開放的文獻中表示，毛透過汪東興向失勢後的鄧小平傳言：「第一，要忍，不要著急。第二，劉、鄧可以分開。第三，如果有事可以給他寫信。」

劉少奇　一八九八～一九六九，，曾一度坐上國家主席之位，但在一九六八年被中國共產黨永久除名，後於一九八〇年恢復名譽。

[11]另一方面，周恩來則是懂得巧妙地轉換立場以自我保護，因此直到最後仍是作為毛的親信，逃過毛的批判，全身而退。

劉少奇、鄧小平與周恩來，同樣都是當時的權力中樞，為何在文革的批判待遇上會有如此大的差異？有一解釋為：劉少奇是「代罪羔羊」一說。雖然劉少奇是「當權派」的中心人物，又在一九六二年「七千人大會」中大放異彩，但其後在有關具體方針的擬定上，並沒有如外界所想像地握有強而有力的主導權。反倒是鄧小平，不僅是實質上推動調整政策的重要旗手，也在前文所提的「農業六十條」、「工業七十條」等、種種具體政策的規劃上未曾缺席。從這一方面來看，鄧小平才是將中國帶往與毛澤東寄望的方向不同道路的始作俑者，因此，鄧小平才應該是毛澤東要打倒的人物。然而，如同上述我們所看到的歷史結果，鄧小平並沒有被逼到死路，這或許是因為毛澤東看重鄧小平的領導能力，在未來還有可利用之處，因此不忍將之完全擊潰，而替鄧留下後路。

至於周恩來，雖然也是支持調整政策的一員，但並非政策的擬定者，且周可以說是當時維持國家營運的中心人物。毛澤東雖然是烏托邦式的革命主義者，但自一九三五年以來位居共產黨的領導階層之後，毛的內心也有現實主義的一面。只要周恩來願意遵從毛所推動的文化大革命，對毛而言，周的存在便不可或缺。此外，毛很早便察覺到林彪的野心，將周恩來保全在原來的位置上，也可以說是為了發揮制衡的作用。概括上述，或許可以作出如下推測：相較於鄧小平與周恩來，對毛澤東而言，劉少奇存在的重要性相對地降低許多，且打倒「當權派的象徵性人物」又是一項必要的工作；是故，劉最後被冠上最極端嚴重的罪名，逼入殘酷的死路。

劉少奇、周恩來、鄧小平、林彪

另外一個說法，是從毛澤東與其個人及蘇聯之間的親疏關係來分析。毛與劉雖同是湖南出身，在革命運動期間，劉主要在都市、也就是國民黨統治的地區活動，與毛的接觸甚少。且自建國前後，劉屢次前往蘇聯進行訪問，在史達林等蘇聯的領導者口中評價良好，劉對蘇聯也很少提出積極、主動的批判。成為國家主席以後，也可以看見劉有挑戰毛的權威之作為。

相對而言，周恩來雖然曾經與毛澤東對立，但自一九三五年以後，便成為毛的忠實部下。且周在一九六三年訪蘇之時，毅然地拒絕了蘇聯所提議的「打倒毛澤東計畫」。那麼，鄧小平又是如何？鄧自從農村根據地時代開始，便是毛澤東最為信賴的部下，在反蘇的立場上也是不容質疑的堅決。上述這些個人關係與立場，或許就是劉、鄧、周在文化大革命中所受到不同待遇的原因。又或者，事實的真相就是綜合這裡所提的關係論，以及前述的「代罪羔羊論」而成。

那麼，毛澤東究竟是從何時開始，出現打倒劉、鄧的想法？毛在一九六四年十二月的黨中央工作會議上曾說：「重點是要打倒黨內走向資本主義道路的當權派。」（《毛澤東思想萬歲》下）此外，在隔年一月的「二十三條」中，也重申幾乎相同的主張。後來毛在與艾德加・史諾的會面中也提及，在一九六五年初下定決心要「打倒當權派」。一九六六年十月時也說過：「引起警惕，是在二十三條的那個時候。北京就是沒有辦法，中央也沒有辦法。」

當目標確立之後，該如何打倒他們呢？毛澤東當時處於孤立無援的狀態，黨中央與政府部門都不是毛可以倚賴的機關。但也正因如此，毛澤東擬定了周全的作戰計畫，要徹底瓦解劉、鄧的政治基礎。首先，必須備妥攻擊武器。物質上的武器當然是軍事部門，在彭德懷失勢後，由林彪就任國防部長；心理上的武器則是宣傳戰，亦即意識形態部門。

由於林彪總是暗中揣測著毛澤東的意向，進而發表自己的主張，贏得當時孤立無援的毛澤東的信賴。一九六〇年林彪提倡軍隊的基本態度有「四個第一」：人的因素第一、政治工作第一、思想工作第一，以及活的思想第一；一九六四年，首創前述的《毛澤東語錄》，將毛澤東思想普及全國；一九六五年，發表〈人民戰爭勝利萬歲〉。毛澤東運用林彪的力量，拉下與劉、鄧親近的參謀總長羅瑞卿及其他軍隊元老，成功地把軍隊勢力納入自己的陣營之下。

文革五人小組與姚文元論文

對於政治、思想的重視，也影響到意識形態部門的攻勢。毛澤東在黨第八屆十中全會上做出了發人深省的講話：「凡是要推翻一個政權，先要製造輿論，搞意識形態，支配上層結構，現在不是寫小說盛行嗎？利用寫小說搞反黨活動，是一大發明。」翦伯贊主張「應該替曹操恢復名譽」（一九五九年）、吳晗發表《海瑞罷官》（一九六一年）；其他像是「劉志丹」（抗日根據地的英雄）、「李秀成」（太平天國革命的領導者）等歷史人物的翻案文章，在當時受到很大的注目。吳晗主張「在歷史人物的評價上，不能硬是用今日的意識形態去解釋，將古人現代化的做法，將會扭曲歷史」（《人民日報》一九六二年三月二十三日）。相對於此，後來成為文革極左派的戚本禹的〈評李秀成自述〉（一九六三年）開始受到注目，強調階級鬥爭的觀點，與之成為對立的反論。

鄧小平等人，打算效法農村社會主義教育運動的「後十條」，在黨中央的指導下進行文藝論爭，因此在一九六四年六月，於黨中央書記處之下設置「文化革命五人小組」。小組成員分別為組長彭真、宣傳部長陸定一、副部長周揚、吳冷西（以上皆屬劉、鄧陣營）以及中央書記處的康生（文革陣營）。毛澤東將此小組的解散作為首要目標，第一犧牲者便是吳晗。

當時彭真兼任北京市長，吳晗為副市長。吳晗的京劇劇本作品《海瑞罷官》，其內容描述明朝時代清廉正直的大臣海瑞，因看不慣官場上官吏間的貪汙腐敗，上書批判諫言，最後被皇帝罷官還鄉之故事。劇本中可以看出吳晗讚賞海瑞直言敢諫之精神。其實，最早開始提倡學習海瑞精神的人物，正是毛澤東本人。

即便如此，毛澤東提出，這項作品帶有「階級問題」，要求文革五人小組進行審查。同時，毛也暗中指示江青，讓上海的新銳評論家姚文元書寫批判吳晗的文章。一九六五年十一月，於上海的《文匯報》中，刊登出姚文元〈評新編歷史劇《海瑞罷官》〉之文，認為吳晗書寫此劇的意圖，並非出於歷史解釋，而是支持一九六〇年代前半的「單幹風」與「翻案風」，企圖使資產階級及地主復辟，以海瑞影射被毛澤東鬥垮的彭德懷，暗示吳晗為彭德懷喊冤。姚文元的此番評論，無論是在政治抑或是文藝領域上，都投下了一顆震撼彈。除了毛澤東與林彪以外，所有的中央政治局常務委員皆表示，不認同姚文元之觀點。北京以及其他主要都市的媒體也保持觀望態度。劉少奇、鄧小平及彭真等人則希望將這場風暴限制在文藝領域的範圍內，從文化革命五人小組所提出的〈關於當前學術討論的彙報提綱〉，亦即俗稱的〈二月提綱〉，便可以看出彭真等人主張把《海瑞罷官》的問題侷限在學術討論內部。

面對毛澤東所丟出的棘手問題，文化革命五人小組雖作出回應，試圖平息越演越烈的意識形態風暴；但卻也使毛澤東有了進一步攻擊的藉口。一九六六年三月，毛在政治局擴大會議上表示：「我們被蒙在鼓裡，許多事情都不知道，事實上學術界教育界被資產階級、小資產階級掌握著。……。如吳晗、翦伯贊都是……他們倆都是共產黨員，共產黨員卻反對共產黨。這是一場廣泛的階級鬥爭。」另外，同樣也是毛澤東在三月的發言：「扣押左派的稿件〈姚文元評論〉，包庇右派的大學閥，中宣部是閻王殿，要打倒閻王殿，解放小鬼。……彭真、北京市委、中宣部要是再包庇壞人，中宣部要解散，北京市委要解散，文革五人小組要解散。」（《毛澤東思想萬歲》下）

由此可見，〈二月提綱〉之問題，從一開始就是毛鎖定的攻擊目標，這一點是再明確不過的。毛澤東的反擊，正式展開。

被毛澤東點名批判的彭真，於四月二日，完成了自我批判報告。但是毛在四月二十八日又再度點名彭真，進行了意味深長的發言如下：「北京一根針也插不進去，一滴水也滴不進去。彭真要按他的世界觀改造黨。……凡是在中央有人搞鬼，我就號召地方起來攻他們，叫孫悟空大鬧天宮，並要搞那些保『玉皇大帝』的人。彭真是混到黨內的渺小人物，沒有什麼了不起，一個指頭就通倒他。」（同上）

一發不可收拾的文化大革命

大字報與紅衛兵的登場

事實上，搞垮彭真可以說是易如反掌。黨中央政治局擴大會議召開期間為五月四日至二十六日。會議期間，毛澤東發出〈給林彪同志的信〉（亦即「五七指示」，將於後文詳述），以及作為文革首要的綱領文獻〈五一六通知〉。於〈五一六通知〉中，宣布撤銷〈二月提綱〉，廢除文革五人小組，新設「中央文化革命小組」之組織（組長為陳伯達、顧問為康生、副組長為江青、張春橋等人），成為其後推動文化大革命的核心組織。此外，於〈五一六通知〉內亦明確地主張未來將與「黨內的當權派」和「反黨反社會主義的資產階級代表人物」展開一場「你死我活的鬥爭」。

二十三日，於會議上決定停止彭真、羅瑞卿、陸定一的中央書記處書記職務，以及楊尚昆的書記處書記候補職務，並解任彭真的北京市第一書記兼市長、陸定一的宣傳部長職務。如此一來，無論是軍部門、意識形態部門、抑或是首都北京的中心領導者們，都被毛澤東一一攻破。

在黨中央政治局擴大會議以後，中央文化革命小組便發布指令，以大學等教育機關、文化部門

大字報　一九六七年文化大革命期間，廣東張貼大字報的情景。

為中心，發起「造反」活動。北京大學的聶元梓等七名造反派領袖貼出大字報，嚴厲批判學長陸平。清華大學附屬中學內部則首次出現「紅衛兵」組織，不久後在北京全市、全國各地，由年輕人所組織而成的紅衛兵運動如野火燎原般延燒開來。毛澤東在發布〈五一六通知〉前，約有五個月的時間屢屢隱藏自己的行蹤，其後也常常離開北京，企圖擾亂劉、鄧等人。劉、鄧則是未經毛澤東的同意，於六月初組織工作組，派遣至北京、清華等大學內部，試圖維持秩序，要求「保持機密、禁止將活動帶出校園、禁止示威遊行」。

似乎是做好了萬全的準備，毛澤東在七月十六日突然現身武漢，誇示當時的身體狀況仍能泳渡長江，對北京工作組進行強烈的批判，指示必須撤回工作組，並召集黨中央委員會。被暗批為「玉皇大帝」的劉少奇，則在七月底北京學校機關的文革積極分子大會上進行講話：「文化大革命究竟會走向哪裡？我相信大家心裡也很疑惑。……若是要我認真地回答這個問題，其實我也不是很明白。」表露出劉心中對文革走向所懷抱的不安（《新中國四十年史研究》）。

砲打司令部

八月一日至十二日，召開中共第八屆十一中全會。原先會期預計在八月六日結束，但就在四日，

鬥倒劉少奇　一九六七年，紅衛兵發起批鬥劉少奇運動，布條上寫著「堅決打倒大叛徒大內奸大工賊劉少奇」。

毛澤東針對工作組的派遣對學生運動進行鎮壓、帶來恐慌之事件，首次嚴厲公開批判劉少奇等人，會期因此向後延長。五日，毛在《光明日報》發表〈炮打司令部——我的一張大字報〉之指示，呼籲打倒「從中央到地方的某些站在反動資產階級立場的領導同志」，文中雖未直接點名，但暗示劉少奇為資產階級司令部領導之意，不言可喻。八日，黨中央通過〈中國共產黨中央委員會關於無產階級文化大革命的決定〉（亦即「十六條」），訂定出文化大革命的目標方向。

「十六條」的開頭便揭示無產階級文化大革命是「一場觸及人們靈魂的大革命」，其當前目標便是「鬥垮走資本主義道路的當權派」，以文鬥代替武鬥，並且要採用巴黎公社的方式（全面選舉制），建造出一個新的權力機構。此外，在思想、文化、風俗、習慣方面，要「破四舊、立四新」，進行政治、社會、文化層面的全面性改革運動。第八屆十一中全會上，經由毛的指名，選出十一名中央政治局常務委員，劉少奇的排序由原先的第二位降至第八位，失去後繼者候選人寶座之事實顯而易見；鄧小平則是降至第六位，排在林彪（第二位）、周恩來、陶鑄、陳伯達之後。同時，只有林彪一人就任副主席之位。

紅衛兵　一九六六年夏天的廣州，路上的紅衛兵及毛澤東思想宣傳車。

如同五月的政治局擴大會議以及八月的中央委員會上，所能嗅出的局勢一般，作為中央層級權力鬥爭的文化大革命，其實輸贏勝負早已分

紅衛兵所帶來的屈辱性批判與打擊

出高下。在第八屆十一中全會上，劉、鄧雖然在表面上仍能維持中央領導者的地位，但毛澤東才是掌有壓倒性主導權力的操縱者。時間進入秋天，開始對劉、鄧進行公開批判，在十月二十三日黨中央工作會議上，劉、鄧不得不提出自我批判的文書，其後便進入被軟禁的狀態。在林彪、江青的指示下，自十二月起於各地組織抗議集會與遊行活動，「打倒劉、鄧」成為當時眾所皆知的文革口號。而在文化大革命中，積極推行批判運動的，正是由信奉毛澤東的年輕人所結成的組織——紅衛兵。

約在同一時期，彭真、王震、陳毅、楊尚昆、薄一波、陸定一、萬里、羅瑞卿、周揚等元老、高級幹部們，也被紅衛兵拉到公開場合進行批判鬥爭，場面就像是喪失戰意的拳擊選手站在擂台上，被當成沙包一般地挨打。所謂的權力鬥爭，至此也可以算是分出勝負了。若是要說還有苟延殘喘的對抗勢力，那就是一九六七年二月，由周恩來於懷仁堂所主持的「碰頭會」，以及稍早在軍事委員會上元老們的抵抗（亦即「二月逆流」）。

當時聚集在中南海懷仁堂的有譚震林、陳毅、葉劍英、李富春、李先念、徐向前、聶榮臻等人，他們都是在抗日戰爭、國共內戰中，戰功彪炳的將軍、元老幹部，對於自己受到屈辱性的批判與打

紅衛兵　一九六七年上海的紅衛兵宣傳隊。

擊，表示強烈不滿。

葉劍英直接指名中央文革小組大罵：「你們把黨搞亂了，把政府搞亂了，把工廠、農村搞亂了！你們還嫌不夠，還一定要把軍隊搞亂！這樣搞，你們想幹什麼？」另外，針對林彪、江青等人將朱德稱為「大軍閥」、賀龍稱為「大土匪」之事，陳毅追問：「朱老總今年八十一歲了，歷史上就是『朱毛』『朱毛』，現在說朱老總是軍閥，要打倒，人家不罵共產黨過河拆橋呀?!」；「賀龍是元帥、副總理，怎麼一下成了大土匪?!這不是給毛主席臉上抹黑嗎？」

反應最為激烈的應屬譚震林。「我們已老了，是要交班了，但是，絕不能交給野心家、兩面派！不能眼睜睜看著千百萬烈士用自己寶貴生命換來的革命成果付之東流。我還要看，我還要鬥爭……（江青）真比武則天還兇。」[12]張春橋、康生等人被現場的氣勢所震懾，但事後林彪、江青卻藉機大作文章，與之對抗。最後，毛澤東駁回了元老幹部們的意見，黨中央政治局也被停止活動，由中央文革小組取而代之，掌控全局，文革繼續朝著混亂、激進的方向前進。

上海人民公社的挫折

打倒當權派的運動，在北京城市內的推行狀況，比預想中來的迅速且熱烈；一九六七年之後，上海也出現「上海一月革命」的奪權鬥爭，由江青、張春橋、王洪文、姚文元「四人幫」等人領導指揮，且宣稱是「基於毛主席自身的呼籲與指導之下」進行奪權計畫，要打倒既有的上海市委大會及上海市人民委員會，擴大階級鬥爭。接著在二月五日，由上海工人革命造反總司令部、農民總部等三十八個革命造反團體，正式成立「上海人民公社」，其宣言主張如下。

「上海人民公社，是二十世紀六十年代在毛澤東思想指導下與無產階級專政條件下，產生的嶄新的地方國家機構。……它的領導成員，在上海自下而上的全面大奪權取得勝利後，由革命群眾按照巴黎公社原則選舉產生」。[13]

其說法如同一九六六年八月所提出的「十六條」一般。

然而，上海人民公社成立一週後的二月十二日，毛澤東雖然對「上海的造反派活動」表示支持與滿意，但卻認為「上海人民公社」之新權力，「應該採取更穩當的做法」。於十日《人民日報》的社論上，刊載出黑龍江省設立了「革命委員會」之新權力機關，其由革命大眾、革命軍人、革命黨員所組成的「三結合」組成方式，受到高度評價。最後，「上海人民公社」在二月二十四日，被改名為「上海革命委員會」，也未能舉辦選舉，只在歷史上留下短短十八天的短命紀錄。當初由毛澤東所登台高呼、支持讚賞的人民公社，為何最後也是由毛親手終結？

最主要的因素，是毛澤東對文化大革命的定位：文革是為了與美蘇進行對決，亦即通往世界革命的重要手段。在前章提到毛曾主張：「我們中國不僅是世界革命的政治中心，而且在軍事上、技術上也要成為世界革命的中心，……要成為世界革命的兵工廠。」這正是他在一九六七年七月的發言內容。且中國首次成功試爆氫彈，引起世界各國注目，也是在此段發言的一個月前（一九六七年六月）。這也是從「國際認識、革命主義以及權力主義」之角度，所能觀看到文革的另一面向。

不可諱言，在國內有著徹底且持續地執行革命之必要，但在打倒「當權派」之權力中樞後的當時，為了與美國帝國主義、蘇聯修正主義對抗，而在慌亂渾沌之中草草創立人民公社之新體制，如此魯莽的動作若是在全國蔓延開來，不免會讓國內再度出現人心不安、混亂不穩之現象。此時，蘇聯與美國會採取見縫插針、趁機侵略的動作，也是不無可能。「文革派」在掌握黨、軍權力之後，應該是計畫暫時穩定國內情勢，準備對外之策略。以「革命委員會」的體制代替「人民公社」，在權力機構上並無太大變化，且其內部的配置安排也都是以信奉毛澤東的追隨者為中心，對於穩定並掌握國內局勢，較有助益。

武鬥之蔓延與極左事件

一九六七年三月，黨中央發出〈關於停止全國大串聯的通知〉，決定終止一九六六年秋天以來所施行的「全國大串聯」活動。全國大串聯是黨中央為了將文化大革命推行至全國，免費支援派遣紅衛兵以及年輕學子至各地分享交流革命經驗之社會動員活動。五月十四日，北京市革命委員會發布毛澤東所批准的「重要通告」，其主要內容為（一）嚴禁胡亂毆打、折騰、囚禁等行為，企圖煽動武鬥以及公然打人者必須接受國家法律制裁；（二）不可利用損壞國家財產、交通工具等方式進行武鬥，亦禁止於所屬單位外進行武鬥；（三）不許妨害勞動秩序、無故曠工等。五月二十二日的《人民日報》上亦刊載〈立即停止武鬥〉之社論。

儘管如此，武鬥的狀況並沒有走向緩和的趨勢，反倒是日益加劇，更加混亂失控。一九六六年十二月遇羅克發表大字報式的文章〈出身論〉，批判血統主義，於一九六七年引起紅五類與黑五類的紅衛兵組織的激烈抗爭。此外，「二月逆流」的元老幹部們，被個別拉到公眾場合進行批判鬥爭。三、四月起，林彪、江青等人更開始登台高呼「揪叛徒運動」、「革命大批判運動」，將批判材料向上追溯至抗日戰爭、國共內戰時期，大罵「當權派」的領導者是如何進行「反革命的背叛活動」。就連周恩來也被批鬥在一九三〇年代曾執行「反共告示」；針對劉少奇的批鬥，則是設立「特別案件班」，徹底否定劉少奇的過去，偽造出許多不存在的「事實」。另外，由中央文革小組所派遣至各地的紅衛兵團體，與當地反抗團體也爆發激烈的對立與鬥爭。

七月於武漢發生的「七二〇事件」，是最能代表當時混亂局勢的象徵。五月以來，在武漢的各個造反群眾組織結合軍隊，陸續發起武鬥，政府機關、工廠等運作幾乎陷入停止的狀態。文革小組的謝富治與王力代表中央前往武漢，批判群眾組織「百萬雄師」為保守組織，激怒當地軍民。「百萬雄師」群眾與武漢軍區部分的解放軍士兵及軍官，聯手將王力、謝富治拉進武漢軍區監禁，並展開為期四日的抗議示威遊行。最後中央再次派遣周恩來前往武漢，救出王、謝二人；武漢軍區司令陳再道則被召回北京，事件似乎已走向順利解決的局面；但此時林彪等人卻提出此次行動是「完全的反革命事件」，加以誹謗攻擊，屬於林彪派系的軍隊進行武力威嚇，毛澤東思想宣傳隊以及工人群眾全都被捲進這場大亂鬥之中，武漢再度陷入混亂狀態，死者六百人、傷者六萬六千人，總計於湖北省出現十八萬四千人的死傷人數，成為歷史上的大事件之一。

八月，於南京、長春、瀋陽、重慶等地也出現類似武漢事件的大亂鬥；甚至在八月二十二日，發生造反派火燒英國駐華代辦處的極左事件。

切割紅衛兵，以求恢復秩序

在各地發生大亂鬥的混亂情勢下，毛澤東開始致力於秩序的回復。一九六七年九月下旬，毛前往華北、中南、華東各地進行視察，並發表重要講話。其內容多半為，應避免工人階級與民眾組織的分裂、黨內少數的「當權派」應與大多數的幹部們維持團結、紅衛兵應該執行再教育等，在這些基礎之上，才能實現「革命的大聯合」。於此同時，毛也積極地對極左派團體展開打擊鎮壓。作為「五一六兵團」領導者的王力、關鋒、戚本禹等「極左派」被逮捕監禁而失勢。依毛澤東的指示，組織工人宣傳隊與解放軍宣傳隊，派駐學校加強管理，封鎖紅衛兵的活動。

一九六八年，堅信「文革理念＝建設公社」的青年們製作了一份「內部徵求意見稿」。一月「省無聯」，正式名稱為「湖南省無產階級革命派大聯合委員會」，發表〈中國向何處去〉一文，內容提到：「毛主席英明地天才地預見到我們的國家機構，將出現嶄新的形式。……文化革命還沒有正式開始時，毛主席在著名的五七指示中已經把這種新的政治結構──『中華人民公社』的內容勾畫出來了。……為什麼極力主張『公社』，而毛澤東同志在一月份突然反對『上海人民公社』的建立？這是革命人民所不理解的。」文章最後則是高呼「中國無產階級和廣大革命人民的勝利和新官僚資產階級的滅亡，同樣是不可避免的。革委會被推翻，『中華人民公社』的誕生，這一震撼世界歷史的盛大節日必定到來。」這樣的內容，無疑是對毛澤東本人的抗議宣言。

即便如此，「省無聯」仍舊被劃為「極左派」而受到嚴厲打壓。一九六八年七月，毛澤東接見首都紅衛兵的五大領袖，對於他們高喊「必要追查出反革命的黑手」之宣言，語出威嚇地說：「黑手是什麼？黑手就是我嘛。來抓我嘛！」由此可見，紅衛兵只是「受毛澤東利用、擺布，最後被切割」的一群青年。

毛澤東的夢想——對烏托邦社會的憧憬

毋庸贅言，毛澤東是強調「階級鬥爭」，發動文化大革命的主要推手，最後導致超出預期的大混亂。想當然耳，這樣的結局並非如毛當初所預想。那麼，毛澤東究竟希望透過文革的方式，創造出什麼樣的國家社會呢？於一九六六年三月中共中央政治局擴大會議上，有關「國家」之觀念，毛曾發表意味深長、語驚四座的一段講話：「我們這個國家是二十八個『國家』組織成的。有大『國』，也有小『國』，如西藏、青海就是小『國』，人不多。……中央還是虛君共和好，英國女王、日本天皇都是虛君共和。中央還是虛君共和好，只管大政方針，就是大政方針也是從地方鳴放出來的，中央開個加工廠，把它製造出來。省市地縣放出來，中央才能造出來。中央只管虛，不管實，或是少管實。中央收上來的廠收多了，

毛澤東——地方分權論者

凡是收的都叫他們出中央，到地方上去，連人帶馬都出去。」（《毛澤東思想萬歲》下）

由此可見，毛澤東竟然是位極端的地方分權論者。雖然在文革的過程中，毛澤東被神格化的崇拜、中央權力也集於毛澤東一身等，這些事實都讓人不得不懷疑，毛上述的發言究竟是否出自真心。但是回頭觀看毛在五四運動青年時期，提倡湖南自治運動、湖南共和國時的主張，便斷言：「大國不好，小國好。」毛澤東不認為當時中國的大國家主義是恰當的，同時也說春秋時代「上無中央政府，諸侯並立，……因此各地得以進行發展」。[14]

堅持公社型態的權力理念

中共第九次全國代表大會後，政治的混亂局勢稍顯安定，毛開始將權力下放至地方層級。一九六九年，毛澤東將鞍山鋼鐵公司的管理權限由中央下放至遼寧省。一九七〇年初，將全國分為十個協作區，在一定的條件下讓各省有權自行奠定較為獨立的工業體系，並主張以建立煤炭、鋼鐵、電力、農業機械、輕工業等部門得以自給自足為目標。這無疑是將大躍進時期的地方分權化構想，進一步加以實現的行動。整體看來，中央管轄的企業、機關分權至地方的工作，在一九七〇年被大力地推行，中央直屬企業在一九六五年時期為一萬五百三十三社，占全人民所有制工業總生產額的百分之四十七；一九七〇年時則銳減至一百四十二社，只佔總生產額的百分之八。

此外，關於國家機關的改革運動，則是朝著國家社會化及簡樸化的方向前進。一九六六年八月第八屆十一中全會的「決議」中提及：「文化革命班、文化革命委員會、文化革命代表大會是……

黨集結群眾的最佳橋樑，同時也是無產階級文化革命的新權力機關。……又，必須是常設的群眾組織。……其代表必須像巴黎公社式，以全面選舉的方法選出。」毛澤東認為，將權力機關與群眾組織結合，也就是將領導者與群眾結合的新組織，即為公社型態的權力。雖然在一九六七年二月「上海人民公社」創立，公社型態的權力機關正式誕生的同時，毛本人對「上海人民公社」加以否定，但其後卻仍舊堅持公社型態的理念。

一九六七年二月與七月，毛澤東不斷強調：「國家機關最根本的改革應該是與群眾的聯合。……並非提倡官僚機構。」、「我們的黨員、公務員都遠離群眾了，這是相當嚴重的一件事。必須在這次的文化大革命中接受鍛鍊、進行改造不可。」[15]此外，有關國家機構簡化之改革，則是於一九七〇年開始大膽地推行。一九六五年國務院有四十九個部門及委員會、七個辦公室、三十一個直屬機構及秘書處，後來縮編為十八個部門及委員會、一個辦公室，人員也裁減至六百一十人，是原來機構人員總數的百分之十一點六，成為「有史以來最小規模的『國家』」。

共產主義式的生活方式

如此一來，在如此「小規模國家」的體制下，何種生活方式以及社會狀態才符合理想的藍圖？一九六四年二月一日的《人民日報》上刊載了〈全國都要學習解放軍〉之社論，文中強調解放軍不只擅於軍事，更講求政治思想工作的精進，同時也孜孜矻矻地從事生產工作。同年，亦繼續呼籲「工業學大慶」、「農業學大寨」，在堅忍不拔的革命精神之下，開發大油田、使貧困的農村富裕起來。此外，一九六六年毛澤東發表了〈給林彪同志的一封信〉，亦即所謂的「五．七指示」，內容描述了社會大眾應有的理想姿態：「人民解放軍應該是一個大學校。這個大學校，要學政治、學軍事、學文化，又能從事農業、副業生產，又能辦一些中小工廠，生產自己需要的若干產品和與國家等價交換的產品。這個大學校，又能從事群眾工作，參加工廠、農村的社會主義教育運動。……這樣，軍學、軍農、軍工、軍民這幾項都可以兼起來。……工人以工為主，也要兼學軍事，政治、文化，也要搞社會主義教育運動，也要批判資產階級。在有條件的地方，也要從事農業、副業生產。……公社農民以農為主（包括林、牧、副、漁），也要兼學軍事、政治、文化。在有條件的時候，也要由集體辦些小工廠，也要批判資產階級。」[16]

整體看來，毛澤東所描繪的理想國，便是承認最小限度的分工化與專業化，盡可能地減少分工，開發所有能力，達到自給自足的最高境界。「手持榔頭便能從事體力勞動，手持鋤頭便能耕田，手持槍枝便能退敵，手握筆桿便能書寫」，這完全是馬克思早期在《德意志意識形態》中所構想的烏托邦社會；[17]同時也和《哥達綱領批判》中所提到「人們如同奴隸一般地從屬於分工制度，我們應該克服這樣的狀態」之理念一致，亦即消滅「三大差別」（工農差別、城鄉差別、腦力勞動與體力勞動之差別）。然而，必須附帶一提的是，馬克思所描繪的烏托邦世界，其實是以高度生產力發展社會作為前提。

而毛澤東的思想原點，則是延安時期的「戰時共產主義式的生活方式」，否定給薪制度。「中國的黨是很特別的黨，打了幾十年的仗，都是實行共產主義的。過去我們成百萬的人，在階級鬥爭中，鍛鍊成為群眾擁護的共產主義戰士，搞供給制，過共產主義生活，這是馬克思主義作風與資產階級作風的對立。我看還是『農村作風』、『游擊習氣』好。二十二年的戰爭都打贏了，為什麼建設社會主義不行了呢？為什麼要搞工資制？……要破除資產階級的法權思想。例如爭地位、爭級別、要加班費、腦力勞動者工資多、體力勞動者工資少等，都是資產階級思想的殘餘。『各取所值』是法律規定的，也是資產階級的東西。……（黨內）要取消薪水制，恢復供給制問題。過去搞軍隊，沒有薪水，沒有星期天，沒有八小時工作制，上下一致，官兵一致，軍民打成一片，成千成萬的調動起來，這種共產主義精神很好」。

由上述主張簡單歸納毛澤東的國家社會觀，可以看見毛提倡人民公社、共同生活、「消滅三大差別」之思想，與受革命熱情鼓舞的大躍進路線相互輝映，毛澤東推動文化大革命，或許可以看作是「歷史的重新上演」。

與大躍進時期的差別

儘管如此，仍舊是有決定性的差異存在。大躍進時期，劉少奇、周恩來與鄧小平皆追隨毛澤東，高舉「三面紅旗」。而此次的狀況卻不同以往。劉、周、鄧三人為了維持剛恢復不久的經濟發展，絞盡腦汁地希望排除政治混亂的不安因素。一九六三年五月，毛澤東倡導農村社會主義教育運動（「前十條」），而九月以鄧小平、彭真為中心規劃出具體政策，重視由黨在上領導的姿態，強調「社會主義教育運動的推進，必須與生產工作密切的結合。不能因為推行運動，而延遲了生產工作」。

一九六四年十二月，召開睽違十年的第三屆全國人大第一次會議，由周恩來進行政府報告。周恩來列舉數年來在農業、工業、財政貿易、文化教育等層面的巨大成果，並高呼「讓中國成為擁有現代化農業、現代化工業、現代化國防、現代化科學技術的社會主義強國吧」。由此可見，周對調整政策的施行，明顯地給予了高度評價，並在其後提出「四個現代化路線」，與「實現富強中國」的目標緊密連結。然而正如先前所述，一九六四年也是毛澤東開始呼籲「向解放軍、大慶、大寨學習」，並著手籌備「國防三線建設」之時刻。在同一時間背景下存在著兩大論調，中國可以說是籠罩在十分奇異的氛圍之下。而毛澤東的行動，也正是向周恩來等人發下戰帖，大膽地宣戰。

林彪集團的壯大

毛澤東取得勝利的結果是顯而易見的，他打倒了劉少奇與鄧小平，也讓周恩來回到自己的陣營之下；由劉、鄧、周三人所推動的調整政策，亦即現代化路線，也間接地被否定。即便是在國際間，「中國文化大革命」的意義，以及毛澤東作為「世界革命領導者」的角色與重要性，都被廣泛地宣傳開來。但文革也讓中國社會付出了，國內混亂、冷酷暴力與白色恐怖等代價。社會秩序的恢復與安定，成為當下的首要任務；如同前文所述，毛的做法是拋開原先所倡導的公社式權力結構，改以革命委員會的機構，試圖穩定地方秩序。

「由大亂至大治」的轉捩點，約是一九六七年至一九六八年期間。一九六七年一月，在黑龍江省革命委員會成立之後，二月時山東、上海、貴州，三月時山西，四月時北京等城市，以及一九六八年一月吉林、天津、甘肅、河南等地皆陸續以「三結合」的方式，成立革命委員會。九月，

林彪　一九〇六～一九七一，於文化大革命中獲指名為毛澤東的後繼者，但後因政變失敗、出逃而亡。圖為一九三七年，當時任八路軍 115 師師長的林彪。

西藏、新疆維吾爾自治區革命委員會的設立，全國二十九個一級行政區的革命委員會組織宣告完成，革命委員會正式成為新的權力機構組織。儘管如此，文革的混亂，無論是從規模或是程度而言，卻也在此時期達到巔峰，成立革命委員會藉以收拾混亂局面之主體目標亦宣告失敗。而這裡所說的失敗，是將軍方勢力排除在外的說法。

事實上，革命委員會之權力機構的再建，以及社會秩序的恢復，皆是仰賴地方上的軍方勢力。詳細查看一級行政區內部革命委員會主任的名單，省軍區第一政治委員十六位、副政治委員一位、軍司令員九位、副司令員三位，全都是軍界人士。想當然耳，在新權力機構內部，軍界人士的發言權力亦大幅增加，全國各地已經成為實質上的軍事管制體制。

軍方勢力的內部，又以「林彪集團」勢力的崛起最為驚人。傳言「林彪集團」是在一九六六年初，以羅瑞卿失勢事件為契機，所形成的勢力。其主要成員為妻子葉群、參謀總長黃永勝、海軍第一政治委員李作鵬、空軍司令官吳法憲、總後勤部部長邱會作，皆是從一九三〇年代起至抗日戰爭期間於林彪統率下的軍士，對林彪忠貞不二。

一九六六年八月的第八屆十一中全會上，林彪的排名躍升至第二位，並在一九六七年「二月逆流」前後，削弱軍界元老將領們的勢力，使其失勢；且在後來北京駐屯部隊內部的武鬥「五・一三事件」中，攻擊周恩來；一九六八年三月，在文革中究竟該保護抑或是打倒老元帥將領的問題中，與林彪持對立意見的代理參謀總長楊成武、空軍政治委員余立金、北京司令員傅崇碧皆被解任，林彪集團的勢力更進一步地得到強化，逐步接近權力的核心。

毛主席的後繼者

中共第八屆擴大十二中全會，於一九六八年十月十三日至三十一日召開。在會議前不到兩個月的時間，蘇聯進攻捷克斯洛伐克的首都布拉格，鎮壓布拉格內部主張脫離蘇聯邁向獨立的運動，中國也深切感受到來自蘇聯的強硬威脅，籠罩在山雨欲來風滿樓的不安氛圍之中，會議便在如此緊張的情勢下進行，會議的組成也不同於以往。第八屆的中央委員出席人數只有四十位（占全體中央委員的百分之四十一），未達半數，只好由首日到會的候補中央委員十九位（占全體中央委員候補的百分之十九）中挑選遞補，勉強達到過半數的需求。其餘的參加者為中央文革小組、屬林彪派系的中央軍事委員會辦事組、各一級行政區革命委員會、大軍區的主要負責人等非中央委員七十四名，實為異常的會議成員構成。

會議由毛澤東主掌，在強調文化大革命的必要性以及正當性的同時，也強烈批判參與「二月逆流」的老元帥將領。劉少奇被冠上十惡不赦的「叛徒、內奸、工賊」等罪名，遭到黨內的「永久除名」；鄧小平則是在毛澤東的保薦下，免去開除黨籍的處分，改處以「留黨察看」。相對地，林彪則是受到江青等人的強力支持，於中共第九次全國代表大會上，被認為是「毛澤東同志最親密的戰友及其後繼者」，穩居後繼者之寶座。

一九六九年三月，當第九次全國代表大會的籌備工作進入最後階段之時，於中蘇邊境，黑龍江省烏蘇里江上的珍寶島發生了中蘇武力衝突。此地原本就陸續地存在著小規模的衝突事件，當時蘇聯派出二輛裝甲車以及七十多名兵士進行攻擊。三月四日的《人民日報》及《解放軍報》發表共同社論〈打倒新沙皇！〉，強烈譴責蘇聯侵犯領土的行為；而蘇聯方面則對此進行反駁，並同樣地譴責中國的武力行動。最後事件演變為大規模的軍事衝突，蘇聯動員二十多輛坦克、三十多輛裝甲車以及超過二百名的兵士，中國方面的死亡人數為六十八人，蘇聯為五十八人。18

四月一日至二十四日，在中蘇緊張關係逐漸升高的氛圍下，召開第九次全國代表大會。此次大會被譽為「文革勝利大會」，與會的一千五百一十二位黨員代表，並非是遵從黨章進行遴選，而是由林彪集團及江青等「四人幫」集團所指名。在一百七十名中央委員以及一百零九名候補中央委員中，只有五十三名（占全體的百分之十九）是原本第八次全國代表大會中被遴選出的中央委員及候補中央委員。又，軍方勢力的崛起亦十分驚人，中央委員有七十七名、候補中央委員有五十名皆為軍界人士，超過全體比例的百分之四十五；此外，十個軍區的司令官及政治委員，幾乎全數（六十三名，只有一名除外）皆被任命為中央委員。黨中央政治局員二十名（毛澤東除外）當中，屬林彪派系的人員有七位，江青派系的人員有四位。第九次全國代表大會正式公開表明「林彪同志為毛主席的後繼者」，可以說是確立「毛林體制」的里程碑，同時也象徵著革命即將邁入新的階段。

個人崇拜及皇帝式獨裁

正如前述，一九七〇年代，權力機構的簡化、中央權限下放地方、幹部及知識分子進入農村進行運動等，由毛澤東所描繪的「建設理想社會」之嘗試陸續地被採納推行。即使沒有人敢於發聲、出面抵制，但此時大家已經不再如同「大躍進的狂熱」一般，與毛澤東一同實踐理想國之美夢。大多數的人在文革的大混亂中翻滾浮沉，疲憊不堪。

文革的混亂，在數個要素相互牽扯糾結之處，亦有其特徵存在。毛澤東在打擊劉、鄧所推行的「修正主義路線」之後，想必是要收拾殘局，著手進行自己心目中理想社會的實現。林彪、江青各自懷有不同的企圖與私人恩怨。當然，毛澤東也有個人恩怨。黑五類人們也對曾經遭受到的差別待遇有所怨言。文革派內部的武鬥，可以說是有如自相殘殺一般的激烈與殘暴。不斷增生的不安情緒，反而更加速毛澤東的神格化與個人崇拜。許多年輕人高呼「爹親娘親不如毛主席親」，並主張「自己才是毛主席忠實的部下、毛澤東思想的真正擁護者」，一場各自表述效忠毛澤東的「忠誠戰爭」，助長了內部的相互鬥爭。

當風暴過去後，留下的是眾人傷痕累累的心靈。其中受傷最深的，無疑就是在文革中批判父母的孩子、打倒上司的部下、批鬥恩師的學生、背叛友人等信奉「造反有理」的芸芸眾生；家庭、夥伴、友人的關係，因文革鬥爭活動而變得支離破碎。無論是幹部抑或是社會大眾，原本心中所信奉的理念已消失殆盡，取而代之的是猜忌與恐怖之心理，加上生產活動停滯，生活也陷入不安，只能將希望寄託在精神及物質支柱上，因此促成毛澤東的個人崇拜。這種時候，最能維持社會秩序的工具當屬軍事組織，軍事管制體制的綿密化以及社會的軍事化便逐日壯大。諷刺的是，這並非是毛澤東心目中的「大同世界」，也無法稱為是「觸及靈魂的革命」，呈現在世人眼前的只是一個巨大的「皇帝式的軍事獨裁國家社會」罷了。這或許可以說是發起文化大革命之時，從未預想到的結果。

中國政治的陰暗面——謎樣的林彪事件

假設性的故事至此，中國內部的混亂尚未告終。一九七一年九月，曾經被認定是「毛主席的後繼者」林彪，竟然因為企圖暗殺毛澤東的計畫曝光而逃亡，其座機於蒙古上空墜落，史稱林彪事件。當時，毛澤東正準備迎來七十八歲之高齡，據其私人醫生李志綏的記錄，毛患上肺炎後，身體狀況亦開始出現各種問題。令人困惑的是，時年六十五歲的林彪，若能繼續效忠毛澤東，以其後繼者的地位，相信不久之後權力就能落到自己手上，為何他甘冒風險企圖暗殺毛澤東？難道是毛澤東將林彪逼上這條險路？種種的疑問不斷浮上檯面，至今也充斥著各種假說。

毛澤東與林彪

目前能確定的事實是，一九七一年九月林彪失勢，而在墜落蒙古的中國軍機內所發現的焦屍，也確實是林彪本人。至於其他的細節，也只能相信中國官方報導的說詞。若真要追究，可說是疑點重重。中國政治舞台幕後，究竟隱藏著哪些黑暗面？其深不可測之內幕，甚至令人顫慄驚悚。該如何解讀謎團重重的林彪事件，或許多少帶點臆測，就讓我們試著一探究竟。

翻閱種種資料與相關書籍後，筆者作出以下的假設——林彪事件的原委始末：（一）至少一開始可以說是毛澤東所種下的因；（二）毛澤東的挑撥，將林彪逼上絕路；（三）毛澤東事前便預測到，受到挑撥的林彪會「先發制人，在被殺害之前先對毛下手」；（四）林彪企圖逃亡，最後墜機而死。

在中國官方發表的報告中，並沒有記錄關於（一）的部分。至於（二）（三）（四）的推想，雖然在語感的表現方式不太相同，但大致上是與官方紀錄的內容一致。其中，最值得懷疑的是（三）的部分。根據官方的說法，暗殺毛澤東計畫是以林彪之子林立果為中心，並被查獲書面原稿「五七一（為「武裝起義」諧音）工程紀要」，最後其計畫施行失敗。即使官方說法在歷史上已成定論，但實際上，卻沒有任何可以佐證的證據存在。因此，林彪事件的始末，直接從（二）進展至（四）的可能性亦不難想像。不過，如此一來，惡人便成了毛澤東，而不是圖謀暗殺的林彪。在筆者的大膽推測下，或許正是因為背後存在著這樣的顧慮，而需要（三）的情節。

此外，關於毛澤東與林彪之間的關係，又該如何看待呢？當時任林彪秘書的張雲生在回憶錄中如下敘述：「我有機會看到了『文革』以前林彪、葉群的一些『筆記』。我吃驚地發現，人們一度敬仰的『毛主席的親密戰友』，早在五、六十年代就對毛主席深懷不滿。」[19]另一方面，毛澤東在一九六六年七月發動文革時期，在寫給江青的一封信中，吐露了自己對於林彪的不信任感：「他（林彪）是專講政變問題的。我總感覺不安。……我是被他們逼上梁山的，看來不同意他們不行了。在重大問題上，違心地同意別人，在我一生還是第一次。」[20]這兩份文書雖然都能多少嗅出事後加工的味道，但至少我們可以從中推論，毛澤東與林彪的關係，在實質上絕非是原來對外宣稱的「最親密的戰友」，反而是需要刻意在黨內文書中加以強調，塑造出彼此之間的緊密聯繫。

讚頌毛澤東的背後

當我們覺察到上述的問題意識之後，就讓我們繼續來追究事件的發展始末。

首先是中共第九次全國代表大會後的基本權力構成。當時的權力中樞，主要是兩大派系的聯合，亦即林彪派系（武鬥派）與江青派系（文鬥派後的「四人幫」），他們都遵從著被神格化的毛澤東之意向行事。其實，這兩大派系的聯手並非是立基於信賴關係之上，而是為了與周恩來勢力及軍界元老集團對抗而結合。從新政治局委員的組成以及軍力的掌握上，林彪派系的勢力都占上風。關於一九六九年至一九七〇年期間林彪派系的動向，秘書張雲生記述：「一切都太過於順利，導致情勢的誤判，毛家灣（意指林彪派系）[21]高估自己的力量，得意忘形，恣意妄為。」具體的衝突出現在一九七〇年八月至九月的第九屆二中全會之時。林彪讚譽毛澤東為天才，主張「將毛主席作為一位偉大的領導者、國家元首以及最高統帥者的地位，以法律之形式加以鞏固」，並提議毛就任國家主席之位。此外，隸屬林彪派系的陳伯達亦高呼「讚美毛澤東」，支持「天才論」。然而，在四個月前，毛澤東在黨中央政治局內已提出「不設國家主席」之議案，並獲得多數人的同意。林彪對此卻再次提案，或許暗地裡已有計策。即便如此，讚頌「天才論」的人並不只是林彪派系的人馬，「四人幫」的王洪文等人也共襄盛舉。毛對王洪文等人則是睜一隻眼閉一隻眼，其中應有所蹊蹺。

既然林彪早已知道毛澤東並不主張設置國家主席的想法，又為何會提案，設法使國家主席之職位復活？根據毛的判斷，這無非是林彪企圖將來能夠藉由「權力的和平轉移」，順勢使自己登上國家主席之位。這是否為林彪的本意，已不得而知，但關於林彪將毛澤東捧上天的歌頌行為，我們或許可以解讀，是由於林彪的內心感受到不安，而試圖討毛澤東歡心。另一方面，心存懷疑的毛澤東則著手進行瓦解林彪派系的巧妙計畫。八月二十五日，毛召開中央政治局常務委員會擴大會議，命令針對林彪所提案的「國家主席問題」，即刻停止討論，同時亦批判「天才論的大合唱」行為。八月三十一日，毛發表〈我的一點意見〉，批判陳伯達的「天才論」，並表示自己與「林彪同志」交換意見後達成一致的共識，不贊同陳伯達的謠言和詭辯。其後，陳伯達受到正式的審查、批鬥，十一月由黨中央發出〈關於傳達陳伯達反黨問題的指示〉，展開「批陳整風」運動，原本在陳伯達管轄之下的黨中央宣傳部也被改組，由「四人幫」領導。

毛澤東的挑撥與手段

毛澤東此番行動，與其說是暗地說服，毋寧說是一種挑撥，促使生性多疑的林彪急著踏出下一步。一九七〇年十二月在與艾德加．史諾訪中的會見上，毛批評了林彪所倡導的「四個偉大」22與「天才論」。一九七〇年末至一九七一年一月召開黨中央工作會議「華北會議」，此會議由毛澤東提議、周恩來主持，會中加強鼓吹「批陳整風」運動，並將非林彪派系的李德生等人送入北京軍區。此舉加深林彪的不安，於二月籌備暗殺毛澤東之計畫，作成「五七一工程紀要」。四月的黨中央工作會議上，周恩來進行綜合報告，批判黃永勝、吳法憲、葉群、李作鵬等人在政治路線和組織上犯了宗派主義的錯誤。同時亦任命非林彪派系的紀登奎、張才千就任軍事委員會辦事組（原由林彪派系所掌握權力之組織）。毛澤東所採取的手段，後來被比喻為「拋石頭（以文書等方式發出指示＝批陳），摻沙子（派遣非林彪派系人馬，至其掌握之機關組織），挖牆腳（瓦解林彪所掌握的軍事力量）」。23

上述種種，加深了林彪等人的危機意識。林立果旗下的「聯合艦隊」決定提前施行計畫，開始與上海、南京、浙江空軍的幹部們進行秘密集會。究竟毛澤東是否知悉此一動向，我們不得而知；但是，毛亦採取了行動。周恩來、張春橋等人前往北戴河（當時林彪也在北戴河），傳達毛打算在國慶日前召集第九屆三中全會，並於其後召開第四屆全國人大第一次會議。八月中旬至九月上旬，毛前往南方省分，與各地的軍、黨、政府領導者進行會談，會中直接點名批判林彪派系的幹部；在武漢時也表示「這次的廬山會議尚未結束」、「但他（林彪）當然要負一些責任」。在三中全會上，林彪為「後繼者的指名」也被一筆勾銷。

林彪的武裝政變

九月六日，聽聞毛澤東在武漢講話內容的林彪派系幹部們，決定發動武裝政變。七日，「聯合艦隊」進入「一級戰備體制」；八日，執行在上海郊外爆破毛澤東專用列車之計畫。然而，事前得知的毛澤東則將計就計，秘密改變移動路線，暗殺計畫宣告破局，毛於十二日回到北京。於北戴河等待消息的林彪、葉群、林立果等人得知計畫失敗後，搭乘空軍二五六號三叉戟飛機，於十三日凌晨試圖由山海關機場強行起飛離開；原本周恩來打算指示管制塔台將二五六號機遣回，但當飛機越過中國邊境，周恩來向毛澤東報告，所得到的回答是：「天要下雨，娘要嫁人，由他去吧。」最後，林彪等人所搭乘的座機於蒙古溫都爾汗上空墜毀。正如前文所述，林彪事件的核心部分仍舊是一團迷霧。

此外，關於毛澤東與林彪的對立關係，也有研究成果指出，是起因於對美關係之外交政策上的意見相左所致。在毛澤東與尼克森會談的第一日，毛曾作出如下的發言：「我國國內也有反動集團，反對我們與你接觸。結果呢，他們跳上飛機逃往國外了。」[24]毛澤東確實說出了這段話，但話語中的內容是否屬實，便不得而知了。

前文提及的張雲生秘書，在林彪逝世後，為了能夠繼續在毛澤東所主導的政治體制中生存下去，在紀錄中難免會對林彪的評價帶有批判及貶抑。在外交政策上，張雲生表示：「在對國際風雲變幻的觀察上，林彪遠不如周恩來那樣敏銳與機智，更難以做到像毛澤東那樣審時度勢，當機立斷。」對於毛澤東與周恩來在對美政策上的對立，亦隻字未提，至今仍是未解的謎題。唯一能夠確定的是，隱藏在政治舞台背後波濤洶湧的「暗鬥」。

1 例如楊麗君，《文化大革命と中国の社会構造——公民権の配分と集団的暴力行為》，御茶の水書房，二〇〇三年。
2 Hong Yung Lee, *The Politics of the Chinese Cultural Revolution: A Case Study*, Univ. of California Press, 1978, p.2.
3 葉劍英，〈建國三十周年講話〉，一九七九年等。
4 市井三郎，《歷史の進步とはなにか》，岩波新書，一九七一年。
5 【譯按】將傳統社會中舊有的弱勢階級提升為紅五類，原本掌權的富農、地主打為黑五類。
6 嚴家祺、高皋，《文化大革命十年史：1966-1976》，天津，人民出版社，一九八六年；日文版由辻康吾監譯，《文化大革命十年史》，岩波書店，一九九六年。
7 國分良成編著，《中国文化大革命再論》，慶應義塾大學出版會，二〇〇三年。
8 國分良成編著，《中国文化大革命再論》。
9 天兒慧，《中華人民共和国史》。
10 蘇曉康等，《廬山会議——中国の運命を定めた日》，辻康吾等譯，每日新聞社，一九九二年。
11 新島淳良編，《毛沢東最高指示——プロレタリア文化大革命期の發言》，三一書房，一九七〇年。
12 席宣、金春明，《文化大革命簡史》。
13 新島淳良編，《毛沢東最高指示——プロレタリア文化大革命期の發言》。
14 王無為編，《湖南自治運動史》上篇，上海，泰東書局，一九二〇年。
15 新島淳良編，《毛沢東最高指示——プロレタリア文化大革命期の發言》。
16 新島淳良編，《毛沢東最高指示——プロレタリア文化大革命期の發言》。

17 【編按】馬克思在《德意志意識形態》第一卷第一章中，曾對共產主義社會的烏托邦做如下的描述：「而在共產主義社會裡，任何人都沒有特定的活動範圍，每個人都可以在任何部門內發展，社會調節著整個生產，因而使我有可能隨我自己的心願今天幹這事，明天幹那事，上午打獵，下午捕魚，傍晚從事畜牧，晚飯後從事批判，但並不因此就使我成為一個獵人、漁夫、牧人或批判者。」譯文引自《馬克思恩格斯選集》第一卷，人民出版社，一九七二年。

18 《新中國軍事大事紀要》，軍事科學出版社，一九九八年。

19 張雲生，《私は林彪の秘書だった》，横山義一譯，德間書店，一九八九年。【譯按】中文本參見張雲生，《毛家灣紀實——林彪秘書回憶錄》，一九八八年。

20 毛澤東，《文化大革命を語る》，竹內實譯，現代評論社，一九七四年。

21 【編按】毛家灣是林彪住處的代稱，也是林彪的代名詞。

22 【譯按】「四個偉大」為「偉大的領袖、偉大的導師、偉大的統帥、偉大的舵手」。

23 席宣、金春明，《文化大革命簡史》。

24 《ニクソン訪中機密会談録》，毛里和子、毛里興三郎譯，名古屋大學出版會，二〇〇一年。

第六章　革命與現代化的拉扯

毛周體制與美中友好

要窺見現在進行中的重要事件背後所隱藏的真相，確實非常困難。不過，在下一個重大局面躍上歷史舞台前，往往在檯面下已經隱約有某些人、事、物蓄勢待發、蠢蠢欲動。林彪事件後，雖然沒有表現在檯面上，但是在人民群

重要人物——
周恩來

體中，開始出現了足以撼動中國政治的重大意識變化。簡而言之，就是永無止盡的政治鬥爭，已經在民眾的內心裡的不斷地累積不信任感。當時，就有農民及被下放的知識青年曾說：「我認為我是忠實地相信毛澤東的人。但是，林彪事件對我的認知帶來了影響。情況在高層之間總是變化不斷。已經無法完全相信他們所說的話。」、「林彪事件帶給我們極大的教訓。上位的領導者，今天把某個東西說成圓的，到了明天，會把它說成扁的也不一定。……我們對於這樣的制度已經失去信賴了。」[1]民眾對於毛澤東體制的不信任感持續升高，無形中也成為促進社會變化的推力。

除此之外，我們也應當注意，日後成為推進社會變革的重要旗手的鄧小平，在此時的醞釀與準備。一九六六年秋天，鄧小平遭到公開批鬥；在一九六八年十月第八屆十二中全會上，接受了「留

黨察看」之處分，被軟禁於江西省農村。然而，鄧小平並未因此自暴自棄，反而藉此機會每日勤於閱讀、分析過去與未來之情勢，並且在自家附近跑步數十圈，鍛鍊身體。根據鄧小平之女鄧榕（毛毛）所述：「看見父親飛快且穩健的腳步，我想他是為了將來做好準備，他的信念、計畫和決心也越來越堅定，無可撼動。」[2]不過，現在要談及往後的鄧小平，似乎有些言之過早。

讓我們先將時間拉回到林彪事件之後。在林彪派系失勢後，掌握政治、經濟、外交局勢的重要人物，並非是江青等文革「文鬥」派，而是周恩來。毛澤東對於周恩來，其實也多少抱持著警戒之心，畢竟周的想法與觀點未必會永遠與毛一致，但至少可以確信的是，周並沒有挑戰毛澤東、奪取權力的野心。在高崗、饒漱石事件、彭德懷失勢事件、文化大革命，以及此次的林彪事件上，都可以很明確地看出周對毛的忠誠不二。

毛澤東為了審查「林彪反黨集團」，組織了中央專案小組，任命周恩來為組長，委以全權處理。在中國與蘇聯之間的關係走向對決姿態的同時，毛也開始察覺到與西方世界在關係上的改善與友好之必要性。毛澤東在林彪事件之後，健康狀況每況愈下，深受肺炎、帕金森氏病所苦，臥病在床的時間也逐漸拉長。根據李志綏的紀錄，一九七二年一月二十一日，孱弱不堪的毛澤東將周恩來、江青召至寢室，對周說道：「不行了，我不行了，我死了以後，事情全由你辦。」；「就這樣定了。你們去吧。」隨後江青睜大雙眼，雙手握拳，全身似乎要爆炸了一般。[3]

其實，周恩來也認為，應該試圖改善與西方各國的關係，且不僅限於政治層面，而是包含經濟及科學技術的交流方面。大躍進政策所造成的經濟混亂，在尚未全面恢復前，又因為文化大革命而遭受再一次劇烈打擊；此外，文革時期中國人口的增加，也使得人民在實質的經濟生活上走向貧困一途。毛澤東亦支持周恩來的想法。一九七〇年十月與加拿大、十一月與義大利建立邦交關係，正式開始推動與西方諸國的關係正常化。中國與西方世界的關係，更為重要的轉捩點，便是尼克森訪問中國後的美中友好。一九六九年一月上任的尼克森總統，當時正試圖從越南戰爭的泥淖中，尋求一個完美的撤退方式，並且認為未來有必要緩和與中國的對立關係，以抑制蘇聯的勢力擴張。

尼克森衝擊

美中關係的改善，實際上是由尼克森先釋出善意，提出重新召開於一九六九年秋天中斷的大使級華沙會談之意見，後來該會談於一九七〇年一月十日順利舉行。當時，林彪仍舊位於第二把交椅的寶座上，對於美中關係改善的政策持「反對」立場。同年十月，尼克森與訪美的巴基斯坦總統葉海亞·汗（Agha Muhammad Yahya Khan）進行一對一會面，請葉海亞·汗向中國領導人傳話，表示美國願意派遣高級使節至北京。葉海亞·汗於十一月訪問中國，向周恩來傳達了尼克森的口信。

十二月九日，中國作出回應：「為了討論臺灣領土問題，希望邀請尼克森總統及特使至北京。」[4]然而，事態並無太大進展。同年十二月十八日，在與艾德加·史諾的會談上，毛澤東表示：「無論是以私人之身分、抑或是總統之身分，我都非常樂意與尼克森進行對話。」[5]

這一次是由中國方面積極地釋出善意。一九七一年三月二十八日於日本名古屋舉辦的世界桌球錦標賽，中國代表團突然向美國隊伍提議，願意招待他們至北京。美國隊伍接受這項提議，於四月十日抵達北京，進行「友好交流」，甚至在停留北京期間與周恩來會面，展開「乒乓外交」。中國表面上仍舊存在著「打倒美帝國主義，譴責尼克森」之運動，「乒乓外交」被視為是非關政治的「人民友好交流」的一環。然而，四月下旬，周恩來透過巴基斯坦傳話，表示願意撤回「會談目的只限於臺灣問題」的條件，向美國傳達願意接受尼克森的特使來北京的意向。[6] 其後，於同年七月，歷史上著名的季辛吉（Henry A. Kissinger）秘訪中國，在巴基斯坦總統葉海亞．汗的協助下，正式成行。

尼克森訪問中國　美國總統尼克森於一九七二年二月訪問中國，中國由總理周恩來接待，陪同尼克森出訪者尚包括威廉・羅傑斯與季辛吉。

根據現今CIA所公開的記錄，季辛吉向周恩來遞出三件重要提案，內容正切中中國所關心的議題核心。（一）關於臺灣問題，美國不會支持臺灣的獨立運動；（二）尼克森在第二任任期之內，將有可能承認中華人民共和國政權的正當性；（三）對於中國加入聯合國之事，將會積極考慮。（一）之提案，很明顯地展現出美國對臺灣政策做出的一大讓步。隔年二月，尼克森與毛澤東的會談上，亦再度確認上述事項。[7]

秘密訪中行程的最後，七月十五日，白宮與北京幾乎是在同一時間向世界宣告：「尼克森總統希望訪問中國，中國會在一九七二年五月以前，找尋適當時機邀請尼克森總統前往中國。」包含我親身的經驗，這樣的消息，在當時對世界來說，可以說是一大震撼，亦即「尼克森衝擊」。James Mann 的著作中，生動地描繪了在季辛吉訪中的數日後，周恩來秘密前往河內，以及美國向中國提供由衛星所探知的蘇聯軍隊機密情報等，[8]尼克森訪問中國之前的狀況。

中國加入聯合國

尼克森訪問中國以前的另一個大新聞，便是「中國加入聯合國」，這個歷史大事件也對世界各國帶來衝擊，人人都開始感受到，時代的巨大變化。這是發生在尼克森發表將會訪問中國之消息後的三個月。一九六一年以來，中華人民共和國雖然為了取得中國代表權而動作頻頻，卻屢受以美、日為中心的阻撓。但是，在一九七一年十月，為了維持中華民國政府（臺灣）在聯合國的席次所提出的「重要問題」議案，以五十五票贊成、五十九票反對、十五票棄權的結果被否決，而支持中華人民共和國作為中國代表加入聯合國的「阿爾巴尼亞案」則獲過半數通過。中國政府立即表明加入聯合國之意願，其加入之目的，並非是過去所秉持的打倒帝國主義勢力、挑戰現有國際秩序之態度，而是以一個民族國家的身分，加入既有的國際組織——聯合國。

此時，世界各國的目光全都集中在中國身上。現在我們可以開始探討，毛澤東是如何迎接尼克森？會中決定了哪些事項？其結果又對世界造成什麼影響？一九七二年二月二十一日至二十八日，於北京召開歷史性的「美中會談」。除了尼克森與季辛吉之外，還有國務卿威廉・羅傑斯（William P. Rogers）、史考夫特（Brent Scowcroft）、溫斯頓・洛德（Winston Lord）等十五名隨行官員，這是一個有六十八人的大型訪問團。訪中期間召開四次的尼克森、周恩來會談以及兩次的全體會議。尼克森與毛澤東的會談不僅止於美中雙方的問題，而是囊括世界觀、哲學觀等廣泛議題。毛澤東經過此次會談，表示十分欣賞尼克森：「我很喜歡尼克森這個人。說話直截了當，不拐彎抹角，不像那些左派，口是心非。」9

周恩來負責會談的實務，與外交部副部長喬冠華，以及季辛吉一同竭盡全力作成聲明，亦即尼克森訪中行程最後所發表的《上海公報》。其主要內容為：

（一）中美兩國的社會制度和對外政策有著本質的區別。但是，雙方同意基於「和平五原則」來處理國際以及兩國之間的問題；（二）任何一方都不應該在亞洲—太平洋地區謀求霸權，彼此都反對任何其他國家或國家集團建立這種霸權的努力；（三）美國認識到，在臺灣海峽兩岸的所有中國人都認為只有一個中國，臺灣是中國的一部分；（四）雙方相信，兩國關係正常化不僅符合中美兩國人民的利益，而且會對緩和亞洲及世界緊張局勢作出貢獻。我認為，亞洲的冷戰局勢並非是戲劇性的崩塌，而是如同溶解一般地逐漸解體，美中會談正是「亞洲後冷戰的起點」。

日中建交

中國加入聯合國以及尼克森訪中，在世界情勢上激盪起巨大的波瀾。其中，日本對中國政策的轉換，也不僅只是兩國之間關係的變化，在國際關係上也有很大的意義。日本政治界受到「尼克森衝擊」的影響，謀求與中國建立正常化關係之浪潮急速地高漲。一九七二年七月，田中角榮取代原本親臺派的佐藤榮作，就任首相。田中迅捷地付諸行動，於九月實現日中建交。田中在《中日聯合

田中角榮訪中　日本首相田中角榮（左）於一九七二年九月訪中，與周恩來簽署《中日聯合聲明》，完成日中建交。

聲明》中表示，「（日本）對過去戰爭給中國人民造成的重大損害的責任，表示深刻的反省」、「日本承認中華人民共和國政府是中國唯一合法政府」、「中國政府重申：臺灣是中華人民共和國領土不可分割的一部分。日本政府充分理解和尊重中國政府的此一立場」、「（中國）放棄對日本國的戰爭賠償要求」等，展現中日兩國共同處理過去懸而未決之事項，一同開創未來之決心。

接著，中國在十月與西德、十一月與澳大利亞、紐西蘭建交。一九七三年五月，中美雙方各於北京及華盛頓設置聯絡處。一九七二年十二月簽訂《日中プラント成約》，一九七三年八月開始交涉有關中日貿易之協定等，中國與西方世界的經濟交流活動也正式開展。由此可見，中國在外交、政治、經濟上正面臨著重大的轉換期，但其推展卻是經歷了一番迂迴曲折的過程。

意見相左的周恩來與「四人幫」

於尼克森訪問中國時期，周恩來在其他的重要業務上亦花費了許多精力，廢寢忘食，日以繼夜地專注於工作之上。在文革及林彪事件之後，為了收拾混亂局面、穩定社會，在各個方面，特別是在經濟面上，需要許多有能力的人才。最有效率的方式，便是恢復因文革蒙受「冤罪」、失勢的幹部們之名譽，並讓他們重新回到第一線上。一九七二年四月，《人民日報》上刊載一篇社論〈懲前毖後，治病救人〉，據說這是由周恩來親自校閱過後的文章，是毛澤東所愛用的言詞措辭。文章中提到：「要相信百分之九十以上的幹部是好的和比較好的。」暗示應讓大多數的幹部們回到原來的崗位上。

然而，此時（五月）周恩來卻被診斷出罹患癌症。在毛澤東的指示下，設置了以葉劍英、鄧穎超、汪東興、張春橋為核心的醫療小組。罹癌之事，當時周恩來本人並不知情，且中央的重要事務一件件落在周的肩上。八月一日建軍節，久違的陳雲、王震、陳再道等失勢幹部們終於現身。周恩來也在其後，積極地爭取恢復幹部、知識分子們的名譽。但是，上海的造反派領導者王洪文在九月被拔擢至中央後，王與江青、張春橋、姚文元等人相互聯手，開始嚴厲地批判、攻擊周恩來。

一九七二年十月，遵照周恩來於八、九月時提出「批判極左思潮」之指示，周培源於《光明日報》上發表〈對綜合大學理科教育革命的一些看法〉一文。此外，《人民日報》上亦刊載王若水的〈無政府主義是假馬克思主義騙子的反革命工具〉等三篇批判「極左與無政府主義」的文章。周恩來批判林彪等人走「極左」路線，應該要導正左傾的風潮。對此，張春橋及姚文元等人則反駁，其實林彪並非「極左」，而是「極右」，針對周恩來批判左傾風潮之行動，攻擊周實為「修正主義」、「右派的反撲」等。十二月，毛澤東看了王若水的信，說出：「修正主義、分裂、陰謀詭計、叛黨叛國。是極左還是極右？是極右。」顯然是支持張、姚的立場。[10]

那麼，毛澤東也認為，周恩來是「右」過了頭嗎？江青等「文革派」乘勝追擊。在一九七三年一月至三月召開的全國計畫會議上，國家計劃委員會接受周恩來的指示，作成〈關於堅持統一計劃，加強經濟管理的規定〉（經濟工作十條），二十八個省、市、自治區表示贊成，唯獨上海市持反對意見。以上海為權力基礎的張春橋則說：「我堅決反對，這是光榮的孤立。」最後退回這項文書。三月以後，毛屢次提出「批孔運動」，江青集團隨之呼應。另外，毛於一九七三年七月，批判外交部（周恩來在外交部有強大的影響力）：「大事不討論，小事天天送。」

鄧小平的復出

儘管如此，毛澤東這位深謀遠慮的策略家，並不會單方面地讓江青等人出盡鋒頭。一九七三年二月，在文革中因「當權派第二號人物」之罪名失勢，被軟禁於江西農村的鄧小平，收到中央通知，得以回到北京。黨中央於三月十日正式決定，讓鄧小平「回歸黨的組織生活，並就任國務院副總理職務」。由周恩來提出報告書，毛澤東簽署「同意」二字；無疑地，毛澤東正是「解放鄧小平」的最終決定者。

關於鄧小平的復出，存在著各式各樣的臆測。寒山碧的主張是，鄧小平的復出是由周恩來主導。由於周恩來本身的病情以及國務院工作的激增，周十分希望留學法國、有才幹練、宛如親弟一般的鄧小平能夠東山再起，他在觀察到毛澤東心境變化的同時，建議讓鄧小平復出。[11] 楊炳章則反對這項說法：「與其說是周恩來的建言與說服，不如說是毛澤東自己想要召喚鄧小平復出。毛對周感到幻滅（一九七二年的右傾政策），因而認為，或許可以利用鄧來達到牽制周恩來的作用。」[12]

楊炳章此一說法，似乎有些過於牽強。畢竟，要想牽制周恩來，江青集團的存在便已足夠。事實上，一九七三年八月中共第十次全國代表大會上，王洪文被拔擢為黨副主席之事，加上周恩來的

「政治報告」，便已經能夠明顯看出毛澤東的意向。沙茲伯里指出，是周恩來向鄧小平建議，可以寫一封自我檢討的書信呈給毛澤東，表示自己希望有機會能夠回到原來的職務；鄧小平因此提筆寫信，除了坦承過去所犯的過錯（包含自己所提出的「黑貓白貓論」），也發誓自己將會忠實地跟隨毛的路線、支持文革；最後毛澤東便答應讓鄧小平復職。[13]

與其去深究哪個說法較為貼近史實，不如說當時的環境背景，正面臨重大的轉換期：在外交政策上，要認真思慮對蘇戰略；在國內政治經濟方面，最緊急的課題便是收拾眼前混亂的局勢。硬是要說的話，在此關鍵時刻，單單委任給「四人幫」是不怎麼可靠的。在毛澤東的認知中，實務能力高人一等的鄧小平，是不可或缺的人才。這或許也和周恩來的想法相同。一九七三年四月，在未公告的情況下，鄧小平現身於由周恩來所主持的柬埔寨國王施亞努（Norodom Sihanouk）的歡迎會上，「彷彿是自重慶旅行歸來一般，開始與賓客對話」。[14]其後，於十二月，鄧主要的工作便是接待訪問中國的外國賓客，根據記錄，其次數超過百次。

一九七三年八月，中共第十次全國代表大會召開，由周恩來進行「政治報告」，顯示周在當時的身分地位。儘管如此，就報告內容來看，並非是「周恩來式」的表達。主要論調是圍繞著「林彪事件的總括」以及「與美蘇超大國霸權主義，特別是蘇聯修正主義社會帝國主義的鬥爭」。另外，當然也強調致力於經濟發展之事，但是所引用的大多是大躍進時期的口號，如「鼓足幹勁、力爭上游、多快好省」，以及文革時期的「自力更生、刻苦奮鬥」、「工業學大慶、農業學大寨」、「推進無產階級專政下的繼續革命」等。

事實上，「政治報告」的草稿是由江青集團所擬稿。江青集團中，年輕一輩的王洪文進行「關於修改黨章的報告」，並且與康生一同被拔擢為黨副主席，其勢力的擴張可見一斑。正確來說，其後便促成了江青集團的派系化，形成「四人幫」。他們在九月以後，特別致力於批判儒教、孔子之運動。在《人民日報》、《光明日報》、雜誌《紅旗》等平面媒體上左傾論調盛行，意識形態、宣傳部門由「四人幫」所掌握之情況顯而易見。當時鄧小平在黨大會上，才終於恢復到中央委員的地位而已。

四人幫批判周恩來

乍看之下，此時毛澤東的判斷與處置，存在著矛盾難解之處。毛針對江青及周恩來兩方，皆發表了批判的言論。十一月二十五日，毛將一封書信轉發政治局各同志，其內容為：「江青民主作風差，在文藝工作中不執行『雙百』方針，……吹捧『江青是文化大革命的英勇旗手』是不恰當的。」同樣的在十一月，毛指責周恩來在某次外交活動中說錯話，中央政治局因此批判周恩來。十二月，毛在中央政治局進行講話：「政治局不談政治，軍事委員會也不說軍事和政治。」吐露出心中的不滿。[15]從某個意義上來說，可以說是毛澤東對周恩來的領導方針有所批判；從另一個角度上來看，又可以說是毛對「四人幫」醉心於「批林批孔」運動的揶揄。

無論如何，毛澤東此時已提案將鄧小平拔擢為中央軍事委員會委員以及中央政治局委員。毛對鄧小平的評價如下：「小平有原則性。小平是綿中有針，柔中帶剛。小平的歷史是功績七分，過錯三分。」十二月二十二日，在周恩來所主持的中央政治局會議上，決定鄧小平就任上述兩職務。黨由毛澤東本人所直接掌握，國務院交由周恩來與鄧小平，軍隊則是由葉劍英與鄧小平操辦。而在國務院與軍隊方面，也加入張春橋與王洪文，達到勢力關係的平衡點。這便是毛澤東的手段。

但是，「四人幫」對於這樣的配置並未感到滿足。一九七四年一月十二日，王洪文與江青向毛澤東建議，以北京大學、清華大學選編的《林彪與孔孟之道》作為教材，推行「批林批孔運動」。毛表示贊同，此後批林批孔運動於全國正式展開。運動中，「四人幫」開始追問「誰是現代的孔子」，江青於二月將矛頭指向周恩來，認為周是「黨內的大儒」，運動逐漸擴大為「批判周恩來運動」。儘管如此，有鄧小平站在同一陣線上的周恩來，其立場在實質上是穩固強化的。三月，在政治局內，外交部推薦鄧小平作為中國代表團的團長，參加四月即將召開的聯合國第六屆特別會議。周在事前便做好疏通，同時也獲得毛的同意；最後在政治局內，只有江青表示反對（最後轉為同意）。結果，仍舊由鄧小平出任團長。[16]

周恩來、毛澤東之死

鄧小平與四人幫

鄧小平與外交部人員一同起草聯合國大會上的演講稿，其中最重要的考慮是，在向世界展示中國的同時，也要以遵從毛澤東所喜愛的模式進行。一九七四年二月，毛與尚比亞總統會面時所提出的「三個世界理論」，成為重要的關鍵詞：美蘇為第一世界，是支配著現有世界的超級大國；美蘇以外，包含東歐的先進國家為第二世界；亞洲、非洲等發展中國家為第三世界。而包含中國在內的第三世界，正是現在挑戰美蘇超級大國支配的主要

江青　一九一四～一九九一，曾是女演員，同時也是毛澤東之妻。毛澤東去世後，以「四人幫」成員之身分遭到逮捕，判處死刑，後減為無期徒刑。圖為身著紅衛兵裝束的江青，攝於一九六九年。

力量。鄧小平於演講稿中加上「中國不講霸權，將來也不會成為超級大國」之語句。毛澤東過目演講稿後大感愉悅，直說「很好」表示認同。[17]

一九七四年四月，鄧小平參加聯合國第六屆特別會議，代替當時傳言病況惡化的毛澤東與周恩來，登上華麗的國際舞台。無論是在國內或是國外，都帶給人「後繼者」的強烈印象。過往「文革時期的失敗者」之烙印已隨風而逝，取而代之的是「毛澤東的代理人」之角色。此後，鄧小平也代替病情惡化的周恩來，一手攬起國家的外交事務。周於六月一日離開了他居住了二十五年的住家、中南海西花廳，住入軍醫院，於一年半後死去。

時間進入秋天，黨內忙於準備黨第十屆二中全會以及第四屆全國人民代表大會第一次會議之事務。十月，毛澤東下了「通達」表示：「文革後已經過了八年。現在十分安定。……讓國民經濟向上發展。」重要會議的準備工作正如火如荼的進行。十月十八日，王洪文向在長沙靜養的毛澤東告狀，說鄧小平「崇洋，走賣國主義、修正主義的路線」。但是毛並未聽信這番說詞，反倒批判起王洪文；甚至後來還提案讓鄧小平就任黨副主席、第一副總理、軍事委員會副主席兼參謀總長等位置。江青對此事十分有意見，她先是寫信給毛澤東，推薦喬冠華為副總理、毛遠新等人為政治局委員等；在第二封信件中，又提案王洪文為全國人大常務副委員長。毛澤東就此斷定：「江青懷有野心。讓王當上全國人大委員長後，自己就可以當上黨主席了。」

周恩來的遺言

一九七五年一月八日至十日，中共第十屆二中全會召開，正式決定鄧小平就任前述之職位。一月十三日至十七日，召開睽違十一年的第四屆全國人大第一次會議。周恩來抱病進行「政府活動報告」，延續一九六四年第三屆全國人大會議上提出的「現代化建設」，呼籲「在本世紀內，全面實現農業、工業、國防和科學技術的現代化，使我國國民經濟走在世界的前列，……一定能把中國建設成為一個具有現代農業、現代工業、現代國防和現代科學技術的社會主義強國」。這可以說是周恩來在臨死之前的遺言，並且成為毛澤東之後「四個現代化」總路線的起始點。不過，在當時並未被即刻實行。

此時必須面對的問題，便是上一個階段「文革混亂」的殘局整理、生產的恢復、行政管理體制的重建等。「四人幫」並未對這些議題表示關心，也沒有處理解決的能力。鄧小平便成為這些任務的推動者。鄧的政策提案與行動皆同「敢字當頭」字面上之意，十分「大膽」。一九七五年二月至十一月，鄧小平展開了黨、軍、重工業、國防工業、農業、商業等各部門的全面整頓。在三月的全國省、市、自治區黨委員會工業書記會議上，鄧進行「全黨講大局，把國民經濟搞上去」之重要講話，強調周恩來所提倡的現代化戰略，在經濟建設上的重要性。其中最為棘手的便是整頓混亂的交通與運輸。後來在改革開放時期擔任核心領導者的萬里，正式在此時被鄧小平任命為鐵路部部長。萬里不負鄧小平所望，在全國十九個鐵路局中（當時全國共有二十個鐵路局），於運輸、流通系統的重建工作上繳出亮眼的成績單，使一九七五年貨物裝卸作業，達到出超的成果。

五月八日，中央開辦鋼鐵工業座談會；六月，展開工業戰線的全面性整頓工作。在生產、管理上追求紀律的強化，並著手處理領導幹部內嚴重的派系分裂以及管理能力低下的問題，力圖將生產向上提升。六月下旬至七月中旬，召開中央軍事委員會擴大會議。鄧小平將軍隊內部的派系林立、組織與紀律的鬆散、組織的擴張化等，視為急需解決的問題，建議軍隊的精銳化及進行整頓編制。七月，則著手黨內在思想上及組織上的整頓，並致力於中國科學院的整飭。

鄧小平的「全面整頓」

八月，配合國防工業整理工作的同時，鄧小平指示國務院計畫委員會起草〈關於加快工業發展的若干問題〉（略稱為「工業二十條」）。在「工業二十條」中，肯定一九六〇年代初期，在鄧小平指導下所完成的「工業七十條」在「基本上的良好」（儘管在文化大革命時期，「工業七十條」被批判為「修正主義」）。九月，召開「農業學大寨」全國會議，會中鄧小平與「四人幫」激進的對立，將於後文詳述。開幕式上，鄧小平強調軍隊、地方上的黨、行政組織，以及工業、農業、商業、文化、科學技術的整頓，有其施行的必要性。十月，完成〈論全黨全國各項工作的總綱〉（略稱為「總綱」），可以說是將鄧小平的方針作出統整性的歸納。於「總綱」中，鄧明確的主張「目標為實現四個現代化建設」，並以「一聽到要抓好生產，搞好經濟建設，就給人家戴上『唯生產力論』的帽子，說人家搞修正主義」之說法，正面反擊「四人幫」的風潮，強調恢復、發展生產力的重要性。

毋庸贅言，鄧小平獨自一人要如此大膽地推動政策上的大轉彎，其伴隨而來的危險，可想而知。鄧小在文革時期曾受到毛澤東嚴厲的批判而失勢，如今的大動作，說不定又會激怒毛。即便如此，鄧小平仍舊甘冒風險，不畏不屈地推進整頓計畫之行動，未免顯得有些過於神聖。恐怕鄧是借助臥病在床的周恩來的智慧，並且巧妙地取得毛澤東的同意之後，才開始推行自己所策定的方針。例如，接收到毛「調整有其必要」之指示後，鄧便以「調整其實也是整頓。……我在政治局講了幾個方面的整頓，向毛澤東同志報告了，毛澤東同志贊成」[18]之說法，借用毛澤東的權威，巧妙地將之解讀並轉換為對自己有利的說法，以便推出政策。於「總綱」開頭所提倡的「四個現代化建設」，也是在強調出自「毛澤東的建議」下所實行的目標。然而，其實這是基於一九六四年第三屆全國人大第一次會議的提案，而當時並沒有毛澤東提案的痕跡存在。

針對鄧小平如此的做法，江青等「四人幫」若是放置不管，那麼他們的勢力將會逐漸地被削弱。因此，面對鄧小平的「全面整頓」，四人幫的反擊也是刻不容緩。一九七五年三月，姚文元發表〈論林彪反黨集團的社會基礎〉，緊接著於四月，張春橋亦發表〈論對資產階級的全面專政〉之文章。

姚文元在文章中表示「經驗主義是當前主要危險」，暗批周恩來、鄧小平及元老幹部們；張春橋則是於文內強調，現階段資本主義是會自發性再生產的產物，因此當前最要緊的工作便是階級的專政以及政治鬥爭；明顯地與鄧小平所推動的、生產優先的路線大不相同。八月，毛澤東所發起的評《水滸傳》論爭開始跨出學術論爭的範圍，對《水滸傳》的批示為：「宋江向皇帝投降，搞修正主義，將晁蓋所建的聚義廳改為忠義堂。」」；「四人幫」積極地將毛的指示延伸擴張解釋，最後成為「宋江↓投降派↓革命的背叛者；現代的宋江↓否定文革的投降派↓誰」之公式推展。

周恩來逝世

周恩來的病情每況愈下。九月，「四人幫」與鄧小平的對立關係愈見顯著，先前所提及的「全國農業學大寨」之會議亦在此時召開。會中，鄧小平主張全面整頓的重要性，針對農業發展的落後則提出整頓公社以及機械化的必要性；相對地，江青則是強調資本主義於農村中復活的危險性，更加以斷言：「宋江架空晁蓋。現在有沒有人架空主席呀？我看是有的。」[19]很明顯地將矛頭指向鄧小平。

毛澤東在白內障手術後不久，於十月下旬出現呼吸困難的症狀，心臟、肺臟、腎臟等器官，都有著嚴重的病癥；因此，幾乎無法與最高幹部有所接觸，全都依賴姪兒毛遠新負責聯絡內外事項。毛遠新屬「四人幫」勢力之一員，曾數次向毛澤東傳達自己對於鄧小平的批評：「我很注意小平同志的講話，我感到一個問題，他很少講『文化大革命』的成績，很少提批判劉少奇的修正主義路線。」毛澤東則對毛遠新的看法表示認同。[20]

十一月下旬，黨中央召開「打招呼會議」，會上宣讀了毛澤東審閱批准過後的《打招呼的講話要點》。內容針對清華大學黨委員會內部所發起的辯論鬥爭，批判支持實施鄧小平方針的一方：「清華大學出現的問題絕不是孤立的，是當前兩個階級、兩條道路、兩條路線鬥爭的反映。這是一股右傾翻案風。」不巧在這個時候，屋漏偏逢連夜雨，鄧小平最為強力之後盾周恩來，正與病魔搏鬥，瀕臨生死關頭，鄧小平不得不獨自承受這些嚴厲的打擊。正如先前所提及，為了收拾文革後一團混亂的殘局，毛澤東也承認改革是必要的手段，因此積極地為鄧小平鋪展復出政局之道路；而鄧也盡忠職守，努力回應毛之期許。那麼，為什麼在這個時候，毛澤東卻又開始積極地批判起鄧小平呢？

不可諱言地，我們確實可以看見毛澤東身為一位當政者的姿態：感受到收拾混亂現狀的必要性。但是，另一方面，於毛澤東的內心也同時存在著：即使上了年紀也要堅持文革理念之夢想。一九七五年鄧小平所發起的「全面整頓路線」，簡直就是文革前「調整路線」的翻版，亦即「去文革」之政策。而此時，正是毛澤東與周恩來兩大巨頭，無法一如往常地進行思考與行動的時刻，鄧小平只能被「四人幫」窮追猛打。於中國建國以來在動盪不安的政局中，始終恪守總理要職，自一九三五年一月的遵義會議以來，貫徹「支持毛，卻不盲從毛」的立場，從未嘗過失勢滋味，人稱「不倒翁」的領導者周恩來，在一九七六年一月八日，最後終究不敵病魔而與世長辭。

周恩來去世　一九七六年一月八日，周恩來逝世。周恩來終其一生妥善扮演輔佐毛澤東的角色，從未遭受批鬥而失勢下台。

死不悔改的走資派

一九七六年為「辰（龍）年」，自古以來便流傳著龍年多變之說法。無巧不成書，這一年正好可以說是中國現代史面臨重大轉變的關鍵年代。一月十五日，於北京舉行追悼周恩來同志大會，現場莊嚴肅穆，參加的幹部及民眾們難掩悲愴地向周恩來告別。雖然追悼大會上不乏「四人幫」所施加之壓力，但都還算是些微不足道的事項；反倒是以追悼會為契機，如火如荼的權力鬥爭再度浮上檯面，彷彿是在嘲笑哀思悲痛的情緒一般。於追悼大會上宣讀弔詞的鄧小平，自現有的權力寶座上滑落下來，約有一年半的時間，於眾人的面前銷聲匿跡，直至一九七七年七月才再度復出。周恩來的逝世，導致總理以及黨的第一副主席之位出現空缺，引起權力的爭奪。由於鄧的失勢，「四人幫」計畫讓原為第二副總理的張春橋升任為總理，讓原為黨第二副主席的王洪文升任為第一副主席。

然而，現實的狀況並不如想像中地順利。在一月二十一日至二十八日召開的黨中央政治局會議上，接受了毛澤東的提案，決定讓當時排序僅在十一名的公安部長華國鋒，一口氣升任為國務院代理總理；並讓陳錫聯代替因病休養的葉劍英，成為中央軍事委員會日常工作的主導者。自二月中旬起，《人民日報》刊登〈關鍵在於資本主義的復辟〉、〈評「三項指示為綱」〉等，實質上為批判鄧小平的活動。不過，這個時候倒是沒有指名道姓的批判，或許是因為支持鄧小平的聲音仍舊存在的緣故。

二月二十五日，於全國省、市、自治區、大軍區負責人會議上，作為黨代表的華國鋒直言：「現今的當務之急就是批鄧，也就是批判鄧小平同志的修正主義路線。」其後，展開直接點名的批鄧活動，在鄧的指導下所完成的「總綱」、「科學院工作匯報」、「工業二十條」被打為「三大毒草」，鄧小平本人則被冠上「死不悔改的走資派」之名。就一般性地認識來說，華國鋒很明顯地是以「文革派」領導者的身分對鄧進行批判，或者至少在表面上是和「四人幫」有著共同的方向與步調。

鄧小平的再度失勢

儘管上層正如火如荼地推行著批鄧運動，但在「全面整頓」施行後的一九七六年，原本停滯不前的經濟狀況，開始出現急速的恢復；社會對於鄧小平重新拾回領導權的期待感不斷膨脹，另一方面，政治上的動作也開始招致庶民階層的不安與不滿。擁護周恩來與鄧小平，而對「四人幫」的做法懷有異議的民眾們，其動作亦漸漸地浮上檯面。起先是在三月下旬的南京地區。二十九日，南京大學、南京郵電學院等十六間大學的學生們走上市街，遊行抗議。他們叫喊著「誰反對周總理就打倒誰」、「鄧小平和人民的心繫在一塊」、「打倒張春橋！」等口號，正午後在鼓樓大街一帶，參加示威遊行的人數已經達到十四萬人之規模。北京也從三十日開始，連日出現民眾自發性的聚集在天安門廣場人民英雄紀念碑前，以獻花、呼喊口號、朗讀詩詞、發表演說等形式進行追悼周恩來的活動。21

四月一日，華國鋒順著毛遠新的提案，要對鄧小平這個「資產階級地下司令部」進行處置，召開了黨中央緊急政治局會議。四月四日清明節，擁護周、鄧的行動達到最高潮，超過五十萬的北京市民，不顧當局所發出的警告，集結於天安門，哀悼周恩來總理，獻花超過兩千；同時，也張貼出揶揄、咒罵「四人幫」的詩作，如「敢上九霄拆天橋（張春橋），敢下清江（江青）擒海妖（姚文元）」等，其中也出現批判毛澤東的作品。

中共於四月四日召開政治局會議，認為事態嚴重。北京市革命委員會主席吳德表示：「看起來是一個有計畫性的行動，……這件事是鄧小平搞了很長時間的準備而形成的。……在性質上很明顯地就是一個反革命事件。」江青趁勢主張，要撤去追悼花圈以及逮捕反革命的演講者等。四日深夜

第一次天安門事件　一九七六年四月，民眾自發聚集在天安門廣場追悼周恩來，後來演變為「第一次天安門事件」，又稱「四五運動」。

至五日，動員一萬民兵、三千人的武裝警察，不顧現場廣大民眾的反對，強制撤去花圈與撕毀大字報，結束這場抗議活動。

這便是後來所稱的「第一次天安門事件」，又稱「四五運動」。事件結束後，於四月七日召開緊急黨中央政治局會議，發表兩大重要決定：一是任命華國鋒為黨中央第一副主席及國務院總理；二是斷定天安門事件為反革命事件，認為鄧小平問題已經是轉化為敵我矛盾，因此解除鄧小平於黨內外的所有職務，「留黨察看」。華國鋒在政治上的飛黃騰達與鄧小平失勢之間有著密不可分的關係，卻也同時成為日後華國鋒丟失性命的原因。

毛澤東之死

鄧小平又再度地被剝奪所有職務，「鄧小平批判運動」在全國被廣泛且熱烈地推行著。一九七六年七月末至八月上旬，我首次踏上中國這塊土地，儘管只是個過客，也可以清楚看見批鄧運動無所不在。毛澤東的身體狀況不甚理想，自五月與巴基斯坦總理布托見面後，便停止與外國賓客的會晤。七月六日，被稱為「人民解放軍之父」的革命元老朱德，在這一天與世長辭。距離不到一個月的時間，七月二十八日，中國河北省唐山發生了二十世紀以來最大規模的地震，造成二十四萬人死亡，十六萬人重傷的慘劇，都市幾乎完全毀壞。

唐山大地震後，又過了一個多月，在中國現代史上留下最巨大影響的領導人毛澤東，於九月九日逝世。代表黨、國務院、全國人大、軍隊的〈告全黨全軍全國各族人民書〉，向全中國人民傳達毛澤東逝世的消息。聽聞此消息，「有人吃驚、有人憂慮、有人平淡、有人欣喜」。[22]無論如何，毛澤東的死，意味著一個「時代的結束」，同時也宣告著下一個變動的開始，是不可避免的。

巨星殞落　彷彿是為了追隨長年相伴的同志周恩來，一九七六年九月九日，毛澤東逝世，也象徵著中國現代史上一個時代的結束。圖為同年九月十八日下午，在北京天安門廣場上的毛澤東追悼會。

華國鋒體制與鄧小平的再度復出

四人幫失勢

首先，毛澤東死後，在政治層面上的變化，便是檯面下權力鬥爭的開始。圍繞著誰來就任黨主席之位的問題，江青開始採取行動。另一方面，過去在文革時期受到慘烈打壓的王震等幹部團體，以及葉劍英等軍界元老團體，反對「四人幫」的聲音亦愈發高漲。他們與李先念等、國務院實務官僚集團（過去為周恩來的人脈）以及華國鋒等文革穩健派集團，加強了私底下的合作。九月十六日，《人民日報》刊載了〈毛主席永遠活在我們心中〉之社論，文中「毛主席囑咐我們：『按既定方針辦』」的表現，便是暗示著文革路線為毛主席所決定的既定路線，其後繼的領導者，也應該選擇與此既定路線相符的人選。這可以說是來自「四人幫」的訊息。

兩日後，九月十八日，於天安門廣場隆重舉行毛澤東的追悼大會。黨副主席王洪文擔任司儀，黨第一副主席華國鋒負責宣讀弔詞，表面上看不出任何對立的情況。然而，江青在九月底至十月初，於清華大學等地發言表示：「確實，讓華國鋒同志就任黨的第一副主席以及國務院總理，是由毛主席所提案的。但是，毛主席沒說出口的意思是再明白不過的，那就是不提案讓華同志就任黨主席。」江青的主張反倒激起了反「四人幫」陣營的危機意識，進而重提「三要三不要」，亦即「要搞馬列主義，不要搞修正主義；要團結，不要分裂；要光明正大，不要搞陰謀詭計」。這是毛主席在一九七五年五月政治局會議上，說出「江青有野心」，要告誡江青應該有所收斂的言詞。

十月四日，《光明日報》刊載〈永遠按毛主席的既定方針辦〉，作者署名為「四人幫」御用筆桿子梁效。[23]反「四人幫」集團認為，這是「四人幫」展開攻勢的徵兆。在此之前，上海及北京的民兵正進行武裝化運動，當時掌握民兵組織的人物為王洪文；此外，據傳毛遠新在瀋陽軍區也開始有了動作。掌握著這些情報的是長年負責護衛毛澤東的汪東興。汪向華國鋒、葉劍英等人密報，並擬定先發制人的計策。十月六日夜晚，華國鋒將當初刊行《毛澤東著作集》的政治局委員們召集到懷仁堂。張春橋、王洪文、姚文元先後抵達，被個別監禁；其後，未現身的江青、毛遠新則在中南海的家中被逮捕。「四人幫」的逮捕劇，前後經過竟然不滿一個小時，以最激進的方式體現毛澤東思想的集團，正式宣告瓦解。

華國鋒獨占權力

次日（十月七日），黨中央政治局發布，決定由華國鋒就任黨主席及黨中央軍事委員會主席。「四人幫」遭到逮捕、失勢的消息雖然已經在大街小巷裡傳開，但中央廣播電台、電視台、新華社等媒體皆按兵不動，「四人幫」原本計畫在上海等地發動武裝計畫之消息也被封鎖；直至十四日，黨中央才正式發布逮捕「四人幫」之事實。消息一出，舉國歡騰，許多商店的酒品瞬時銷售一空，人人舉杯歡慶，甚至陸續出現慶祝遊行活動。如此景況，顯示「四人幫」之基礎與聲望於黨內外皆顯薄弱，民眾心中積怨已深。同時，繼續堅持「毛澤東之夢」的理念，無論對黨內幹部抑或是民眾而言，都已經不再具有無窮的魅力，只剩下疲憊的無力感。如果說周恩來的逝世，代表著「毛澤東時代的終結」之序曲；那麼，九月毛澤東之死可以說是樂曲的最高潮；十月「四人幫」遭到逮捕、失勢之事實便是實質上的最終樂章。

儘管如此，中南海的權力鬥爭卻未因此而宣告落幕，反而是進入了新的階段。經過這一連串的變化，一舉躍上龍門的便是華國鋒，坐上黨主席及軍

華國鋒　一九二一～二〇〇八，毛澤東之後的權力接班人，除任中國共產黨主席之外，同時兼任軍事委員會主席、國務院總理，集三大權力於一身。照片攝於一九七八年。

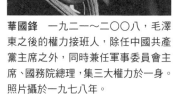

事委員會主席之位，加上四月時就任國務院總理，可以說是獨攬三權之霸者，在形式上已經超越毛澤東的權力。當時，華國鋒只有五十五歲，就政治家而言尚屬年輕，經驗及人脈也都還不到火候。因此，表面上的權力獨占，其實背後卻隱藏著實權脆弱不穩之危機。當時，要拉下準備政變的「四人幫」，需要以某種形式來宣示其權力的正當性，華國鋒利用的便是毛澤東的權威。首先，他大肆地宣傳，由毛澤東口中說出「你辦事，我放心」之話語，其實就是「繼承權力的遺言」。據傳這是一九七六年四月，華國鋒向毛澤東報告全國情勢之時，將毛的「慢慢來」、「按照過去方針辦」、「你辦事，我放心」三句話筆記下來，並將第三句視為「遺言」，對外宣傳。24

華國鋒身為毛澤東的後繼者，除了繼續推行文革路線之外，其最高領導者的身分，也使他必須硬著頭皮去面對疲弊停滯的經濟現況，思考經濟重建之方針，因此主辦了一九七六年十二月的「農業學大寨」第二次全國會議，以及一九七七年四月至五月的「工業學大慶」全國會議。華國鋒於大寨會議上說：「現在全國人民都熱切期望，在打倒『四人幫』之後，我國國民經濟迅速發展起來，並且決心把被『四人幫』耽誤的時間盡快地奪回來。」呼籲人民致力於農業及工業的重建工作。並於一九七八年二月第五屆全國人大第一次會議上的「政治報告」中，重提當時周恩來的建設提案「四個現代化」與建設「現代化的社會主義強國」，大量導入先進的大型機械設備等、野心勃勃地規劃經濟建設藍圖，但此構想在後來被批判為「洋躍進」政策。

鄧小平的再復出

另一方面，在「四人幫」失勢後，所浮現出的另一個問題便是鄧小平的再復出；關於此點，華國鋒即便想極力地阻止，卻也只能以消極的方式進行。因為華國鋒雖然獨霸三權，但他的實績、人脈、領導能力，甚至是威信，都明顯地無法與鄧小平抗衡。一九七六年十二月，華國鋒以黨中央之決定為由，下令「因反對四人幫而受到迫害者，全數恢復其名譽」，並同時強調「絕不允許反對毛主席、黨中央及文革者恢復名譽」，後者很明顯地是為了封鎖鄧小平復出而祭出的動作。隔年（一九七七年）三月，自「粉碎四人幫」以來，黨中央首次召開中央工作會議，華國鋒強調「第一次天安門事件為反革命事件」以及「繼承文革路線」等理念。對此，陳雲、王震等人雖然提出應該平反第一次天安門事件，以及讓鄧小平復職之事，卻未能實現。即便如此，為了能夠東山再起，鄧小平本人也有了動作。一九七六年十月十日，於「逮捕四人幫」之後，鄧向華國鋒及黨中央送出了書信，表示自己強力支持中央堅決果敢之行動：「由衷地感到萬分的喜悅，情不自禁地高呼萬歲、萬歲、萬萬歲！我用這封短信表達我內心真誠的感情。以華主席為首的黨中央萬歲。」[25]

此次嘗試復出的努力並未奏效，但黨內對於期待鄧小平的論調卻逐漸升高。一九七七年四月，鄧再度向華國鋒送上第二封書信，文中表示，自己堅決擁護華主席及黨中央之立場，「再一次誠懇的接受」自己在過去工作中所犯的缺點與錯誤，並真誠擁護及讚賞華主席「最英明果敢的領導」等。[26]然而，不該被忽略的是，信中亦隱含了「『兩個凡是』的論點是有問題的」（何謂「兩個凡是」，將於後文敘述）。這封信件於五月三日轉發黨內閱覽，對於鄧小平的復出起了很大的作用。

一九七七年七月，中共第十屆三中全會召開。會議上追認華國鋒就任黨、軍主席之位、將「四人幫」定罪為反革命，永久驅逐出黨，而鄧小平復職之決定，也由與會全員一致通過。藉此，鄧小平回到黨副主席、中央軍事委員會副主席兼參謀總長、國務院副總理之位置，在華國鋒、葉劍英之後，站穩了第三把交椅。鄧於會議上發表了重要講話「完整地準確地理解毛澤東思想」，指出「我們不能只從個別詞句來理解毛澤東思想」、「特別重要的東西是實事求是」。表面上，這是對林彪及「四人幫」過去高舉毛澤東思想之態度進行批判；實質上，卻也是對華國鋒的「兩個凡是」，亦即「凡是毛主席所說過的話，我們一字一句都不能更改；凡是毛主席的指示，我們都始終不渝地遵循」的這個說法提出挑戰與諷刺。東山再起後的鄧小平，可說是自信滿滿。

從文革走向改革開放

以實事求是所展開的對抗

一九七七年八月中共召開第十一次全國代表大會，由華國鋒進行「政治報告」。華國鋒依然將繼續革命論稱頌為「偉大的理論」，並強調黨內的中心路線即為「遵從、高舉毛主席之旗幟」；另一方面，也認識到革命與建設進入了新的階段，宣布「第一次文化大革命結束」，提出「四個現代化建設」。正如先前所述一般，華國鋒的這個主張，其實陷於進退兩難的處境；換言之，華國鋒憑藉毛澤東的威信，就必須背負毛遺留下的理念與路線，但是面對當時混亂的政治、經濟與社會現況，又不得不思考重建之方針。相較之下，鄧小平的戰略便精準明確了許多，一掃鉤心鬥角的政治鬥爭風氣，將力量集中於經濟重建與發展政策之上。為此，必須懷抱著極大的決心，即便是在事實上有必要否定文革或是毛澤東路線，也不能退縮，且要設法排除積極擁護舊有路線之集團勢力。因此，在盡可能避免政治混亂的前提下，究竟該如何「巧妙地實行」，便是一項重要的課題。

如果從歷史的結果來歸納，可以看見鄧小平此時面臨的三項課題：（一）路線及基本路線的轉換；（二）華國鋒領導部門的解體；（三）將領導者華國鋒趕下台。然而，若是要一口氣解決上述三項課題，勢必會引起混亂；因此，巧妙的戰略攻勢便是先從事（一）的準備，接著慢慢挖空華國鋒在政策和人脈上的基礎，達到（二）之目的，最後再迫使（三）本人自行辭職下台。

鄧小平在復出後的一九七七年至一九七八年前半，專心致力於整頓軍事、教育及科學技術等全面性的改革，並提倡引進國外先進的科學技術、重視知識以及軍隊的現代化等，就大約是當初一九七四年至一九七五年，鄧自文革復出後所提出的政策內容。如此看來，鄧小平於第二次復出過程中，致華國鋒書信中所表示的「虛心反省」、「自我批判」以及「立誓效忠華主席」之字句，似乎早已拋到九霄雲外，與自己毫不相干了。

這個時期的重點，是要營造便於順利推行（一）課題的環境氛圍。其中，最難跨越的障礙便是「毛澤東思想」。華國鋒陣營主張：「凡是毛主席所說過的話，我們一字一句都不能更改，必須始終不渝地遵循。」相對地，鄧小平則以其人之道還治其人之身，使用毛澤東說過的「實事求是」作為主要關鍵詞，加以對抗。代表著「做事切實，於事實中力求真確」的說法，原是毛澤東在一九四〇年前後，在黨內與「留蘇派」鬥爭時所使用的言詞。當時「留蘇派」固執地將列寧與史達林的話語奉為信條，毛澤東便提出，馬克思列寧主義之精髓應該是「實事求是」，透過腳踏實地的實作展現成果，最後取得鬥爭的勝利。

訴求民主化之聲音

面對堅守「毛澤東思想」，視為教條般信奉的陣營（「兩個凡是」派），鄧小平的回應是：「毛澤東思想的精髓是實事求是。」這可說是以「毛澤東思想」打擊「毛澤東派」之戰術。而站在最前線，推動「實事求是」運動的人物，便是胡耀邦，鄧小平最為信賴的下屬。讓我們來稍稍介紹一下胡耀邦這個人。一九一五年生於湖南，未滿二十歲就投身「紅小鬼」參加長征，建國後領導共產主義青年團（共青團），一九五七年至一九六四年擔任共青團第一書記，與黨中央書記處總書記鄧小平關係甚密，據傳兩人私下也是橋牌牌友。胡於文革期間受到迫害，一九七二年復出，一九七五年就任中國科學院之負責人，是鄧小平「全面整頓」政策之推動者；鄧小平於一九七六年失勢與一九七七年的再度復出，胡耀邦的政治地位亦隨之浮沉。胡的歷史評價，是比鄧小平更為開放的領導者，但其開放的作風也成為他後來失勢下台的原因。現在讓我們把話題導回正軌。

早於一九七七年後半，「實事求是作風之復活論爭」，便於中央黨校內展開；一九七八年後，在胡耀邦的領導下，論爭愈發熱烈。五月十日，經由胡的親自檢閱，於校內發行之內部刊物《理論動態》中，刊載出〈實踐是檢驗真理的唯一標準〉一文。次日（十一日），以特約評論員之名義轉載於《光明日報》；十二日，進一步地轉載於《人民日報》、《解放軍報》以及全國大部分的省級報紙之中。「檢驗真理的標準只能是社會實踐」、「任何理論都要不斷接受實踐的檢驗」等簡潔明快的主張，「彷彿是風塵僕僕的旅人喝下興奮劑，瞬時回歸青春之活力」一般，使中國人民的思想活躍起來。[27]

因有功於「四人幫」失勢下台而被拔擢為黨副主席的汪東興等人，針對此一文章，打算進行批判與封鎖。然而，鄧小平也有了動作。六月二日，於全軍政治工作會議上，鄧小平進行重要講話，一面回顧一九二〇年代末期以來之歷史，講述著毛澤東是如何反對「本本主義」[28]、反對教條主義，重視調查與實踐；一面強調「實事求是，是毛澤東思想的出發點、根本點」。[29]但是華國鋒、汪東興等人則反擊「此文是砍旗」（砍倒毛澤東思想之旗幟），論爭持續至秋天。然而，自九月起至十一月為止，省級的黨第一書記二十四名，以及七位大軍區政治委員皆表明支持「實事求是論」的態度，大大撼動了政治勢力的天平。[30]

胡耀邦　一九一五～一九八九，與鄧小平關係密切，也隨著鄧小平的失勢、復出，而上下浮沉。圖為一九八四年的胡耀邦。

不久後，「實事求是」論爭開始，重新審視第一次天安門事件，甚至發展成毛澤東的相對化。十月後，於北京及其他大都市中，開始有人張貼大字報，要求為第一次天安門事件平反，以及重新審查文革中的冤罪案件。接著，對於毛澤東體制的批判、謀求民主化的聲浪亦逐日高漲。各地青年學生也開始自主性地發行報紙與雜誌，如《北京之春》、《探索》、《民主之聲》、《四五論壇》等。北京西長安大街西單十字路口的佈告欄上，便充斥著諸如上述內容的大字報，後來被稱為「民主牆」。當時，鄧小平對於這一類行動表示支持。換言之，由民眾發起的民主化要求，是與批判「華國鋒（毛澤東的追隨者）體制」以及支持鄧小平的聲音，相互連動。十一月十四日，經過黨中央政治局常務委員會的批准後，北京市革命委員會終於宣布，承認「（第一次）天安門事件完全是一項革命性之行動」。

去文革路線的確定

於十一月十日至十二月十五日召開的黨中央工作會議，在時間上與上述一連串的行動幾乎並行，同時也是代表著共產黨內一大轉換的重要會議。會議結束後的十二月十八日至二十二日，召開第十一屆三中全會。此次的黨中央委員會雖然被認為是代表著歷史上重大轉換的會議，亦即「由文革路線轉向現代化建設路線」的著名會議，但是實際上的「關原之戰」卻是上述所提的中央工作會議。[31]與會者為中央的黨、軍、行政、人民團體之主要負責人，以及省級地方與大軍區的主要負責人，共計二百一十二名。會中分為東北組、西北組、華北組、西南組等六小組進行討論，並且是會期長達三十六天的馬拉松式會議。雖然華國鋒仍舊獨掌著黨、軍、行政之三大權力，但已漸漸地被逼至被動式的防守姿態。華國鋒於工作會議的開幕致詞中強調，會中主要議題為經濟問題；然而會議前由鄧小平所提案「黨的工作重點轉移問題」，卻也不得不在會中進行討論。

去文革路線　一九七八年十二月召開的中共第十一屆三中全會強調了「遵循經濟法則的經濟建設」以及「政治安定」的重要性。圖為陳雲（左）與鄧小平。

自十一月十一日的第一次會議起，便發生了爆炸性的進展。軍界元老譚震林帶頭發言，主張於文革中所遭受的「不當待遇」以及重新檢視天安門事件，應是「工作重點轉移之前提」。十二日，陳雲秉持著同樣的宗旨，表示應該消除至今所認為的「左傾式錯誤」，並且說明轉向現代化建設之必要。陳雲這一番發言，立即受到多數人的肯定；於各小組的會議上，胡耀邦、萬里、聶榮臻、康克清（故朱德之妻）、趙紫陽等人也提出有說服力的發言。是故，死於非命的彭德懷以及文革時期失勢下台者的名譽得以平反，而對於原本被定位為反革命行動的天安門事件，也決定進行重新評價。陳雲於十二月十日，再度針對經濟問題發表重要言論，談及積極性與穩健性、中央與地方的平衡發展、對於農業及農民政策的考慮，並指出受到「左傾思想」之影響所導致的錯誤等。事實上，即是針對華國鋒所提出「洋躍進」經濟政策的批判。最後，汪東興於十二月八日及十三日，華國鋒於十三日就「兩個凡是」進行自我檢討。

於各小組進行討論的過程中，並未看見鄧小平有發表重要講話之跡象。但是從最初對於會議的提案，以及閉幕前的全體會議上，鄧曾作出總括性重要講話之事實，應該可以看出該會議之舉辦、進行以及意義之賦予等全方面，皆是以鄧小平為中心之領導。鄧的講話是以「解放思想，實事求是，團結一致向前看」為題，主張在政治、經濟、人民等方面，應發揚民主、解放思想、重視法律與秩序之訴求，後來被視為「改革開放路線的綱領文獻」。

緊接著召開的第十一屆三中全會，會議雖由華國鋒主持，但在內容上卻幾乎可以說是「去文革路線」之確立。該會議聲明之內容，高聲歌頌「全黨工作的重點為社會主義現代化建設之轉移」，並極力主張「終結大規模、如同暴風雨一般的群眾性階級鬥爭」、「重要的是遵循經濟法則的經濟建設，以及能夠保證經濟建設的安定政治」。除此之外，替反毛澤東、反文革者而失勢下台的領導者們恢復名譽，如彭德懷、陶鑄、薄一波、楊尚昆等人；否定一九七五年鄧小平之舉動為「右傾翻案風」之定調；承認天安門事件的平反等。

華國鋒體制之崩壞

在路線轉換上取得勝利的鄧小平，第二階段的重點便是解散華國鋒的領導部門。支持著華國鋒體制的人物，除了華國鋒本人以外，尚有汪東興（黨副主席兼黨中央辦公室主任）、吳德（政治局員兼北京市革命委員會主任）、陳錫聯（政治局員兼副總理、北京軍區司令員）、紀登奎（政治局員兼副總理）等人。首先，因吳德與天安門事件之關係，於一九七八年十一月解除其北京市革命委員會主任的職務；第十一屆三中全會結束後的政治局會議上，汪東興亦離開中央辦公室主任的位置。隨後，黨中央秘書長之新設職位，則由胡耀邦就任（兼任宣傳部長）。一九七九年第十一屆四中全會上，於文革時期失勢下台、具有實務能力的領導者趙紫陽、彭真等人，被拔擢為政治局委員，一步步地為鄧小平領導體制打下根基。

一九八〇年二月召開第十一屆五中全會，華國鋒體制的樑柱幾近全滅，汪東興、紀登奎、吳德、陳錫聯皆被屏除於黨內及國家的要職之外，取而代之的是胡耀邦與趙紫陽，就任政治局常務委員；原本取消的黨中央書記處總書記之職位亦隨之復活，由胡耀邦兼任。書記處書記則由萬里、余秋里、楊得志、胡喬木、姚依林擔任，皆是鄧小平、陳雲之旗下人馬。四月，趙紫陽被任命為副總理。五中全會上，決定為劉少奇平反；劉在文革中被視為「最大之敵人」，被黨永久除名，最後懷著憤慨之心離開人世；其名譽之恢復，令世人大為驚訝。如此一來，即使華國鋒仍舊坐在黨主席、中央軍委會主席、國務院總理的位置上，但其能動的四肢卻如同被截去一般，已無法繼續戰鬥。

民主化之鎮壓者

華國鋒失勢、鄧小平體制的確立已近在眼前，多數世人們（特別是聚集在「民主牆」的年輕人們）的心中滿懷著期待。然而，在此一狀況下，有關民主化之動向，原先採支持與擁護立場的鄧小平，卻反而在此時為民主化之火焰狠狠澆下一盆冷水。以民主化為訴求的社會運動者，在批判「四人幫」與「華國鋒體制」後，展開謀求政治體制變革的行動。一九七九年一月，《探索》雜誌的總編輯魏京生於該刊上主張「第五個現代化」，亦即在原有的「四個現代化」之外，加上政治的現代化。同時，主張「維護人權」的團體也應運而生。

鄧小平對此提出了嚴厲的批判：「有些壞分子不但不接受黨和政府的負責人的引導、勸告、解釋，並且提出種種在目前不可能實現的或者根本不合理的要求，煽動、誘騙一部分群眾衝擊黨政機關，占領辦公室，實行靜坐絕食，阻斷交通，嚴重破壞工作秩序、生產秩序和社會秩序。不但如此，他們還聳人聽聞地提出什麼『反飢餓』、『要人權』等口號，在這些口號下，煽動一部分人遊行示威。……抽象地空談民主，那就必然會造成極端民主化和無政府主義的嚴重泛濫，安定團結的政治局面遭徹底破壞，造成四個現代化的徹底失敗。」[32]三月底，於黨中央工作會議「務虛會」（討論思想、政治、作風等議題之會議）中，提倡堅持「四項基本原則」之主張。「四項基本原則」即為：（一）社會主義道路、（二）無產階級專政、（三）共產黨的領導、（四）馬列主義、毛澤東思想。鄧表示，堅持此四項基本原則，才是維持安定團結的重要關鍵。

基於上述原則，魏京生等追求民主化之社會運動者遭到逮捕，很長一段時間只能在獄中度過。不得不讓人感受到，這與毛澤東「冷靜且透徹的政治手段」（最初利用紅衛兵打倒當權派，最後在目的達成後便過河拆橋，捨棄紅衛兵）有著異曲同工之妙。由此可知，被稱為「改革開放」之旗手及總設計師的鄧小平，並非只是單純的政治改革論者。換言之，將過去「反右派鬥爭之掌旗者」角色，與其後「六四天安門事件的民主化鎮壓者」形象相互連結，可以窺見鄧小平重要的一面。

然而，鄧小平並非是政治體制改革的否定者。一九八〇年八月的黨中央政治局擴大會議上，鄧發表了「黨與國家領導制度的改革」之重要講話，認為權力不應過度集中於黨、中央及個人手中；批判官僚主義、黨務與行政混同不分、幹部的終身制度和一人兼任多職的狀況；此外，亦強調黨政分離、分權化、發揚民主、改革幹部制度及法制化的必要性。此番講話的內容，以某種程度來說，與民主化有著微妙的連結性。或許也是基於這項原因，講話內容引起黨內領導階層的鬥爭議論，隨後便被暫時擱置不談。

鄧小平體制之確立

一九八一年六月，中共第十一屆六中全會召開。此會議可以說是去文革、去毛澤東路線之完成。會中審議〈關於建國以來黨的若干歷史問題的決議〉後予以通過。其決議將文化大革命定調為「是毛澤東同志發動和領導的。……是完全錯誤的。……實踐證明，『文化大革命』不是、也不可能是任何意義上的革命或社會進步」。此外，關於毛澤東的歷史評價，則總括出「他雖然在『文化大革命』中犯了嚴重錯誤，但是就他的一生來看，他對中國革命的功績遠遠大於他的過失。他的功績是第一位的，錯誤是第二位的。……。毛澤東思想的活的靈魂……。毛澤東思想是我們黨的寶貴的精神財富」之結論。

一九八〇年八月的全國人大會議上，華國鋒已失去國務院總理之職；而在第十一屆六中全會上，華國鋒因過去與文革的關係被追究責任，不得不正式地從黨與軍委會主席的位置上被降級下來。黨主席之位由胡耀邦接任，中央軍事委員會主席則由鄧小平出任。鄧將華國鋒留在黨副主席的位置上，主要是希望能夠盡可能地減少政治上的混亂，因而避開中國政治上向來所採取徹底打擊「政敵」的做法。儘管如此，黨副主席之位也只不過是形式上的虛名而已。一九八二年九月，中共第十二次全國代表大會召開，此會議可以說是共產黨對內、對外宣示「鄧小平體制」確立的時機。但是，鄧小平並未坐上黨內的最高職位。在廢除黨主席制度之後，黨內最高位置為總書記一職，鄧小平提拔當時他最為信賴的胡耀邦（六十六歲）接任，國務院總理則由趙紫陽（六十二歲）續任。鄧小平當時已是七十八歲之高齡，從這個屬於自己的時代開始，便不得不朝著「後鄧小平」的方向前進。

註釋

1 小林弘二監譯，《チェン村——中国農村の文革と近代化》，筑摩書房，一九八九年。【編按】該書譯自Anita Chan, Richard Madsen, and Jonathan Unger, *Chen Village: The Recent History of a Peasant Community in Mao's China*。
2 H・E・ソールズベリー，《ニュー・エンペラー》（下）。
3 李志綏著，《毛沢東の私生活》（下）。
4 ジェームズ・マン，《米中奔流》，鈴木主税譯，共同通信社，一九九九年。【編按】該書譯自：James Mann, *About Face: A History of America's Curious Relationship with China, from Nixon to Clinton*。
5 《朝日新聞》，一九七一年四月二十六日夕刊。
6 ジェームズ・マン，《米中奔流》。
7 《ニクソン訪中機密会談録》，毛里和子、毛里興三郎譯。
8 ジェームズ・マン，《米中奔流》。
9 李志綏，《毛沢東の私生活》（下）。
10 尹家民，《毛澤東與周恩來》，百花洲文藝出版社，二〇〇四年。
11 寒山碧，《鄧小平伝》。
12 楊炳章，《鄧小平——政治的伝記》。
13 H・E・ソールズベリー，《ニュー・エンペラー》（下）。
14 H・E・ソールズベリー，《ニュー・エンペラー》（下）。
15 《中國共產黨執政四十年（1949-1989）》，中共黨史出版社，一九八九年。

16 安建設編著，《周恩來的最後歲月（1966-1976）》，中央文獻出版社，二〇〇二年。

17 毛毛，《我的父親鄧小平：「文革」歲月》，中央文獻出版社，二〇〇〇年。

18 《鄧小平文選》第二卷。

19 《中國共產黨執政四十年（1949-1989）》。

20 張偉瑄等編，《共和國風雲四十年（1949-1989）》上冊，中國政法大學，一九八九年。

21 青野、方雷，《鄧小平在一九七六》。

22 嚴家祺、高皋，《文化大革命十年史》下冊。

23 【編按】梁效為「兩校」之諧音，亦即北京大學、清華大學的寫作組，受四人幫及其下屬直接指揮。

24 逢先知等編，《毛澤東傳》下，中央文獻出版社，二〇〇三年。

25 青野、方雷，《鄧小平在一九七六》下冊；寒山碧，《鄧小平伝》；但鄧小平的女兒毛毛在《我的父親鄧小平：「文革」歲月》書中，卻少了「以華主席為首」數字，推斷是刻意刪除之結果。

26 寒山碧，《鄧小平伝》。

27 馬立誠、凌志軍，《交鋒——改革‧開放をめぐる党内闘争の内幕》，伏見茂譯，中央公論新社，一九九九年。
【編按】中文版參見，馬立誠、凌志軍，《交鋒——當代中國三次思想解放實錄》，天下文化，一九九八年。

28 【編按】「本本主義」即教條主義。

29 《鄧小平文選》第二卷。

30 馬立誠、凌志軍，《交鋒》。

31 【譯按】「關原之戰」在日本意指「決定天下的戰爭」。換言之，作者意指中央工作會議才是導致「由文革路線轉向現代化建設路線」的重要轉捩點。

32 《鄧小平文選》第二卷。

第七章　向改革開放、現代化之路邁進

從毛澤東的「準軍事外交」到鄧小平的「改革開放外交」

正如前述，於文化大革命時期、第一次天安門事件前後，鄧小平被貼上「唯生產力論」、「走資本主義道路的當權派」等標籤，多次失勢下台，嘗盡苦頭。儘管如此，他重視經濟發展的想法，並未因此有所改變。毛澤東死後，鄧已不再需要有所顧忌；針對中國落後、混亂的現實狀況，以及貧困的民眾生活，究竟該如何進行改善，開始實現自己的主張。

貧窮不是社會主義

一九八〇年代至一九九〇年代初，鄧小平持續主張「貧窮不是社會主義」、「不要意識形態鬥爭」、「發展生產力、加強綜合國力、謀求人民生活水準的提升才是判斷是非對錯的基準」，並將之作為基礎，規劃經濟發展以及對外經濟戰略之構想。其實這些主張與構想，與文革前鄧所提出的「黑貓白貓論」相互呼應，由此可以看出，毛澤東替鄧小平冠上的「死不悔改的走資派」罪名，並非無中生有。反過來說，「實用主義之信奉者」的稱號，鄧小平當之無愧。毋庸贅言，此番路線大轉彎，對中國的外交政策也起了極大的影響。

一九七〇年代後半，環繞著中國的國際情勢如何？中美友好、與日本、西德等國的邦交正常化，但這並不代表中國與正在面臨重大轉變的西方諸國之間，必定能夠順利地改善與強化關係。即使發生了戲劇化的尼克森訪中事件，但距離中國與美國建立邦交關係的實現，尚需一段時間；此外，雖然中日已建交，但早先應該簽訂的《中日和平友好條約》之談判，亦即有關「反對霸權主義」的協議，仍舊無法達成共識，談判陷入膠著狀態。因日本本身的「北方領土問題」，若是同意「反對霸權主義」，將可能導致「反蘇聯」的立場鮮明化，所以日本不願輕易妥協，不希望日俄關係惡化。

至於中美關係的停滯，其中的一大理由為一九七四年的「水門事件」，導致當時準備再次參選總統的尼克森因此下台。此外，尼克森之後的政權，認為尼克森在「臺灣問題」上對中國過於退讓，而開始重拾過去「擁護臺灣原則」等，被認為是中美關係停滯的一大要因。

《中日和平友好條約》與鄧小平訪日

對中國而言，另一個重要的國際情勢，便是越南與蘇聯的動向。由於越戰時期中美關係的接近與改善，導致越南無論是在表面上或是實際上，對於中國的不信任感皆逐步地升高。一九七五年北越「解放西貢」，越戰結束，當時以為中越關係會因此更加強化穩固，但事實上，卻是不斷地惡化。其背景是中蘇關係的嚴重惡化。越南為了在戰後推行經濟重建，不得不向蘇聯靠攏，期待蘇聯的「物資」支援。對此，中國將越南的態度解讀為「恩將仇報的背叛行為」。無論如何，當時的中國因為諸多事情，迫使外交呈現低迷狀態。想當然耳，除了上述種種國際性的要因之外，中南海內部嚴重的權力鬥爭，亦即「四人幫」

鄧小平東山再起　一九七七年鄧小平復出後，積極尋求外交突破，於一九七八年八月簽署《中日和平友好條約》，並於同年十月訪問日本。圖為一九七七年的鄧小平。

與「周恩來、鄧小平」的政治角力，以及後來周恩來逝世、鄧小平再度下台等國內因素，對於當時中國停滯不前的外交政策，皆有十分大的影響。

一九七七年七月，面對停滯不前的外交情勢，東山再起的鄧小平開始進行積極的「突破」動作，一方面優先強化與日、美及西方諸國的關係，另一方面則維持不向蘇聯讓步之態度。時間進入一九七八年，原本呈現膠著狀態的《中日和平友好條約》，亦在此時出現了新的動向。中國方面願意接受過去日本所極力主張的「第三國條款」，亦即「反對霸權主義不影響締約各方以及第三國關係的立場」。於是，在經過六年的談判協調過程之後，終於在一九七八年八月完成《中日和平友好條約》的簽署。此條約的締結是促使中日雙方關係邁進新的里程碑；同年，中日簽下長期貿易協定；一九七九年十二月，日本首相大平正芳訪問中國，同意對中國提供日圓貸款等，日本對中國的經濟協助，因此拓展開來。為了慶祝成功締結《中日和平友好條約》，一九七八年十月，鄧小平訪問日本，除了與昭和天皇及前首相田中角榮會面之外，精力旺盛的鄧小平更前往新幹線及豐田汽車等處，視察日本先進的技術與設備。

中日關係漸趨友好的同時，關於中美外交正常化的交涉，也開始有了動作。最初，鄧小平基於臺灣問題，強力要求美國，必須斷絕與臺灣之邦交、廢除《臺美共同防禦條約》[1]，並撤回美國在臺的軍事設施；此外，對於「尼克森—季辛吉之線」絕不讓步、美國與臺灣的關係必須採用「日本模式」，亦即美臺雙方的交流只能停留在民間階層。然而，當時在國際上出現了另一大動向。一九七八年六月，越南進攻親中的柬埔寨波布政權，並下定決心加入經濟互助委員會（The Council for Mutual Economic Assistance，簡稱 Comecon）；十一月締結《蘇越友好合作條約》，堪稱是軍事聯盟。至此，一舉強化越南向蘇聯靠攏的情勢。

為期十個月的中越戰爭

對於蘇聯與越南的合作關係，鄧小平提高了警戒。另一方面，一九七七年上任的美國總統卡特，最初所採取的立場為：「不能沿用尼克森、季辛吉對中國的阿諛奉承態度。」然而，卡特反蘇聯的色彩，卻也漸漸地鮮明起來。特別是當時擔任卡特政權的國家安全顧問，同時也是卡特的心腹布里辛斯基（Zbigniew Kazimierz Brzeziński），其本身也懷有強烈的「反蘇情感」，提議美國應與中國展開戰略上的親近關係。另一方面，國務院則是主張應與中國保持距離，和布里辛斯基之提議相左，雙方各持己見。其後在一九七八年三月，布里辛斯基訪問中國，讓事態開始出現轉變。

導致中國出現動作的另一要因，則是一九七八年九月，越南與美國之間對於建交的原則達成協議一事。由於越南正向蘇聯靠攏，若是美越建交比中美建交早先一步完成，中國便有可能出現孤立化之狀態，引發中國方面的焦慮。因此，鄧小平積極地回應布里辛斯基的提案。關於臺灣問題，由於美國表示願意接受中國所要求的、仿效「日本模式」，將雙方交流限制在民間層面，因此鄧小平對於美國所堅持的「維持臺灣現狀」與「和平解決臺灣問題」的立場，亦採取「默認」的回應。而在對輸出武器給臺灣的問題上，雙方則是決定暫時束之高閣，擱置不理。如此一來，在十二月十五日，中美雙方達成建交的共識，中國也因此成功地攔截了美越建交，將美國往中國方面拉近距離。也正是在這個時候，如前一章所述，在中共第十一屆三中全會上正式宣告「戲劇性的轉向」，亦即未來將朝向現代化、改革開放路線前進。

一九七九年二月，鄧小平下定決心，發動為期一個月的「中越戰爭」，投下十萬多人的兵力。此場戰役，並非如表面上所說的，是以「中國的勝利」而畫下句點。不如說是曾與美國激烈戰鬥過的越南軍隊較中國軍隊更為驍勇果敢，讓越過國境進入越南領地的中國軍隊吃盡苦頭，死者多達六萬二千五百人（越南方面公布之數字）。

中國之所以出兵，表面上的理由是以「懲罰」越南忘恩負義為名目；但實際上，中國則是希望能夠藉此支援柬埔寨的波布政權，進而達到牽制蘇聯的結果。然而，蘇聯於同年十二月為了擁護親蘇政權，對阿富汗展開大規模的軍事攻擊，蘇聯對中國的威脅並未減輕。即便如此，中越戰爭在「軍事上的失敗」，卻反而造就了鄧小平強化地位基礎的作用。因為其失敗被歸咎於中央軍事委員會主席華國鋒在「領導上的錯誤」，同時也成為華國鋒失勢的一大要因。

一九七九年一月一日，中美終於正式建立邦交。同日，以全國人民代表大會常務委員會為名，發表〈告臺灣同胞書〉。其內容為，呼籲雙方進行和平的對話，共產黨將改變向來主張以武力「解放臺灣」的政策，結束兩岸軍事對立的狀態，實現通航、通商、通郵之「三通」政策，藉由探親等方式加深兩岸人民直接的接觸與交流，進而完成祖國統一的理想。同日，鄧小平發表談話，表示「把臺灣歸回祖國，完成祖國統一的大業提到具體的日程上來了」；一月二日，在與美國民主黨議員的會面中也提及「一個中國，而非兩個中國」等，積極地表述與臺灣問題相關的意見，顯示臺灣問題在中美關係內，所占有的重要位置。

一國兩制的統一臺灣

為慶賀中美建交，鄧小平前往美國進行訪問，於一月三十日的招待會上亦言及臺灣問題，表示「祖國統一是中國人民長期的共同心願」。此外，鄧於一九八〇年一月的「重要講話」中提出一九八〇年代的三大任務，其一便是強調「臺灣回歸祖國以及實現祖國的統一」。其具體化的行動，便是一九八一年國慶日前夕，全國人大委員長葉劍英所提出〈有關和平統一臺灣的九條方針政策〉，提倡以「第三次國共合作」之方式（繼孫文領導下的第一次國共合作，以及抗日戰爭期間的第二次國共合作），在共產黨及國民黨的主導下進行協商，實現「臺灣統一」。其後，在整理、歸納幾位中央領導者的發言內容後，鄧小平於一九八四年提倡以「一國兩制」的方式實現統一，換言之，就是在一個中國之下，讓社會主義與資本主義兩種制度和平並存。

當時由於改革開放路線的實行，以及與日、美關係的強化，臺灣的孤立化愈加顯著，就連我也認為，或許十年後，如同瓜熟蒂落一般，臺灣便會自然地被中國所吸收。當時的客觀情勢皆依順著中國的腳步向前邁進，鄧小平想必也是自信滿滿。然而，就如我們今日所見，事態並未如同預測一般地進展。詳細情形將於第八章敘述。

四個現代化的實現

將視野轉回中國國內，經濟的困頓狀態依舊是最為嚴峻的課題。長期下來的生產量低迷以及人口的大幅增加，使得糧食短缺的問題更加嚴重。以平均每人所分得的糧食量（糧食總生產量除以總人口數）來看，一九七七年的數字，甚至比二十年前的一九五七年的數字更低，正好說明了大躍進至文化大革命時期的政治混亂，為人民的生活帶來了什麼後果。

正如前述，鄧小平在一九七八年十月訪日後，於一九七九年一月二十八日至二月五日，前往美國訪問。行程除了華府（華盛頓哥倫比亞特區）以外，精力充沛的鄧小平還前往休士頓、西雅圖、亞特蘭大等地，在火箭、飛機、汽車、通訊等大工廠進行視察。回程則再度前往日本，與大平首相會談，針對訪問美國的報告、中國與日本的亞太地區協力合作、經濟支援等議題交換意見。顯而易見地，鄧希望能在短短的四個月之內，前往日本及美國這兩個最先進的工業國家視察，在日、美兩國的大型工廠的自動化生產線前思考，「該如何讓落後的中國踏上現代化的軌道上」。這項問題在當時，是與如何解決臺灣問題，同時在鄧小平的腦中不斷思考的大哉問。

在經過日本與美國驚人先進技術的洗禮下，面對眼前中國的現實狀況，鄧小平將會採取什麼行動？一九八〇年一月，鄧在許多中央幹部面前，發表題為「目前的形勢與任務」的重要講話，這項講話同時也是其後中國基本路線的藍圖。鄧舉出在一九八〇年代中必須完成的大事：（一）「四個現代化」的建設；（二）在國際事務中反對霸權主義，維護世界和平；（三）臺灣回歸祖國，實現祖國統一。鄧小平強調這三件大事，是以（一）為重要核心，將（二）定位在從屬於（一）的位置上。此外，還訂立目標，於二十世紀末爭取國民生產總值每人平均達到一千美元，也就是要比一九八〇年的數字，向上增加至四倍之多。由此可見，鄧小平無論如何都將經濟發展置於最優先之位，他期待實現「富強中國」的意志確實堅若磐石。

然而，中國與日本、美國之間，實在有著巨大的差距。在經過日、美訪問後，痛定思痛的現實主義者鄧小平，於一九七九年三月在外國賓客前宣稱中國的基本目標，是將在該世紀末實現「四個現代化」；不過，所謂的現代化並非是過往西方國家所認知的概念，鄧小平指出，「我們的目標是中國式的現代化」。其內容雖未明確地表達，但在會談上，鄧提到當時中國的經濟狀況，若與西方諸國進行比較，約是一九五〇年代的水準，要想在二十世紀末達到西方世界一九七〇年代的水準，並非易事。[2]那麼，為了經濟的發展，究竟該有哪些作為？我們看到了鄧小平的三個重大決策。

提倡「先富論」

首先，便是確保政治安定的局面，嚴禁煽動任何的政治運動或是政治鬥爭，將可能發生的混亂控制在最小的範圍內，防患未然。當鄧小平以較為和平的方式以及檯面下的動作，順利地將黨的基本路線轉換至現代化的方向之後，企圖排除華國鋒及其陣營的領導部門，也能夠以較為溫和的方式實現。面對由下而上的政治改革要求，亦即民主化的聲音，則是以一九七九年三月提出的「堅持四項基本原則」，成功地壓制下來。

「例如去年（一九七八年）『西單牆』的許多東西，能叫它生動活潑？如果讓它漫無限制地搞下去，會出現什麼事情？……文化大革命的經驗已經證明，動亂不能前進，只能後退，要有秩序才能前進。我們不能低估這些殘餘的能量，……還有公然反對社會主義制度和共產黨領導的所謂『民主派』，以及那些別有用心的人」，可以看出鄧小平堅持封鎖，避免政治混亂，並宣傳確保安定環境的重要性。[3]

在中共第十一屆三中全會的路線轉換前，也就是與華國鋒集團進行權力鬥爭之時，鄧小平是站在擁護民主運動者的立場之上；然而觀看上述的講話，卻可以看見此時的鄧小平，將民主運動者視為危險分子，並打算封鎖他們的活動。讓人聯想到文化大革命時期，毛澤東利用紅衛兵的力量奪取權力，最後卻過河拆橋，兔死狗烹；鄧如此之作為，被指責為與毛澤東相差不遠。

其次，面對中國在經濟上的現實狀況，在理解各個地域不同特徵的同時，也要因地制宜，從可以下手的地方盡力去做。鄧於一九八〇年五月強調：「從當地具體條件和群眾意願出發，這一點很重要。……宣傳好的典範時，一定要講清楚他們是在什麼條件下，怎樣根據自己的狀況搞起來的，不能把他們說得什麼都好，什麼問題都解決了，更不能要求別的地方不顧自己的條件生搬硬套。」[4]由此可見，對於毛澤東過去所主張的「人民公社好！」、「農業學大寨，工業學大慶」等，無視各地實情，只是依照自己的想法與觀點強迫推行的此種平均主義、統一主義做法，事實上鄧小平採取了否定的態度。

在此觀點之上，更為積極的主張，便是提倡「先富論」。亦即讓擁有富裕條件及資源的一部分人、一部分地區先富起來，積極地容許貧富差距的出現。基於先富論的原則，使沿海地區（原本在經濟上就擁有潛在的發展能力，或是在滿足數個條件後便能在短時間內獲得發展的地區）以及擁有經濟頭腦、技術等個人，得以開始積極地從事經濟活動。

先富論雖然早在一九八〇年便被提起，不過直至一九八三年一月，鄧小平仍極力強調：「農村、城市都要允許一部分人先富裕起來，勤勞致富是正當的。一部分人先富裕起來，一部分地區先富裕起來，是大家都擁護的新辦法，新辦法比老辦法好。」[5]鄧的說法看似有理，但社會主義的特徵，原本就是批判財富集中於部分階級，並重視平等主義。特別是毛澤東的主張，便帶有強烈的平等主義傾向。因此，鄧小平此番容許貧富差距存在的發展策略，相對於毛澤東的做法，可說是一項大膽的主張與挑戰。

四個經濟特區

由於在文化大革命時期被下放的知識青年們再度回到都市，使得都市內部一千多萬人的青年所面臨的就業問題，變得更加嚴重。青年們開始自主地經營小規模的事業（個體戶），例如販賣糧食、衣料以及日常生活用品的商店、餐廳或是運輸業等。根據資料顯示，一九七八年，像是這類的個體戶約有十四萬人；至一九八三年，則激增至七百五十萬人；一九七八年至一九八二年間所興建的旅館、批發店、服務業相關的店家，皆是個人經營。[6]

四個經濟特區以及沿海對外開放的城市

他們都將成為未來在城市中的「先富者」。在農村中，從事各項職業的人們也開始增加，詳細狀況讓我們在後續論及「人民公社的解體」之時再行敘述。

第三項便是主張當初在路線轉換時，所採取的積極對外開放，強調必須大量引進西方的先進科技與資金。例如在一九七九年六月與日本公明黨竹入義勝委員長的會面時，鄧小平因為華國鋒「洋躍進」的失敗而進行調整與整頓，但仍舊極力主張：「八字方針[7]是為加快我們實現四個現代化，打下一個更好的基礎，並不影響我們吸收外國資金和技術的既定方針。」[8]於同年的全國人大會議中，大幅度地賦予廣東省以及福建省（兩省在距離上鄰近香港、臺灣，並擁有海外華人的廣大聯絡網路）在對外經濟活動上的自主權，並指定廣東的深圳、珠海為出口特區。隔年（一九八〇年），加上廣東省的汕頭、福建省的廈門，成立四個經濟特區。此外，為了推動對外經濟交流與引進技術、資金，也開始積極地整備對外開放路線的環境，例如制定相關法案、完成各項基礎建設等。

人民公社的解體

包幹到戶＝家庭聯產承包責任制

事實上，在一九七八年年底「史上大轉換的三中全會」上，還進行著有關另一項重要課題的討論：農業發展已岌岌可危，該如何加速推動發展之問題。於會議中討論並完成協議的內容，於此年一月十一日，以黨中央文書的形式，公開發表〈關於加快農業發展若干問題的決定（草案）〉與〈農村人民公社工作條例（試行草案）〉。人民公社原是公社（鄉層級）、生產大隊（行政村層級）、生產隊（自然村層級）的三級所有制，生產隊內部的農民，擁有強烈的共同體意識。上述兩項文書中，明文記載著將擁護生產隊的自主權，禁止公社及大隊的上級幹部未經允許便私自置辦土地事宜，同時也保護自留地，允許家庭副業的生產以及市集上的生產物買賣交易等，被認為是補充社會主義之不足。對於人民公社制度本身，依舊是採取維持的態度。然而，在農村的實際狀況，卻已經大幅超越黨中央的認知與盤算。

我於一九八六年冬季，探訪安徽省鳳陽縣，當地可說是揭開人民公社解體序幕之處。我從該縣的農業部主任鄧先生口中，得知當時的詳細狀況。一九七八年年底，鳳陽縣的幹部們為了提高農民的生產意願、活化農業，便提案在生產隊之下將三至七戶編制為作業組，使之承包農作（包幹），亦即「包幹到組」。但是在同縣的梨園人民公社小崗生產隊（村）中，一九七九年一月經過幹部們的討論，認為比起作業組的方式，由各個家庭承包作業，也就是所謂的「包幹到戶」（家庭聯產承包責任制）的辦法較為理想。如此的辦法，也是過去在大躍進過後的調整期間內，當地為了恢復農業生產而率先施行的方式，亦即「單幹」。光是如此，就有可能再度被批判為「走資派」、「資本主義的尾巴」。因此，農民們按下手印達成秘密協議，將土地分配給各個家庭；而當有幹部為此入獄之時，必須共同負責照顧入獄幹部之家人。

一九七九年春耕之時，小崗村農民私下實行包幹到戶之事，被公社書記發現，並上報至縣黨書記；不過縣書記則是採取默認的態度。當縣書記看見秋收狀況後，向省黨委員會提出「作業組比生產隊好，以家庭為單位的辦法又比作業組好」之報告。當時安徽省黨書記為萬里（後來成為全國人大委員長），與鄧小平關係親近。萬里前往鳳陽縣進行視察，允許梨園公社及馬湖公社實施三年的「包幹到戶」。在此之前，小崗生產隊的糧食生產總量只有一點五至二點五噸的程度，但在一九七九年實施包幹到戶之後，居然大幅地增長至近七噸的生產量。一九八〇年春天，鳳陽縣的其他村莊，也開始施行家庭聯產承包責任制。至一九八一年推廣至安徽省全省，一九八二年更廣泛推行至全國。但是在江蘇、江西、湖南等八省的地方，也出現「堅決抵制安徽省的單幹風」之呼籲，包幹到戶的辦法也受到各式各樣的反對抵制。

在此狀況之下，鄧小平又是如何自處？根據萬里的說法，「當時華國鋒仍然維持著他的地位，承襲著毛澤東的『農業學大寨』路線前進。但是，因為鄧小平對我的支持，這個方法（包幹到戶）才得以普及」。[9]一九八〇年五月，鄧小平在與中央幹部的談話當中，更積極地表明他的看法：「農村政策放寬以後，一些適宜搞包產到戶的地方搞了包產到戶，效果很好，變化很快。……有的同志擔心，這樣搞會不會影響集體經濟。我看這種擔心是不必要的。……關鍵是發展生產力。」[10]

「萬元戶」的出現

一九八一年九月，關於人民公社，鄧小平又更進一步地提出主張：「我們現在正在研究公社制度問題，這還是一個探索的問題。現在的中心問題就是解放思想、實事求是、因地制宜，調動人民的積極性，概括起來就是建立責任制。」[11]一九八二年十一月至十二月，召開全國人大會議。會中通過並公布大幅改定的新憲法，其中關於中國社會主義核心特徵的最重要一項，便是「人民公社」

的解體宣言。

往後，被認為自一九五八年以來，開始扎根落實的人民公社遭到解體，改以突飛猛進的速度，推行家庭聯產承包責任制。各地開始出現種植青菜、水果等商品作物或是從事養殖的專業農家，被稱為「萬元戶」的富裕農民，也紛紛冒出頭來。人民公社的解體，前後花不到三年的時間，於一九八五年六月宣告完成。家庭聯產承包責任制確實發揮了效果，其糧食總生產量的飛躍成長如下：一九八二年普及全國之時為三億五千萬噸，與前一年相比增加了百分之九點二；一九八三年則為三億八千七百萬噸，增加了百分之九；一九八四年為四億七千萬噸，增加了百分之五點二。而過去十年間的增長率，大多停留在百分之一至四之間。

獎勵農村工業

然而，好景不常，糧食總生產量的數字於一九八五年，倒退至三億七千九百一十一萬噸、一九八八年為三億九千四百零八萬噸、一九八九年為四億七百五十五萬噸，換言之，出現了「農業的徘徊」（生產量增加、減少的反覆）現象。毋庸贅言，責任制的採用確實提高了農民的生產意願；但是光是依靠意願的生產是有限度的。而所謂「農業的徘徊」，正是因為意願的提高，而使得生產量的增長得以達到最高峰的現象。其解決的辦法，除了以農村更進一步的新發展為目標，致力於農地以及農業技術的改良之外，對於農村工業則採取了積極獎勵的措施。一九八四年三月，黨中央及國務院決定「將鄉、村所經營的企業正式改稱為鄉鎮企業，並將之視為國民經濟的重要力量」，積極地獎勵、推動。原本在人民公社之中，以自力更生的方式發展而成的「社隊企業」之工業，在某些特定地域中維持著一定程度的成長，在此基盤下逐步發展成為鄉鎮企業。

鄉鎮企業的成長，在某種意義上，可以說是在底層支撐中國現代化建設的最大力量。農村工業生產額，於農村生產總額中占有的百分比，一九八四年為百分之三十二、一九八六年為百分之四十三、一九八八年為百分之五十八，呈現急速上升的趨勢。順帶一提，二〇〇〇年鄉鎮企業的狀況，占國民生產總額的百分之三十一、工業生產總額的百分之四十八、農村生產總額的百分之六十四，於農村就業中則占有百分之二十五的比例。其比率之高，確實令人驚嘆萬分。蘇聯、東歐的改革無法順利推行的重要原因之一，便是在農村改革上出了問題；在這一點上，中國率先積極地採用家庭聯產承包責任制以及獎勵鄉鎮企業的辦法，並且獲得豐碩的成果，便是與其他社會主義國家的迥異之處。農業及農村的狀況因此好轉，但在這段期間，鄧小平並未針對農業問題，提出細微的指示。

資本主義的導入

實施對外開放政策

相較於農業問題，鄧小平在此一時期，更加致力於推動對外開放路線的努力。原先早在一九七五年，也就是自文化大革命所造成的混亂環境中復甦過來的時期，便已提出學習外國先進技術的必要性。在一九七八年確定轉向現代化路線之後，對於對外開放政策的擬定進度更是迅速。正如前文所述，對外開放計畫初期便設置了經濟特區，以及著手整備外資導入相關法案等。其後，於一九七九年的全國人大會議上制定《中外合資經營企業法》、《外匯管理暫行條例》等；一九八一年則通過《中華人民共和國經濟合同法》以及《中華人民共和國外商投資企業和外國企業所得稅法》等，整備外資投入之環境。然而，事態並不如想像中的順利。

一九八一年十二月召開省市自治區黨委第一書記座談會，會上由陳雲進行重要講話。陳雲表示「農業經濟必須以計畫經濟為主，市場調節為輔」、「廣東、福建兩省的深圳、珠海、汕頭、廈門四個市的部分地區試辦經濟特區，現在只能有這幾個，不能再增多」等，確立由西側導入的方式。[12]對此，鄧小平於一九八二年中共第十二次全國代表大會的開幕式中明確表示：「我們堅定不移地實行對外開放政策，在平等互利的基礎上，積極擴大對外交流。」一九八三年七月，亦積極地呼籲：「要利用外國智力和擴大對外開放。」[13]

除此之外，一九八四年二月，鄧小平前往深圳、珠海等地進行視察，「我們建立經濟特區，實行開放政策，有個指導思想要明確，就是不是收，而是放。這次我到深圳一看，給我的印象是一片興旺發達。……特區成為開放的基地，不僅在經濟方面，培養人才方面使我們得到好處，而且會擴大我國的對外影響。……除現在的特區之外，可以考慮再開放幾個港口城市，如大連、青島」，展現出施行開放政策的強烈意願。[14]至此，長年下來的大多數局面，鄧小平與陳雲保持著相互協助的關係。但是，在有關社會主義的想法、引進資本主義方式的觀點上，陳雲雖屬開明，基本上卻還是受限於既定的概念範疇內；相對地，鄧小平則是打算突破既有的框架限制。這也是兩人的觀念首次出現重大分歧的起點。

與陳雲集團的分歧

經濟對外開放的同時，鄧小平與陳雲關係的裂痕越顯鮮明的關鍵，便是對於「計畫與市場」的認識。事實上，鄧小平很早便對「市場經濟」展現出濃厚的關心。一九七九年十一月，在與《大英百科全書》副總編輯的對談中，提出「市場經濟不能說只是資本主義的」、「社會主義也可以搞市場經濟」等想法，嘗試新主張的拓展。[15]

另一方面，陳雲集團則是明確地主張「以計畫為主，市場為輔」，抵抗鄧的新主張。例如陳雲在一九八二年十二月提出著名的「鳥籠經濟理論」，亦即：「搞活經濟是在計畫指導下搞活，不是離開計畫的指導搞活。……鳥不能捏在手裡，捏在手裡會死，要讓它飛，但只能讓它在籠子裡飛。沒有籠子，它就飛跑了。如果說鳥是搞活經濟的話，那麼，籠子就是國家計畫。……但無論如何，總得有個『籠子』。」[16]

對於陳雲的主張，鄧小平在中共第十二屆三中全會召開前，一九八四年十月初召開的中外經濟合作問題討論會上，一方面總結歷史經驗，一方面則是強調：「中國長期處於停滯和落後狀態的一個重要原因就是閉關自守。經驗證明，關起門來搞建設是不能成功的。中國的發展離不開世界。對內經濟搞活，對外經濟開放，這不是短期的政策，是個長期的政策，最少五十年到七十年不會變。」[17]而後於十月二十日召開的第十二屆三中全會上，討論並通過了〈中共中央關於經濟體制改革的決定〉，這項決定可以說是往後改革開放路線的重要指標。

該「決定」中，強調商品經濟的重要性：「首先要突破把計畫經濟同商品經濟對立的傳統觀念。……商品經濟的充分發展，是社會經濟發展中不可踰越的階段。」由於顧慮到陳雲集團堅持計畫經濟的意見，「決定」中尚未使用「市場經濟」之詞，而是以「商品經濟」取代。然而，其概念在基本上是全面性地採用鄧小平對於現狀的認識以及發展戰略的意見。

社會主義市場經濟的推動

同時，該「決定」的另一項特徵，便是正式地朝向改革都市經濟體制之路邁進。農村之改革，生產的關鍵原本就是大大地仰賴自然界之條件，改變經營管理制度之後，基本上就只能順從土地的條件、水源以及天候等、自然界的循環進行活動。相對於農村，都市的改革顯然是複雜且帶有連動綜合的性質，為了推動市場化，經營管理制度、價格、原料・製品・勞動力等各種市場、所有制、社會保障制度等種種改革，皆不可或缺，且牽一髮而動全身。因此，鄧小平認為，農村改革可以在三年看出成果，而都市改革則必須花上三至五年的時間。實際上則是需要花費更長的時日。約於一九八四年起，改革行動正式展開，如在黨書記領導的工廠下引進「廠長責任制」、制定關於科學技術體制與教育體制改革的基本方針等。

轉向商品經濟的重要目標，便是盡量縮小、讓上級機關及主管部門事先決定統一價格的物品範圍，擴大市場價格的經濟體制。這的確是向前邁進的一大步。舉例來說，一九八四年至一九八八年，由國家訂定的統一計畫製品種類，由一百二十三項，減少至五十項；由國務院各部門所發出的統一

漸進式的經濟改革　要從計畫經濟導向市場經濟，並非易事，因此鄧小平說，「我們方針是，膽子要大，步子要穩，走一步，看一步」。圖為一九八四年十月中華人民共和國建國三十五周年時的鄧小平。

計畫製品種類，也由一千九百項，大幅減少至三百八十項。而後，當「社會主義市場經濟」的推動，正式成為黨內的基本方針，除基礎部門之外，皆完全轉向市場價格之體制。著名的經濟學者，同時也是鄧小平智囊團顧問的吳敬璉，亦提出積極的評價：「命令經濟式計畫範圍的縮小以及市場的部分自由化，皆為經濟注入了活力。」[18]

但是，想要推翻目前占有壓倒性地位的計畫經濟之結構，建立一套能夠對應市場經濟的新制度，絕非易事。正如前文所述，新制度的創立需要綜合性的改革，各個地方也存在著反對的聲音；且中國的疆土遼闊，上級的命令指示無法輕易下達滲透至地方。特別是要對黨委員會所掌握的經濟營運狀態，進行介入干涉，也會引起黨幹部之間，在既得利益上的爭奪。因此，儘管在口頭上高喊著要實施經濟體制的改革，實際上卻不得不採取漸進式的方法。且時至今日，還有許多尚未解決的問題。關於這樣的做法，鄧小平自己在一九八五年三月也明確地說道：「我們方針是，膽子要大，步子要穩，走一步，看一步。」[19]

漸進主義式的改革

具體的做法又是如何？一是「雙軌制」。例如在價格改革方面，同樣的物資及材料，短期內讓國家計畫的統一價格與市場決定的商品價格，兩者同時並存，再緩緩地轉換至市場價格，亦即「價格雙軌制」。在有固定高需求的主要機關、部門內部，以國家計畫的統一價格，確保鋼鐵材料、煤炭、建築材料、食糧等，剩餘的部分便提供給市場作為販賣。然而，如此的辦法也成為「腐敗」的溫床，這一部分將於後文敘述。此外，也廣泛採用「試點方法」。其做法為，先選定幾個都市作為試驗區域，因應勞動力市場等各項課題，進行政府機構、社會保障制度、幹部人事制度等改革，最後總結其成果，將可行的改革廣泛推行至全國。

前文曾提及的經濟學者吳敬璉，將鄧小平的改革稱為「體制外改革」。換句話說，就是將過去社會主義核心部分的正式改革置於其後，例如重工業中的大型國營企業；而從農業部門的改革、外資企業、鄉鎮企業等、移植至社會的新興要素，同時也是較容易改革的部分（體制外）下手，推動改革。如此漸進主義式的做法，與蘇聯推動的經濟改革（為了使社會主義的計畫經濟體制脫胎換骨，大刀闊斧地進行體制改革，但卻事與願違，反而造成蘇聯社會的長期混亂狀況）以及東歐社會主義各國的手段相較，或許可以說是較為明智的選擇。當然，中國本身隨著改革的深化，也面臨了各式各樣新的困難與矛盾。

保守派與改革派的對立

反對精神汙染

正如前文所述，針對「計畫與市場」、「經濟特區的擴大與否」的討論，陳雲與鄧小平意見的分歧已愈發顯著。同時，圍繞著「自由化」一詞的言論及表現，出現兩個陣營，其一是將自由化視為「資產階級的自由化」，認為應該盡可能地限制其發展；另一則是將自由化視為中國圖謀發展所不可或缺之要素，應積極地推動。兩集團的對立姿態亦漸趨明顯。前者為保守派的代表人士，有國家副主席王震、全國人大委員長彭真、黨中央宣傳部長鄧力群等元老級人物；後者為改革派的代表人士，包括黨總書記胡耀邦、黨中央書記處常務書記胡啟立（可以說是胡耀邦疼愛的部下）。

至於鄧小平，雖被歸類為改革派，但在政治主張上卻是處於十分微妙的立場。最初的衝突是始於一九八三年十月召開的中共第十二屆二中全會上。會中除了決定全面實施「整黨工作」，一掃黨內的腐敗氣息以及文革派人士，也提出「清除精神汙染運動」。事實上，自一九八〇年代起，在西方思想進入中國的同時，對於社會主義及毛澤東思想也出現「信仰危機」的現象。特別受到矚目的是，曾任《人民日報》副編輯的王若水，其所發表的「社會主義異化論」而衍生出的一大論爭。一九八三年三月，紀念馬克思逝世一百周年的學術研討會召開，當時的中國文化聯合會主席，同時也是學術界的重要人物周揚，於報告中正面論述了「異化與人道主義」，台下掌聲如雷，聽眾們深有所感。

然而，在第十二屆二中全會上，中國社會科學院院長胡喬木與副院長鄧力群卻提出強烈批判，認為這樣的傾向是「資產階級自由化的氾濫」，因而提出「反對精神汙染」之論點。事實上，這項問題是由鄧小平本人所提起。鄧於二中全會的講話，以強烈地口吻發出警告：「理論界和文藝界還有不少問題，還存在著相當嚴重的混亂，特別是存在精神汙染現象。……精神汙染的實質是散布形形色色的資產階級和其它剝削階級腐朽沒落的思想，散布對社會主義、共產主義事業和對於共產黨領導的不信任情緒。……有一些同志熱衷於談論人的價值、人道主義和所謂異化，他們的興趣不在批評資本主義而在批評社會主義。」20

關於「清除精神汙染運動」，總書記胡耀邦展現了積極地對抗態度。當時，女性穿高跟鞋、年輕人留長髮、唱流行情歌等行為都被視為「精神汙染」，甚至連農民在市場從事買賣行為以及進行承包契約等，也被歸入「精神汙染」的範圍之內。胡耀邦、趙紫陽等人徵詢各方意見之後，向鄧小平表示施行「清除精神汙染運動」實為不得人心之舉，在某種程度上來說，這個意見成功地說服了鄧小平。這項運動僅僅推行兩個多月便宣告結束。

政治體制改革

之後，局面暫時在胡耀邦的主導下向前推移，言論、思想以及文藝界再度回歸至自由風氣。一九八四年九月，胡耀邦邀請三千名日本青年至中國參觀訪問，實現中日青年交流。同年十二月，召開中國作家協會第四次代表大會，由與胡耀邦關係親近的胡啟立代表黨中央發言，表示重視「作家創作之自由」。一九八五年七月，曾是推動「清除精神汙染運動」之一員的鄧力群，被解除中央宣傳部長的職務，其職位由胡耀邦旗下年輕一代的領導者朱厚澤所接任。

時間進入一九八六年，有關致力於政治體制改革的必要性，開始在開明派學者、智囊團，以及政治領導者之間議論開來。其重要的突破口便是在四月二十八、二十九日由雜誌《中國社會科學》所主辦的「社會主義國家的政治體制改革學術座談會」。會上聚集了二十幾位著名的、年輕氣盛的政治、社會及法律相關學者，展開熱烈的討論。並介紹「權力導致腐化，絕對的權力導致絕對的腐化」、三權分立論等以及歐美的政治學概念。

自春天至初夏，宣導政治改革的風氣高漲，鄧小平於六月十日主張：「一九八〇年就提出政治體制改革，但沒有具體化，現在應該提到日程上來。」[21]七月十四日，鄧會見朝鮮代表團時表示：「今後五年內必須全面完成改革，其中也包含了幾項政治體制改革。」

夏天，關於政治體制改革的議論氣氛更加熱烈。我自一九八六年二月起於北京的日本大使館工作，特別關注政治改革的動向。我自己在六月中旬的紀錄上如此寫道：「今後政治體制改革之展望為何？以現階段來說，可以歸納出三個可能性。第一，政治體制改革，將可能導致中國朝向政治民主化的方向前進，為具體性的體制改革。其中又可能出現兩種狀況，停留在漸進式改革（現行制度幾乎不進行變更，只從事部分的改革），以及隨著黨領導的變化而推動的大幅度改革。第二，政治改革可能會在學術論爭的範圍內收場。第三，政治體制改革將導致激烈的論爭以及權力鬥爭，中國政治將走向不安定、混亂的局面。」

對胡耀邦的批判

如果從一九八七年一月「胡耀邦失勢事件」來看，便能夠印證前述第三點，因權力鬥爭而導致政治上不安定的局面。而直至一九八八年後半，則可以看見前述第一點的漸進式改革；若是將目光拉至一九八九年「六四天安門事件」，便能再次驗證第三點的預想。其後的江澤民時代，基本上符合第二點，並沒有實質上的作為。後來胡錦濤當政，則再次回到第一點的漸進式改革。

然而，如果將時間縮短至一九八六年九月，亦即中共第十二屆六中全會為止，彭真及王震等人強烈地提出慎重的論調，對胡耀邦而言，即使百般不願，卻也決定該會上將不針對政治體制改革進行討論。印證了上述第二點，是在學術論爭的範圍內收場。九月三日，鄧小平也發言表示：「政治體制改革的內容現在還在討論。這個問題太困難，每項改革涉及的人和事都很廣泛、很深刻，觸及許多人的利益，會遇到很多的障礙，需要審慎從事。」

秋季，改革派的政治學者、記者等人意識到危機，而開始有了動作。改革派的知識分子們於西安市及安徽省馬鞍山市召開大規模的研討會，宣導政治改革的必要性以及積極性的作為。或許是對於此番動作做出回應，胡耀邦於十月二十日中國重要雜誌《瞭望》，面對《華盛頓郵報》記者團的訪問，回答如下：「必定在一年以內提出政治體制改革。……對於想要阻止改革的勢力，一是以說服、教育的方式，二是透過實踐的方式除去。」展現積極、努力的姿態。

那麼，鄧小平又是如何？根據一九八七年，在反資產階級自由化運動的氣勢高漲時所出版的鄧小平言論集，鄧於一九八六年九月召開的中共第十二屆六中全會上，雖然發表了「反對資產階級自由化」的特別講話，後來卻因為沒有下達至基礎部門導致效果不彰，引起鄧的不滿。就某種程度而言，這也可以被理解為對胡耀邦的批判。

由積極改革派的物理學者方勵之任副校長一職的中國科學技術大學，是安徽省內的知名學校，十二月五日在校內發生了要求民主化的學生抗議運動。民主運動擴散至安徽省內的其他大學以及武漢大學，甚至更進一步地擴大至上海、北京。學運中的發言，就連鄧小平也受到強烈的刺激，如「在中國是有實施三權分立的可能」、「民主化就是多元性的管理」、「堅持『四項基本原則』就是與科學對立的迷信、與民主對立的專制、與創造對立的保守、與獨立對立的服從」等。最後，學生運動也引發了中共黨內的改革派與保守派之間的權力鬥爭。

胡耀邦失勢下台

某位學生領袖推測黨內的動向，主張「現在黨中央內部，以鄧小平、胡耀邦、趙紫陽為中心的改革派，正遭受來自保守派的強大壓力。如果我們的抗議運動加強了保守派的氣焰，那並非是我們所希望的結果。因此，在這次的抗議運動中，我們加上了如下的口號：『支持改革，鄧小平你好，我們支持小平』、『不反鄧小平，不反社會主義』。」[22]然而，事實證明學生的想法過於天真。約在同一個時期，鄧小平向黨內下達了「旗幟鮮明地反對資產階級自由化」的指示，對學生運動採取「強烈地威嚇」。一月，接近學校期末考的時間，學生運動的熱潮也急速退去。

儘管如此，此時黨內的權力鬥爭正邁向最高潮的階段。約於一月中旬，開始出現「胡耀邦的地位岌岌可危」之流言蜚語。十六日晚間七點的新聞播報了「黨中央政治局擴大會議聲明」，傳達胡耀邦辭去總書記之消息。當時大多數的海外媒體都認為，鄧小平由於抵擋不住保守派的攻勢，因而

胡耀邦下台　胡耀邦於一九八七年一月辭去中共總書記之職，多數海外媒體都解讀，這是因為鄧小平抵擋不住保守派的攻勢，不得不「揮淚斬馬謖」。圖為一九八一年的胡耀邦與鄧小平。

「揮淚斬馬謖」，讓胡耀邦失勢下台。馬謖為諸葛亮所重用的武將，因追究與魏國之役大敗的責任，最後被斬首，此處以馬謖比喻胡耀邦。

對此，我卻有不同的看法，完整的分析文章刊登於《朝日新聞》一九八七年二月六日的晚報上。首先，若真如海外媒體所推論一般，那麼胡耀邦職位的後繼者應由保守派領導者出任；但實際上卻是由改革派的趙紫陽被指名就任代理總書記（後來成為正式總書記）。由此可以明顯地看出鄧小平的堅定意志。

其次，若真是因為無法抵擋保守派的攻勢，而使鄧小平作出此一「迫不得已」的決斷，那麼改革派的反動及政治上的大混亂應是不可避免的，但這樣的狀況卻未見發生。且改革開放路線也如同以往一般地順利推行。綜合上述，當時我的看法是，「切割胡耀邦」應是鄧小平本人主觀的判斷及決定。時至今日，這應該仍是正確無誤的分析。無論如何，自己所栽培出的後繼者，要由自己下手使之失勢下台，以及究竟該如何建立出政治體制改革的推行程序，可以說是鄧小平戰略初次所遭遇到的難關與試煉。

有關政治體制改革的摸索

胡耀邦的下台，確實為保守派人士打了一劑強心針。一九八七年春天，「反對資產階級自由化」、「堅持四個基本原則」的論調大幅躍上各家媒體紙面。然而，二月時由趙紫陽的十九名智囊團人士所組成、中共第十三屆全國代表大會起草「政治工作報告」團體，一步步穩健地朝著促進改革的準備方向前進著。五月十三日，黨中央於白天召開「宣傳、理論、新聞、黨校幹部會議」，夜間召開中央政治局擴大會議。會中，承繼著鄧小平意志的趙紫陽進行重要的發言，指責道：「我們不只有『左』的妨害，也有『右』的妨害。但最大的危險依舊是來自於『左』。」其後，改革派一舉恢復自己的步調，胡啟立、萬里等人的活躍，也開始受到注目。

一九八七年十月，中共召開第十三屆全國代表大會，同時也是首次由電視台進行現場轉播的黨代表大會。首先，由鄧小平上台主持開幕儀式，鄧在黨內的地位再次受到確認。緊接著，是趙紫陽與陳雲攜手一同入場。此一動作顯示了權量平衡趙紫陽的姿態，也就是即使是以推動改革為基調，但仍舊不忘保守派的元老。此一追求平衡的動作也展現在黨中央領導部門的人事層面。就任總書記的趙紫陽，其原總理的位置由保守派的李鵬就任；國家主席則是楊尚昆，楊雖屬保守派人士，但他對鄧小平抱持著高度的忠誠；全國人大委員長為萬里，屬改革派，且與鄧小平關係親近；軍事委員會主席則由鄧小平繼

趙紫陽　一九一九～二〇〇五，胡耀邦下台後，由改革派的趙紫陽接任代理總書記，而後正式就任總書記。

續留任。政治局常務委員有改革派的趙紫陽、保守派的李鵬、姚依林，以及中間派的喬石。

趙紫陽於會中進行「政治工作報告」，主題為「沿著有中國特色的社會主義道路前進」。內容為超過兩小時的長篇大論，其中最大的特點便是「社會主義初級階段論」以及「政治體制改革方案」。有關前者，趙紫陽表示，目前中國的現狀是商品經濟和國內市場仍舊不發達，自然經濟[23]和半自然經濟占有相當大的比重，社會主義經濟制度還處於不成熟、不完善的歷史階段；因此，此一階段的課題為「實現工業化和生產的商品化、社會化、現代化」，所有的方針與政策「不能逾越此一階段」。甚至報告中言明，社會主義初級階段將延續至建國一百年（亦即二〇四九年）之後。配合上述主張，亦提出「開發沿海地區發展之戰略」，將開放區域擴展至全部的沿海地區，加強與國際經濟的連動關係。

在經濟改革方面的混亂

關於上述後者的政治體制改革方案，明確地揭示長、短程目標。長期目標是完成高度的民主、完備的法制社會，確立高效率、活力充沛的社會主義政治體制；短期目標則是確立高效益的領導體制，藉以提高效率、增強活力、積極發揮各個領域的專長與能力。光是由上述文字看來，以民主化之意義來衡量，政治改革似乎呈現大幅後退姿態；但是如果從政治體制改革的關鍵字「黨政分離」的觀點出發，便能看出重大之意義。

換言之，其體制結構便是將共產黨的領導，限制於政治領導的範圍之內，如政治原則、人事為首的重大政策的決定等；政府、人民代表大會以及企業等，便行使原有的行政、立法、經營管理等權力與機能，黨不直接介入干預。

由於「黨政分離」與過去所重視「黨一元化領導」的觀念相互對立，因此在具體的做法上，打算逐漸廢止負責行政、立法以及企業的黨組織（共產黨小組）與對口部門（為對應各行政部門，而於黨組織內設置相同領域的部署），並將黨的領導集中在地方的領導系統。然而，實際施行部分的改革方案之後，在幾項政策上，各地的黨組織、人民政府以及人民代表大會之間，混亂狀況頻頻發生。換句話說，在這三個機關之間，皆各自主張自己的部門掌有決定之權力，因而發生爭執，使得政策的決策過程無法順利推展。

不久，出現兩方論調，彼此的對立關係亦愈趨顯著：其一是要求應該徹底執行政策決定的法制化與民主化，另一是應該暫時回歸權威主義的體制，也就是在強化黨領導部門的權威及權限之下，推展現代化。後者便是所謂的「新權威主義論」，一九八八年在學界成為熱門討論的話題，同時也是後文將提及的六四天安門事件的導火線。

在政治改革方面，發生混亂的同時，經濟改革方面也開始出現問題。一是自一九八八年起物價的攀升。年初，食品、原料等物價開始上漲，到了春天，蔬菜、肉品等食材的價格自由化，狀況更是雪上加霜。六月，趙紫陽等領導部門雖試圖暫時中斷物價改革，但鄧小平卻強硬地表示：「改革會頭破血流，但不改革便會亡黨亡國。即使頭破血流，改革也要繼續推動。」[24]其結果宛如「火上加油」：一九八八年的零售價格的紀錄，與去年相較，增加了百分之十八點五；且自元月以來，每個月的數字都是呈現向上攀升的走勢。以北京、上海、天津等十三個大都市為樣本的調查報告顯示，都市居民實際生活水準降低的比例高達全體的百分之三十五。[25]至一九八九年上半年，物價高漲的趨勢未見衰退，其數字依舊超出一九八八年的紀錄。

官僚的貪汙、腐敗

經濟上的另一個問題，便是鑽改革以及對外開放的「縫隙」與「漏洞」，從事不正當的行為，大賺「改革財」的現象，引發社會大眾的不滿。一般來說，是以「倒爺」、「二道販子」等黑市中盤商為代表人物。我滯留於北京的一九八八年初，於某食品市場出現倒爺大量購買小黃瓜囤積，隨後視時機高價賣出，而負責管理物價的當局，不但沒有嚴厲取締，反而與倒爺一唱一和，成為當時坊間討論的話題。

然而，更加令人憤憤不平的是，上自中央、下至底層的掌權者及其親人、朋友等接近權力者，幾乎都能憑藉其權力獲取不當利益。例如，利用先前所述的「雙軌制」，以指令性低價大量採購鋼鐵材料，而後哄抬市場價格，將入手的鋼鐵材料倒賣回市場，獲取不當的暴利等。一般民眾將這些人稱之為「官倒」。

「官倒」之中最有名的例子，是一九八八年秋天被視為大問題的「康華發展總公司」，該公司是直接隸屬於國務院之下的綜合貿易公司。其領導階層，聚集了前石油工業部部長、前煤礦工業部部長、前北京市副市長等人，換言之，公司的管理幹部，許多是由退居二線的高級官僚所擔任。在這樣的基礎上，鄧小平之子鄧樸方等「大人物」，於一九八七年開始從事活動。此外，由於當時社會上的大量物資被不當轉賣，而該公司與其他「官倒」相互勾結的關係，也被認為是此一現象的元兇，因而成為眾矢之的。一九八八年十月，基於鄧小平的判斷，康華發展總公司遭到解散。但諸如此類，由政治家、官僚本身所犯下的不正當行為，康華發展總公司事件，實際上只是冰山一角。不久之後的一九九五年，北京副市長因為扯入都市開發醜聞而自殺，北京市黨書記兼市長陳希同的所有職務遭到解除，這也是「非法事件」的代表個案。

一九八七年秋天，由中國社會科學院社會學研究所於中國三十三座城市所進行的民意調查顯示，面對「目前最大的不滿為何？」之提問，百分之八十三點七的受訪者回答「黨的不正當行為以及官僚主義」，高居第一位；其次則是倒爺的行為。[26] 一九八八年下半年於雜誌《九十年代》第七期中的文章論及：「中共各級幹部幾乎毫無例外的貪汙，官僚的腐敗讓一般社會大眾心生厭惡。」；雜誌《爭鳴》第九期的文章則指出：「三信危機越來越嚴重。……目前中共面對的最大危機，是缺乏熱情，宛如一盤散沙。」

一九八八年九月底，中共召開第十三屆三中全會，趙紫陽等領導部門藉此機會發出宣言：「這兩年將以經濟環境的整備以及經濟秩序的整頓為重點工作。」降低改革的門檻，做出「調整、安定團結」的決定。此外，關於黨內不正當行為的問題，趙紫陽表示「維持黨及政府機關的廉潔，是現階段黨的建設中，極為重要迫切之問題」，並且正視社會大眾，對共產黨的不信任感不斷升高的現象。即便如此，在政治、經濟、社會上所產生的混亂，並沒有因此獲得好轉，時間便很快地來到了一九八九年。

六四天安門事件

有句話說，歷史事件發生之前必先埋藏了伏筆。誠然如此，物價飛漲對一般人民生活所帶來的壓迫、民眾對象徵著經濟上不正當投機行為的「官倒」現象，所累積的憤怒與抑鬱，以及由政治體制改革的試行所衍生出的政治混亂等，無疑皆是其後政治上發生大事件的伏筆。更進一步地說，政治體制改革的僵局，使得改革派內部暫時將政治改革的行動束之高閣，轉而將權威集中在強人領導之上，藉以推動現代化的主張，換言之，加速了「新權威主義論」的抬頭。因此，改革派內部特別重視民主化的團體，如方勵之夫婦、嚴家祺、溫元凱、戴晴等人因而表明反對的立場。一九八八年底至一九八九年春天，受到上述民主改革派團體影響，學生們開始組織「民主沙龍」；方勵之等人則連署要求釋放因一九七九年的「北京之春」遭到逮捕，被判處徒刑入獄監禁的民運人士魏京生。

前總書記胡耀邦之死

一九八九年五月是「五四運動七十周年」，當時推動經濟改革的戈巴契夫也預定訪問中國；另外，七月是「法國大革命兩百周年」，十月是「中華人民共和國建國四十周年」，各種政治紀念日接踵而來。預感這一年或許在政治上會發生什麼大事的人，應該不只我一人而已。這確實也是重要的伏筆。然而，上述這些線索，只是如同小小的支流一般，單純地於某處匯集，也無法形成波濤。要造就宛如大瀑布一般的激流，還需要有特別的事件發生。雖說歷史有其必然的進程為基礎，但卻也經常是偶然之下的產物。

於一九八九年四月十五日的這個偶發事件，就成為後來爆發重大的政治事件的引信。前總書記胡耀邦於一九八七年一月下台後，仍舊以自由派領導者的身分享有很高的聲望，一九八九年四月十五日，卻因突發的心肌梗塞而離開人世，其後便發生「六四天安門事件」，至六月上旬人民解放軍出動鎮壓民主運動為止，為期近兩個月，在政治上激起一大震盪。近年來，出版了由張良等人所編的《天安門文書》，其中分析六四天安門事件其實是民主運動以及中央領導部門中權力鬥爭兩者碰撞的產物。此書的出版成為一大話題，其中也包含其可信度的討論。關於《天安門文書》，以我的見解來看，雖然仍有些許的保留意見，但整體看來，其資料應該具有參考價值。先讓我們來概括整理整個事件的過程，主要可以分為四個階段。

「動亂行為」及趙紫陽

第一階段是以四月十五日胡耀邦逝世後，至四月二十六日「認定學生運動為動亂行為」的決定為止。在這段期間內，追悼胡耀邦，要求恢復胡耀邦名譽等遊行、集會活動逐漸擴散開來；在二十二日的追悼會後，運動更進一步地

升級，徹底反對「資產階級自由化、清除精神汙染運動」，要求開放民間自由辦報、學生及工人自由結社；實際上則有北京高校學生自治聯合會之成立。面對民間如此大的動作，共產黨如履薄冰，提高戒備。二十四日，李鵬接到陳希同與李錫銘等北京市領導部門的報告，召開政治局會議，判斷學生運動為動亂行為；為封鎖學運，設置「動亂阻止小組」，由李鵬自己擔任組長。在此，出現些許難解的疑問：（一）為何在如此重要的時期，趙紫陽於四月二十三日至三十日還前往北韓進行訪

第二次天安門事件　一九八九年四月十五日胡耀邦去世後，學生及民眾在天安門廣場舉行追悼遊行與集會。此圖拍攝於同年四月二十二日，此時為第二次天安門事件的第一階段。

問？（二）據傳「確定學生運動為動亂行為」是由鄧小平於二十五日作出的決定，那麼為何在二十五日之前，便由李鵬設置了「動亂阻止小組」？

關於（一）之問題，或許可以認為是趙紫陽過於「天真」的判斷。其一是認為學生運動「不會走到一發不可收拾的階段」；另一是對李鵬等保守派人士缺乏警戒心，並且「自以為是」地認為自己可以說服鄧小平。趙紫陽或許認為，鄧小平容許了李鵬的「魯莽行事」，將學生運動「認定為動亂行為」；那麼，只要自己能夠條理清晰地說明主張，鄧小平應該也能夠給予認同。

趙紫陽離開北京後次日，李鵬召開政治局會議，處理（二）所提到的「動亂行為」之事；此外，在其後的「八老會」（八名元老級領導者的不定期聚會）上，李先念、王震、陳雲等人皆發言批判趙紫陽。由此可見，在保守派內部，或許早就有意「將趙紫陽拉下台」。鄧小平於二十五日，聽取李鵬及李錫銘的報告後，決定將此一運動之性質認定為「動亂」。四月二十六日的《人民日報》刊載社論文章〈必須旗幟鮮明地反對動亂〉（亦即「四二六社論」）。對此，歸國後的趙紫陽再三地請求撤回「動亂行為」之決定。該項決定成為趙紫陽等政治改革派與鄧小平、李鵬等政治保守派之間，互不退讓的最大爭議。

學生運動的升級與戒嚴令

第二階段是四月二十七日至五月十六日的「趙紫陽—戈巴契夫會談」。學生方面的動作是對「將學生運動認定為動亂行為」之決定表示抗議，要求政府當局將學運的性質認知為「愛國的民主運動」，並期盼雙方能有「對等立場的對話」。趙紫陽自北韓返國後，經過一番深思熟慮，決定將學生運動的性質定義為「愛國的民主運動」。雖然趙紫陽曾試圖透過正式的會議以及私下的關係，多次向鄧小平請求撤回「認定為動亂行為」之決定，但其要求卻被駁回；該情況在《天安門文書》中留下了記錄。即便如此，在當時的情勢下，趙紫陽並非屬於少數派的集團。五月四日，正值「五四運動七十周年」，亞洲開發銀行第二十二屆年會於北京召開，學生們、趙紫陽陣營以及李鵬陣營之間展開激烈的攻防戰。

趙紫陽在亞洲開發銀行年會上發表談話，表示「中國不會出現大的動亂」，對於學生的抗議遊行，提出「現在需要的是冷靜、理智、克制、秩序，在民主與法治的軌道上解決當前的問題」之主張，對學生運動釋出善意，並接受學生的遊行行動。《天安門文書》中記載，就連楊尚昆也強力支持趙紫陽的做法。然而，在後來黨中央的討論中，認為趙紫陽的此番演說，公開地將黨中央分裂為兩個集團，並且是讓學生運動升級，情勢混亂的罪魁禍首。確實，在趙的演說過後，學生運動越演越烈，出現絕食抗議的行動。五月十六日，戈巴契夫訪中，無法在天安門廣場上進行往常的迎賓會；在趙紫陽與戈巴契夫的會談中，趙親口說出：「遇到最重要的問題，仍需要鄧小平掌舵。」一九八七年黨中央的秘密決議正式明朗化。

第三階段，是五月十七日至六月二日軍隊進入天安門廣場之前。五月十七日上午，鄧小平於住處召開政治局常務委員會，楊尚昆、薄一波也加入會議。關於趙紫陽面對「中央認定學生運動為動亂行為」的反應，以及「五四講話」等行為，鄧小平發言表示譴責，並下達結論：「發布戒嚴令，於北京實行戒嚴。」趙紫揚明確地對此事表達其反對意見。夜晚，在中南海的常務委員會議中，趙紫陽與胡啟立亦反對發布戒嚴令，最後趙請辭總書記之職。此時在中南海的外部狀況，學生們的抗議運動達到最高潮，根據國家安全部的報告，參與抗議運動的人數已超過一百二十萬人，改革派的知識分子發表「五一七宣言」，公開批判鄧小平。十九日清晨四點，趙紫陽前往天安門看望學生，向學生表示「我們來得太晚了」。其後，趙紫陽便未曾在公開場合露面，直至今日。[27]

根據新華社的報告，當時在一百一十六座都市內，不斷出現大規模的學生示威遊行。二十日，李鵬以國務院總理的身分，簽署戒嚴令之施行。二十一日，以北京為首，於各地發生大規模的抗議行動；即便如此，鄧小平於住處召開「八老會」，針對批判趙紫陽，以及其下台和後繼者問題進行討論，江澤民之名一舉浮上檯面。在失去趙紫陽的支持之後，學生及知識分子們將期待轉向全國人大常務委員長萬里身上，企盼當時正在加拿大訪問的萬里，能於歸國後召開全國人大常務委員會，卸去李鵬等人職務。然而，政府當局早有對策，要求萬里從上海入境，讓江澤民說明事情原委，使萬里發表「支持戒嚴令」之聲明。於此期間，（由北京八所藝術院校師生共同創作的）「民主女神」像，於天安門廣場登場，學生、市民們持續地努力，阻止戒嚴部隊入城。

六四悲劇

局勢進入到第四階段。五月底，各地仍舊繼續向中央當局表示抗議的行動，卻已逐漸出現疲弊之態。在新華社、公安部以及國家安全部的報告中，六月一日的天安門廣場，缺乏團結統一的行動，能夠明顯地感受到學生們的疲憊，沒有任何企圖發起大規模行動的跡象。在北京特派員的報告中也記錄：「五月底至六月初，在天安門廣場靜坐的學生減少了數千人，留在廣場上的學生，對經歷過戰爭的人來說，看起來就像是殘兵敗將一般。」[28]既然如此，為何當局會決定派軍隊鎮壓呢？

六月二日上午，常務委員李鵬、喬石、姚依林亦出席「八老會」，針對當前大多數的違法組織正在地下籌備活動，美國、香港、臺灣等地亦在背後給予支援等問題進行討論。大多數的與會者強硬地表示意見，認為「神聖的天安門廣場，絕不允許放任他們繼續搞下去」，最後由鄧小平總結：「我同意大家的意見，建議戒嚴部隊指揮部今天晚上開始實施天安門廣場清場計畫，兩天完成。」結束會議。六月三日凌晨，戒嚴部隊朝著天安門廣場前進。戒嚴部隊於各處受到學生與市民的抵抗，其中又以天安門前，東西向的西長安街、數公里外的木樨地至西單路口約三公里長的地帶，狀況最為激烈。學生、當地市民，以及製作路障抵抗戰車前進的人們，被槍彈射擊倒地，現場成為一片「血海」。[29]

戒嚴部隊在六月四日清晨一點抵達天安門廣場，在上午六點前清空廣場上的學生。根據政府當局的記錄（換言之，這是最保守的數字），鎮壓行動造成死者三百一十九名、傷者九百名；而當時其他媒體的報導，死亡人數大多約在兩千名左右；在某些外國媒體的報導中甚至表示，由於解放軍的胡亂掃射，導致三萬多人喪生。其後，各軍區、省及自治區的政府、黨委員會紛紛發表支持中央行動的聲明。六月九日，許久未在公開場合現身的鄧小平，為了慰勞戒嚴部隊的幹部而公開露面。六月二十四日，中共召開第十三屆四中全會，通過批判趙紫陽的報告，解除趙紫陽及胡啟立的所有職務，由江澤民就任總書記之位，政治局常務委員則由江澤民、宋平及李瑞環出任。

胡耀邦、趙紫陽與鄧小平的差異

以上，便是六四天安門事件的粗略概況。現在，讓我們試著來探討，在事件的過程中，鄧小平究竟是抱持著什麼樣的想法。自上述李鵬率先組織動亂阻止小組之事來看，推論「四月二十六日的社論並非出自鄧小平之手，鄧是因為一時被矇蔽才認可社論」之說法，並非空中樓閣。但是，無論是將學運認定為動亂的決定、與趙紫陽的意見相左以及趙紫陽失勢下台、決定戒嚴，抑或是提拔江澤民坐上新任總書記之職位、下令軍隊進入天安門廣場鎮壓等，都是基於鄧小平的個人意志而做出的決斷。舉例來說，五月十七日，在政治局常務委員會上，鄧小平與趙紫陽激烈爭論之時，鄧強硬地表示：「一鬧就讓，讓了一步再鬧，再讓第二步，還是不滿足，再讓第三步，永遠不會滿足，……，你越讓，他就越要鬧，事情還在發展，不採取緊急措施，肯定是頂不住的。」一舉駁回趙紫陽的發言。

大多數的人都認為鄧小平是改革派的領導者（當中也包含了政治改革的部分）。事實上，正如前文所述，鄧小平在一九八〇年關於「改革領導制度」的重要講話，以及在一九八六年前後強調政治體制改革之施行，都是在經濟改革的同時，持續主張中國有推行政治改革的必要性。那麼，為何鄧小平會以行使武力鎮壓的強硬手段，頑固地拒絕民主化之要求？難道，鄧小平的骨子裡其實是保守派的信奉者？回顧歷史，可以發現鄧小平對於共產黨（的領導），抱持著不可動搖的信念。一九五七年的反右派鬥爭，身為總司令官毛澤東手下的行動隊長，打擊「批判黨的知識分子」，鄧小平絲毫不手軟。一九七八年至一九七九年的「北京之春」，對於要求「第五項現代化」，希望能如西方諸國進行政治改革的青年們，鄧小平的鎮壓也是毫不留情。一九八一年，作家白樺的電影劇本《苦戀》，以共產黨辜負劇中主角之信念為題材，引起軒然大波；論爭中，《解放軍報》社論批評文藝界出現資產階級自由化的傾向，最後鄧小平則批判白樺（共產黨黨員）：「難道就如此憎恨黨及社會主義？」

同時，鄧小平亦極度重視政治安定之狀態。天安門事件發生前的二月底，美國總統布希（George Herbert Walker Bush，即老布希）至中國訪問，於會談中鄧小平表示：「中國的問題，壓倒一切的是需要穩定。沒有穩定的環境，什麼都搞不成，已經取得的成果也會失掉。」30換言之，對鄧小平而言，堅持共產黨體制正是保障中國安定的最大基礎。因此，鄧認為，要是接受學生以及知識分子的要求，黨的領導地位將會崩盤，進而失去政治安定的環境，經濟發展的戰略也會開倒車。

在導入市場經濟的經濟改革策略、加強與西方諸國的關係，以及順應經濟改革，推行政治體制的效率化、精簡化與重組等理念上，胡耀邦、趙紫陽等人的意見幾乎是完全一致。然而，對鄧小平而言，政治體制的改革不過是從屬於經濟改革之下的產物，純粹的政治體制發展與改革，是極其危險的。而趙紫陽與胡耀邦著眼於政治民主化的主體價值，正是與鄧小平觀點的最大不同。在趙紫陽下台的報告中，鄧小平批判：「趙紫陽在改革開放及經濟方面確實有幾分功績，但是在『四項基本原則』與反資產階級自由化方面，卻違反了黨的政策方針。……前兩位總書記也是因為『四項基本原則』與反資產階級自由化的問題而下台。」31

從《天安門文書》上可以明顯看見幾項耐人尋味的特徵。正如前述，有關將學運定義為動亂行為、趙紫陽下台、發布戒嚴令、江澤民被提拔為新任總書記，以及戒嚴軍隊進入天安門廣場進行鎮壓等，無疑是在鄧小平的決策下所導致的結果。換言之，這也意味著「半毛澤東化」的鄧小平在決策上的獨斷獨裁。儘管如此，在這些獨斷的決策背後，鄧還是在形式上召開了「八老會」，於席間進行討論，取得八老會與會成員的同意，最後對外宣稱決策來自於八位元老的共識。或許這就是老謀深算的鄧小平，為了不讓自己一人承擔全部責任，所想出的計策。此外，儘管黨中央政治局常務委員會是決策的最高機關，但是卻由非正式組織「八老會」在非常時期主掌中國的各項重大決策。由此即明顯透露出中央政治領導者的政治意識與民主意識的程度。

蘇聯、東歐的崩壞與中國對社會主義的堅持

確實，若是從後來的情勢發展來看，因鄧小平的判斷使得中國政治的骨架不至於被破壞，維持了安定，改革開放才得以推行。看看蘇聯及東歐社會主義諸國的例子，將「共產黨領導」自憲法中剔除，最後面臨的是天翻地覆的崩壞，在重建之路上吃盡了苦頭；如果從這個觀點來看，鄧小平當時的判斷甚或可以說是「正確的」。然而，若是換個角度來理解，就算當時中國的政治、經濟歷經了混亂，以長遠的眼光來看，中國現在不只是在經濟層面，而且在政治、社會層面亦能夠享受到實質的自由，或許人民更能感受到幸福。

究竟何者為是？《天安門文書》的編者張良，於該書的序文中記述如下：

「二十年，在歷史中也許只是剎那的瞬間，但在人的一生中，卻是一段悠長的年月。一九八九年六月四日。這一天的記憶，對當事者而言，至今仍是難以負荷的沉重。話說『六四』，就令人聯想到北京長安街一帶，數千名年輕人所留下的鮮血。那些血跡與記憶，並不會隨著時間的流逝而消失。關於『六四』，人民與歷史總有一天會做出審判，在二十世紀世界追求民主政治潮流之中，（六四天安門事件）是劃時代的、最有意義的事件。……無論是規模、範圍，或是時間長短，甚至在影響力這一點上，可以說是二十世紀世界上，最大規模的民主運動。而這項運動，敗在滿布鮮血的獨裁體制之下，走向悲慘的結局。」[32]

時至今日，要以客觀資料為基礎，分析六四天安門事件並做出歷史評價，或許仍舊言之過早。

註釋

1 【編按】此條約之正式名稱為《中美共同防禦條約》。

2 《鄧小平思想年譜（1975-1997）》，中央文獻出版社，一九九八年。

3 《鄧小平文選》第二卷。

4 《鄧小平文選》第二卷。

5 《鄧小平文選》第三卷。

6 寒山碧，《鄧小平評傳》第三卷。

7 八字方針的內容是「調整、改革、整頓、提高」。

8 《鄧小平思想年譜（1975-1997）》。

9 H・E・ソールズベリー，《ニュー・エンペラー》。

10 《鄧小平文選》第二卷。

11 《鄧小平思想年譜（1975-1997）》。

12 《中國共產黨執政四十年（1949-1989）》。

13 《鄧小平文選》第三卷。

14 《鄧小平文選》第三卷。

15 《鄧小平生平著作思想研究集成》，吉林人民出版社，一九八九年。

16 《陳雲文選》第三卷，人民出版社，一九八六年。

17 《鄧小平思想年譜（1975-1997）》。

18 吳敬璉，《中国の市場経済——社会主義理論の再建》，陳寬等譯，サイマル出版会，一九九五年。

19 《鄧小平文選》第三卷。
20 鄧小平，《現代中国の基本問題について》，外文出版社，一九八七年。
21 鄧小平，《現代中国の基本問題について》。
22 天兒慧，《中国改革最前線——鄧小平政治のゆくえ》，岩波新書，一九八八年。
23 【編按】自然經濟就是自給自足的經濟，其生產是為了直接滿足生產者的需要，而不是為了交換的經濟形式，因此是商品經濟的對立面，亦為一種私有制經濟。
24 《爭鳴》，香港，一九八八年第七期。
25 《九十年代》，香港，一九八八年第七期。
26 《中國內外動向》第三六八號。
27 【編按】後來趙紫陽就在軟禁中度過餘生，直至二〇〇五年離世。
28 讀賣新聞北京支局，《天安門燃ゆ——激動の北京現地報告》，讀賣新聞社，一九八九年。
29 楊炳章，《鄧小平——政治的伝記》。
30 《鄧小平文選》第三卷。
31 張良編，《天安門文書》。
32 張良編，《天安門文書》。

第八章　中國大國化的光與影

國際孤立的考驗

在「六四悲劇」的衝擊尚未退去的六月九日，鄧小平慰勞戒嚴軍隊，並展開強硬的重要講話。

鎮壓民主運動的非難

「這場風波遲早要來。這是國際的大氣候（國際情勢）和中國自己的小氣候（國內情勢）所決定了的，是一定要來的，是不以人們的意志為轉移的，只不過是遲早的問題、大小的問題。……事情一爆發出來，就很明確。他們的根本口號主要是兩個，一是要打倒共產黨，一是要推翻社會主義制度。他們的目的是要建立一個完全西方附庸化的資產階級共和國。」

換言之，鄧小平強調，對於西方各國的「和平演變」（社會主義體制的和平變質），必須抱有警戒之心。這不禁讓人想起一九五〇年代「反右鬥爭」時期毛澤東的發言。在六月九日的講話中，鄧小平也極力主張：「改革開放這個基本點錯了沒有？沒有錯。沒有改革開放，怎麼會有今天？……重要的是，切不要把中國搞成一個封閉性的國家。……我們的一些基本提法，從發展戰略到方針政策，包括改革開放，都是對的。要說不夠，就是改革開放得還不夠。」[1]在此，鄧小平的思想特徵明顯地躍上紙面。

儘管中國不想成為一個閉鎖性的國家，但國際社會對中國關上了大門。美國政府於六月五日，對中國鎮壓民主運動之行為表示抗議，決定發表停止輸出武器給中國的聲明。六月二十日，美國全面禁止政府高層官員與中國接觸，並要求國際金融機關延緩中國晚近申請的貸款。接著，英國政府也跟進，停止輸出武器至中國，以及禁止政府高層官員與中國的接觸。六月二十一日，日本政府發布暫時延緩第三次日圓借款之協議。法國以及其他歐盟各國也接連跟進。於七月召開的七大工業國組織（G7）[2]領袖會議，也對中國鎮壓民主運動的行為表達譴責，並且同意世界銀行延緩通過中國新近融資計畫的決定，發表「政治宣言」。其結果，中國一九八九年的對外貿易，相較於一九八八年的數字，只緩慢地增加了百分之八。附帶一提，一九八八年的數字較前一年成長了百分之二十四。

儘管如此，鄧小平依舊不甘示弱。面對G7的決定，鄧表達其堅定的意志：「我是一個中國人，懂得外國侵略中國的歷史。當我聽到西方七國領袖會議決定要制裁中國，馬上就聯想到一九〇〇年八國聯軍侵略中國的歷史。七國中除加拿大外，其他六國再加上沙俄和奧地利就是當年組織聯軍的八個國家。要懂得些中國歷史，這是中國發展的一個精神動力。」[3]同樣的意念，也反映在其他的中央領導者身上。外交官員錢其琛在回顧一九八九年中國外交時便主張：「現在正值世界結構新舊交替之時刻，中國將更堅定地推動獨立自主的外交政策。……即便我們懇切地希望，能與更多的國家同心協力，保持合作之關係，但仍是寧缺勿濫。」[4]

蘇聯解體　一九九一年十二月蘇聯解體，二戰後形成的冷戰結構崩潰。圖左為蘇聯最後一任共黨總書記戈巴契夫，圖右為俄羅斯聯邦的首任總統葉爾欽，攝於一九九〇年。

唯一的社會主義大國

即使中國已經宣稱，將展開全方位、獨立自主的外交政策，但是自一九八九年秋天，東歐社會主義諸國接連邁向崩壞，以及十二月美、蘇領袖於雅爾達召開會議，宣布「冷戰結束」等情勢，可以看出社會主義各國的弱化與崩壞正急速地進行著。而後，隨著一九九一年七月華沙公約組織的解散，以及十二月蘇聯的解體，於第二次世界大戰後所形成並持續的「冷戰結構」（社會主義陣營對抗資本主義陣營）崩潰。中國成為社會主義國家中殘存的唯一大國，並受到西方世界的孤立，在如此的現實之下，鄧小平究竟是懷抱著多麼強烈的危機意識呢？

讓我們稍稍往前回顧，一九八〇年代中，在談論到國際局勢裡中美蘇「大三角」之時，鄧小平曾表示：「我們這一角力量是很單薄的。」鄧小平的外交智囊宦鄉，於一九八七年作出饒富興味的發言如下：「放眼觀看亞太情勢，我們必須懷有危機感、緊張感與壓迫感。……因為周邊的許多國家及地域，將會在本世紀末接連地踏上新興工業國之道路。如果我們不抓緊這個時機，努力奮鬥，儲備國本，那麼十年後我們將會大幅地落後其他國家吧。」[5]由於感受到未來可能落後於周邊的亞洲國家，以及六四天安門事件後被西方世界孤立所帶來的危機感，造就了中國新的外交觀點。

一九八九至一九九〇年，以中國為中心所看見的國際局勢，使鄧小平做出三項決斷。一是，在經濟發展上未達到成熟的階段以前，基本上便不再進行政治體制的改革。二是，即使西方的資本、技術等在經濟發展的過程中是不可或缺的要素，但是不能一面倒，必須採取更為包容性、多角性的對外戰略。三是，再次確認中國的力量（綜合國力）「仍舊單薄」，有必要在此認知上擬訂新的戰略。

轉向東亞模式

關於鄧小平的第一個決斷，正如前文所述，鄧在政治改革上採取小心慎重的態度。不過從一九八〇年代來看，鄧小平也認為，隨著經濟改革的施行，政治改革的腳步也是箭在弦上。一九八五年四月，鄧發表〈政治上發展民主，經濟上實行改革〉的講話；一九八六年六月，鄧表示：「我提到要注意政治體制改革，包括黨政分開和下放權力。……政治體制改革同經濟體制改革，應該相互依賴、相互配合。」等談話，都可以代表當時鄧小平內心的想法。[6]然而，在經過六四天安門事件之後，鄧小平幾乎不再提起有關政治體制改革之事。因為提倡政治體制的改革，必然與「黨的改革」相互連結，將會導致黨的弱化。這即是為了避免政治動盪而發展出的一套道理。

或許也是因為這套道理的影響，不久後，積極否定「黨政分離」的論調應運而生。舉例來說，一九九三年初，一篇題為「論黨政合一」之社論寫道：「一旦承認了黨執政的地位，那麼也就必須承認黨政是無法分開的。在認定執政黨地位的前提下要求黨政分離，本質上就是自相矛盾。……當黨的基本路線確定以經濟建設為中心之後，兩個機能（執政黨與政府）將會收斂融合，黨與政將更難分開。」一文中正面抨擊並否定鄧小平過往的主張，以及中共第十三屆全國代表大會時的論調。[7]

然而，鄧小平並沒有針對這樣的觀點提出任何反對的意見，僅強調經濟的改革開放與政治的安定環境。由此看來，鄧小平的轉變，就像是由追求經濟與政治的同時改革、發展的西方模式，轉向希冀栓緊政治（維持權威主義的體制），單純謀求經濟發展的東亞模式。鄧小平的後繼者江澤民，也正是東亞模式方針的實踐者。

鄧小平的第二個決斷，便是將一九八九年秋天至一九九一年的外交重心放在亞洲國家。外交部長錢其琛、副部長徐敦信等人，打算對中國的周邊區域，進行積極主動的外交計畫；此時江澤民與李鵬勤於訪問周邊國家的舉動，也十分引人注目。一九九〇年，中國與過往許多外交關係尚未明朗化的國家達成建交，如五月與蒙古、八月與印尼、十月與新加坡等；以及總理李鵬二度遍訪東南亞國家（八月及十二月），改善中印關係，並促進了與韓國、臺灣的經濟文化交流。同年秋天，亞洲運動會於北京召開。

時間進入一九九一年，四月，中國與韓國達成設置貿易代表部門之協議（一九九二年兩國建交）；八月，日本首相海部俊樹訪問中國，恢復前文提及遭到暫緩的第三次日圓借款；十一月，與越南建交，結束中越紛爭以來的對立關係，也顯示中國與亞洲各國的外交關係有著大幅度的進展。外交部長錢其琛回顧一九九〇年的中國外交，表示：「現在是自建國以來，與周邊各國關係最為良好的時期。這不僅對中國的經濟建設有利，同時也在亞太地區，甚至是全世界的和平與安定方面，帶來了積極的好的影響。」[8]因為此時期中國的外交成果，較先前的狀況為好，在貿易以及對中投資上，都出現了較為良好的成長數字。

鄧小平的第三個決斷，可以從一九八九年秋天（由自由派所主導的）東歐社會主義諸國的政治鉅變、蘇聯解體，至冷戰結構崩壞的過程中，清楚看見鄧對「中國力量仍舊單薄」的認知。國際上，中國因六四天安門事件而備受孤立；在國內，「左派勢力」更是捲土重來。左派人士認為，應該重視對社會主義意識形態的堅持；同時，由於戈巴契夫的改革，導致蘇聯弱化的趨勢日漸顯著，因此主張「中國必須以社會主義的大國之姿，站在前頭才行」。此外，「波斯灣戰爭」也對中國造成衝擊。一九九〇年八月，伊拉克無預警地進攻科威特；一九九一年一月十七日，以美國為中心的聯合國軍隊正式使用高科技武器攻擊伊拉克，二月二十八日取得壓倒性的勝利，戰爭結束。

看見伊拉克的戰敗，鄧小平對江澤民、楊尚昆、李鵬及劉華清等共產黨軍隊的領導者作出指示，要投入資金，致力於高科技武器的開發。[9] 不過，在三月上旬，鄧小平對江澤民計畫訪問蘇聯一事表達保留意見，並表示：「我們不能在外交上玩火。不要和蘇聯攜手對抗美國。……我們和美國之間，並沒有直接的利害衝突，在歷史上也沒有糾紛與紛爭。」[10] 極力調解中美關係。約在同一時期，鄧也對黨內發出「二十四字箴言」，其後常被引述為改革開放時期中國外交的基本方針。

貫徹防守姿態

「二十四字箴言」的內容為「冷靜觀察、站穩腳跟、沉著應付、韜光養晦、善於守拙、絕不當頭」。正是因為痛感於天安門事件所帶來的打擊，加上認知到力量之單薄，必須強力壓制黨內保守左派之氣勢，使得鄧小平作出此番指示。

一九九一年八月十九日至二十一日，蘇聯保守派發起政變，戈巴契夫失勢下台。政變發生之

鄧小平與戈巴契夫　一九八九年五月十六日，戈巴契夫與鄧小平會談。而後蘇聯保守派政變失敗，鄧小平更貫徹在外交上的防守姿態。

時，鄧小平表示：「蘇聯現在發生激烈的變化，想必將會引來各國的注目。情勢有沒有可能逆轉？我認為是有的。……關於蘇聯的情勢以及其後的發展，我們還不能作評斷。」藉以告誡勿以輕率的發言，將中國推向社會主義的最前頭。最後，蘇聯保守派的政變宣告失敗，鄧小平認為這是由西方國家所促成的「和平演變」，因而提出新的「十二字箴言」：「兵臨城下、敵強我弱、以守為主」，亦即保持防守姿態之方針。由此可見，鄧是以國內經濟狀況的恢復為第一優先進行考量。

鄧小平路線的繼承與挑戰——南巡講話

讓我們將視野轉回中國國內。一九九〇年至一九九一年，中國社會捲起左派思潮的巨浪狂潮。舉例來說，由中央宣傳部所管轄的《人民日報》，同時也是當初打擊趙紫陽派系的機關，在一九九〇年一月十五日至十九日，接連五

左派的反擊，批判鄧小平

天大篇幅地刊載聞迪的〈社會主義能夠救中國〉之文章。隔月，於《當代思潮》月刊上也發表〈改革開放可以不問姓「社」姓「資」嗎？〉一文。[11]此外，在《真理的追求》、《高校理論戰線》等

「左派色彩」濃厚的雜誌上，也大張旗鼓地批判個體戶、鄉鎮企業以及外資企業等。人們提心吊膽於「左派的反擊」，慄慄危懼，不敢作聲。

在如此戰戰兢兢的氛圍之下，於上海出現再造改革開放的行動。《解放日報》於一九九一年二月十五日的第一版，刊載〈做改革開放的「帶頭羊」〉一文，作者以皇甫平為筆名，其諧音隱約透露出作者內心之深意。文中提到，「辛未羊年，對於上海來說，應當是一個『改革年』」、「改革開放是上海擺脫困境，求得振興的唯一出路」、「我們要在全黨、全民中深入開展深化改革意識的再教育，普及社會主義商品經濟觀念和科學的政治民主觀念，形成深化改革、擴大開放的新的全民共識，造就上海嶄新的改革開放輿論環境」等，對於改革開放採取極為積極的鼓勵與鼓吹。其後皇甫平也接連於該報發表多篇文章，如三月二日〈改革開放要有新思路〉、三月二十二日〈擴大開放的意識要更強些〉，以及四月二十二日〈改革開放需要大批德才兼備的幹部〉。順道一提，皇甫平之筆名，其「皇甫」是取自流經上海市的「黃浦江」之諧音，「平」則意指鄧小平。意謂在上海展開「浦東開發」的政策下，試圖一舉喚醒改革開放的氣勢。

儘管如此，改革開放遭受的反對聲浪依舊強大。例如中共的機關報《求是》，於一九九一年的十六期（八月）上刊載〈沿著社會主義方向繼續推進改革開放〉一文，文中主張：「我們劃清兩種改革開放觀的界限，一個很重要的方面，……就是問一問姓社姓資。只有這樣，才能保證我們的改革開放始終堅持社會主義方向，避免重大錯誤。」同時，在《交鋒》的〈關於樹立社會主義改革觀的七個問題〉一文中，則做出以下的批判：「有的論者寫道，改革是中國的第二次革命，這種說法

南巡講話　八十七歲高齡的鄧小平在一九九二年春節期間接連訪問了武漢、深圳、珠海與上海，並於各地發表重要談話，此一系列的「南巡講話」，可謂身為「改革開放的總設計師」鄧小平的最後指導。圖為一九九二年的鄧小平。

值得商榷。……改革作為完善和發展社會主義制度的一項工作，只是社會主義革命的部分內容，決不是全部內容。」「改革是中國的第二次革命」一說，是《鄧小平文選》內文章的標題之一。因此，文章簡直是在直接批判鄧小平。由此可見，此一反對聲音的堅決。

鄧小平的最後呼籲——「南巡講話」

面對如此強硬的反對聲浪，身處於逆境的鄧小平依舊大膽地展開反擊。當時已是八十七歲高齡的鄧小平，於一九九二年一月十八日至二月二十一日的春節期間，接連前往湖北省武漢、廣東省經濟特區深圳、珠海，以及未來經濟發展之鑰的上海，進行訪問。鄧於各訪問地點舉行重要講話，不斷反覆地主張改革開放必須更加快腳步才行。其談話舉例如下。

「改革開放膽子要大一些，敢於試驗，不能像小腳女人一樣。看準了的，就大膽地試。……沒有一點闖的精神，沒有一點『冒』的精神，沒有一股氣呀、勁啊，就走不出一條好路，走不出一條新路，就幹不出新的事業。改革開放邁不開步子，不敢闖，說來說去就是怕資本主義的東西多了，走了資本主義道路。……抓住時機，發展自己，關鍵是發展經濟。……我就擔心喪失機會。不抓呀，看到的機會就丟掉了，時間一晃就過去了。」

此外，鄧小平也大膽地主張：「計劃經濟不等於社會主義，資本主義也有計劃；市場經濟不等於資本主義，社會主義也有市場，計劃和市場都是經濟手段。」、「要害是姓『社』還是姓『資』的問題。判斷的標準，應該主要看是否有利於發展社會主義社會的生產力，是否有利於增強社會主義國家的綜合國力，是否有利於提高人民的生活水平。」不久，這一連串的講話被稱呼為「南巡講話」，經過三月中共中央政治局會議，以中央第二號文件之正式文書的形式下達全國。鄧小平之所以會採取如此強烈的呼籲，其原因除了是意識到先前所提及保守「左派」的力量之外，鄧也深知自己在不久的將來，無論他是否願意，都必須迎接死亡的到來。基於這項認知之上，身為公認的「改革開放的總設計師」，「南巡講話」是鄧小平最後所採取的直接行動，也是向全國所發下的「檄文」。

人、物資、金錢的流動

鄧小平的南巡講話，勾起了我的另一個記憶：一九五五年七月，毛澤東為了排除「反冒進派」，強力呼籲推動農業集體化的必要，所發表〈關於農業合作化問題〉的講話內容。「在全國農村中，新的社會主義群眾運動的高潮就要到來。我們的某些同志卻像一個小腳女人，東搖西擺地在那裡走路，老是埋怨旁人說：走快了，走快了。……要大膽指導運動，不要前怕龍，後怕虎」。鄧在南巡講話中所使用的措辭，與毛澤東十分相似。或許，鄧在砸下此番最後賭注之時，內心也正好想起毛澤東的指導吧。此時在我的心中，「鄧小平成了毛澤東」。

馬立誠於《交鋒》中對「南巡講話」有如下的評論。於天安門事件後，「姓『社』姓『資』的聒噪使得人們眉頭緊鎖，這個冬末的北風就更加刺骨了。南方吹來溫暖的東風，把凝結在人們心頭的冰融化了。……南方談話，主要是針對這個『左』破除這個『左』，從而開啟了新的思想解放時代。」

確實如同馬立誠所言，「南巡講話」之後，中國的環境氛圍及狀況出現巨大的轉變。在談話內容以黨中央文件的形式下達全國後不久，七月，我探訪了瀋陽、鞍山等數座東北城市。於各地街角的公告欄上，皆展示著鄧小平的「南巡講話」以及相關照片。同年六月，原本只限定開放沿海地區的對外開放政策，轉而擴大至中國內陸，形成「全方位開放」的方針。該年秋末，我自越南越過北方邊境，進入廣西壯族自治區。隔年（一九九三年）春天，則造訪雲南省與緬甸國境交界地帶。不僅是北京、上海及沿海地區，就連偏遠的邊境地帶，也因為投資熱潮而逐漸開設對外開放區，帶動人、物資及金錢的大量流動。一九九二年的經濟一舉獲得好轉，國內生產總額大幅成長，比前一年高出百分之十二點八。然而好景不常，過於快速的經濟發展，反而造成嚴重的通貨膨脹，當時中共中央致力於加速經濟發展的做法，也開始受到質疑。

第十四次黨代表大會的三大布局

中共第十四次全國代表大會，便是在上述的背景之下，於一九九二年十月召開。現今回頭看來，鄧小平在會上可以說是為自己設下了最後的「布局」。其布局主要可以分為三個。第一便是堅持長期以來大膽的改革開放路線，在這一層意義上，「南巡講話」可以被認為是第一個「布局」。因為從第十四次全國代表大會「政治工作報告」中的基本路線看來，「南巡講話」幾乎是原封不動地被納入報告中。

特別是從一九八四年中共第十二屆三中全會以來，慎重地避開「市場經濟」的用詞，改以「商品經濟」一詞表現，並且於其後皆持續地遵奉著這項潛規則，但是在第十四次全國代表大會上，卻通過了「社會主義市場經濟」論，成為「政治工作報告」中的關鍵詞。該報告中的「非公有制經濟為構成我國社會主義市場經濟的重要部分」之發言，也被認為是從過往的觀念中，大膽地邁出新的步伐。在一年後的第十四屆三中全會上，為了使「社會主義市場經濟」之概念具體化，將其內容整理為五十個指標項目，作為往後努力的方向。此外，「改革開放路線要管一百年，動搖不得」的口號，也在這個時期開始頻繁地出現。

第二布局為「人事布局」。六四天安門事件後就任首要席位的江澤民，於第十四次全國代表大會上，如同外表所呈現的一般，成為政權的「核心」人物，這是鄧小平為了讓江澤民能夠站穩腳跟所進行「人事布局」的結果。鄧小平打算建立起一個權力中樞結構，在江澤民之下，由數名領導者一同輔佐，穩定政局。換言之，雖然在六四天安門事件後，江澤民一舉躍上黨內最高職位，但是尚未能夠憑藉著自己的力量建立起穩固的權威。其最大要因有二。一是國家主席兼中央軍事委員會副主席楊尚昆，以及全國人大委員長萬里的存在，這兩位過去都與鄧小平極為親近，且在權威上遠遠高過江澤民。特別是楊尚昆，與身為軍委會秘書長的弟弟楊白冰在軍權上保有很大的影響力。

若是維持著這樣的狀態，等到鄧小平逝世後，很有可能發生江澤民與楊氏兄弟之間的權力鬥爭，左派勢力也有可能再度捲土重來，對改革開放造成嚴重的影響。或許在鄧小平心中，也對此前

江澤民　出生於一九二六年，江澤民在六四天安門事件後擔任中共總書記，並於一九九三年三月第八屆全國人大中獲選為國家主席。圖為一九九七年十二月時的江澤民。

景感到十分憂慮。經過第十四次全國代表大會以及隔年春天的全國人大會議後，楊氏兄弟被迫引退。在軍權方面，由曾一度引退，不懷野心且人望甚高的軍委會副主席劉華清，於軍務上輔佐江澤民，制約批判江之勢力。

後繼領導者的育成與拔擢

另一要因，同時也是讓鄧小平掛心之事，是後繼的中央領導者們，幾乎都與江澤民是同一個世代的人物，在黨中央內部，李鵬、喬石、李瑞環等人的實績都勝過江澤民。因此，若江澤民在權威上無法壓制這些人物，在功高震主的狀態下，難保未來政權不會受到威脅。針對這項憂慮，在楊尚昆隱退之後，鄧小平讓江澤民坐上國家主席之位。換言之，鄧小平讓江澤民獨掌黨、政、軍三大權。如此一來，江澤民的地位與立場，便明確地與其他領導者有所不同。接下來的課題是，如何在各領導者之間，建立起分工合作，相互協助的關係。

深受保守派推舉的李鵬，是最有能力挑戰江澤民的人物，但是鄧小平考慮到領導部門全體的穩定性，決定讓李鵬續任總理之職。向來主張「大膽改革」的鄧小平，在此所作出的妥協，可以看出鄧對「政治安定」的極度重視。不過，為了推進改革開放，鄧小平也拔擢了在行政及執行力上大受好評的「辣腕」朱鎔基，一九九一年升任朱為副總理，在第十四次全國代表大會後，更是將朱的職位特別晉升三級，成為黨中央政治局常務委員兼第一副總理。由此可見，朱鎔基的執行能力，備受期待。

全國人大委員長萬里的繼任人選，則是由喬石接任；江澤民的「對手」李瑞環，其職位雖比喬石低階，但也接任了政治協商會議主席的重要職位。同時，江澤民雖獨占了權力，卻並非是一位獨裁者，在眾多領導者之間，反而被期待發揮其「整合者」的功能。如此一來，李鵬、朱鎔基、喬石、李瑞環每個人都在自己的職位上各司其職，並由江澤民掌控大局的平衡。從這個角度來看，江澤民或許是最為理想的人選。朱建榮將江澤民評為「無為的領導者」，但以當時的狀況看來，如此評價不無道理。[12]第十四次全國代表大會，正式確立幾乎是由同世代所構成的「第三世代領導體制」。

另一個布局，便是拔擢當時還只有四十九歲的胡錦濤，特別晉升兩級，成為最高決策機關中的中共中央政治局常務委員（常務委員共七名）。我的看法是，這是鄧小平「為江澤民後繼者的布局」。雖然曾被說過，這樣的看法是「高估了鄧小平」，但是在十年後的二〇〇二年的第十六次全國代表大會上，胡錦濤確實成為江澤民的後繼者。當時，「胡錦濤的拔擢是順著鄧小平之意」的說法，也被廣泛地傳開。而在鄧小平逝世後，第十六次全國代表大會的中央人事上，江澤民也無法安排年輕一代的領導人作為「胡錦濤的後繼者」。換言之，要將年輕一輩的後進順利拔擢至中央的人事內部，鄧小平可說是一個例外，若非無法握有強力主導權的人物，是不可能成功的。由此可見，在第十四次全國代表大會上，胡錦濤被提拔至政治局常務委員的位置，或許就是鄧小平洞察機先的「布局」。

胡錦濤 出生於一九四二年，在一九九二年中共第十四次全國代表大會上，連升兩級，擔任中央政治局常務委員，後來在二〇〇二年獲選為中共總書記，二〇〇三年接任國家主席，成為江澤民的後繼者。圖為二〇〇四年的胡錦濤。

「政治藝術家」鄧小平逝世

讓我們將時間稍稍回溯至一九八七年初，當時的政壇上，胡耀邦失勢下台事件餘波盪漾，曾任共青團中央書記的兩位年輕領導人被轉調地方。一是胡錦濤，就任貴州省黨委書記（當時貴州省是中國最為貧困的省級地區）；一是王兆國，赴任福建省（距離臺灣最近的對外開放據點之一）代理省長（不久後就任省長、書記）。當時眾人議論紛紛，認為這是與共青團出身的胡耀邦有關，因而出現的「左遷人事」；不過，我卻有不同看法。我認為胡錦濤與王兆國的調職，是鄧小平希望他們能在地方上鍛鍊、累積實力，以便未來在中央領導人的位置上發揮力量，簡言之，這也是鄧小平的「布局」。當然，這也隱含著鄧小平想測試兩人的力量究竟能發揮到何種程度；究竟有沒有資格成為中央領導人的意味。[13]

令眾人始料未及的是，胡錦濤在貴州省黨委書記任後，轉任在治理上最有難度的西藏自治區黨委書記，並於一九九二年回到中央。其後，更一手操辦黨中央書記處，被任命為中央黨校校長；一九九七年於中共第十五次全國代表大會上接任黨中央軍事委員會副主席；並於隔年的第九屆全國人大會議上，就任國家副主席，仕途可說是平步青雲。王兆國則是在一九九〇年回到中央，就任國務院新設臺灣辦公室之主任。不過，比起胡錦濤的升遷，王兆國略遜一籌，其後任黨中央統一戰線部長、政治協商會議副主席；在第十六次全國代表大會上就任中央政治局委員；於二〇〇三年春天的全國人大會議上，升任全國人大常委會副委員長；二〇〇四年全國人大會議的「憲法修正案報告」上，再次受到久違的矚目，今後在全國人大常務委員會內的活躍備受期待。[14]

江澤民領導體制更進一步地強化，是在一九九四年召開的中共第十四屆四中全會上。會中發出正式聲明：「這是以鄧小平同志為核心的第二代中央集體領導開創的、以江澤民同志為核心的、第三代中央集體領導，正在領導全黨繼續進行的偉大的工程。」這也同時意味著六四天安門事件之時，趙紫陽所明示：「遇到最重要的問題，仍需要鄧小平掌舵。」之秘密決議已廢除。只要江澤民在「集體領導」的問題處理能夠不出差錯，鄧小平的長壽，有利於江澤民的權威逐漸提升；相對來說，這反倒不利於潛在的挑戰者們。但如此一來，政局也得以安定。

鄧小平在第十四次全國代表大會上完成了最後的「布局」，在五年之後便駕鶴西歸。一九九七年二月鄧小平辭世，在權力繼承上並未發生任何的波亂。從鄧的布局看來，若說毛澤東的長處在於看穿「敵人」後，思考如何打倒對方的「軍事藝術」，那麼鄧小平所擅長的，便可以說是正確地判斷眼前瞬息萬變的狀況，而後做出「最佳選擇」的「政治藝術」。

鄧小平去世　一九九七年二月鄧小平去世，在政治權力的繼承上並未發生任何動亂。圖為樹立在中國深圳經濟特區的鄧小平大型宣傳畫。

朱鎔基改革

在改革開放的推進與加速方面，深受鄧小平期待的領導人朱鎔基，在第十四次全國代表大會後倏然崛起。朱鎔基所背負的期待，當然是推動改革開放，並設法使經濟持續維持在高度成長的狀態；同時，自一九九三年起愈發顯著的「經濟過熱」，該如何使之冷卻降溫，抑制物價上漲的問題，也是朱必須面對的課題。換言之，朱鎔基上任後的首要任務，便是要在抑制「經濟過熱」、物價上漲的狀況下，同時達到維持經濟高成長。此外，雖然「市場化」的用詞，在一九九二年才被正式公開使用；但是正如前文所述，實際上市場化的機制，早在一九七八年以來，便開始漸進式地推行，例如由人民公社制度轉向家庭承包生產責任制、非國有制的鄉鎮企業的普及，以及原料、商品、勞動力等的市場形成、價格改革等。

漸進式的市場化與都市化

以中國的狀況而言，市場化包括兩個涵義：（一）由計畫經濟轉向市場經濟、（二）由傳統經濟轉向市場經濟。（一）的典型指標，便是工業生產總額中非國營企業（集團、個體戶、股份有限公司、外資企業）所占比例的增長。其比例的變化如下：一九八〇年非國營企業只占總比例的百分之二十四，一九九二年上升至百分之四十八點五，二〇〇一年則到達百分之八十二。一九八五年時，中國仍舊高舉「計劃經濟」這個社會主義中的重要概念，從這一點來看非國營企業比例的數字，可以說社會主義正在進行根本性的變化。（二）的指標則是產業結構、都市化以及社會階層結構的變動。一九八〇年至一九九二年的產業結構變化，雖然從事第一產業的生產者減少了百分之十點二，但是從事農業生產者仍舊占生產人口總比例的五至六成，轉向第二產業及第三產業的趨勢緩慢。從二〇〇〇年及二〇〇一年的數字來看，第一產業生產者停留在就業者全體的百分之五十。[15]

以人口為基準的都市化，從一九八〇年的百分之十九點四，成長到一九九三年的百分之二十八點一，呈現出顯著的變化；但若是與一九六〇年代日本高度經濟成長之高峰期的都市化現象相比，中國的都市化趨勢仍顯遲緩。「漸進式市場化」的特徵，第一便是沒有明確的目標及模式，一步步地推進市場化；第二是在轉向市場經濟的制度上，缺乏機能性的條件，因此採用「漸進式」的改革方法。[16]毋庸贅言的是，中國地大物博、領土遼闊，在各地多元複雜的經濟狀況、發展條件之下，想當然耳，並不適合一舉推動全國性規模的市場化，如此漸進式的方式，或許才是較為堅實穩固的辦法。

過熱經濟的軟著陸

在鄧小平的「南巡講話」過後，各地出現「開發區熱潮」，國內外的投資皆湧入開發區，經濟過熱的現象越趨顯著。每個地方的領導者大喊著「現在正是大好時機」，大興土木，重複地推動各項工程建設。如此的作為雖然能夠大幅提升國內生產總值，卻也造成大批的呆帳以及重複建設的浪費。如果繼續放任不管，「泡沫經濟」將是不可避免的結果。同時，在外資企業以及新型態的個人公司、有限股份公司等不斷增加、擴張的狀況下，加速了國營企業的衰退、惡化，大幅增加赤字成長幅度。有鑑於此，朱鎔基一方面為了維持經濟成長，繼續推動獎勵外資進入中國，並大量發行國債；另一方面，為了冷卻經濟過熱的現象，則是著手整理、抑

朱鎔基　出生於一九二八年，自一九九八年起出任國務院總理，而後由溫家寶接任。

制各地的呆帳。

在推動改革開放的理念上，朱鎔基與鄧小平是站在相同的立場；但是在推動市場化的方針上，朱與鄧的看法迥異。鄧主張分權化以及權力下放的方式，朱則是設法將下放至地方的權限收回中央，並試圖強化宏觀調控的功能。況且，宏觀調控已經不能夠像從前一樣由黨直接發出行政命令進行介入，而必須採用間接的方式調節市場經濟的運行。其最重要的關鍵便是銀行以及財政的改革。一九九三年朱鎔基兼任中國人民銀行行長，強力地取締無擔保的銀行融資，以及債券的濫發等，企圖實現「過熱經濟」的軟著陸。[17]

在稅制改革上，企圖改變過去以來在中央以及各省份之間所使用的財政包幹制。包幹制的做法，是在扣除上繳中央的固定稅額之後，剩餘的稅金全部交給地方政府運用，從事地方建設、福利以及支付地方開銷。如此一來，在沿海等經濟高度發展的地區，儘管地方財政富足充裕，但中央稅收卻無法增加，造成中央在統治及支配能力上的弱化。附帶一提，國家財政收入中，國民生產毛額（GNP）所占有的比率，由一九八〇年的百分之二十四，減少至一九九三年的百分之十六；中央財政的分配比率，則是由一九八四年的百分之五十六，下降至一九九三年的百分之三十五。此外，財政包幹制度的稅收金額，是取決於每年中央與各省之間的協商結果，其中殘留著「不透明的部分」，對試圖在全球化經濟浪潮下謀求發展的中國來說，成為一塊巨大的絆腳石。

納稅系統的不完備及逃漏稅

早在上述狀況出現之前的一九八〇年代後半，朱鎔基便已經提出「分稅制」的概念，可惜的是當時未能實踐；一九九四年才決定正式施行。根據分稅制，將得以徵收的所有項目分類為「中央稅」、「地方稅」、「中央地方共享稅」三個種類，其中的「共享稅」便是重新分配中央與地方稅收比率的制度。中央稅包含消費稅、關稅、金融、鐵路、銀行本行、國有企業等的所得稅以及營業稅。地方稅則是中央稅對象以外的企業、機關以及個人的營業稅、所得稅、城鎮土地使用稅、土地增值稅、農業、畜牧以及特產品稅等。共享稅則有增值稅與資源稅，基本上是以中央百分之七十五、地方百分之二十五的比例進行分配。

若是分稅制能夠徹底施行，只要經濟持續地發展，中央財政的稅收便有增額的保障；過去不透明的中央與地方財政關係，將會進一步地透明化及制度化。然而，「分稅制」的採用，破壞了過去中央與地方間的既得利益，想當然耳，將引起稅收富足的沿海各省強烈的不滿，因而遭到各種形式的抵抗。例如共享稅中的增值稅，原先規定中央可以獲得百分之七十五的稅收，但是為了確保過去地方上的既得利益，據說中央仍舊會把很大比例的稅收歸還給地方政府。對於「分稅制」改革，神野直彥嚴正地表示：「由於中央必須在『既得權益』上與地方政府進行妥協，因此，分稅制從表面上看來，強化了中央政府的財政能力，但在實際上卻只是一個承認現狀的改革罷了。」[18]

關於稅制改革，中國於二〇〇一年五月制定稅金徵收的基本法《稅收徵收管理法》，在運用上的詳細規定則有《稅收徵收管理法實施細則》，於十月施行。然而，整體上來看，法律制度的不完備、納稅意識的薄弱以及罰則規定上的諸多漏洞等現狀，仍存在著許多尚未解決的課題。例如二〇〇二年的某項調查數據顯示，占有全國百分之八十儲蓄總額的富裕階層，對於納稅總額的貢獻度竟然在百分之二十以下，在某些富人之間鑽國家納稅系統漏洞的「逃漏稅」行為也廣泛地流傳開來。逃漏稅並不只限於個人所得稅的範圍，根據國稅局的調查、推估，跨國企業一年的逃漏稅金額，竟然可以高達三百億元。

「進退維谷」的三個困境

正如前文所述，鄧小平將改革的核心部分留置於最後階段，而從最容易著手的部分開始進行，亦即「體制外改革」。而當改革到達一定的階段後，便不得不進入「體制內改革」。這同時也是一九九三年第十四屆三中全會的「決定」。三中全會上通過了〈中共中央關於建立社會主義市場經濟體制若干問題的決定〉，其核心內容為「進一步轉換國有企業經營機制，建立適應市場經濟要求，產權清晰、權責明確、政企分開、管理科學的現代企業制度……，轉變政府管理經濟的職能，建立以間接手段為主的完善的宏觀調控體系」。

關於「國有企業的根本性改革」之課題，雖然先前已經著手從事部分改革，但實際上卻形成了「進退維谷」的三個困境。一是處理「所有制」的困難性。簡言之，若是表面上仍舊高舉著社會主義所有制的旗幟，實際上讓企業改制為「股份公司」，便是選擇了拋棄過往堅持社會主義所有制的道路。若是無條件地將國有資產「股份化」，便與資本主義無異，那麼究竟要用什麼方式來維持「社會主義」呢?當時的做法是，讓政府保有一半以上的股權，便能夠維持公有制（社會主義）。

在一九九七年中共第十五次全國代表大會的「政治工作報告」中，以「公有制實現形式可以而且應當多樣化」之說法，積極獎勵「股份化」的做法。其中對於「公有」之概念也明顯地放寬：「不能籠統地說股份制是公有還是私有，關鍵看控股權掌握在誰手中。國家和集體控股，具有明顯的公有性，有利於擴大公有資本的支配範圍，增強公有制的主體作用。」

由此看來，即便一次又一次地改變「社會主義經濟」之內涵，但是到了最後，只要政府高舉著「社會主義」之旗幟，便不得不把掌控權緊握在自己的手中。因此，為了確保政府主導的優勢，「股份化」便出現公開股、非公開股、A股（僅限國內流通）、B股（國際流通）等複雜的類型結構。如此一來，原本為了「以股份化來活化企業」之目的，卻又走到了作繭自縛、進退維谷的地步。

雇用、失業問題以及國家資產的不當外流

第二個進退維谷的困境，便是由國內企業中勞動者的重新配置、二度就業之問題所導致。正如前文所述，國營企業工業生產額之市場占有率呈現連年下滑的趨勢，二〇〇〇年為百分之二十三，二〇〇一年更下降至百分之十八。不過，國營企業所雇用的勞動者之工業部門市場占有率，二〇〇〇年為百分之三十五，二〇〇一年為百分之三十二，仍舊是壓倒性地高出集團、外資以及私人企業的數據。其實，在過去便早已流傳著許多國營企業過度雇用勞動者的說法。且在外資、私人企業以及鄉鎮企業

的興起後，原本就缺乏效率的國營企業更是備受打擊，若非面臨破產的結局，便是必須進行大刀闊斧的整體改革。然而，在雇用制度、失業保險制度、社會的二度就業環境呈現十分不完備的條件下，若是強制推行國營企業的改革，將會在同一時間內造成大批勞動者失業，社會問題也會更加嚴重，成為第二項左右為難的窘境。即便想要加快改革社會保障制度的腳步，但是在實際的做法上卻也出現問題：如果以全國性的規模來推行，需要投入龐大的資金；如果要委任各個地方政府實行自力救濟，力有未逮的地域也不在少數。

第三個進退維谷的困境，與先前提及的第一個困境有關，也就是為了確保政府的主導優勢而設置的「非公開政府股」所導致的問題。由於是非公開的狀態，其實際狀況只有特定的政府幹部以及企業幹部才能得知。且這些股份究竟如何進行管理與運用，無論是在制度性的手續，抑或是法律上的規定，都十分地籠統、不足。因此，也出現特定幹部們擅自挪用國家資產，獲取龐大利益之現象。在推行改革開放政策以來，便存在著各種「腐敗」現象及其要因（將於後文詳述），而一九九〇年代後半開始出現不當挪用國家資產的問題，也成為另一個重大的要因。二〇〇三年三月的全國人大會議中，中國政府終於正視這項問題，設置了「國有資產管理局」，防止國家資產的不當流出。

朱鎔基改革的第二階段

讓我們將討論的時間點稍稍拉回至一九九七年的中共第十五次全國代表大會。在鄧小平去世後首次召開的全國黨代表大會上，雖然將政治的不安定化視為重要問題，但是江澤民涉危履險，順利地闖過這道難關。會議中最受眾人矚目的是，由江澤民所指名的朱鎔基，在繼李鵬之後，坐上國務院總理的位置，並表明將大刀闊斧進行改革的決心。黨代表大會結束後不久，召開全國金融工作會議、中央經濟工作會議。席間朱鎔基自信滿滿地表示，國有企業改革、金融改革，以及政府機構改革為「今後三年內將完成的三大改革」。然而，「體制內改革」如同一場大手術，將伴隨著大失血的風險，即便是有「辣腕」之稱的朱鎔基，也必然會碰上諸多的抵抗與障礙。我認為，當時面對如此艱難的改革，朱鎔基毅然決然地對外訂出三年的期限，想必是有著背水一戰、破釜沉舟的覺悟。

究竟朱鎔基心裡有著什麼盤算？朱設法利用外在的壓力，也就是進一步地加速經濟上的開放政策，以及外資的力量，推進「體制內改革」。其關鍵便是實現「加入WTO（世界貿易組織）」之目標。早在一九八六年，當WTO仍是前身「GATT」（關稅暨貿易總協定）之時，中國便試圖申請加入組織之內；換言之，為了加入WTO，中國實際上已經花費了超過十年的歲月。然而，中國希望在農業、汽車產業、IT資訊產業、金融業等七項產業上，能夠成為關稅減稅協定中的例外；但是先進會員國卻希望盡可能地降低關稅，減少例外產業，且對於中國在保護「智慧財產權」的制度上仍存有不信任感，雙方協商呈現膠著狀態。加上六四天安門事件的處理，也多少影響了國際觀感，對於中國的政治體制存有疑慮。

一九九九年四月，朱鎔基決定前往美國（WTO會員國中抵制中國的最大國家）訪問，進行直接的會面談判。儘管中國已經在金融、IT資訊產業自由化等數項條件上展現大幅讓步的姿態，美國依舊不願降低門檻，最後這場交涉仍告失敗。朱也因此受到國內保守勢力的抨擊，不得不退回保守態勢。不過，此時在國際上，讓中國加入WTO將有利於推動經濟全球化之想法，開始受到認同與支持。一九九九年七月，藉由日本首相小淵惠三訪問中國的機會，與日本完成雙邊談判，日本對中國申請加入WTO表示支持。其後，中國與其他先進各國的交涉也出現了成果，二〇〇一年十一月，於卡達召開的WTO總會中，終於正式承認中國的加入。

體制內改革的緊要關頭

話說回來，朱鎔基誓言要在二〇〇〇年結束前完成的「三大改革」，其成果又是如何？二〇〇一年三月的全國人大會議，朱鎔基在「政府工作報告」中主張其改革的成果：「國有大中型企業改革和脫困的三年目標基本實現。……金融改革步伐加快。」一九九〇年代，在財政赤字及經濟持續惡化的慘淡狀況下，想當然耳，即使想要將國營企業轉向「股份化」經營，卻不得不面對「究竟有誰會出錢購買股權」之疑問，以及社會上對於「股份化」本身抱持抵抗心理的問題。儘管如此，在政府發表的報告數據中，卻出現十分良好的成績。例如在六千五百九十九間大、中型的國營赤字企業中，已有百分之六十五的比例脫離赤字。且在五百二十間的重點企業中，有四百三十間企業成功轉向股份制度的經營模式。報告指出，上文引述的國營企業，可分為十四個業種，且大多都在前一年年底便已經擺脫赤字化的經營。政府機構的改革，基本上已經完成了中央層級的改革工作，並開始著手進行地方政府層級的改革。二〇〇三年三月「政府工作報告」所提出的成果報告，則較二〇〇二年的狀況更為良好。如此的改革成果，朱鎔基也十分引以自豪，得以光榮引退。

然而，上述之成果數據，實際上有再次進行檢視的必要。首先，根據某中國經濟學者之說法，要讓國營企業擺脫赤字的把戲十分簡單，只要不把破產的企業歸類在赤字企業的範圍中即可。因此，如果將破產的企業重新納入計算範圍，由赤字轉為盈餘的企業數值，應會大幅降低。

二〇〇二年十二月九日至十日召開的中央經濟工作會議上，揭示了二〇〇三年改革重點的四個項目，其中三項便是（一）加強國有企業及國有資產管理體制之改革、（二）確實施行金融體制之改革、（三）加強行政管理體制之改革。其實便是前述的「三大改革」內容。此外，在二〇〇三年三月的全國人大會議上，繼朱鎔基之後接任總理之位的溫家寶，於記者會上揭示，往後將致力於「四大改革」的重要課題，也就是在「三大改革」之外，加上「三農（農民、農業、農村）改革」。由此可見，中國眼前仍舊需要面對諸多課題。詳細內容將於後文論述。實質上的「體制內改革」，其實才正要開始。

溫家寶　出生於一九四二年，二〇〇三年三月十六日全國人大通過任命溫家寶為國務院總理。照片攝於二〇一一年。

中美關係與臺灣問題

柯林頓政權與李登輝上台

一九七九年中美正式建交後，想當然耳，中美之間為了對付「共同的敵人」蘇聯，即使雙方之間仍舊在許多問題上意見出現分歧，但卻還是能夠順利維持著和諧的關係。其中最為棘手的便是「臺灣問題」。中美建交不久後，美國於國內通過《臺灣關係法》，中國對此事提出抗議，認為美國干涉中國內政；其後，美國供應臺灣武器等問題，也成為中美關係之間彼此對立的火種。儘管如此，在一九八〇年代，「臺灣問題」並未成為雙方關係上的嚴重課題，主要是因為，除了彼此之間存在著「共同的敵人」之聯繫以外，鄧小平為了推行改革開放路線，與美國建立協調合作的關係是不可或缺的一步；而美國方面，也對中國大開門戶的決策，深懷好感。

但是在一九八九年，由於六四天安門事件的爆發，美國對中國當局進行嚴正地批判，並在經濟上採取制裁。同一時期，中蘇關係正常化，其後柏林圍牆倒塌，東歐各國以及蘇聯等社會主義國家解體，第二次世界大戰後國際社會上的「冷戰」結構體系逐漸崩壞。正如前文所述，此時鄧小平則是貫徹保守外交，集中火力，致力於經濟的再發展。而中美之間的關係溫度，一舉驟降，其中也與民主黨重視人權的柯林頓就任美國總統有關。此時，再度浮上檯面的，便是「臺灣問題」。

一九七一年至一九七九年，臺灣在國際上受到嚴重的孤立；一九八六年，蔣經國總統解除「黨禁」與「報禁」的限制，親手破除「國民黨一黨獨裁體制」。一九八七年，於戰後首次開放民間一般人士前往大陸探親，中臺關係新時代的到來，似乎是指日可待。但在一九八八年一月，蔣經國因糖尿病而溘然長逝，由副總統李登輝繼任。李登輝繼任總統，同時也代表著生於臺灣的本省人，於歷史上首次成為國民黨主席、中華民國總統之意義。蔣經國所整備完成的臺灣經濟國際化之基盤，由李登輝接手，更進一步地向前推進；同時，在中國因六四天安門事件而導致國際形象下滑的背景之下，李登輝也抓住了「建設新臺灣」的大好時機。

一國兩制與一國兩府

相對於「獨裁國家的中國」，李登輝打著「民主臺灣」的旗幟，積極推動政治體制的民主化，例如承認在野黨的存在、在複數政黨的基礎上實施選舉等。與中國之間的經濟，也經由香港作為中繼點，正式地展開交流活動。除此之外，李登輝也果斷地捨棄「虛構的中國」，亦即「中華民國代表全中國」之意象，轉而推行「中華民國臺灣化」，將中華民國之領土範圍定義為實際上統治的臺灣本島、金門、馬祖等地域。於國際社會上，也不再強硬主張「中華民國才是代表中國的唯一合法政府」，改為「彈性（柔軟）外交」，積極強化並鞏固邦交國家。[19]

另外，也承認中華人民共和國統治大陸地區之現實，放棄過去所提出的「三不主義（與共產黨不妥協、不接觸、不談判）」，為改善中臺關係，開始嘗試「對話」。在非政治的領域上，隨著兩岸交流活動的擴大，也開始發生實務的問題。為此，雙方於一九九一年設立負責處理交流事務之機關，中國方面為海峽兩岸關係協會（會長為汪道涵），臺灣方面則是海峽交流基金會（董事長為辜振甫）。而在共產黨中央雖然已經設置「臺灣問題指導小組」，一九八八年仍於國務院下加設「臺灣事務辦公室」（簡稱「國臺辦」）。臺灣於一九九〇年在總統府內部設置國家統一委員會，作為對大陸政策的最高領導機關，一九九一年於行政院下設立大陸委員會。由此可見，雙方在各階層的對話、交涉機關上皆已設置完備，「邁向統一」之交涉也將正式展開。[20]

李登輝　出生於一九二三年，中華民國第一位臺灣出身的本省人總統。照片攝於二〇〇七年。

儘管如此，臺灣卻拒絕接受中國所提出「一國兩制」的統一方式，因為就算中國同意賦予臺灣再多的「自主權」，臺灣仍舊只能是「地方政府」（臺灣省特別行政區）。此時，臺灣所提出的是「一國兩府」方式，亦即「一個國家，兩個對等的政府」之構想。對此，中國絲毫不願妥協應允。雖然談論到歷史，最忌諱「如果」的說法，但我認為，若當時中國願意展現對話的誠意與姿態，或許今日臺灣便不會懷有如此強烈的「獨立意志」。無論如何，雙方已設立對話的機關並開始發揮作用。一九九三年四月，召開「第一次辜汪會談」，兩岸的民間機關的最高代表汪道涵與辜振甫，於新加坡討論中臺問題。

臺海危機

鄧小平在聽取辜汪會談的會報之後，曾表示：「如果臺灣確認了『一個中國』總原則的事，什麼問題都可以談。……李登輝如果來訪，可以黨主席身分或個人身分。來了就讓他有些突破。」[21]然而，此處所指的「突破」，我推測，「讓臺灣總統就任國家副主席」應為最後底線，對於中共本身所提出的「一國兩制」方式，是絕不願有所退讓；所謂「對等的政府」等議題，基本上根本就不在討論的範圍之內。不過，李登輝仍舊堅持「對等的兩個政府」之立場，不願讓步。其原因並非是美國，抑或是日本等「外部支援與要因」，而是「臺灣意識」的「內部要因」，也就是臺灣的自立、自決意識的升高（其後更為加強）（請參照左側圖表）。

	1993.01	1996.11	1997.11	1998.10	1999.10	2000.02	2000.04
我是臺灣人	16.7	24.9	43.3	38.0	39.7	45.0	42.5
我是臺灣人 也是中國人	32.7	49.5	39.4	44.9	45.7	38.4	38.5
我是中國人	48.5	20.5	17.3	12.3	10.1	13.9	13.6

臺灣人、中國人意識的變化 行政院大陸委員會意見調查，數字為百分比。

一九九五年一月三十日，江澤民於春節前夕的晚會上，針對臺灣問題提出八項主張（亦即「江八點」）。除了堅持過往的政策之外，更加入了「中國人不打中國人」、「我們歡迎臺灣當局的領導人以適當身分前來訪問，我們也願意接受臺灣方面的邀請前往臺灣」等新的呼籲。李登輝在該年四月則提出六項主張作為回應（亦即「李六條」），如「在兩岸分治的現實上追求中國統一」、「兩岸平等參與國際組織，雙方領導人藉此自然見面」等，雙方的主張實為平行線，毫無交集。在經濟呈現飛躍性成長的背景下，加強了臺灣在國際社會上的存在感，該年六月，李登輝以「非正式」的形式，前往美國進行訪問。此事強烈地刺激了中國當局。七月下旬起，於《人民日報》上出現針對李登輝的攻擊，如〈一篇鼓吹分裂的自白〉（七月二十四日）、〈海峽兩岸關係的破壞者——四評李登輝及其「兩國論」〉，文字攻勢開始蔓延擴散。

接著於秋天開始，至次年（一九九六年）三月由全民直選的「臺灣總統選舉」為止，中國軍隊於臺灣海峽附近持續進行大規模的軍事演習。毋庸贅言，中國的首要目的是為了牽制李登輝所代表的「臺獨勢力」，除此之外，也隱含著對美國及日本等國際社會的警告意味。三月下旬，在中國激烈的軍事恫嚇之下，美國派遣航空母艦尼米茲號以及獨立號協防臺灣海峽，以武力牽制中國。這是中美建交以來，首次可能爆發軍事衝突的緊張狀態。同時，臺灣初次的總統直選，李登輝贏過其他候選人，獲得壓倒性的勝利，得票率為百分之五十四，中國的恫嚇行為並未奏效，也代表「臺灣意識」的高漲已是不容否定之現實。

摸索協調的中美臺關係

在美國採取強硬手段以及臺灣表示「向中國說不」的意思之前，中國其實正試圖積極地改善中美關係。另一方面，美國總統柯林頓於首任任期時，對中國的外交策略搖擺不定，也在續任之後，聚集了重視對中外交（認為干預勝於封鎖）的智囊團，積極從事美中關係的改善。一九九六年七月，美國國務卿貝克（James Addison Baker III）訪問中國，隔年（一九九七年）於ARF（The ASEAN Regional Forum，東協區域論壇）上實現了中美外交部長會談，雙方在「加強合作關係」之意見上達成共識。對照一九九六年三月中美兩國的緊張關係，實為急速的轉變。在此背景之下，一九九七年十月底，江澤民訪問美國。中美領導人首次將兩國關係形容為「戰略上的建設性夥伴」，並正式朝向合作關係的結構發展。

一九九八年六月，柯林頓訪問中國，雙方的「合作關係」再次受到確認。柯林頓於北京大學舉行的特別演講，現場座無虛席，聽講的學生們聽得入迷，電視媒體也大規模的報導此一盛況。此外，柯林頓在最後的停留地上海提出「對臺的三不政策」（不支持臺灣獨立、不支持「兩個中國」或「一中一臺」、認為臺灣不應該加入任何必須以國家名義才能加入的國際組織），限制臺灣的國際活動，也討了中國的歡心。這兩年來，中美領袖高峰會上所象徵的兩國關係，讓人預感「邁向二十一世紀美中合作協調關係新時代」的到來。

與中美保持友好關係的同時，中國也積極設法修復對臺關係。一九九八年五月，中共中央召開久違的臺灣工作會議。會中再次重申一九九五年江澤民所提出的「江八點」，並宣示「將心比心，推己及人，我們完全理解臺灣同胞的心情」、「保護臺灣同胞一切正當權益」、「在一個中國的前提下，什麼問題都可以談」等柔性政策。同年十月，一再遭到延期中斷的「第二次辜汪會談」，終於在北京順利召開，並預定次年（一九九九年）春天於臺灣進行第三次的辜汪會談。於辜汪會談後，江澤民也親自招待辜振甫，加深雙方的相互理解。

美國總統柯林頓　一九四六年出生，於一九九三年至二〇〇一年間擔任美國總統，並於一九九八年訪問中國。

儘管如此，美、中、臺三方的關係，並非如文字表面上敘述地單純。一九九八年後半，出現中國民主黨組黨的民主運動，引起中國當局展開徹底的封鎖鎮壓。美國對此表示不悅。一九九九年，在美國的主導下，北大西洋公約組織的軍隊進入因科索沃紛爭而陷入混亂的南斯拉夫，中國展現其批判的態度。其後，美國軍機轟炸中國駐南斯拉夫大使館，造成傷亡，使得中國民眾反美情緒瞬間高漲。美國方面則發生中國人疑似盜用美國導彈技術之事件，導致反中情緒升高。彷彿是藉著中美關係瞬間冷卻的契機，一九九九年七月，李登輝在接受德國記者專訪時，提出「兩國論」之論調：「臺灣與中國大陸的關係早就已經是國家與國家，或至少是特殊的國與國的關係。」

陳水扁　出生於一九五〇年，二〇〇〇年臺灣總統大選，出現首次政黨輪替，長期執政的國民黨失去政權，由臺獨派的陳水扁獲選為總統。

此項說法也代表，臺灣描述兩岸關係，已由過去「兩個對等的政治實體」之曖昧說法，跨出了新的一步。

從李登輝到陳水扁

由於兩國論的提出，使得改善兩岸關係的預期一舉破滅，反而陷入難解的僵局。而第三次辜汪會談的舉行，也只能不斷延期。我曾在李登輝卸任總統後與李碰面，向他詢問：「為何會挑選在當時提出兩國論？」李毫不猶豫地回答：「共產黨在去年第二次辜汪會談後，表示第三次會談的日程將選在一九九九年的春天。但是後來又突然說出，要延期至秋天。其中有何原因？仔細思考後所得到的結果是，秋天十月一日的國慶日，是中華人民共和國建國第五十周年，若是能選在當時進行辜汪會談，便能在國慶日中大大地宣傳祖國統一之形象。我認為這就是共產黨提出延期的意圖。如果就此答應，那只會被中國牽著鼻子走。因此不得不設法拒絕。這便是我於當時提出兩國論的理由。」筆者深刻地感受到，李登輝實為一名深謀遠慮的政治家。

其後，因為美國總統布希（George Walker Bush，小布希）上任，中美之間陷入十分矛盾的關係。在二〇〇〇年的美國總統大選中，布希便批判柯林頓的「對中合作關係」，主張「中國為競爭者」。布希在紛亂的開票中險勝對手。中國方面也提高戒心，二〇〇一年一月布希總統就職後，中國派出布希的舊識楊潔篪擔任駐美大使；三月，派遣副總理錢其琛訪美，展現出構築合作關係的積極姿態。然而好景不常，該年四月，美軍偵察機與中國空軍戰鬥機於海南島上空發生碰撞，造成中國飛行員死亡，美軍機上組員被強制拘留，中美關係一度緊張。布希政府為了救出「人質」（被強制拘留的軍機組員），即使是百般不願意，也只能對外發言表示抱歉。由於中美雙方的退讓，最後得以大事化小，但卻增強了彼此的不信任感。

另一方面，二〇〇〇年三月，臺灣舉行第二次的總統直選。李登輝表明引退，「臺獨派」候選人陳水扁險勝，成為臺灣總統，這也是戰後臺灣史上國民黨首次失去政權。同時也意味著李登輝執政十年的歲月中，「臺灣人意識」著實地高漲、滲透進臺灣社會當中。陳水扁的執政，並非一帆風順。陳水扁所屬的民主進步黨在立法院中未能取得過半的席次；且陳上任之時，IT產業的泡沫化，使得以IT產業為經濟要角的臺灣，經濟陷入嚴重的蕭條慘況。為解決眼前的經濟困境，陳水扁所採取的方式，是較李登輝時代更為積極地向中國大陸市場前進；結果工廠大量且快速地轉移至大陸設廠，使得許多人民因此失業。而民進黨所著眼的環境保護與社會福利政策，也因在野黨的杯葛，無法交出亮眼的成績單。

走向非統一、非獨立，共存共榮之關係

儘管如此，在二〇〇一年十二月的立法委員選舉中，民進黨取得八十七席，成為立法院第一大黨；國民黨占六十八席，失去了近半數的席次，可以說是慘敗。正好我有機會觀察到此次立委選舉，曾數度耳聞民眾抱怨陳水扁政權的經濟政策失敗，導致人民生活困苦的說法。但支持陳水扁的民進黨依舊取得了勝利。四年後，二〇〇四年第三次總統直選，陳水扁也只以些微的差距贏得勝利。二〇〇〇的

總統選舉，國民黨方面分裂成連戰與宋楚瑜兩陣營，不免讓人覺得陳水扁的勝利是「坐收漁翁之利」；不過二〇〇四年在連、宋聯手的嚴峻情勢下，陳水扁卻還是取得了百分之五十以上的票數。在政策上，陳水扁政權的評價並不高，那麼，究竟是什麼原因，讓陳水扁能夠取得勝利？這一問題將在下一章詳述。

無論如何，臺灣民眾對於中國當局打算推動的「統一」方式，已經強烈地表達出拒絕之意。不過，這並不表示，「臺灣獨立」的可能性將會跟著升高。其原因可分析為下列三項。第一，中國在福建省所設置的數百顆飛彈，顯示中國將動用軍事力量阻止臺灣獨立。第二，一旦「獨立」之宣言一出，臺灣海峽兩岸局勢的緊張及混亂將不可避免，這是以美國、日本為首等國際社會所不樂見之情況，因此強力釋出希望兩岸「維持現狀、和平交涉」之訊息。

第三，臺灣與中國在經濟上的聯繫、相互依存的關係日漸增強，甚至可以說是中、臺雙方於當初都預想不到的緊密合作關係。舉例來說，臺灣企業前往中國發展的比例，已較日本企業高，二〇〇四年，臺灣對中國的直接投資件數為四千二百一十二件，是日本二千零三件的兩倍以上。其中，特別是IT相關企業前往中國設廠的現象顯著，二〇〇一年中國IT機器生產總額中，有百分之五十六的比例是臺灣企業。[22]除此之外，依據過往的紀錄，過去臺灣的最大出口國家為美國，但自二〇〇二年起（二月除外），對中國的出口超越了對美出口的數字。二〇〇二年的臺灣總出口比例，中國約占百分之二十五，美國約占百分之二十一，可見臺灣對中國的依賴度升高。

由上述看來，我認為中國與臺灣之間的關係已是「即使想統一也無法統一，即使想獨立也無法獨立，雙方之間的聯結將會愈趨緊密」，且這樣的關係不會輕易產生變化；換言之，便是「非統一、非獨立，共存共榮之關係」的結構。

在上述的中、臺關係之上，中美關係也出現新的樣貌。自布希上台以來，由於布希強烈的反中立場，以及臺灣「自立意識」的高漲，依常識推斷，中美關係之間的摩擦、對立將有升高的趨勢；更進一步地推論，中美關係將走向惡化之途，臺美關係也將趨向友好。事實上，在二〇〇一年三月，布希訪問中國，於清華大學所舉行的演講中毫不諱言地表示：「我們有保護臺灣的義務。」並決定將四艘新型紀德級驅逐艦賣給臺灣。然而，該年秋天，情況卻出現了預想不到的發展。九月十一日，令人無法忘卻的「惡夢」侵襲紐約及華府，亦即「九一一恐怖攻擊事件」。世界各國的目光隨即轉移到恐怖主義與反恐怖主義的戰爭之上。

「九一一事件」與中美友好

對於「九一一事件」所帶來的不幸，中國立即向美國表示哀悼之意，並誓言將與美國並肩對抗恐怖主義。十月於上海召開的APEC（The Asia-Pacific Economic Cooperation，亞洲太平洋經濟合作會議）上，江澤民也表示，將全面支持布希政府「與恐怖組織的對戰」，展現中美團結抗敵之姿，支持美國的「阿富汗戰爭」，以及掃蕩在阿富汗的蓋達、塔利班組織。不過，在二〇〇三年春天打倒海珊政權的「伊拉克戰爭」上，中國卻始終處於旁觀者的立場，並未對美國的行動表示支持。其後，在「北韓核武之六方會談」上，中國向美國展現自身在會談中的影響力，強化與美國的合作關

911恐怖攻擊事件　二〇〇一年九月十一日，伊斯蘭激進分子劫持飛機進行自殺恐怖攻擊，撞上紐約世界貿易中心大樓。中國表示，將與美國一同對抗恐怖攻擊。

係。因此，對於「獨立傾向」增強的臺灣，美國則是順著中國的意向，給予臺灣壓力，抑制臺灣傾向獨立的姿態。

這麼說或許有些不恰當，但是「九一一事件」可以說是中美友好的重大契機，對中國而言，或許可以說是「不幸中的大幸」。在臺灣問題上，美國總統布希也明確地表示：「我們不支持臺灣獨立。」對於陳水扁期盼於總統選舉時同時舉行的「公投」，美國也持不贊成的態度。但是，若要以此為基礎，論斷未來的中美關係是否將趨於安定、臺美關係是否將走向惡化一途，其答案仍如黑暗中的一團迷霧，令人摸不透也猜不著。關於中國，在發展成為一個大國的同時，也仍承擔著沉重的包袱，究竟該如何正確地預測它的方向，可說是難若登天。儘管如此，這個問題對於日本而言，甚至對於世界而言，都是一個重要的大哉問。

1 《鄧小平文選》第三卷。
2 【編按】七大工業國組織成員包括：美國、日本、德國、法國、英國、義大利及加拿大。
3 《鄧小平文選》第三卷。
4 《求是》一九九〇年第二十三期。
5 《北京周報》一九八八年第三號。
6 《鄧小平文選》第三卷。
7 《中國政治》，人民大學複印報刊，一九九三年第九期。
8 《北京周報》一九九一年第一號。
9 《爭鳴》一九九一年第五期。
10 《爭鳴》一九九一年第六期。
11 《當代思潮》一九九一年第二期。
12 朱建榮，《江沢民の中国——內側から見た「ポスト鄧小平」時代》，中公新書，一九九四年。
13 天兒慧，《中国改革最前線》。
14 【編按】王兆國後來於二〇〇八年續任全國人大常委會副委員長，於二〇一三年退休。
15 【譯按】第一產業是指直接從自然界獲取產品，或是利用自然資源進行生產的行業，包括農、林、牧、漁業；第二產業是進行加工的行業，如製造業、採礦業等；至於第三產業則是不生產物質產品，透過行為提供生產力並獲取報酬的行業，如服務業。
16 加藤弘之，《中国の経済発展と市場化》，名古屋大學出版會，一九九七年。

17 【譯按】經濟軟著陸是指國民經濟的運行經過一段過度擴張後，平穩地回落到適度增長區間。

18 《NIRA 政策研究》第十卷，一九九七年。

19 【編按】關於「中華民國的臺灣化」，可參考若林正丈教授的著作：《台湾の政治——中華民国台湾化の戦後史》，東京大學出版會，二〇〇八年；中譯本參見：《戰後臺灣政治史——中華民國臺灣化的歷程》，臺大出版中心，二〇一四年。

20 【編按】國家統一委員會已於二〇〇六年終止運作。

21 齊辛論文《九十年代》，一九九三年第六期。

22 消息來源：財團法人資訊工業策進會。

第九章　二十一世紀的中國——在毛澤東與鄧小平之後

富強大國

該是時候回答本書在一開始所提出的問題了，亦即「中華民族之偉大的復興」，究竟指的是什麼意思？讓我們試著再一次回顧毛澤東與鄧小平的話語。在一九四九年九月二十一日的建國前夕，毛澤東於人民政治協商會議第一屆全體會議中，進行「中國人民站起來了！」之演講，其內容如下：

何謂「中華民族的偉大復興」？

「中國人從來就是一個偉大的勇敢的勤勞的民族，只是在近代是落伍了。……我們的民族將再也不是一個被人侮辱的民族了。……隨著經濟建設的高潮的到來，不可避免地將要出現一個文化建設的高潮。中國人被人認為不文明的時代已經過去了，我們將以一個具有高度文化的民族出現於世界。」1

在六四天安門事件後，中國在國際上被嚴重孤立，於此背景下，一九九〇年四月，鄧小平呼籲「振興中華民族」，其發言內容為：「西方一些國家對中國的制裁是不管用的。……經過四十年的發展，特別是經過最近十年的發展，我們的實力增強了，中國是垮不了的，而且還要更加發展起來。……中國人是很聰明的，雖然科學家研究條件差，生活待遇不高，但他們還是取得了很大成績。中國人分散開來力量不大，集合起來力量就大了。中國人要振作起來。……下個世紀中國是很有希望的。」[2]換言之，鄧小平呼籲中國人要以身為中華民族為傲，並要忍辱負重，力圖振作，讓中華民族在國際社會上贏得各國的良好評價以及敬意。

而鄧小平及其後繼的領導者們，對於「復興中華民族」之內容，設有以下目標。第一，繼續維持經濟成長，成為「富強的大國」。第二，進行漸進式的政治改革，成為「民主文明的政治大國」。第三，解決臺灣問題，實現「祖國的統一大業」。第四，能夠在國際社會上，展現中國「以國家為傲」、「有責任的大國」的姿態。我無意對這些目標提出否定或質疑。對於我這樣略懂中國歷史、理解中國人性格的人而言，完全能夠理解毛澤東、鄧小平以及今日中國的菁英分子們，是真心誠意地以上述內容作為復興中華民族之目標；同時，我也對他們所付出的努力，致上誠摯的敬意。

持續性的高度經濟成長

然而，正如前文已觸及了部分的內容，為了實現上述的理想，中國所訂立的幾個目標本身，同時也在中國內部孕育出某些新的矛盾與問題，成為接下來必須克服的新課題。除此之外，伴隨著中國成為一個大國，「中國威脅論」的議論也隨之出現。這些問題，究竟該如何應對？中國的經濟成長，正如左側圖表所示，呈現令人驚豔的成長趨勢。這個大國竟然能夠在二十五年間維持高度的經濟成長，且往後若能繼續保持這樣的速度成長，將是世界史上前所未見的現象。

因此，光是看見這些現象，會讓人覺得「中國好厲害」、「已經無法與中國匹敵」，而感到畏懼退縮。但我從過去便不斷發出警告，要注意一面倒的「中國肥大化」之言論。如果問我，警告的理由是什麼？那就是我們不得不思考，中國為何能夠達到如此的成長成果？改革開放的結果，難道只有「肥大化」嗎？我所著眼的是經濟發展以及「中國的肥大化」，可說是成長優先主義中「光」的部分，其中「影」的部分則是下文將列舉出的幾個問題。我想如果不能從「光與影」兩面來分析中國的變化，那麼便無法正確地判斷現今也正在變動的中國經濟與社會全貌。

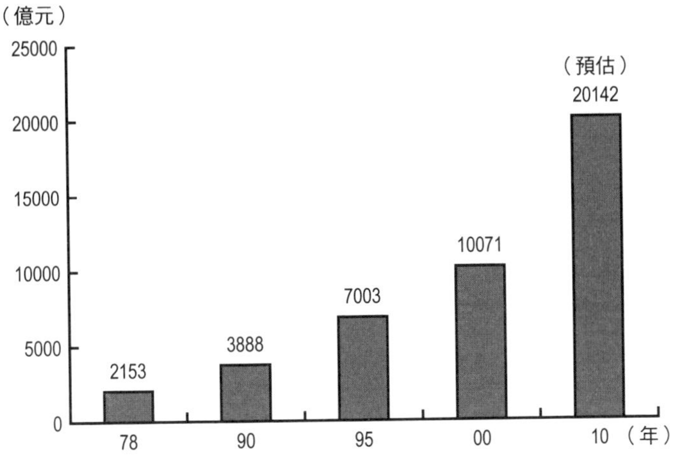

中國 GDP 的變化　資料來源：中國國家統計局。

首先，以「富強的大國」為目標的中國，其所採取的手段，毋庸贅言地，便是保持經濟的高度成長。正如本書一開頭所指出的，中國高呼，將推動高度成長路線，要達成二〇二〇年的GDP（國內生產總值）較二〇〇〇年成長四倍的戰略。維持高度經濟成長的關鍵在於，是否能夠做到：（一）維持外資、外國企業在GDP的占比超過百分之五十，保持對外經濟的依存度；（二）堅持以廉價勞動力、低基礎建設成本等條件吸引投資設廠；（三）對成長效率高的產業、領域持續性投資的保障；（四）確立能源供給之體制，以對應

上海東方明珠廣播電視塔　圖中的東方明珠廣播電視塔是上海的地標建築，落成於一九九四年，自落成以來就是構成上海天際線的一部分。

能源需求的擴大；（五）更進一步地擴大國內市場；（六）維持政治體制之安定。

對環境汙染、經濟發展及貧富差距、一黨專制的異議

關於（一），約至二〇一〇年為止，高速鐵路的建設，以及北京奧運、上海萬國博覽會等接踵而至的國際大型活動，不少著名外資流入中國，外國企業前進中國市場發展的現象，也被認為將會繼續維持。然而，隨著經濟成長發展的同時，也出現了不少聲音，要求對於嚴重擴大的經濟發展差距問題（沿海與內陸、都市與農村、富裕與貧困階層之間的差距），提出改善之方案。若是要提高整體的經濟水準，藉以消除差距，那麼（二）「大量且廉價的勞動力」吸引工廠設置的有利條件，將難以繼續維持。不過卻能提高（五）「擴大國內市場」的潛在能力。（四）的能源問題是供給追趕不上需求的速度，且使用量中約有百分之七十仍舊是石油，該如何脫離對於石油能源的依賴，亦是眼前需要面對的課題。雖然中國已經致力於石油、天然氣的開發，並努力確保自國外輸入的管道，卻還不到充足無虞的程度。如此一來，若是想要確保能源，只能選擇繼續依賴石油，在二氧化碳、二氧化氮、二氧化硫等環境汙染元兇的排放量上，也就無法達到抑制的作用。

除此之外，即使政府一方面推行著經濟基礎建設上的擴充、整備，以及國有企業等的合理化；另一方面，卻也必須針對更多、更強烈的社會需求做出回應，例如：由公司裁員導致失業人數的增加；「一胎化」政策下的獨子已邁向老年，中國逐漸步入高齡社會；空氣及水質等的環境汙染，生態環境遭到嚴重破壞；以華北一帶為中心的水資源不足的現象；不平等、不均衡的教育程度差別等。上述的社會需求，有朝一日將會成為足以撼動中國當局的巨大浪潮，若是政府當局無法提出有效的解決辦法，最晚將很有可能在二〇一〇年前後出現問題。

接著，如果政府打算充實各項社會保障制度、實施環境保護政策以及充實教育制度等措施，那麼前述（三）所提及的，對於成長中產業、領域的再投資，將會受到強力的牽制；而中國政府所追求的經濟高度成長的目標，也將不得不踩下剎車。此外，關於（六）政治安定的持續，當經濟持續發展，將帶來市民階層的擴大，以及市民意識的高漲；在企業全球化之下，世界各地的資訊得以交換、相互產生共鳴；在此環境中，將會增強對於「一黨體制下的政治安定」之異議（後文詳述）。總而言之，「富強之大國——中國」的實現，並非是一帆風順，順利無阻。以下將針對問題，繼續深入探討。

成長優先主義之「影」

一九九〇年代以後，以中國社會科學院社會學研究所為中心，每年實施意見調查，將調查成果集結，發表於《中國社會形勢分析與預測》。[3]此項調查結果有何特徵？過去，有關社會不安，一般市民所關心的問題前四名，幾乎是圍繞在「治安、腐敗、通貨膨脹、失業（含社會福利保障）」之上。但是，大約自一九九八年起，市民嚴正看待「差距」問題的比例逐漸增加。當前應該重視的嚴重問題，可說是下列四項。第一，是無法抑制「差距的擴大」；第二，是都市「失業」問題的擴大；第三，是「三農問題」，亦即低迷的農村、農民、農業問題；第四，是嚴重蔓延擴散的「腐敗」問題。當然，像是前文所述的諸多問題以及社會治安惡化等，於中國內部仍舊存在著各式各樣的嚴重問題。在此，就讓我們先專注於這四項問題的討論。

首先，「差距」問題其實遍存於每一個社會當中。而社會主義之真義，正是想要克服社會中的「差距」。然而，在實現社會主義的過程中，卻導出「獨裁」與「經濟停滯」的矛盾，最後宣告失敗。改革開放的中國，則是拚命地想要避免「經濟停滯」的出現。鄧小平的「讓一部分人、一部分地區先富起來」之呼籲，也確實達到成效。然而諷刺的是，其結果卻導出比日本等資本主義社會更為嚴重的「差距」。此外，也正如前所述，正是如此大的社會「差距」，才讓中國能夠以大量且廉價的勞動力為優勢條件，繼續吸引外國企業前來中國投資；換言之，中國的社會「差距」，成為吸引外資的條件保障。

有關中國的「差距」問題，可以歸納為以下三項：（一）個人所得的差距；（二）沿海與內陸的地域差距；（三）都市與農村的差距。在（一）個人所得的差距上，二〇〇三年中國的GDP已經達到一兆二千億美元，排名世界第六；不過在人均國內生產總值（亦即國內生產總值除以人口數）上，終於突破一千美元，仍明顯低於其他先進國家；順帶一提，日本的人均國內生產總值為三萬二千美元、新加坡為二萬四千美元、臺灣為一萬三千美元。然而，若是單看中國都市地區的人均國內生產總值，二〇〇一年便已達到二千二百多美元，光是上海地區也已突破至四千五百美元。二〇〇二年，根據中國財政部所屬的某研究所之調查報告顯示，人口只占百分之十的金字塔最上層的富裕家庭，其所得占都市所得全體的百分之四十五；而人口占百分之二十的富裕家庭，其所得則幾乎占全中國所得的百分之五十。相對地，倒數百分之二十的低所得階層之收入僅占百分之六；倒數百分之十的最低所得階層更只占百分之一點四。

嚴重的「差距問題」

關於（二）沿海與內陸的地域差距，以堅尼係數（Gini coefficient，判斷收入分配公平程度之指標）來看，二〇〇二年地區間的差距呈現一比二點二，最大為一比三。在這十多年間，沿海與內陸的地域差距，於一九九〇年代初期雖然有逐漸縮小的傾向，但其後差距卻又再度拉大。其中又以上海市（最為富裕之城市）與貴州省（最為貧困之省分）之間的差距最為明顯，相差十點七倍之多。東部沿海地區的新興生產基地，如廣東省、福建省、江蘇省、浙江省的成長更是驚人，同時也拉高了整體的水準。

至於（三）都市與農村的差距，更是有如天地之遙一般。以堅尼係數來看，一九九〇年為一比二點二，二〇〇一年則是擴大至一比二點七九。其差距擴大的最大原因為都市內部對於勞動力的需求增高，相對使得農村勞動力降低。許多經濟專家指出，二〇〇二年都市與農村的所得差距約為六倍之多。二〇〇三年的農民所得平均為二千六百二十二元，與一九九〇年的六百八十六元、一九九五年的一千五百七十七元相較，可以看見其穩定的成長趨勢；然而，若是與都市相比，仍是明顯的低所得、低成長率。且一九九六年後，農業活動生產所得曲線幾乎呈現停滯狀態。

胡鞍鋼指出：「目前中國經濟發展的地區差距是建國以來最大的，接下來的五到十年，差距會更加擴大。中國已經成為世界上地區差距最大的國家之一。」[4]同樣地，在《中國青年報》二〇〇三年十二月十七日所刊載的文章中，以地方幹部一千多人為對象進行意見調查，針對「社會發展中最嚴重的問題」，其調查結果顯示，「收入差距」的擴大，為問題之首。排在第二位的問題是「失業」，第三位是「腐敗」，第四位為「地區發展差距」，整體看來，排名第一與第四的問題便是「差距問題」，可見問題的嚴重程度。

失業與臨時解雇

即使我每年都有訪問中國的機會，每每前往深圳、北京、上海等城市之時，與十幾年前的光景相較，總是對於當地飛躍性的發展程度感到驚訝。過去髒汙、昏暗的北京機場，如今煥然一新，其蛻變後的豪華程度，就連新建的東京國際機場以及其他先進國家的機場也無法與之匹敵。新建的上海浦東機場也是同樣地富麗堂皇。環狀高速公路也不斷地拓展。建於北京王府井東側地下的新東方市場，是一巨大的購物商場，可與美國媲美。漫步在上海的市街上，也如置身於東京一般。光看這番景象，相信不少人會認為，中國已經躋身先進國家之列。人民擁有自用車、手機、電腦等物資的比例急速增長，在時尚、生活型態上，也與東京、香港、臺北等地無異。

然而，我在二〇〇三年年底，步行於購物商場內，環顧四周，不知為何，覺得顧客十分稀少。住在北京的友人解答了我心中的疑惑。由於商場內的商品及食物對於一般人民而言太過昂貴，因此大部分人鮮少光顧；但是，即使顧客稀少，只要富人階級願意上門，商家便能賺進大把銀子，這也是商場得以繼續維持的原因。二〇〇一年夏天，我與一名年輕的學者碰面，這名學者表示，中國的收入差距之問題十分嚴重，並說：「政府所發表的數字都是虛假的資料，一般的都市居民以及農民的生活品質惡化，在他們的內心當中累積了許多鬱憤及不滿。」二〇〇三年十二月，我又再次見到這名學者，詢問他：「現在你的看法有所改變嗎？」，他斬釘截鐵地答道：「沒有改變。」

北京機場　北京首都國際機場是中國境內最大的機場，圖為北京機場第三航廈，完工於二〇〇七年。

看完了中國社會的第一個「差距」問題，那麼關於第二個社會問題「失業」，狀況又是如何？在改革開放實施後不久，在都市中，即使是赤字企業，都給予勞動者最低工資的保障，因此，表面上的失業率並不高。一九九〇年代後半，國有企業的改革才正要開始，但是根據政府的官方統計數字看來，失業率只有百分之三。從數字上看來，失業的問題並不嚴重。不過，當改革正式施行之後，官方數字上的失業人數也逐漸增加。二〇〇一年失業率上升至百分之三點六，二〇〇三年都市地區的失業人數達到七百九十三萬人，失業率也創下新高，上升至百分之四點二。然而，真正的問題是，許多沒有被計算入失業率數字內的失業者。

除了數字上所表現出的失業人數之外，當時還有大量的勞動者，處於被臨時解雇的狀態。其中，無法再就業，也就是實際上的失業者，在二〇〇〇年底約有七百萬人（再就業者為七百八十萬人），二〇〇一年底則減少至五百一十五萬人。有些書籍中推測，若是將這些潛在失業者也算入失業人數，那麼失業率將會上升三至五個百分點。如此一來，二〇〇三年的失業率大約是百分之七至百分之十。政府的智囊團之一胡鞍鋼也指出：「一九九三年後，都市地區的失業者（包含被臨時解雇者）約從六百萬人，急增至二〇〇〇年的一千七百萬人（失業率約百分之七點五），達到建國五十年來的最高紀錄。」

持續性、結構性的失業

儘管如此，關於失業狀況其實更為嚴重的看法，也不斷地被提出。丸川知雄運用詳細的資料以及數種分析方法，算出都市中光是在國有部門以及集團所有部門中的潛在失業者，便已經達到四千零八十萬人（失業率約百分之二十）。這與中國勞工部與ＩＬＯ（International Labour Organization，國際勞工組織）所進行的推測計算結果（百分之十八點八），以及國家計劃委員會所推算的百分之二十五的數字相近。[5]在章家敦（Gordon G. Chang）這本一度蔚為話題的著作《中國即將崩潰》（*The Coming Collapse of China*）[6]中也指出，一九九〇年代末期，中國都市失業者的實際數字，比官方發表的數字高出六倍以上。這也與上述的說法相符。

胡鞍鋼在提出前述的說法之後，也針對日漸嚴重的失業問題提出原因的分析。胡強調以下四點：第一，因為現在正面臨勞動年齡人口不斷增加的時期，必須創造出更多中、長期的勞動機會，這是不得不面臨的嚴重問題；第二，現在正值大規模產業結構的調整階段，失業者激增的現象是持續性且長期性的結構性失業；第三，現在正值轉型市場經濟的時期，國有經濟所能雇用的總人口比例將會急速地減少，非國有經濟無法全數吸收由國有企業解雇所造成的失業者人口；第四，經濟成長進入「資本深化」（資本效率化）的過程，特別是在工業部門，由於國有企業的資本集約度大幅上升、機器化的大幅推進，不僅無法吸收新近出現的失業者，反而造成大量的剩餘人力。

「三農」問題

那麼，第三個社會問題「三農」問題，又是如何？一九八〇年代，正值改革開放政策開始起步之時，人民公社解體，採用家庭聯產承包生產責任制，鄉鎮企業亦開始發展，造成農村急遽豐饒，在各地甚至出現被稱為「萬元戶」的富裕階層。然而，一九九〇年代以後，農業原料價格飛漲、農產品的收購價格下降，鄉鎮企業以及糧食生產的成長率也持續低迷。除此之外，時間進入二〇〇〇年後，農村內部存在著超過一億五千萬人的潛在失業者，農村、農民、農業問題有嚴重化的趨勢。研究農村問題的權威學者陸學藝，針對一九九〇年代後半以後的「三農問題」，有著如下的敘述。

「在大部分仍以農業生產為主，特別是以糧棉生產為主的地區，農民收入增長卻減緩了、停滯了。……但自一九九七年以來，農產品總量基本穩定，而市場價格卻下降了百分之三十以上，以務農為主的中西部農民，這四年的實際收入是下降的。……一九九七年以後，農民的純收入非但未增加反而減少了。這也是為什麼這幾年很多農村地區幹部與群眾的關係緊張，社會衝突上升，上訪（陳情）、集體上訪、越級上訪大量增加的原因。」7

除此之外，也有報告指出，一九九四年的分稅制改革，增加了農民的負擔。分稅制主要是為了調整中央政府與省政府之間的財政關係，省級以下（省與地區、地區與縣、縣與鄉鎮）政府之間的關係並不列入改革的對象之內。且財政支出的責任，並未予以制度化，多是立基於政府間相互角力、交涉的結果，更多的收入集中於上級政府，大部分的支出責任卻被強加於下級政府，造成許多下級的縣、鄉鎮等地方政府，甚至連公務員的薪資都無力支付，這些額外增加的負擔又落在農民肩上，全國都可以看到這樣的現象。

二〇〇一年一月召開的中央農村工作會議，重點課題便是如何對應農民收入減少，並設法維持農民的生活；會中決定，加速推動「稅費改革」，提高農業生產的質量與效率，致力於減輕農民的負擔。香港的專家唐文成指出：「更讓中共高層頭痛的問題，是農民的收入向來就呈現減少的傾向，鄉鎮企業衰退，農民負擔加大，農村經濟呈現停滯狀態。」8二〇〇三年三月的全國人大會議上，雖也提出了「三農問題」的嚴重性，但是並未尋求治本的解決之道。

儘管如此，在二〇〇四年三月的全國人大會議上，開始試圖針對「三農問題」提出具體的解決對策（詳細將於後文敘述）。除了農村中存在著如此不可輕忽的狀況之外，一九九〇年代以後，發生大批農民由內陸農村湧入沿海都市的現象（民工潮），在都市中也產生都市居民與農民（大部分是被迫生活於惡劣生活環境之下）之間的新矛盾及對立，嚴重的社會矛盾應運而生。陸學藝認為，這些離鄉背井的農民問題創造出了「都市中的村落」，使得都市與農村之間出現了「新二元結構」，成為另一個農民問題。

腐敗、貪汙問題

第四，就讓我們來看「腐敗」嚴重蔓延的問題。一九九〇年代末，中國社會科學院的著名研究者何清漣，出版了《中國的陷阱》[9]，內容以實證性的方式，揭露中國社會腐敗的實態，出版之時曾引起一陣軒然大波。順帶一提，何清漣也因為出版此書，而遭受到來自當權者的強大壓力，不得不流亡美國。該書中，由於使用與他國比較的方式來理解中國的腐敗狀況，因此引述了德國某大學的調查報告（一九九五年）以及國際透明組織（Transparency International）[10]的調查（二〇〇一年度）。根據前者的調查報告顯示，在世界四十一個國家的清廉度排名當中，中國僅優於印尼，為世界倒數第二；後者也指出，中國的腐敗指數排名世界第二。

其實，自一九八〇年代後半開始，中國民眾便已認識到腐敗、貪汙之現象為重大問題。正如前述，「倒爺」、「官倒」的用詞也是在這個時期出現；六四天安門事件的原因之一，也是由於民眾對於「幹部的腐敗」所累積的不滿情緒升高之故。然而，一九九〇年代後，貪汙腐敗的事件及規模更是持續擴大。二〇〇四年二月，政府當局所揭示的「腐敗事件立案件數」，在區區的十年之內，竟然累積到一百六十萬件以上。代表性的事件如：北京市委書記兼市長陳希同的集體貪汙事件

◎最為嚴重的社會問題		
① 腐敗：24%	② 社會治安：17%	③ 收入差距：16%
◎第二嚴重的社會問題		
① 失業：20%	② 國有企業：17%	③ 收入差距：17%
◎第三嚴重的社會問題		
① 腐敗：21%	② 國有企業：14%	③ 社會風氣：13%

黨政幹部意見調查　「二〇〇〇年所存在的社會問題中，何者最為嚴重？」（140 份問卷中有效回收 128 份）

（一九九五至一九九七年，因首都再開發，以及收購香港上市企業等獲取的不當利益。副市長王寶森自殺）、廈門遠華公司走私貪汙事件（一九九四至一九九九年，共走私得利約八百億元、逃漏稅二百七十億元，為史上最大規模的經濟犯罪及貪汙事件）等，但這些事件仍只是冰山一角。

讓我們來看看，關於腐敗問題，黨政幹部有何認知。針對「二〇〇〇年所存在的社會問題中，何者最為嚴重」的意見調查（調查對象共一百四十人，有效回收問卷為一百二十八人），其結果如下。認為「最為嚴重的社會問題」，排名的首位為「腐敗」（百分之二十四）、第二為「社會治安」（百分之十七）、第三為「收入差距」（百分之十六）。順道一提，認為「第二嚴重的社會問題」，首位為「失業」（百分之二十）、第二為「國有企業」與「收入差距」（百分之十四）。認為「第三嚴重的社會問題」，首位為「腐敗」（百分之二十一）、第二為「國有企業」（百分之十四）、第三為「社會風氣」（百分之十三）。綜合看來，以「腐敗」問題的積分最高。

二〇〇四年二月後半，眼看著全國人大會議即將召開，人民網進行了「關於此次的全國人大、全國政協，你最為關注的問題是？」之網路意見調查，短短的十日之內，便蒐集了四萬名網路使用者的回答與意見，其中最為關心的問題便是「腐敗對策」（百分之八十四）。排名第二的則是「經濟發展上地區間的不平衡」，亦即「地區差距」（百分之五十七）。

物質慾望的解放

究竟是何原因，讓腐敗如此擴散、蔓延，成為如此嚴重的問題。探尋其原因，可以看見中國除了重視「關係」之外，還欠缺法治、守法觀念的政治文化因素。抑或是在各種層級的政策決定上的不透明，以及在檢核、罰則的制定、實行的結構上，存在著缺陷與脆弱等政治制度性因素。因此，權力與腐敗始終都是中國的歷史性問題。即使是毛澤東的時代也沒有如今日一般嚴重的腐敗現象。改革開放，毋庸置疑的是「對於豐饒的追求」，同一時間，卻也使「向錢看」（拜金主義）的風氣蔓延，在「上有政策，下有對策」的處事風格下，各個階層的掌權者也變得貪得無厭，千方百計地攫取利益。正如同前文所敘述，由於股份化政策的實施，幹部們開始暗地裡對國有財產伸出魔爪，中飽私囊，成為腐敗問題嚴重化的要因。

關於腐敗問題，何清漣的分析如下。「財富的追求慾望就必定會淪喪為純利慾的衝動，導致人們動物性的膨脹、人性的泯滅、社會秩序的混亂和財富的浪費」、「腐敗的氾濫使社會付出了巨大的成本」。「經濟倫理觀念的變化則快得驚人。用各種社會壓力強制社會成員表面上遵守的奉獻型經濟倫理，在短短十多年時間內陷入土崩瓦解之中」。[11] 一九八〇年代後半開始的出現「官倒」、「倒爺」現象，正可以說是這些腐敗問題的表徵。

伴隨著發展而來的「痛楚」

想當然耳，面對著上述的狀況，領導階層不可能袖手旁觀。舉例而言，一九九九年全國人大副委員長成克傑以及江西副省長的貪汙事件，皆被判處死刑，便可以看出上層的嚴正態度。二〇〇一年一月九日，江澤民主席呼籲，

「將全力檢舉，預防並根絕腐敗」，黨中央紀律檢查委員會的書記尉健行也表示，「反貪倡廉將是中共的一項重大政治任務」。

儘管如此，至胡錦濤體制之時，嚴重的腐敗現象仍未見改善。如二〇〇三年一月二十九日，中央政治局為擬定反腐鬥爭之對策，召開會議；二月二十日，中央政治局延續上回的反腐鬥爭對策會議，總書記胡錦濤作出指示：「優先解決中、高級幹部的腐敗事件。」二〇〇四年，於全國人大會議召開前的二月十四日，溫家寶總理進行特別演講，強調重視廉政建設以及反腐敗工作。整體看來，中國政府對於腐敗問題所發出的警告、撲滅腐敗的呼籲，可說是不計其數，不過在實際上，要改善腐敗的現狀，卻是極為困難。

綜觀前文敘述，中國除了必須面對並設法克服「差別」、「失業」、「三農」、「腐敗」四大問題的現狀之外，環境破壞及汙染的嚴重化、水資源不足、對石油能源的依賴、踏入高齡化社會、教育普及的困難，以及一般農民及勞工所面臨的惡劣勞動狀況等，各式各樣的重大問題，堆積如山。在光輝閃耀的經濟躍進發展的背後，其實也伴隨著不容忽視的「痛楚」。

民主文明與祖國統一

胡錦濤上台後的領導階層，進行著「中華民族的偉大復興」之第二課題，推行漸進式的政治改革，目標是成為「民主文明的政治大國」。然而，此一目標卻因為「一黨領導體制的現狀」而受到挑戰。每當問題浮上檯面之時，中共本身並不願意承認問題的存在，只採取否定的姿態；相同的狀況自採取改革開放路線起，至今日為止一再地反覆出現。政壇上的後起之輩，即使嘴上談論「民主」，卻絲毫未有改變共產黨體制的念頭。原因是「共產黨統治帶來政治上的安定，同時也是經濟發展上的政治保證」此一主張，仍舊受到支持。這個說法在法律的完備性以及法治意識未成熟的暫時狀態下，或許能被理解且接受。但是現代化本身最不可或缺的要素便是法律制度的充實完備，因此，有朝一日，「一黨體制」將可能被迫面臨改變。「在確保政治安定的同時，該如何尋求政治體制的轉換」這個問題，考驗著領導人們是否擁有靈活的構思以及高度的領導手腕了。

政治體制改革的困境

正如前述，自六四天安門事件發生後，共產黨的領導者們，已不再如同過往一般地主張政治體制的改革。然而，在一九九〇年代前期，農村中卻積極地推動著村長選舉。都市中，也開始推行較以往更為「自律性」的社區委員會建設。可以說是積極地展開法律和規則的政策以及決策過程的透明化。儘管如此，在六四天安門事件以前的政治改革，是限制黨的角色以及機能，也能在某種程度內容許政治上的多元化；相對地，在六四天安門事件之後，則強調了黨在領導上的絕對性，只要出現挑戰權威的可能性，就會被連根拔起。

在一九九八年至一九九九年，蔚為話題的新興氣功團體「法輪功」崛起，並迅速地遍及全國，

法輪功　法輪功成員二〇〇九年三月在臺灣總統府前集會，聲援中國民眾「退出邪惡共產黨」。

據說全盛時期曾擁有超過一億人的成員。然而，即使法輪功並非政治組織，共產黨依舊採取徹底性的鎮壓，並將其逼至走投無路之境地，最後面臨解體的命運。共產黨會採取如此激烈手段的最大理由，便是認為法輪功若是轉化為政治勢力，將會帶來巨大的威脅。

現今，報紙等媒體報導雖走向多樣化的型態，自由度也增加不少，但是在批判共產黨的言論上，甚至是意圖弱化共產黨的論調（例如三權分立論等），都被加以抑制。雖然中共是「一黨體制」，但是已經不是過去主張階級、意識形態的「革命政黨」，而是蛻變成為「執政政黨」，達到「政治性的統合以及安定」、「調節社會上多元的利害關係」之任務。換言之，現今「一黨體制」的本質正是「權威主義式的政治體制」，其角色為現代化的推手、政治安定的保證人。

是否可能成為接納人民不滿、要求的政治體制

儘管如此，擁有超過六千八百萬黨員（約占總人口的百分之五）的共產黨，毫無疑問地是個菁英政黨，其權威主義可以說是完全覆蓋在人民之上。因為共產黨雖自稱是「廣大人民的代表」，但是以人民為主體選出代表的權利與制度，實質上卻不存在於體制之內。中國政治文化的特徵，便是菁英與庶民之間的斷裂性。縱觀中國歷史，存在著官僚、鄉紳等的士大夫與被稱為「老百姓」的庶民之斷層。

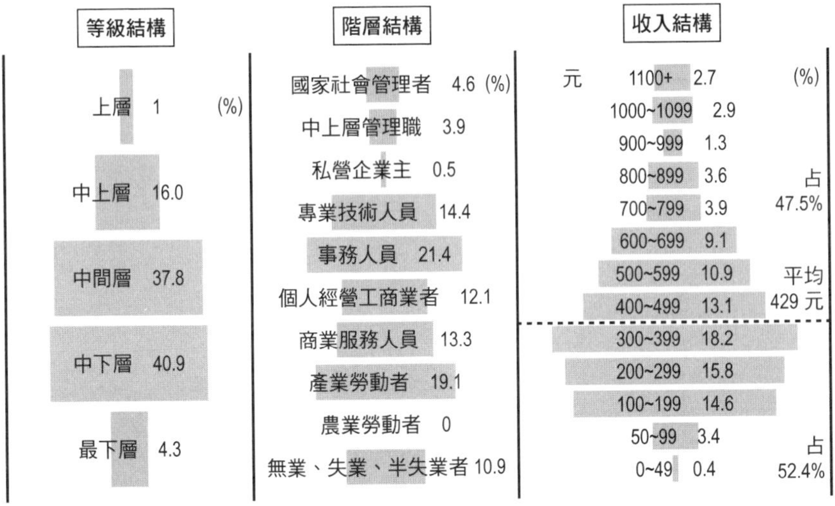

合肥市市區階層分化圖

所謂的儒教文化，其實就是菁英階層為了使自己與庶民作出區別的教養文化。本書開頭所提及的革命，正是基於士大夫們的「救國意識」所導致。

共產黨取得政權後，雖然成為「人民共和國」，不過實際上卻是由菁英階層繼續掌握著權力。六四天安門事件雖然最初只是反對體制的菁英分子們「提出異議」的行動，但是其中卻包含著某種突破政治界線的期待。然而，由於「武力鎮壓」的經驗，顯示人民對於黨及政治體制的異議與批判是不被允許的，導致行動的躊躇不前。即便如此，改革開放也毋庸置疑地為社會帶來結構性的變化，特別是階層的分化（請參照上圖）；孕育出了一定數量的市民階級，在他們的心中，權利意識的概念也持續增強。

除此之外，農民與都市民眾也開始對於幹部的不正當行為、社會上的不平等，以及生活上的困苦等狀況頗有微詞。若市政府無法創設出一個政治體制，接納人民不滿的心聲以及要求，並將之反映於政策之上，那麼將來便很有可能爆發對政治提出異議的行動。現今的政權正是因為對此有所覺察，開始強調「以人為本」、「執政為民」的概念。毋庸置疑的是，往後的領導階層應該會一面重視政治的安定，一面嘗試施行緩和的政治制度改革。

緩慢平穩地朝向國民政黨的變化

那麼，我們該如何理解政治體制變化的特徵？依筆者之見，將從（一）菁英政治（共產黨統治）、（二）民主主義概念及系統、（三）經濟社會在地域上的不均等狀況（階層、貧富、資訊、教育程度等）等三方面來看待在政治上的影響，以及思考中國政治體制的特徵。毛澤東時代是菁英內部的皇帝型，毛澤東的意志直接貫徹至基層，換言之，即為中央集權之性質。概括而言，可以理解為「菁英內部的皇帝主義＋中央集權主義」形式的一黨體制。鄧小平時代，基本上並無太大的不同，但是在推動地方分權化以及推行脫離社會主義意識形態這兩點上，與毛澤東時代迥異。因此，就讓我們將鄧小平時代理解為「菁英內部的皇帝主義＋地方分權主義」形式的一黨體制。

接下來的江澤民時代，中央層級的決定，並非基於個別的領導者，而是由領導階層的集體決議所產生。因此，可以視為是「菁英內部的集團主義＋地方分權主義」形式的一黨體制。我過去曾將鄧小平時代與江澤民時代合起來，稱之為「層疊式瀑布型的權威主義」。其原因在於這兩個時代的權威主義，是在中央的大權威之下，各地則如同小瀑布一般，存在著各式各樣的小權威，因此以層疊式瀑布作為表現。那麼，後來胡錦濤的領導又屬於何種體制呢？又或是以何種體制作為目標呢？這個問題待我們留置最後再進行討論。

現今中國政治體制的最大要因，便是在改革開放的推進之下，雖然較為平穩，但是在社會結構上，除了過去的勞動者、農民、知識階層之外，還出現了更為多樣化、多元化的社會階層，並且各自擁有著各式各樣的利益及價值觀念。中國社會科學院在陸學藝的領導下進行大型調查。在調查成果《當代中國社會階層研究報告》中顯示，今日的階層結構，上至國家、社會管理階層，下至無業、失業、半失業階層，共可以分為十個階層種類，並為各個階層訂定出特徵（請參照三六五頁的圖表）。彷彿是為了對應各階層的利益及價值觀等，共產黨不將自身的定位停留在「勞動者階級的前鋒」，而將其定位為「三個代表」（先進的生產力、先進的文化、最廣泛的人民的利益代表），亦即「中華民族的前鋒」。由此看來，可以說是在事實上放棄了「作為階級政黨的政黨」，正緩慢平穩地朝向內含多樣階層的國民政黨[12]前進。

因此，即使想要維持「一黨體制」，要封鎖民眾與市民的不滿及要求，也有其界線存在，勢必要創造出一個結構，將民眾的心聲納入決策的過程。但是，前文所述的關於差別、失業、三農問題及腐敗等難題，要想找出解決的辦法並非易事；換言之，加深人民不滿的嚴重課題，正擺在中國政府的眼前。其對應之道，不僅考驗著中國的領導部門，同時也是能否提高整個領導體制威信的關鍵。

不可能藉由武力統一臺灣

「中華民族的偉大復興」，其第三項內容，便是解決臺灣問題，實現「祖國的統一大業」。若中國仍維持現有方針，恐怕難以實現。因為「雖然講求和平交涉，但若出現萬一，將決定行使武力」的說法本身，已遭遇到困難。若是「行使武力」，如下所述，顯而易見地，中國自身將會遭受到莫大的損害。

首先，投入中國的臺灣資本以及臺灣企業將會撤退，同時也會引來西方各國的激烈抗議，在投資以及企業參與方面踩剎車。如此一來，便大大擾亂了以經濟發展為基調的「富強的大國」之戰略。想當然耳，若是在二〇〇八年北京奧運舉辦之前「行使武力」，象徵著「中華民族的偉大復興」之「成功舉辦奧運」的目標將會大受打擊。其衝擊恐怕會比一九七九年蘇聯因「進攻阿富汗」而使次年的莫斯科奧運遭遇抵制的狀況更為嚴重。[13]況且，也不能夠過度輕忽臺灣在軍事上的反擊能力，一旦進入戰爭狀態，中國即使能夠取得勝利，在軍事上也會有不小的犧牲。

因此，現今這個階段，在中國政權領導部門的理性選擇之下，「為了統一臺灣而行使武力」，事實上幾乎是不可能的選項。二〇〇二年夏天，我與中國內部負責臺灣政策智囊團中的一人交換意見。當時對方就透露出「行使武力之選擇」的可能性已變得微乎其微。另一方面，在一般的年輕世代當中，也開始有人明確地表示：「希望能在和平交涉下實現統一，並反對為了統一而行使武力。」這些人大多是「獨生子／獨生女」世代，擁有主張個人權利的「市民意識」，也明確地說出自己並無意願投入戰爭。

生根的臺灣人意識

那麼，臺灣方面又是如何？正如前一章所述，事實上在一九九〇年代以後，「中國人意識」急速弱化，「臺灣人意識」正向上抬頭。二〇〇四年三月的第三次總統直選，在國際上也算是難得一見的激烈選戰，與前一次的總統大選相較，可以明顯看出

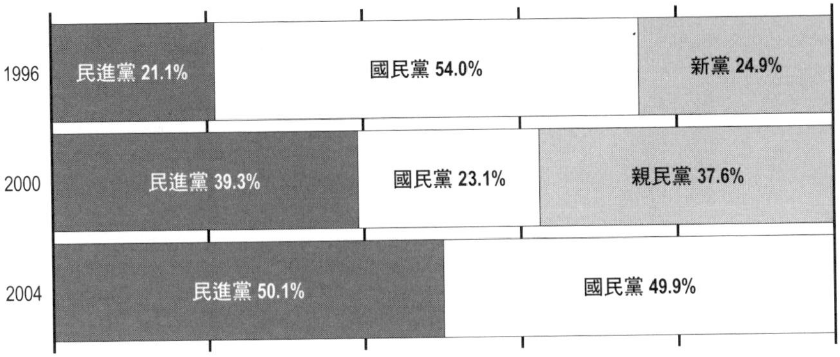

臺灣一九九六～二〇〇四三次總統大選得票率變化

的是，陳水扁的得票率由百分之三十九上升至百分之五十，而前一次連戰（百分之二十三）、宋楚瑜（百分之三十七）的得票率合計百分之六十，於此次則是減少至百分至五十。關於「臺灣人認同」，我回憶起二〇〇三年十二月訪問臺灣時，與民主進步黨某位要員的對話。他說，二〇〇四年三月的總統大選，「我們一定會取得勝利」。當時無論是哪一方面的民調，都還是預測「選情對陳水扁不利」的狀態。因此筆者問他，為何能夠如此確信？他的回答是，「在這四年間，臺灣人意識有著大大的成長與劇烈的變化。連戰陣營沒有充分地理解到這件事。即便有所認知，也無法有效地回應」。

連、宋聯合搭檔的強勢、陳水扁政權在政策上的低評價、中國當局對於總統大選的慎重對應等，儘管存在著這些不利因素，但選舉的結果，卻是由陳水扁以些微的差距取得勝利。不得不說主要的原因，歸根究柢還是「臺灣人認同」已確實地扎根生長，滲透至臺灣人民的心中所導致。原本大多數的臺灣人是屬於漢民族，為何在今日「臺灣人意識」會如此增強？從歷史上來看，自甲午戰爭後，臺灣被清朝割讓拋棄的意識、經過半世紀由日本統治的現實、國共內戰失敗後外省人大量湧入臺灣所引起的摩擦與對立、其後國民黨的白色恐怖，以及對於中國大陸共產黨統治的反彈，使得臺灣人逐漸意識到與中國大陸不同的「我們」＝「臺灣」的認知。在一九九〇年代以後，更加入了以下的原因。

第一，在外省人方面，與中國大陸保持一體感的「中國人意識」弱化。就連長期在臺灣生活的外省人第一代，也強烈地感受到自己與中國大陸之間的距離感。蔣經國於逝世前不久曾說道：「我在臺灣也住了超過四十年，也算是半個臺灣人。」後來這句話也成了蔣經國的名言。而且，外省人第一代大多已經不在人世，已經成為外省人二代與三代的時代，他們大部分對於中國大陸「不熟悉」，對於中國大陸是「故鄉」的感覺亦不復存在。第二，與世代交替有關，對中國大陸不存在認同感的中年、青年這一代已經成為社會的主流。他們大多認為，即使在經濟上有必要與中國大陸維持依存關係，但是這並不等同於就要「成為同一個國家」。第三，臺灣人對於無法成為國際社會上「正式成員」一事，感到強烈的不滿，其中最大的原因便是中國政府的態度；換言之，中國政府頑固的「封鎖臺灣」政策，引起了臺灣的反中國情緒。

中臺關係緩和的關鍵時刻

面對如此的臺灣情勢，胡錦濤的領導部門當然不會輕易地接受陳水扁政權的要求，恐怕會繼續堅持置之不理、靜觀其變的態度。但若是臺灣正式宣布「獨立」，那麼中國當然不可能坐視不管；不過只要臺灣不公開表明獨立，我認為至少在二〇〇八年北京奧運結束之前，中國與臺灣之間的關係框架，就算只是維持現狀，也是好的狀態。將於二〇〇七年召開的中共第十七次全國代表大會，若是胡錦濤體制能夠自立，脫離江澤民等元老們的干涉，並且讓二〇〇八年的北京奧運成功落幕，如此一來，也較有餘力針對臺灣問題，靈活地思索解決之道。

另一方面，在前述的臺灣民意背景下，陳水扁政權即使未提出「獨立宣言」，也會堅持絲毫不對中國讓步的姿態。若是在二〇〇四年年底的立法委員選舉中，民進黨與臺灣團結聯盟等「獨派」勢力能夠取得過半數的議席，便能大大地提高陳水扁政權的威信以及政策能力。[14]國民黨為了生存，也不得不進一步地推動「本土化」＝「臺灣化」。接著，於二〇〇八年，將舉行第四次的臺灣總統直選。在如此的政治程序下，臺灣本身或許也可說是站在一個歷史性的階段，面臨著「與中國的關係該如何繼續走下去」的選擇題。[15]我認為，往後的二〇〇八年抑或是二〇一〇年為止，是中臺關係的關鍵時刻，雙方的領導人們必須以中臺關係的軟著陸為目標，絞盡腦汁，花費心思，設法做出明智的抉擇。

如何克服「中國威脅論」

大幅增加國防費用

「中華民族的偉大復興」第四點，便是能夠在國際社會上，展現中國「以國家為傲」、「有責任的大國」的姿態。中國已是聯合國的常任理事國之一，並成為能與美國、蘇聯（俄羅斯）相互競爭的政治大國。在經濟方面，以GDP來看，也是排名世界第六，並有「世界工廠」、「世界最大的被投資國家」、「世界最大的潛在市場」之名，說是經

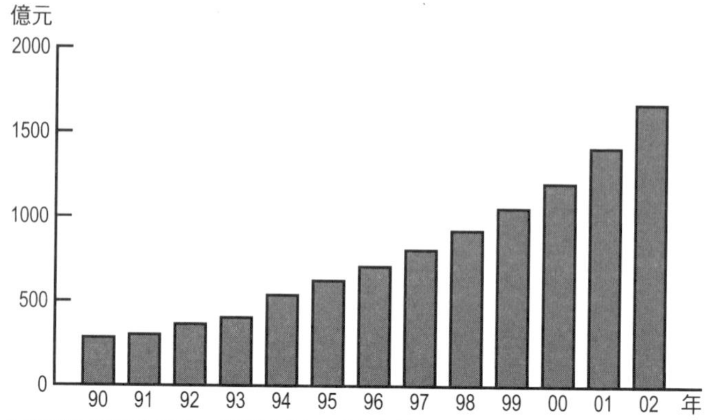

中國國防預算的變化　資料來源：《中國統計年鑑》，二〇〇二年的資料為概算或速報值。

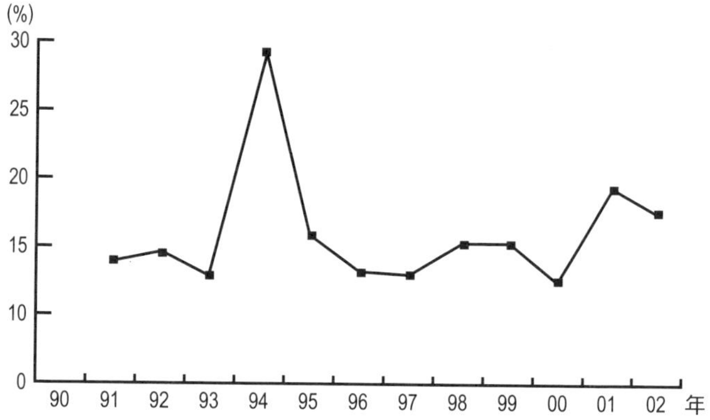

中國國防預算成長率的變化　資料來源：《中國統計年鑑》，二〇〇二年的資料為概算或速報值。

濟大國也不為過。此外，在軍事上也擁有全世界最多的兵力，積極地開發研究核武、飛彈等，其軍事力量也已足以被稱呼為軍事大國。且在六四天安門事件後，中國在國防預算上，呈現持續且大幅增加的趨勢。

關於國防預算，即使單看政府的官方報告，在過去十五年間，除了二〇〇三年相較於前年增加了百分之九點六之外，其餘每年的增幅皆是二位數字，二〇〇四年也較二〇〇三年增加了百分之十一點六，約二千一百億元（約二百五十四億美元），與其他預算相較，仍舊十分突出。且大多數的專家認為，要用這些金額培養二百五十萬名兵士、更新戰鬥機、戰艦等裝備，以及開發高科技武器及太空軍事，實為不可能之事。根據歐、美、日軍事專家的估計，中國的國防費用應該比官方公告的數字高出二至三倍之多。美國國防部的報告中，計算出二〇〇二年末中國國防費用，已經到達六百五十億美元。無論如何，中國軍事力的增強、現代化以及高科技化的突飛猛進之勢，已是確切的事實。

由於中國「綜合國力」的大幅增長，導致國際間的「中國威脅論」甚囂塵上。歷史上，中國與周邊國家的關係，原本就存在著「中國威脅論」，其要因有四：（一）中國原本就是足以勝過他國的大國；（二）基於傳統的「華夷秩序論」，中國以天朝上國自居，將周邊諸國視為次等國家；（三）中國作為「共產主義獨裁國家」的威脅感；（四）在毛澤東時代，中國企圖向周邊各國灌輸「革命輸出」等。但是，冷戰結束後所出現的「中國威脅論」，除了隱含上述的成分之外，也加入了一些不同的要素。

以外部環境面而言，冷戰結束後，蘇聯在東亞（包含東南亞）地區的軍事影響力大幅衰退，美軍也展開撤退計畫，導致「力量的真空」。中國是否會藉此機會趁虛而入，滲透並擴張其影響力之「威脅感」，於國際間應運而生。

「不久，與中國的戰爭即將展開」

一九九二年的全國人大會議上，制定了《中華人民共和國領海及毗連區法》，規定大部分的南海，包含釣魚島列嶼之海域為中國的領海。不久後，中國與越南之間便因為南海的南沙群島問題發生軍事衝突。此外，於同處也與菲律賓爆發紛爭。

中國威脅論　圖為二〇〇六年四月，中國的導彈巡洋艦及驅逐艦在南海演練。但霸權主義的行為，對中國本身而言其實並沒有好處。

其後，正如前述，自一九九五年秋天至一九九六年三月，為了威嚇臺灣所舉辦的總統大選，於臺灣近海反覆進行猛烈的軍事演練。另外，於一九九三年至一九九六年，中國不顧世界各國的反對，強行重啟延緩中的「核子試驗」，此一事件也確實讓他國感受到中國的威脅。話雖如此，即使單純只是美國在東亞的軍事影響力大幅降低這一項變因，中國也無法填補這一個「力量的真空」。因此，上述的中國動向，即使對周邊各國形成「威脅」，對於美國及日本而言，並不至於造成強烈且直接「威脅」的感受。

但是，這與一九九〇年代末期左右所興起的「中國威脅論」，卻有著些許的不同。正如前文數度提及的，超過二十年的高度經濟成長，使得中國在經濟上的影響力大幅升高、軍事力量的顯著增強、以發揚民族主義為背景的「大國意識」之崛起等，使「中國威脅論」再次受到包含日本與美國等國的關注與討論。一九九六年出版的《中國可以說不》，[16]便是主張中國要成為可以對日本，甚至是對美國說不的「強大中國」。世界各國的企業、資金不斷湧入中國，相對地，日本在泡沫經濟崩壞的同時，經濟在零成長的上下徘徊、產業的「空洞化」、失業人數的增加等，持續維持低迷的狀態，就連過去引以為傲的經濟，都有可能被中國迎頭趕上，充分感受到中國所帶來的「威脅性」。[17]在《中國可以說不》

出版後不久，於美國則出版了白禮博（Richard Bernstein）與孟儒（Ross H. Munro）合著的《即將到來的中美衝突》（*The Coming Conflict with China*）[18]一書，引發熱烈的討論。著者們斷定：「無論如何，不久後將成為世界第二強國的中國，……對美國而言雖是戰略上的友好國家，但是長期下來，一定會成為敵對國家。」，煽動「中國威脅論」。

不可欠缺的國際協調與和平共存

中國綜合國力的增強，大國意識也確實漸漸地端上了檯面。但是，在不久的將來，中國就能於國際社會上盛氣凌人、昂首闊步嗎？如此的推論，恐怕還存在著些許的疑問。事實並非想像中的單純。第一，站在中國人的心理上來看，他們希望能夠恢復在國際社會上的「榮耀與尊嚴」，若是要讓他們能夠真正體會到這種感受，不一定要藉由趾高氣昂、霸權主義的舉止才能實現。一九九六年左右，我在某個日中研討會上，曾與一位中國著名的日本問題研究學者進行論辯。當時，這位研究者主張：「我們所嚮往的外交是王道外交。因此，中國並不會成為他國的威脅。」他所想要強調的，不是以「武力」威嚇他者的霸權之道，而是以「仁」、「德」來構築與他者之間的關係，亦即基於王道精神的外交。不過，筆者當時反問道：「王道主義的思想本身，便是以自己高高在上、優於他者的心態為前提，這便是一個問題；此外，這與中國自己所提出『不問國之大小，講求平等、公正、合理』之外交方針，不正是自相矛盾嗎？」

第二，雖然前文已經闡述過，中國持續的經濟成長，與外資、外國企業積極地投入有關；換言之，要論述經濟的持續成長，是無法撇開與國際經濟的緊密關係。因此，中國為了自己的發展，不可或缺的便是講求經濟合作、相互依存優先的國際協調主義與和平共存外交。今日所推行的經濟結構調整、經濟體制改革等，都是為了更進一步地推展對外開放的市場化、國際化。例如積極籌備加入WTO、亞洲地區的FTA（自由貿易協定）等。

除此之外，想要克服嚴重的差距、環境汙染、水資源、能源、失業、高齡化等問題，其關鍵便在國際協調、國際聯繫、國際支援之上。另一方面，中國持續增強軍事力量這一點，當然不容輕忽，但其主要用意應是為了保持對美國軍事威嚇的最小限度抵抗，以及對「臺灣獨立」的嚇阻能力。認為中國提升軍事力，便是放棄了國際協調主義、和平共存的想法，似乎不太恰當。

中國克服「威脅論」所需面對的新課題

第三，中國與其他國家間，在人、物資、資訊上的交流有著飛躍性的增長，正成為「國際社會中的一員」。都市中一般的年輕人、市民可以正常地透過網路，獲取海外資訊。前往海外留學的學生增加，學成歸國的他們以「國際常識」作為行動規範的傾向也更為加強。於非政治領域的部分，中國的國際化正徹底地推動著，可以看見中國與國際社會共同前進的姿態。針對特定的敏感問題，利用網路煽動年輕人，迫使他們採取非理性的排外主義行動之事例，也逐漸增加。

二〇〇三年十月底，於西安的西北大學，因日本留學生表演了「較為下流的短劇」，引發全市大規模的反日運動，至今仍記憶猶新。但是，若是單就此事件，便認為是中國的排外性民族主義，甚至說出中國威脅等論調，也未免過於武斷。事件的背後其實還包含了愛國主義教育的影響，以及國內所累積的種種不滿、鬱憤，最後一舉爆發，成為宣洩的出口。中國已具備了躋身大國行列的種種實力，大國意識升高，在此基礎之上，若是再展現出大國姿態的舉措，無論中國是否願意，「中國威脅論」便會浮上檯面。中國在國際社會上，處在希望保有「尊嚴」的心願與威脅論之間，進退兩難。該如何克服，或許就是發展中的中國的新課題。

未來展望——超越鄧小平

本書截至目前為止，關於「中華民族的偉大復興」的四項層面，亦即「富強的大國」、「民主文明的政治大國」、「祖國的統一大業」、「值得尊敬並有責任的大國」，已從個別的內容及問題點進行分析。同時也點出了，當中存在著數項重大問題以及進退兩難的困境。今後，若是中國打算認真地處理這些課題以及困境，該如何行動？以較為抽象、飛躍式的說法來表示，我認為，那便是「超越毛澤東與鄧小平的構思與做法」。毛澤東逝世後，掌握著權力的鄧小平所做的是「打著毛澤東的旗幟，推行去毛澤東的政策」。

「皇帝」毛澤東與「半皇帝」鄧小平

容我率直地說，希望中國今日以及未來的領導者們，能夠做到「打著鄧小平的旗幟，推行去鄧小平的政策」。何謂「推行去鄧小平的政策」？在此之前，讓我們先來整理，鄧小平是如何做到「打著毛澤東的旗幟，推行去毛澤東的政策」。[19]

在三項層面上，鄧小平確實超越了毛澤東。一是，相對於過度執著於「社會主義」而導致貧困的毛澤東，鄧小平斷然表明「貧窮不是社會主義」，光明正大地追求「富饒」。無論好壞，鄧小平的做法，解放了人類的「慾望」，大大地活化了社會。二是，將中國從鎖國的社會狀態中解放出來，加強與國際社會的結合，使中國成為國際社會的一員。三是，相對於「皇帝化」之獨裁者的毛澤東，鄧小平堅持，即使只是形式上，也要做到領導者們的「集體協議」，也決定讓出自己的位置給後繼者，僅止於「半皇帝化」之獨裁者。

然而，在「洗雪歷史上的恥辱，復興偉大的中華民族」，以及始終未打算脫離菁英主義政治等層面上，鄧小平並未超越毛澤東；甚至可以說是積極地繼承毛澤東的路線。相較於蘇聯、東歐各個社會主義國家，在實施「去社會主義」、「國際化」的過程中走向崩壞毀滅，也許正是因為鄧小平採取了「三項去毛澤東」再加上「一項繼承毛澤東」的組合，才得以讓中國這個國家持續發展。

超越鄧小平的四項課題

那麼，接下來的中國，要「推行去鄧小平」，又該如何做？必須從四個面向做起。第一項課題是必須跳脫「成長優先主義」。在二〇〇四年第十屆全國人大第二次會議上，從溫家寶總理所進行的「政府工作報告」中，可明確看出政府已有脫離成長優先主義之意。「報告」的重點並非是推動GDP的高成長，反而是要將成長目標抑制在百分之七左右。GDP雖是重要的經濟指標之一，卻無法網羅經濟、社會發展的所有面向。上述「報告」的重要意義在於，政府將GDP無法代表的內涵也納入視野之中，例如人民的幸福程度、市場外的勞動、生產、經濟成長所導致的環境影響與經濟發展的平衡等問題。亦即以無法反映在GDP數字上的生活品質為關心的主體，將重點放在新的發展觀之上。

除此之外，於該「報告」中表明「必須堅持把解決好『三農』問題作為全部工作的最重點」，決定改善都市中農民及勞動者的就業環境、訓練農民及勞動者的技術、擴大就業機會、五年以內廢止農業稅等；並訂立具體目標，例如中央政府於該年度投入三百億元解決三農問題、二〇〇七年以前於西部地區實現九年制義務教育等。這是在新中國成立以來，中央財政對於農村問題投下的最高金額。另外，也表示要以三年的時間來解決農民及勞動者的收入問題，展現其決心。

溫家寶發表「報告」後，胡鞍鋼接受專訪，對這份報告給予極高的評價：「首份『施政報告』，清晰地突顯了『以人為本』的新發展觀和『執政為民』的新政績觀。這份報告淡化了經濟增長指標（只有百分之七左右），而突出了三農、就業、教育、衛生等一系列關涉民生的發展目標。……實現由『增長型政府』向『公共服務型』亦即『民生型政府』的轉型。」

今後，若是中國不單只是追求經濟成長的速度，而是將重點放在全面性的協調以及持續性的可能發展，在政策上推行都市與農村的發展、地域性的發展、經濟社會的發展、人與自然的協調發展、國內發展與對外開放的平衡，如此一來，將具有劃時代的意義。亦即由「先富論」轉換為「共同富裕論」。關於二〇二〇年GDP成長四倍之計畫目標的重新審視，相信也會在未來列入討論的話題之中。

「超越鄧小平」的第二項課題就是擺脫菁英主義政治。正如前文所述，我認為中國政治文化的特徵之一，即為菁英（士大夫、幹部）與民眾（老百姓）的斷裂性與二元性。雖然個人在權利的意識上不如歐美國家之現象，可以說是全亞洲政治文化的特色，但是在中國由於菁英階層獨占的漢字文化以及儒教意識形態，使得菁英與民眾之間的斷裂性更為顯著。在菁英階層之中，擁有儒教中最為高尚的「德行」以及統治能力的賢人，便是皇帝。我在前文將毛澤東的作風喻為「軍事藝術」、鄧小平的作風喻為「政治藝術」，正是因為這兩人在政治上發揮了其他為政者無法模仿的「卓越能力」；換言之，即為「賢人政治」。

「賢人政治」、「秘密決議」之界線

在毛澤東與「留蘇派」的權力鬥爭中取得勝利之後，於一九四三年召開的黨中央政治局會議上，通過「毛澤東為中央政治局主席，主席有最後決定權」之決議。另一方面，一九八七年則有「最重要的問題上還是由鄧小平掌舵」之決議。兩項皆為秘密決議，代表著屬於菁英集團的共產黨，將政治狀況的最終判斷、決定，全權委託給這兩位「賢人皇帝」。因此，無論中國當局如何反覆不停地高喊「民主」、「民主主義」之口號，又或者是中華人民共和國將「人民」放入國名，以及憲法上明文記載「一切權力屬於人民」的條文，只要存在著上述的「秘密決議」，便與一般所稱呼的「民主主義」，於根本上畫出了一條明確的界線。

六四天安門事件過後，我與某位政治學者談論有關「民主」的話題。對方帶著揶揄諷刺的口氣說道，中國的「民主」，其實是「你是民，我是主」。他並表示，要在中國思考民主主義的問題，目前仍言之過早，因為「市民社會尚未達到成熟的階段」。所謂民主主義，指的是「由多數者參與以及合議所達成的決定」，與「獨裁者」、「賢人」這一類由特定的個人或是由少數者掌握政治權力的狀況，可說是相互對立的兩端。在此脈絡下，毛澤東、鄧小平時代自然還是不能稱為民主主義的政治體制。

鄧小平之後的時代，江澤民的政治體系由「個人獨裁」走向「集體合議」，但卻仍舊限定在「共產黨領導」這一個特定的少數集團之內。儘管如此，至少我們還是可以認定，這是一個大致上轉向「合議制」的過程。由此可見，江澤民的政治領導體系，是結合了「極為受限的民主」以及「賢人集團執政」兩大要素，亦即「民主．獨裁」的政治體制。

未來將會被質疑的鄧小平型政治

那麼順著前文的脈絡，胡錦濤、溫家寶時代的政治又有何特徵？一是在共產黨這個菁英集團內部，有著進一步推進整體化民主主義之趨勢。估計今後在包含中央的各層級之中，有關領導幹部的選出，採行由複數候選者參選的選舉方式，將會出現顯著的增加。並且不只侷限在地方分權，於非政治性的各種團體、組織等內部，也將會允許朝自主、自律性的方向（類民主主義）發展。然而，共產黨的一黨體制，作為政治安定、調整多樣利害關係的主要軸心，只要一日不崩解，並不會容許其他政黨、政治團體的存在。如此的政治體制，可以概括為「菁英內部的民主主義＋類民主主義」形式的一黨體制。[20]

關於現階段仍在持續發展的中國政治體制，晚近嶄露頭角的政治學者、復旦大學教授林尚立將之稱為「民主主義式的權威主義體制」。民主主義與權威主義原本是相反、不同的概念。但是，如果基於筆者以上的陳述，便也不難理解此一結構，是一方面在整體上維持著一黨專政的權威主義，另一方面推動菁英內部的民主主義以及非菁英階層的類民主主義之政治體制。當然在未來中國是否會走向如同歐美、日本等國之多黨制的民主主義體制，或者是否會如同前述的推論一般進行體制上的轉移，至今皆未能定論。

儘管如此，正如前文所示，中國社會的階層結構正遭遇著巨大的變動。而且腐敗、差別、失業等矛盾，也正在持續地擴大，同時也成為民眾對社會產生不滿的原因。確實，不僅是富裕階層，包括專門技術者、個人經營者、公務員等中間階層，也是現階段體制之下的受益者，他們有能力追求擁有房子、車子，可說是富裕階層的後續部隊。然而，另一方面，同樣在這一中間階層當中，無疑地可以看見市民權利意識的萌芽成長，筆者認為，他們在政治上所面對的不自由，將會導致內心的不滿情緒持續積累，這將是不可避免的現象。西方國家的資訊會透過各種管道，大量地滲透進入中國人民的日常生活之中。比中國更為貧苦的各國，他們的領導人也開始透過直接民選的體制而產生，諸如此類的資訊，將會漸漸地傳入中國人民的耳中。堅持由上而下的領導、由上而下的「民主」這種鄧小平型的政治模式，終將受到質疑。

面對日漸增長的臺灣意識

「超越鄧小平」的第三項課題，便是從過往「統一臺灣方式」的觀念中跳脫出來。確實，鄧小平提出的統一臺灣方式是劃時代的提案。亦即呼籲放棄「解放臺灣」，採取「和平統一」，認為以「第三次國共合作」、「一國兩制」等方式，臺灣問題不久後便能獲得解決。而鄧小平的後繼者江澤民，則提倡更為柔軟的統一臺灣方式，即為一九九五年的「江八點」、一九九八年在中央對臺工作會議上所進行的「江澤民講話」。在此，中國方面指出了幾個重要的觀點。在前者提及「中國人不打中國人」，在後者則說「我們完全理解臺灣同胞的心情……要充分尊重臺灣同胞的生活方式和當家作主的願望，保護臺灣同胞一切正當權益」。我認為若是中國有意實踐上述發言，那麼在前者的主張中，即使是附帶其他條件，也應該提出「放棄行使武力」；於後者的發言上，面對「臺灣人日漸增強的自立、自覺意識之心情」，則應該以某種形式展現出關懷照料之意。

李登輝與陳水扁　陳水扁就任總統後，即以李登輝路線的繼承者自任。兩人都相當程度地突顯了臺灣主體性。照片攝於二〇〇一年十二月。

在臺灣方面，值得注目的重點則是二〇〇〇年陳水扁於總統就職演講中的「四不一沒有」。亦即宣告在其任期之內：（一）不宣布獨立；（二）不更改國號；（三）不推動兩國論入憲；（四）不推動改變現狀的統獨公投；（五）沒有廢除國統綱領與國統會的問題。除此之外，陳水扁也呼籲「要在既有的基礎上，共同處理未來『一個中國』的問題」。在陳水扁第一次的任期結束前，兩岸的對話仍舊處於停滯狀態；面對中國當局頑強的態度，原先焦躁不安的臺灣，在二〇〇四年總統大選後，展現出的「獨立」傾向更為強烈了。

儘管如此，中國與臺灣雙方應該再次確認自己所主張的「原點」，並在此基礎上，繼續努力，培養、加強雙方的信賴關係。於二〇〇四年總統大選中取得連任的陳水扁，在該年五月的就職演說內容，可以看出不挑釁中國、妥協的態度。我認為，若是能夠更靈活地進行構思，稍稍轉換觀點，中國與臺灣雙方將有可能相互讓步。例如，關於「一個中國」的論題，中國方面表示，必須以此為前提進行協商；臺灣方面則是表示，可以此作為未來的目標進行協商。換言之，雙方的分歧在於，「一個中國」是前提或是議題。雖然兩者之間有落差，卻都未從正面否認「一個中國」的論調。因此，或許雙方應該果敢地承認彼此的差異。

跳脫愛國主義與大國主義

此外，或許在「國家主權論」上，也必須尋求更為靈活的思考方式。其實，站在歷史的角度上來看，主張「國家主權」為「神聖不可變動」之說法，並不成立。我認為，中國若是尊重臺灣人「自立、自決之意識」，至少應該擴大臺灣在國際活動的空間，例如讓臺灣以觀察員的身分參與聯合國的運作，或是同意臺灣加入WHO等國際機構。中國方面只要設法創造出一套說法，將認同的行為與「一個中國」的論調相互連結，使其並存即可。過去筆者所提出的「部分主權論」（承認臺灣擁有主權的一部分，在國際社會上容許臺灣擴大其活動範圍的行為），便是一個例子。鄧小平雖然曾經提出過偉大的說法，但或許已成為「歷史的產物」。中國在處理臺灣的問題上，需要以更為新穎的構思、創造性思考的方式出發。

「超越鄧小平」的第四項課題，便是在國際社會的參與上，跳脫「愛國主義與大國主義」的思維。洗雪民族的恥辱，恢復民族的尊嚴，確實是中華民族之夙願，同時也是毛澤東、鄧小平、江澤民等人的課題。然而，若是試著冷靜思考，其實中國已經成為於國際上擁有僅次於美國影響力的大國。且在「愛國意識」上，也絲毫不亞於其他國家。在此狀況之下，是否仍有必要繼續鼓吹「愛國主義、大國主義」？正如前述，若是中國一方面加強發展經濟與軍事力量，另一方面追求「愛國主義、大國主義」，將會使「中國威脅論」甚囂塵上，這也是國際社會所不樂見的狀況。我認為，在中國認知到自己「愛國」，而且已是「大國」的狀態之上，究竟該如何創造與國際社會之間的新關係，將是中國接下來必須面對的新課題。

習近平　出生於一九五三年，二〇一二年就任中共總書記，二〇一三年起擔任中國國家主席，是中華人民共和國成立後出生的首位國家領導人。

二十一世紀的中國該何去何從

本書的論述在此也即將接近尾聲。開始胎動的巨龍，在帶著世界許多國家與人民的期待及敬意，飛奔天際的同時，也必須面對前述為「去鄧小平」而需克服的四項課題。國際社會是如何看待這些課題呢？對於今後的中國，國際社會所抱持的期待，既非如二十世紀後半的美國一般，成為「世界的中心」；亦非如蘇聯一般，成為「美國的對手」，活躍於國際社會的權力遊戲之中；而是成為「更為豐饒、自由、民主的國家」，重視國際協調、和平共存，肩挑重責，在各種國際問題上與其他大國同心協力一起面對。當然日本也對中國抱持著同樣的期盼。

近年來，中國領導人的發言中，也開始出現與上述類似的觀點。例如，二〇〇三年三月刊載於外交關係專門雜誌《世界知識》當中，外交副部長王毅（後來出任駐日大使）的發言。過往的中國，將冷戰後的國際體系視為「幾個大國之間相互調整，取得均衡，朝向多極化發展方向的轉換期」，並訂定外交戰略，以成為國際社會中主要的一「極」為目標。其實私底下卻也存在著「大國」被作為弱小國家任人擺布的歷史經驗，以及傳統上「作為大國之榮耀」的心態。這是知名的國際政治學者陳啟懋所主張「弱國無外交」說法的另一表述形式，因而希冀走上「大國外交」的道路。

然而，王毅首先強調，「我們所主張的多極化，與傳統的解釋是完全不相同的」，其特徵可以統整為以下四點。

一、目標是達成多種力量的協調共存，並非是犧牲小國的利益，成就「大國之間的均衡」。

二、發展中國家是多極化體系的重要力量。

三、多極化本身是一種過程，重要的是要漸進地往平衡的方向發展。

四、多極化雖是客觀的趨勢，但是多極化所建立的關係卻反映了主觀的意識。因此，中國所嚮往的多極化是「各國之間的平等協商、協調共存」之國際格局。

神舟五號返航　二〇〇三年十月十六日，神舟五號載人太空船順利返航，於內蒙古著陸。

上述的主張，已經不屬於「多極化」的一般定義。二〇〇四年三月全國人大會議的「政府工作報告」中，總理溫家寶也極力主張，「我們要堅持促進世界多極化，倡導國際關係民主化和發展模式多樣化，……要堅持互信、互利、平等、互助合作的新安全觀。……我們要積極拓展多邊外交，在聯合國和其他國際及區域組織中發揮建設性作用」。

近年來中國學者所提倡的「新王道主義外交」，若其意指只有中國才是「王道主義」，那未免過於驕矜自大；但是如果是多數的大國皆是「王道主義」之思考方式，彼此共有共享、協調合作，那便十分接近最為理想的國際秩序。例如現今成為熱門議論話題的「東亞共同體論」或是「東亞型國際秩序」，若是中國從一開始就能將國際秩序設定為多數國家，在彼此分工合作、相互協調的基礎之上一步步向前邁進，或許就能避免許多不必要的對立與摩擦。

日中關係該何去何從

那麼，日本作為中國的鄰國，又該如何思考今後的日中關係？亞洲大國的日本與中國之間，「究竟是對手，抑或是夥伴」的問題經常被提出來議論。從歷史上的角度來看，甲午戰爭也可說是當時的日本與中國，於東亞爭取霸權的結果。其後，一部分的日本人曾試圖響應，以孫中山為代表提出的「日中合作論」之呼籲，但是最後日本卻是以「侵略」中國行動作為回應。第二次世界大戰後，受到冷戰結構的影響，至一九七二年為止，日中雙方持續維持著「冷淡的關係」。然而，一九七二年至今日，日中兩國雖然在歷史上還殘留著「芥蒂」，但整體看來，關係可說是極為良好。在某種意義上，日中關係的發展對中國最重要的貢獻在於中國的經濟發展，以及中國以「普通國家」，而非「革命國家」的身分加入國際社會。

近年來，在日本社會中常能聽見「警戒中國論」，但是撇開對中國喜好與否之情緒，冷靜地觀察，可以發現到目前為止，中國在國際社會中，至少還是有貢獻於「和平與發展」的，可說是協調主義的。看見中國在國際社會上所踏出的步伐，我認為，日本人可以有所認知並引以為傲，自己的國家於其中所付出的重要貢獻。不僅只是常被提及的ODA（Official Development Assistance，政府開發援助），還包括關於國際經濟的法律完善支援，以及於中國申請加入WTO之時，日本在先進國家中，善盡帶頭領導的角色等種種貢獻。除此之外，在六四天安門事件過後，中國遭到國際社會的孤立，日本也於G7高峰會堅定地表明「不能讓中國受到孤立」。

以創造東亞地區協力合作關係為目標

我們無法否定，在日本與中國之間，存在著對抗性的要素。無論是否願意接受，日中雙方確實是「對手」關係。但是，卻也同時存在著「夥伴」關係。面對大國化的中國，日本應該保持的態度並非拉高姿態，而是伸出雙手展現善意；筆者認為，未來的日中關係所追求的，應該是在重視一九七二年以來日中關係的基本路線之外，更進一步地謀求友好關係的發展。

中國方面，面對日本的態度，也不應該只是誇大自己所認同的問題進而批判日本，而應該確切地意識到，日本在與中國建交以來所做出的不少「貢獻」，並將之傳達給國民，致力於改善中國內部的對日情感。如此一來，這個嘗試所帶來的影響，並不會只停留在日本與中國兩國之間。究竟該如何創造、發展東亞地區協力合作之結構，在日中之間維持著何種關係這項重要課題上，可說是占有決定性的影響。甚至會為今後世界上，新的國際和平、勢力均衡的格局帶來重大的影響。

在保持對手關係的同時，該如何構築協力合作之關係？在日本與中國之間，領域的劃分及分工，亦即領導角色的分配，在最初便必須納入視野之中，以便思考東亞地區的合作關係。首先，日本與中國在此一觀點的認知與意識，是極為重要的。

同時，前文所述關於中國本身所抱持著的嚴重課題，如環境破壞、差別問題及社會保障制度等，日本也應該不惜餘力地積極協助中國克服。這不僅是對於中國的社會發展有所貢獻，更代表了雙方在構築信賴關係上的重要意義。若是日本無視中國的困境，任其自生自滅，相信對於日本本身，也會招致不良的後果。由此可見，日本與中國之間，確實存在著無法切割的深切關係。

今後這條「巨龍」的趨勢，我們還是無法視而不見。

結語——在中國向年輕人講解「現代日中關係論」

最後，我試著以自身的經驗出發，談談如何克服日中關係間的「刺」，也就是關於歷史認識以及感情上的「芥蒂」等敏感問題。

日中之間最大的問題是「相互誤解」

二〇〇三年秋天，由於西北大學日本留學生的「短劇騷動」，在古都西安發生了反日暴動。二〇〇四年夏天的亞洲杯足球賽，也看見了「反日情結的爆發」，日中之間的感情對立論爭呈現白熱化。但是另一方面，於此之前，在討論「東亞共同體」以及如何思考日中合作的論點上，也有深入的討論。日中關係的發展可說是來到了極為關鍵的時期。二〇〇四年九月，我恰好有機會能夠在周恩來的母校——位於中國天津的南開大學日本研究院——以研究生為授課對象，開設「現代日中關係論」的課程。這個夏天別說休假，幾乎連休息的時間也沒有，十分繁忙。出發前往中國的當天，直到前往成田機場的途中都還被編輯追稿，如同逃亡一般地搭上飛機，幾乎沒有時間準備授課內容。然而，一抵達天津，踏入大學之門後，便全身充滿了幹勁。

這次的授課機會，對我來說在思考如何拓展中日關係上是很珍貴的經驗，因此想在這裡跟各位讀者大致說明這段體驗。課程開始前一晚，我準備了課程的概要。回想最近發生的時事，我意識到要是犯了某個小錯誤就可能招致學生反感，甚至導致課程無法進行。所以授課的內容最好是以「從自身的體驗看日中關係」作為課程引言，接著以「經濟與人的深入交流」、「日中之間的情感問題」、「歷史認識問題」以及「亞太、世界中的日中關係」的順序進行。

我在課程的開頭就強調，「日中之間最大的問題就是『相互誤解』。我直率地說出自己的想法。希望大家也能表達自己的意見，有不同的意見也不需要顧慮，就請直率地發言。相互提出意見並討論才是最重要的事。當然，我的內心深處，還是希望能夠對加深日中之間的相互理解、建立良好關係做出一些貢獻。」

由於當初從研究院院長手中接到這一門課時，是用中文交談，所以在課程中也被要求希望盡可能使用中文授課。雖然有些猶豫，但我還是決定用中文講課。第一天，課程一開始，雖然還沒有上軌道，學生也有些緊張，但或許是引起了學生的興趣，最後大家開始積極地提出自己的意見。從「為什麼天安門事件後，日本人對中國的情感會惡化？」的問題開始，到軍國主義的脈絡下「對於武士道有什麼看法？」、「怎麼看待憲法修改？」等，討論由第一天開始就十分熱烈。或許是因為得知，電影《末代武士》（*The Last Samurai*）中的「武士道」在日本成為討論的話題，所以學生提出了關於武士道的問題。學生們的理解是，武士道＝將軍人的攻擊性、野蠻性正當化的思想。但事實上並非如此，我的解釋是，武士道是武士們重視樸實、廉恥、忠義等思想上的精神支柱。第二天，討論的題目是「經濟與人的交流」。因為有些學生想要學日文，希望我用日文授課，因此就以日文講授。但也因為如此，學生無法充分理解課程內容，反應不佳。不過，課堂上也出現「為什麼日中之間不肯實現ＦＴＡ（自由貿易協定）」的提問。

第三天以後，又恢復到用中文授課。不久，我認為不能再迴避橫亙在日中之間的重大問題，亦即所謂的「敏感問題」，因此我毫無顧慮地向學生們表述自己的想法。不說場面話，不懼怕爭論，大家一起來討論。我想，若沒有經過這樣的過程，將無法達到真正的相互理解。在歷史問題上，以下列問題的討論為主：（一）「日本道歉了嗎」的爭論、（二）「參拜靖國神社」的爭論、（三）「賠償」問題、（四）「南京大屠殺」的問題。關於現狀的問題，則討論了：（五）日本是否會走向軍國主義的道路、是否會成為軍事大國、（六）「憲法第九條修改」的問題、（七）「臺灣」問題。其中無論是哪一個議題，都是會讓人不禁嘆氣的沉重課題。不過，由於我生性樂觀又不認輸，所以能夠毫不猶豫地面對這些問題。

不說場面話，不懼怕爭論

關於（一）的問題，從《中日聯合聲明》的文字來看，「對中國造成重大損害的責任，表示深刻的反省」之文句，以日本人的感覺來說，是帶有「道歉」的意涵。其後，這樣的語句也可見諸數任日本首相的言論以及某些相關文書。一九九八年江澤民主席訪問日本之時，雙方發表《中日聯合宣言》，當時關於是否將「道歉」寫進宣言，成為了爭議的問題。最後「道歉」雖然沒有寫入宣言內，但小淵惠三首相在口頭上表示「抱歉」。不難理解，對中國人而言，如此「道歉」的方式並不完整，但若要說是「沒有道歉」也不恰當，我認為這就是「誤解」之一。在經過幾番討論之後，學生們希望能夠在文書上表示「道德」及「節操」上的「道歉」，如此一來中國人也能夠理解並接受。我回答，若是將來日中領導人因某些活動進行會談，且需要提出「聯合宣言」時，或許就有機會實現。

至於（二）「參拜靖國神社」的問題，並非是要逢迎中國，我自己的立場也是反對現任首相「參拜靖國神社」。第一，「靖國神社」是祭拜明治維新的元勳以及戰歿軍人，大多數一般的戰爭犧牲者是被排除在外的。因此，我認為「參拜靖國神社」，在全體國民的意義上，絕對不是「撫慰戰歿者的在天之靈」。第二，讓一個宗教法人團體操辦「國民性質的儀式」，也違反憲法「政教分離」的精神。第三，該神社陳列著歌頌「大東亞戰爭」的文章及紀念物品，顯然無法表達多數國民深刻反省這場戰爭的心情。

對於參拜靖國神社的問題，和我一樣有相同見解的人絕不在少數。我和學生們說，事實上在數年前，日本前官房長官福田康夫的智庫就提出了以興建「戰歿者慰靈墓園」代替靖國神社的計畫。我不清楚學生們對我的心情理解到什麼程度，但他們也提出了「現任總理參拜靖國神社，確實會被理解成代表國家的行為」、「我們所在意的，是A級戰犯也同樣被供奉祭祀，如果能分祀的話，會不會比較妥當？」這些較為冷靜的意見。

賠償問題與南京大屠殺

關於（三）戰爭賠償問題，我的想法如下。至二十世紀為止的國際紛爭，都是國與國之間的戰爭。因此戰爭處理的賠償問題，都是國家賠償，當然也就沒有所謂民間賠償的問題。一九七二年中國政府在《中日聯合聲明》中已「放棄賠償的請求」，兩國間的戰爭賠償問題已經告一段落。開始出現民間賠償的討論是在一九九〇年代初期，日本曾詢問中共中央幹部。獲得「賠償問題已經解決」的回答後，再次提問「其中是否也包括民間賠償」。中國方面表明「是的。由於我們是代表中國人民的政府，當然也包含民間層級的問題」。然而，當時在中國的戰爭犧牲者被放置不管，很難從政府方面獲得支援，其遺屬內心的不滿與芥蒂也是事實。實際上「造成莫大損害」的日本及日本人，對這些人不應該採取「因為已經獲得解決，所以沒有關係」的態度，不能不以某種方式回應他們的要求。時至今日，日本也以各種形式進行著所能給予的回應。但是，這是戰後補償的問題，而非民間賠償。

關於（四）「南京大屠殺」的問題，首先要承認確實曾有「屠殺」這種野蠻行為的事實，任何想要否定這段歷史的念頭都應該被譴責。但是從研究者的立場來思考的話，應該先釐清「屠殺」的定義。一般而言，「屠殺」是「殺害一般市民、子女，非戰鬥人員，以及捨棄武器及戰鬥服裝、放棄戰鬥意志的人們」。而今日所言及南京大屠殺的人數，在本書中也討論過，有（a）中國當局的三十萬人說、（b）遠東國際軍事法庭的十一萬九千人說、（c）拉貝（John Rabe）日記的五萬至六萬人說、（d）秦郁彥的約四萬人說。有學生問及我的看法，我認為，當時南京的總人口約三十萬人，（a）所說的人數可能太多，況且在短期間內要殺害三十萬的人，不是件簡單的事。（d）秦氏的主張雖然也有其說服力，但評估標準十分嚴格，我想事實上或許是在（b）和（c）的說法之間，不過因為我並非此專門研究此一問題，所以也不能斷定。支持三十萬人說法的學生表示，當時從外部流入南京的人數不少；此外，也有學生提出，在南京勇敢抵抗日本侵略的人們也同樣是犧牲者，沒有必要去區別戰鬥人員與非戰鬥人員。

接著，我提出「南京大屠殺」和納粹的「屠殺猶太人」兩者間在本質上的差異。雖然常有人將兩者一同議論，但不同的是，希特勒是以「消滅猶太民族」為目的進行屠殺，為了屠殺而在各地設置巨大的毒氣室，殺害了近六百萬的猶太人。而「南京大屠殺」並非是帶有目的性的殺害。或許可以說是在戰爭的緊張狀況中所發生的「偶發性事件」。對於這個說法，引起了情感上的反抗：「屠殺行為並沒有什麼本質的差異」、「日本發動戰爭本身就是以侵略為目的，不能說是偶發」等。果然在此問題上，可以感受到雙方之間巨大的鴻溝。話雖如此，也有學生點頭贊同我的主張。

日本的軍國主義化及憲法修改

有關（五）日本是否軍國主義化的問題。關於軍事大國化的議論，在大家的觀念中，相信有很多人是囫圇吞棗地理解為，由經濟大國化邁向政治大國化，再由政治大國化邁向軍事大國化是理所當然的進程。而日本是經濟大國，現今正邁向政治大國。相信有人也輕率地認為，日本最後是以軍事大國為目標而邁進。然而，這樣的根據是什麼呢？如此想當然爾耳思考方式是錯誤的。戰後的日本與德國雖然致力於經濟發展，但是卻小心翼翼地避免成為軍事大國。關於所謂的軍事大國，不得不考慮到「意圖」與「能力」的問題。或許可以說日本已經擁有成為軍事大國的潛在能力，但是在意圖方面，卻是徹底的否定，並且自我拘束。

首先，根據憲法，堅持和平主義為基本方針。宣示「非核三原則」的大國也只有日本。又「珍惜和平」的觀念已經滲透入國民階層。日本在戰前朝著軍國主義、軍事大國的道路前進，已經嘗到苦果。雖然發動了侵略戰爭，但日本自身也遭受到莫大的犧牲。這些事情日本國民都深切地銘刻於心。而且，戰後因為沒有戰爭而能專心致力於經濟發展活動，也才能享受今日的繁榮。這在日本人的經驗中，成為支持「和平主義」的重要力量。且自衛隊的戰鬥行為只限於保衛國土及國民的範圍內，日本沒有攻擊用的長距離飛行戰鬥機，也沒有飛彈。

大家或許知道，日本的國防經費超過四百億美元，位居世界第二，因此會有人認為日本將成為軍事大國。但是，日本的國防經費中約有百分之七十五是人事費以及教育、燃料購入、基地對策等經費，在日美軍基地的維持費也占有數個百分比，而強化軍事力量的武器、更新裝備的費用只有百分之十八。由此看來，要擁有堪稱為軍事大國的武力配備是不可能之事。我從以上的資訊可以斷言，將來日本不會成為軍事大國。

這樣的解釋或許很有說服力，在課堂上並沒有人提出反對的議論。當然，也並非完全不需要擔心日本會由政治大國走向軍事大國。這又與海外出兵的問題相關，進而需要討論（六）「憲法修改」的問題。我拋出了一個問題：中國曾數度修改憲法，為何要擔心現在才打算修改憲法的日本？有學生回答，中國的憲法修改主要是因應國內問題，而非對外關係；但日本現在所議論的憲法第九條修改，則是關乎海外出兵的問題，不得不擔心。

我請大家實際上閱讀日本憲法，確認第九條前半部分的內容。首先，指出日本並沒有要改變「放棄戰爭、秉持和平主義精神」之內容。但是，明確地擁有軍事力量，卻不是軍隊的自衛隊，實際上是個曖昧的存在。因此日本希望藉由憲法修改去除此種曖昧性質，在時刻變化的國際社會上，強化相互依存、國際協助的作用。其目的並非是「為了擴大國家利益」，而是為了能夠在維持國際社會的安定、恢復秩序及支援社會的復興等方面，能夠明確地行使國際貢獻的任務。基於這樣的立場，希望能夠許可自衛隊派遣兵力至海外。這與軍國主義無關。當然，這為了限定是在「國際貢獻」的範圍內行使的權力，必須在條文中清楚明確地標記。如果這樣做的話，中國便無需憂心日本的憲法修改。又如此一來，將來中國的人民解放軍與日本的自衛隊將能夠共同參加ＰＫＯ（聯合國和平維持部隊），也是好事一樁。經過這番說明，最初提起問題的學生也沒有異議。

尋找解開日中感情問題的線索

在（七）的「臺灣問題」上，有位女學生提問，臺灣的現狀如何？又詢問我對臺灣地位的立場，是支持統一派抑或是獨立派？另外，日本在「國防防衛範圍」上是否也包含臺灣？我的主張是，現在的中臺關係為「非獨、非統、共存共榮」的結構，就連「臺獨基本教義派」的陳水扁也無法發表「獨立宣言」；同時，針對以陳水扁這樣的人物為中心的臺灣，中國也「無法以行使武力的方式達成統一之目的」。在持續以經濟為交流的軸心，加深共存關係的情況之下，要改變目前的狀態，恐怕很困難。至於第二個問題，我並非獨立派，也不是統一派，但是我最在意的兩點如下。一是絕對不要演變成為臺灣海峽兩岸的戰爭，而要由中臺的主事者透過對話的方式探尋問題解決之道，只要雙方皆能接受，最後不管是統一或是獨立都沒有關係。另一是在一九九八年中共中央臺灣問題工作會議上，雖然表示「要理解、顧慮臺灣人民的感情」，但是考慮到今日的臺灣狀況，所謂「一國兩制」的方式已經無法回應臺灣人民的心情。中國必須追求更有創造性、更新穎的方法來解決問題。

關於「國防防衛範圍」，由於周圍的緊急狀況不知會在何時、以何種狀況發生，「無法斷言會將臺灣包含在內或排除在外」。但是，如果臺灣發生戰爭，為了救出在臺的日本人、保護日系企業的權益等等，即使是在不參與戰爭的前提下，日本還是無可避免地會介入臺灣的狀況。重點在於，如果中國不對臺灣行使武力攻擊，那麼「防衛範圍是否包含臺灣」這個問題本身也就不成立了。女學生聽完我的回答，也只有苦笑，露出「是嗎」的表情。

其他，關於中國的對日情感問題，我先使用一九八〇年代起東南亞的對日情感，以及一九九〇年代韓國的對日情感等圖表，指出這些國家對日情感大幅改善的變化。接著我們試著討論，為什麼會出現這些變化？又為什麼在中國沒有出現這樣的改變？

當然，我並沒有天真地認為，藉由這次的授課就能將中國「對日不信任感」一舉轉變成「對日情感」的改善。想要提出反對意見卻無法順利表達、保持沉默的學生，也應該大有人在。況且，選修這一門課程的學生，也不過只是「中國人當中的一小部分」而已。但是，參與課程的學生們似乎大多興致勃勃地說：「天兒老師和以往招聘的日本教師不太一樣。」並在課程結束後，以滿載而歸的充實表情，熱烈地拍手目送我離開。我相信一定存在著解開日中之間「感情問題」的線索，雖然辛苦，但這次的停留，讓我重新確定要朝著這個方向繼續前進的信念。

開始撰寫本書之時，是把讀者設定為日本人而寫。如果是從前的我，這是再普通不過的事情。但是隨著章節的進行，我發現自己不知不覺地開始在下筆時意識到了中國讀者的存在。我們不能說，因為是自己是日本人所以就了解日本，同樣的道理，也適用於中國人。特別是近現代史，正因為有著各式各樣的制約，使得史家無法自由地寫下歷史，使得日本人更難接觸到歷史的真實。所以我想，也正因為如此，日本人更想要主動理解真實的歷史。此外，由於日本有很多在日中國人，我也想把這本書寫得讓他們願意認真地、感到有興趣地想要來讀這本書。大概是基於以上的理由，最後一章的這些部分在某種意義上，就成為了我想對中國（人）傳達的訊息，那也是國際社會想要傳達給中國的訊息。對我而言，知曉、講述現代中國也變得不再是和我無關的事。

回國後打開電子郵件信箱，收到了一封學生寄來的長信，他是來自中國的留學生。來信的內容是報告自己與大學時代交往的日本女朋友結婚的消息，並且決定將來要回到故鄉山東省一起生活。從他的信中可以感受到兩人雖感到煩惱與不安，但因家人的愛以及不斷脹大的夢想促使他做了這樣的決定。我想，他們又為中日之間增加了一座橋樑，不過今後每當中日之間再有齟齬時，最心痛的也應該就是他們以及他們的孩子吧。不要忘記一般大眾的情感，從他們的角度重新看待日中關係，朝向構築新的良好關係邁進，這得要依靠我們往後的努力。

註釋

1 《建國以來毛澤東文稿》第一冊。

2 《鄧小平文選》第三卷。

3 《中國社會形勢分析與預測》，社會科學文獻出版社。

4 《中國社會形勢分析與預測》，社會科學文獻出版社，二〇〇一年。

5 中兼和津次編，《現代中国の構造変動(2)：経済——構造変動と市場化》（東京大學出版會，二〇〇〇年）中丸川氏知雄之論文。

6 章家敦，《やがて中国の崩壊がはじまる》，栗原百代等譯，草思社，二〇〇一年。【編按】該書譯自：Gordon G. Chang, *The Coming Collapse of China*；中譯本為：《中國即將崩潰》，侯思嘉、閻紀宇譯，雅言文化，二〇〇二年。

7 《中國社會形勢分析與預測》，社會科學文獻出版社，二〇〇一年。

8 《鏡報月刊》，二〇〇一年五月號。

9 何清漣，《中国現代化の落とし穴——噴火口上の中国》，坂井臣之助、中川友譯，草思社，二〇〇二年。

【譯按】該書中文原著為《中國的陷阱》（明鏡出版社，一九九七年），後經刪減修訂後，更名為《現代化的陷阱》、《中國現代化的陷阱》出版。

10 【譯按】國際透明組織為一監察貪汙腐敗的國際非政府組織，成立於一九九三年。

11 何清漣，《中国現代化の落とし穴——噴火口上の中国》。

12 【編按】國民政黨是相對於階級政黨的政治概念，並非代表特定階級利益的政黨，而是標榜以國民全體的利益為依歸，廣泛爭取各階層國民支持的政黨。

13 【譯按】一九八〇年的夏季奧運會在莫斯科舉辦，又稱莫斯科奧運，遭遇以美國為首的許多國家抵制，最後只有八十個國家參加。

14 【編按】二〇〇四年年底的立法委員選舉結果，民主進步黨仍為立法院第一大黨，但加上臺灣團結聯盟的席次仍未過半。在二〇〇八年、二〇一二年的立委選舉，由國民黨取得過半席次。在二〇一六年的立委選舉，民進黨首度取得過半席次。

15 【編按】二〇〇八年、二〇一二年的總統選舉，由國民黨的馬英九勝選。民進黨的蔡英文於二〇一六年的總統選舉中贏得勝利。

16 宋強等，《中國可以說不》，明報出版社，一九九六年。日譯本為《ノーと言える中国》，莫邦富等譯，日本經濟新聞社，一九九六年。

17 【編按】依國內生產總值計算，中國已於二〇一〇年超越日本，成為僅次於美國的世界第二大經濟體。

18 日譯本為《やがて中国との闘いがはじまる》，小野善邦譯，草思社，一九九七年。【編按】該書譯自 *The Coming Conflict with China*，中譯本為《即將到來的中美衝突》，麥田，一九九七年。

19 【編按】此處譯文中的「去毛澤東」、「去鄧小平」，日文原文是「脫毛澤東」、「脫鄧小平」，從上下文的脈絡來看，確實有去除毛澤東、鄧小平作風，在路線上更弦易轍的意思，此外也應有揚棄、超越毛澤東、鄧小平的意涵。

20 【編按】胡錦濤、溫家寶的時代也已告落幕。自二〇一三年三月起，習近平接任國家主席，李克強接任國務院總理，開啟了新的習李體制。

主要人物略傳

孫文（一八六六～一九二五）

中國革命之父，中華民國的創始者，被稱為國父的革命政治家。

生於廣東省中山縣（當時稱為香山）的貧農家庭。亦有孫逸仙、孫中山之名。雖於夏威夷，接受西歐的現代教育，卻還是下定決心要發起推翻清朝的革命，一八九四年秘密組織興中會。一八九五年企圖發起第一次武裝革命，卻告失敗。之後得到宮崎滔天、犬養毅的協助，以日本為據點向東南亞與歐美的華僑宣傳革命意志。一九〇五年數個秘密社團於東京合併為中國同盟會，在「三民主義」、「建國方略」的方針下領導革命。於美國得知辛亥革命爆發後即刻回國，於一九一二年就任中華民國臨時大總統。不久，與袁世凱交涉，將大總統的職位讓予袁，實現推翻清朝的宿願。但又因與袁世凱的對立而發起二次革命、第三革命（護國運動）。袁死後由北洋軍閥繼續占據北京，孫文則在廣州成立國民政府與之對抗。俄國革命之後，孫文向新生的蘇聯靠攏，高舉「聯俄、容共、扶助農工」三大政策，國民黨也改組為蘇聯共產黨型態的革命政黨。雖然發表了北上宣言，卻於至北京後病歿，留下著名的「革命尚未成功」之遺訓。

蔣介石（一八八七～一九七五）

於孫文之後，二十世紀中葉中國的最高領袖。軍人。政治家。

生於浙江省奉化縣溪口鎮的商人家庭。亦名蔣中正。以復興中華為志向，前往日本留學，加入陸軍軍隊。進入中國同盟會後，跟隨孫文，活躍於反袁的二次革命、第三革命運動。一九二四年任黃埔軍校校長。孫文歿後，以國民革命軍總司令的身分推動北伐。由於是儒教傳統思想的信奉者，反共意識強烈，放棄國共合作。一九二八年北伐成功。然而，共產黨逐漸擴大在農村的勢力。一九三一年發生滿洲事變（九一八事變）等，日本對中國的侵略也逐步擴大。蔣堅持「先安內，後攘外」（先讓國內局勢保持安定，而後再掃除外患）的方針，希望優先掃除共產勢力，但在西安事件後，決定第二次國共合作，「一致抗日」。第二次世界大戰後不久，再爆發國共內戰。國民黨初期雖處於有利立場，卻遭受毛澤東發動人民戰爭攻擊，加上國民黨內部腐敗、對蔣介石獨裁的反抗等，因而敗北。一九四九年後以臺灣作為反攻大陸的據點。在國際上，雖然獲得西方的支持成為聯合國安全理事會常任理事國，但支持中華人民共和國的聲音亦逐漸高漲，一九七一年秋天失去「中國代表權」，在國際上亦被孤立。「光復大陸」的夢想尚未實現便撒手塵寰。其子蔣經國繼承政權，中華民國卻逐漸朝著「臺灣化」的方向前進。

李大釗（一八八九～一九二七）

中國共產黨的創始者之一。

河北省樂亭縣出身。留學日本，畢業於早稻田大學。一九一八年任北京大學教授兼圖書館主任。受到俄國革命的強烈影響，於五四運動期間組織反袁世凱運動、反《二十一條》運動等，重視庶民、人民階級的革命，以及中日關係的構築。與陳獨秀皆為創立中國共產黨的核心人物。積極推動國共合作。一九二七年被軍閥張作霖逮捕處死。對毛澤東的思想形成也有強烈的影響。

毛澤東（一八九三～一九七六）

中國革命功勞最大者、中華人民共和國建國之父，自一九四五年後，直至離世之前，一直擔任中國共產黨「黨主席」。

生於湖南省湘譚縣韶山，為富農家庭的三男（兄長二人夭折）。少年時期熱衷閱讀，尤愛《三國志》、《水滸傳》、《西遊記》等書，曾在湖南省一帶實踐不花錢的旅行，鍛鍊體力與膽魄。五四運動時期受到李大釗、陳獨秀的影響成為馬克思主義者，參加一九二一年七月的中國共產黨創立大會。起初積極從事勞工運動的組織化，一九二五年以後，認為中國革命的關鍵在於農民與農村，轉而重視農民、農村。一九二七年第一次國共合作瓦解以後，致力於經營農村根據地、建設農民革命軍，不久以湖南、江西及福建一帶為中心，建立了廣大的根據地（中華蘇維埃共和國政府）。但是在當時，受到黨內的冷眼相待，並未成為主流派。後因不敵國民黨不斷包圍討伐，最後放棄根據地。在長征途中掌握了黨內的實權。而後經過抗日戰爭、國共內戰，建立中華人民共和國。

建國後，歷經過渡時期總路線、中蘇的友好與對立、農業集體化、反右鬥爭、大躍進、文化大革命、中美友好、中日建交等，直至一九七六年逝世為止，毛在中華人民共和國史上占有舉足輕重的地位。一九四五年，「毛澤東思想」成為黨內的指導思想，毛澤東的個人崇拜在文革時期達到巔峰。然而，卻引起嚴重的政治冤屈與經濟混亂等問題，毛澤東死後，針對毛的批判也逐漸浮上檯面。對此，鄧小平對毛澤東的評價為「三分錯誤、七分功績」。

周恩來（一八九八～一九七六）

自中華人民共和國建國以來，直至他過世之前一直擔任「總理」，以外交家的身分知名於國際。

原籍浙江省紹興。生於江蘇省淮安縣。二十餘歲前往日本、法國留學。一九二一年入中國共產黨，不久後成為中共在歐洲支部的領導者。一九二四年回國。於國共合作時期任職黃埔軍校（校長蔣介石）的政治部主任。

一九二八年中共第六次全國代表大會後，成為中央政治局常務委員、中央組織部長、軍事委員會書記，實為黨內實際上的核心人物。一九三五年一月，長征途中在貴州省遵義所召開的中央政治局擴大會議（遵義會議）中，選出當時在黨內尚無實權的毛澤東，作為新領導部門的領導。當時使毛澤東能夠脫穎而出的關鍵人物便是周恩來。之後，周恩來對毛澤東忠誠不二，也是毛在實務上的左右手，奉獻一生。細數周的主要功績，在一九三六年十二月的「西安事件」（西安事變）中周旋於蔣介石及軟禁蔣介石的張學良之間，導向一致抗日的結果、第二次國共合作的實現、一九四五年八月末蔣介石與毛澤東的重慶會談、一九五〇年二月締結《中蘇友好同盟互助條約》、一九五四年中印領袖會議、日內瓦和平會議、一九五五年萬隆會議中「和平五原則」的提倡、一九七二年尼克森訪中後的中美友好等，周恩來於其中都擔任了極為重要的角色。此外，與今日「富強中國」的實現緊密相關的「四個現代化」，亦是周恩來所提倡。夫人為鄧穎超。

劉少奇（一八九八～一九六九）

曾任國家主席，雖為毛澤東的後繼者，卻因在文革中被批判而失勢，而後死於非命。

生於湖南省寧鄉縣。一九二一年進入莫斯科東方共產主義勞動者大學、加入中國共產黨。一九二七年第一次國共合作瓦解後，於上海、天津、東北等國民黨統治地區（白區）從事地下活動。於一九四五年中共第七次全國代表大會，關於修改黨章的報告中提出「毛澤東思想為黨的指導思想」，對毛澤東給予高度評價。隨後成為黨中央副主席，直至文化大革命前被認為是毛澤東之後最有力的後繼者。與蘇聯的關係亦十分良好，建國前，對蘇聯的訪問以及對蘇聯交涉的重大局面上，都扮演著重要的角色。然而，建國後，農業集體化、圍繞著赫魯雪夫的「史達林批判」所出現的黨內調整，以及大躍進政策等，毛澤東的激進路線越來越強化，劉在基本上雖然仍追隨毛，卻也開始逐漸「心生質疑」。一九五九年代替毛就任國家主席。而後，中共放棄了以大挫敗作結的大躍進政策，積極推動經濟調整，其幕後的推手便是劉少奇與鄧小平。之後，劉與毛的關係漸漸冷卻，兩人在政策上的距離也漸行漸遠。劉認為這樣的差異是可以協調的，但毛卻視為是「敵我矛盾」，不久後發動文化大革命，打倒劉少奇及其親近的領導者。劉在一九六八年被剝奪黨籍，永久除名，一九六九年死於獄中。毛死後，由鄧小平掌權，在一九八〇年恢復了劉的名譽。

彭德懷（一八九八～一九七四）

以軍人身分聞名。因向毛建言而垮台。

湖南省湘譚縣出身。一九一六年，成為湖南湘軍的一員，一九二六年被編入國民革命軍，參加北伐。一九二八年入中國共產黨，在井岡山與毛澤東、朱德的軍隊會合。抗日戰爭開始後，以八路軍副總司令的身分在華北建立根據地，指揮百團大戰。國共內戰時期為人民解放軍副總司令、韓戰時期為人民志願軍總司令領導軍隊，以軍人之姿活躍政壇。一九五四年就任國務院副總理兼國防部長，主張軍隊的現代化與正規化，與毛的人民戰爭、游擊戰式的軍事理念有所差異。一九五九年大躍進政策的矛盾逐漸浮上檯面，出現大批的餓死者，因此向毛澤東提出要求轉換大躍進政策的「意見書」。此舉引起毛的憤怒，以彭作為「右派投機主義之反黨集團」的首領，加以批判，致使垮台。一九六五年雖然被任命為毛所提倡的三線建設的西南建設委員會副主任，不久，在文革開始後，卻再度被批判、迫害，最後病死。一九七八年才恢復名譽。

鄧小平（一九〇四～一九九七）

革命與建國時期，毛澤東思想的忠實實踐者。中國現代化的總設計師。

生於四川省廣安縣協興鄉牌坊村，為地主家庭中的長男。於一九二〇年以勤工儉學前往法國，與周恩來等人一同活動。一九二六年經由莫斯科回國。在周恩來領導下的黨中央活動後不久，進入廣西從事農村根據地的建設。一九三一年，以毛澤東的農村革命論為基礎，於江西活動。作為毛澤東派，曾暫時失勢。復出後以政治委員的身分活躍。在抗日戰爭及國共內戰期間的領導能力，獲得高度的評價。建國後，平定西南地區並被賦予統治權力，不久被拔擢至中央。一九五二年任政務院副總理，一九五五年任中共中央政治局委員，於一九五六年第八次全國代表大會提出〈關於修改黨的章程的報告〉，成為黨中央書記處總書記。於反右派鬥爭、大躍進政策上為毛澤東在第一線指揮，但在大躍進失敗後，轉為實用主義、重視經濟建設的立場，與毛澤東的關係逐漸破裂。在文革中作為「當權派第二號人物」而失勢，卻和劉少奇的處境大不相同，不久後再度復出。之後，使華國鋒主席下台，推動以「四個現代化」、「改革開放路線」為軸心的鄧小平路線。雖然在政治改革上走入死胡同，引起第二次天安門事件等，但其堅持經濟的改革開放，大膽地走向市場化的道路，則為今日中國驚人的發展奠下基礎。一九六二年的「黑貓白貓論」，一九九二年南巡講話中的「三個有利於」的判斷基準等，是鄧小平思想的代表。

林彪（一九〇六～一九七一）

作為軍人，擁有輝煌的戰績。文革中被指名為毛澤東的後繼者，於林彪事件後失勢。

湖北省黃岡縣出身。一九二五年加入中國共產黨。一九二六年進入黃埔軍校。加入北伐軍後，朝向軍人領導者的道路前進。長征時擔任毛澤東第一方面軍的先鋒，一九三六年任職紅軍大學（一九三七年改名抗日軍政大學）校長。一九三七年，率領八路軍於山西省平型關大破日軍。國共內戰時期，則率領東北野戰軍，指揮有三大戰役之稱的遼瀋戰役、平津戰役，樹立輝煌的功績。建國後，一九五五年為政治局候補委員，一九五六年為政治局委員，一九五九年接替下台的彭德懷就任國防部長。其後，致力於推廣《毛澤東語錄》、提倡毛澤東思想的活學活用，並竭力恢復大躍進後下滑的毛澤東權威。基於上述，在文化大革命中作為毛澤東的「戰友」，在針對劉少奇、鄧小平等的「打倒當權派」活動上建立莫大功績。在一九六九年的中共第九次全國代表大會，於黨章中被明確確定為「毛主席的後繼者」。然而不久後卻失去毛的信任，焦急的林彪集團圖謀暗殺毛澤東卻告失敗，搭乘軍機試圖逃亡，於蒙古上空墜機死亡（林彪事件）。

陳雲（一九〇五～一九九五）

中國共產黨中的頭號經濟專家。於組織內部持續具有影響力。

上海市青浦出身。一九二五年參加「五·三〇運動」，入黨。主要在勞工運動，上海的地下組織活動。曾一度擔任駐莫斯科共產國際中共代表，回國後於一九三七年任職中共中央組織部長。其後被派遣至東北，擔任中央東北局副書記兼東北軍區副政治委員，對東北的解放及經濟恢復皆有貢獻。建國之後，歷任財經委員會主任、大躍進失敗後的中共中央財經小組長等，主要負責經濟、財政領域的工作。陳雲的主張是重視市場調節、平衡財政的收支與需求供給，與毛澤東的意見相互對立，於文革時期受到冷淡對待。一九七八至一九八二年復出，任中共中央副主席、政治局常務委員、中央紀律檢查委員會主任等要職，在現代化建設上與鄧小平一同完成了重要的任務。然而，陳在根本上以「計畫為主，市場為輔」的政策為基調，與積極的市場經濟派鄧小平之間的對立亦越發顯著，被視為「保守派元老」。不過，在天安門事件等黨領導的堅持下，則是配合鄧小平的步調，直至最終也仍對政策決定具有很大的影響力。

胡耀邦（一九一五～一九八九）

開明派的領導者。雖是鄧小平的心腹，卻也因鄧而垮台。

湖南省瀏陽縣出身。一九三三年加入中國共產黨。於延安擔任抗日軍政大學政治部副主任。建國後，一九五七年擔任共青團中央第一書記。自此時與中央書記處總書記的鄧小平關係緊密。在文革中受到迫害，被下放至湖北省。一九七二年復出，一九七五年成為中國科學院的負責人，制定科學院改革的「綱要」。一九七七年當鄧小平於建國後的第二次復出之後，於「真理標準論爭」坐鎮指揮，將黨主席華國鋒集團趕下台。一九八二年於中共第十二次全國代表大會中接任黨的最高職位總書記，成為鄧的後繼者。但於一九八七年一月，因為在前一年「寬容」對待學生運動等問題，被追究責任而下台。一九八九年四月因心肌梗塞而離世。胡的逝世成為追求民主化的契機，引起第二次天安門事件。

趙紫陽（一九一九～二〇〇五）

改革積極派的領導者。被鄧小平拔擢，卻也因鄧而失勢。

生於河南省滑縣。一九三八年加入中國共產黨。建國後負責華南地區，特別是廣東省的農村工作。一九六五年以最年少之姿就任廣東省黨委書記。文革時期因為被認為是「陶鑄同黨」而失勢。一九七一年復出，出任內蒙古自治區黨委書記，一九七四年任廣東省黨委第一書記，一九七五年擔任四川省黨委第一書記兼省長。主政四川時期，實施所謂「四川經驗」的積極改革，一九七九年其成果獲得認同，被拔擢為中央政治局委員、國務院副總理。一九八〇年九月接替華國鋒成為國務院總理，其後至一九八七年，以總理的身分推動改革開放。一九八七年在胡耀邦下台後，升任黨總書記，掌握改革開放的大舵。在第二次天安門事件爆發的過程中，趙認為要求民主化的學生運動，是「愛國的民主運動」，與認定其運動為「動亂」的鄧小平、陳雲、李鵬等人對立，不久後失勢。直至今日仍處於事實上的「軟禁狀態」（【編按】趙已於二〇〇五年去世）。

江澤民（一九二六～）

出身江蘇省揚州。畢業於上海交通大學電機系。曾為黨內幹部的養父於抗日戰爭中戰死，江成為「革命烈士」之子。一九五五年至莫斯科的史達林汽車工廠研修。回國後走上機械工業部門技術官僚的道路。一九八二年成為新設的電子工業部副部長，一九八三年升任部長兼黨組書記。一九八五年，受到上海有力人士汪道涵的賞識，成為上海市長，接著在一九八七年就任黨書記。同年十二月，在要求民主化的學生運動中，直接與學生會面並說服。一九八九年，六四天安門事件之際，他迫使代表改革開放急先鋒的上海《世界經濟導報》停刊，以「經濟開放、政治安定」的手腕受到高度評價，同年六月取代垮台的趙紫陽，被拔擢為黨總書記。其後，於同年十一月接任中央軍事委員會主席，一九九三年就任國家主席，獨占黨、政、軍三權。之後，將對手喬石、李鵬、李瑞環等人逐步逼退，直至二〇〇二年、二〇〇三年分別將總書記及國家主席交棒給胡錦濤之前，都站在第一線展現其領導能力。任職中央軍事委員會主席之職至二〇〇四年九月。一九九七年鄧小平死後，仍舊繼承其重視經濟的改革開放與政治的安定之政策，對「大國化的中國」之建設貢獻不少。

朱鎔基（一九二八～）

出身湖南省長沙。於一九四九年新中國誕生的同時，加入中國共產黨。清華大學電機工程系畢業後，進入東北人民政府。在高岡進入中央（國家計劃委員會主任）的同時，朱也轉任進入國家計劃委員會。一九五七年被貼上「右派」的標籤而失勢。一九七八年恢復名譽，一九八三年任國家經濟委員會副主任。一九八七年任上海市黨委副書記，一九八八年轉任上海市長。一九八九年八月被拔擢至中央，接替江澤民成為上海市黨委書記。其經濟改革的手腕受到鄧小平的賞識，一九九一年就任國務院副總理。他在不良債權的處理、分稅制的導入、社會主義市場經濟的推動、經濟成長過熱的「軟著陸」等問題處理上皆有成果。一九九七年於黨內排名升至第三位，一九九八年就任國務院總理。在其二〇〇三年引退前，突破了亞洲金融危機、斷然施行國有企業改革、並推行了金融改革及行政改革等。此外，針對幹部貪汙腐敗的問題，也採取了果斷的措施，有著「辣腕」、「豪腕」的評價。

胡錦濤（一九四二～）

安徽省績溪出身。一九五九年進入清華大學水利工程系。一九六四年進入中國共產黨。一九七四年就任甘肅省基本建設委員會秘書、副主任。在當地受到宋平的賞識，成為共青團甘肅省委書記，一九八四年經由胡耀邦及喬石的推薦，就任共青團中央第一書記。其後，一九八五年任貴州省黨委書記，一九八八年被任命為西藏自治區黨委書記，在內陸貧困地區的發展及安定上展現其領導能力。一九九二年被拔擢為中央政治局常務委員，一九九三年兼任中央黨校校長。一九九八年成為國家副主席。二〇〇二年作為江澤民的後繼者成為黨總書記，二〇〇三年就任國家主席。二〇〇四年九月，接任中央軍事委員會主席，成為名符其實的中國領導者的第一人。胡就任後一方面顧慮江澤民，另一方面也漸漸地強化自己的色彩。外交方面，接受八大工業國組織（G8）的邀請出席會議，積極推動朝鮮半島六國協議。國內方面，就任後坐鎮指揮SARS問題，並推行政治的透明化。

溫家寶（一九四二～）

繼周恩來、李鵬、朱鎔基之後的國務院總理。

天津市出身。畢業於北京地質學院。以地質礦產部門的技術人員、行政指導員進行活動。原本就與胡耀邦、趙紫陽有著濃厚的信賴關係，一九八六年任黨中央辦公廳主任，一九八七年被拔擢為中央委員、中央書記處候補書記。在胡耀邦、趙紫陽垮台後，得到江澤民的信任，一九九二年任中央政治局候補委員、中央書記處書記，一九九七年任中央政治局委員，一九九八年被任命為國務院副總理。一九九八年發生建國以來最大規模的長江大水患，其領頭指揮的能力受到高度的評價。二〇〇三年就任國務院總理後，SARS侵襲中國，他與胡錦濤總書記相互分擔，發揮其臨危不亂的領導能力。在國際舞台上，積極的訪美、訪歐計畫，外交上的穩健作風也獲得好評。

歷史關鍵詞解說

中國同盟會

一九〇五年，以孫文為中心，由興中會、光復會及華興會等以推翻清朝為目標的中國秘密社團，於東京合併而成的組織。強調「驅除韃虜、恢復中華、創立民國、平均地權」濃烈的漢民族主義，以及「軍政—訓政—憲政」為革命三階段的階段式政治體制改革。為後來國民黨的前身。

國共合作

中國的兩大革命政黨，亦即國民黨與共產黨，曾有兩次組織上的合作關係。第一次是打倒北京政權的國民革命時期（一九二三～一九二七）；第二次是抗日戰爭時期（一九三七～一九四五）。第一次是在孫文的領導下，讓當時仍舊是少數政黨的共產黨員能夠以保留原黨籍的形式加入國民黨，在各部門中接受領導、相互合作。尤其是在農民、勞工的工作部門，共產黨員扮演著重要的角色。第二次是在形式上將共產黨統治地區及紅軍，編制在蔣介石國民政府之下，然而，實際上卻是維持著各自的指揮權及勢力，對抗日本。在國共合作期間以外，兩黨呈現激烈的對戰。

長征

一九三四年秋天，以江西、湖南、福建一帶為農村根據地的共產黨勢力（中華蘇維埃共和國政府），在經歷五次國民黨的包圍攻擊後，決定放棄根據地。最初由湖南、廣西壯族地區向西前進，不久後北上，往四川、甘肅等地區前進，越過嚴峻高山、草原，在國民黨的追擊下反覆地應戰與退避，大約走過了一萬二千五百公里，於次年一九三五年十月，終於抵達陝西省吳旗鎮，完成驚人的「戰役之旅」。途中，於貴州省遵義所召開的中央政治局擴大會議中，毛澤東掌握了黨內領導權。又於該年八月，以中華民族的危機為由訴求「一致抗日」，發表「抗日八一宣言」（其作者被認為是在莫斯科的王明）。長征後，共產黨以延安為據點，經過抗日戰爭、國共內戰，逐漸擴大勢力。

國共內戰三大戰役

一九四五年十月，雖有協議避免內戰、和平統一的「重慶會談紀要」（蔣介石、毛澤東會談紀錄），但自一九四六年七月起以東北、華北地區為開端，正式展開國共內戰。開戰初期，國民黨的勢力在軍事面、政治面、經濟面，甚至是國際情勢上都占有壓倒性的優勢。在兵力上，國民黨的正規軍有四百三十萬人，相對地，共產黨軍卻只能維持在一百二十萬人。毛澤東將內戰分為「戰略性防禦→戰略性對峙→戰略性反攻」三個階段，在防禦、對峙的階段，主要以游擊戰擾亂敵軍。一九四七年十月，從對峙轉入反攻階段，發表《人民解放軍宣言》後，戰局逐漸轉向由共產黨所主導的局勢。雙方的勢力逆轉，決定共產黨取得內戰勝利的戰役為一九四八年九月至一月的遼瀋戰役（以林彪的東北野戰軍為主力）、一九四八年十一月至一九四九年一月的淮海戰役（以劉伯承、鄧小平的中原野戰軍，以及陳毅的華東野戰軍為主力）、平津戰役（以林彪、羅榮桓的東北、華北野戰軍為主力），合稱三大戰役。

中國人民政治協商會議「共同綱領」

一九四九年九月，為了建立新中國，各黨派及團體召開人民政治協商會議，作為統一戰線組織，是一九五四年全國人民代表大會成立前的最高權力機關。在人民政治協商會議第一次全體會議所通過的「共同綱領」，為中央人民政府的施政綱領，內容由七章共六十條構成，在正式憲法制定完成之前，扮演了臨時憲法的角色。其中規定了中華人民共和國為「新民主主義亦即人民民主主義國家」，完全未使用社會主義、共產黨領導等用語。

中蘇友好同盟互助條約

締結於一九五〇年二月十四日的中蘇同盟條約。同時廢除了一九四五年八月蘇聯與國民黨政府間簽訂的《中蘇友好同盟條約》，加強合作關係，並直接將日本及與日本友好的國家，視為假想敵。然而，由於其中包含了承認蘇聯在東北、新疆地區的特權之秘密協定，中國方面也隱忍著不滿的情緒。其後，中蘇關係惡化，此一條約在事實上也僅是徒具形式，一九八〇年期滿失效。

過渡時期總路線

將轉移到社會主義的期間作為過渡期，此時期的基本任務（總路線），是將工業化與農業、手工業、資本主義工商業的社會主義改造作為主要內容。原本在建國以後的較長期間，是被理解為新民主主義社會，而非社會主義，自一九五二年後半起，毛澤東主張社會主義化，於一九五三年六月的中共中央政治局擴大會議中，正式地被採納為黨的方針。其後，推行「蘇聯模式」的第一次五年計畫、農業集體化等社會主義改造。一九五四年的中華人民共和國憲法雖然有「過渡期」的規定，一九五六年中共第八次全國代表大會劉少奇在政治報告中表示，「社會主義改造在基本上已經取得勝利」。

史達林批判

一九五六年二月，於第二十次蘇聯共產黨大會中，赫魯雪夫針對史達林的獨裁、肅清進行全面性的批判。中國方面的領導層一開始支持赫魯雪夫的演說，不久後毛澤東認為不應該全面否定史達林，而應該「三分否定，七分肯定」（三七開）。（《人民日報》編輯部論文〈關於無產階級專政的歷史經驗〉）其後成為中蘇對立的一大要因。

從百花齊放、百家爭鳴至反右派鬥爭

「百花齊放、百家爭鳴」為一九五六年春天所提倡，是當時批判史達林的中國共產黨，獨自的自由化政策之口號，簡稱為「雙百」。中共宣傳部長陸定一接受毛的提議，呼籲在文學藝術活動及科學研究上，應該要保持自由的獨立思考。然而，由於知識階層對社會主義改造運動的不信任感，並無意願說出自己的見解。毛澤東在一九五七年二月〈關於正確處理人民內部矛盾的問題〉的講話中，明確地說出「言者無罪」。因此，知識階層、民主各黨派的領導人們針對社會主義及共產黨領導的內容，開始進行直率地批判。然而，時間到了六月，這些大肆批判的動作卻被指責為危險右派的陰謀，大規模的「反右派鬥爭」正式展開。接受毛的指示，從事鬥爭運動的指揮者為鄧小平。反右派鬥爭可說是文化大革命的前哨戰，是歷史上重大的冤罪事件。

廬山會議

⑴為一九五九年七月至八月的中共中央政治局擴大會議，以及其後的第八屆八中全會的指稱。因大躍進運動過於激烈，餓死人等慘劇逐漸浮上檯面，向毛澤東諫言的國防部長彭德懷，在會議上被指責為「右派機會主義反黨軍事集團」，因而失勢。如此一來，原本在會議初期打算轉向穩健路線的大躍進運動反而更加激進，最後導致餓死人數達到二千萬至四千萬人的慘況。之後，由林彪接任國防部長，強化毛澤東在軍中的影響力，並煽動對毛澤東的個人崇拜。

⑵指一九七〇年八月至九月的第九屆二中全會。於此會議中，林彪、陳伯達等人鼓吹毛澤東的天才論，同時明知毛澤東會反對，仍提出填補缺位的國家主席之事。毛在他們的主張背後感受到林彪的野心，不久進行批陳運動以挑釁林彪集團。意識到此危機的林彪，雖策動暗殺毛的計畫，卻在行動前事跡敗露而逃亡，在蒙古上空墜機而死，是為林彪事件。

中央文化革命小組

在無產階級文化大革命正式開始的一九六六年五月，以整頓文藝界為任務而組織的文化革命五人小組（組長彭真、鄧小平的影響強大）解散，新設「中央文化革命小組」之組織，組長為陳伯達、顧問為康生、副組長為江青、張春橋等人，其後推動文化大革命的積極派分子紛紛加入，成為推動文化大革命的核心組織。

紅衛兵

文化大革命期間，由對毛主席宣示忠誠的年輕人所組成的文革推動（造反）團體。一九六六年五月，在清華大學附屬高級中學內部開始使用「紅衛兵」之名。熱烈地呼應毛的號召，在文革初期打倒當權派運動中有著極大的影響力。初期只有出身好階級的「紅五類」被組織起來，後來出現批判出身血統主義，壞階級的「黑五類」年輕人也組織成紅衛兵。各種紅衛兵集團混雜糾纏，反覆鬥爭擴大了混亂的範圍。一九六八年以降，開始以恢復社會秩序為優先的毛澤東，指示解放軍介入，反將紅衛兵的領導者批判為「極左份子」，紅衛兵受到政治局勢翻弄擺布的同時，也被一併被抹殺。

尼克森衝擊

原本被毛澤東咒罵為「美國帝國主義的頭目」的美國總統尼克森，於一九七二年二月，突然被毛邀請至北京。尼克森就任總統以後，從陷入泥淖的越戰中「光榮撤退」，並以「對抗逐漸壯大的蘇聯之戰略」為由，期盼與中國進行對話。國家安全顧問季辛吉與周恩來總理之間的「秘密外交」結束後，一九七一年七月，美中當局突然發布「一九七二年初尼克森與毛澤東會談」的消息，在國際上可以說是「尼克森衝擊」。這是改善美中關係、緩和亞洲的緊張關係、朝向和平共存的重大轉捩點。

三個世界論

一九七四年二月，毛澤東延續過去曾提倡的「中間地帶論」，將世界區分為三大部分：美蘇超級大國的第一世界，日本、西歐、東歐等先進國家的第二世界，以及亞洲、非洲、拉丁美洲等發展中國家的第三世界，成為後來中國對國際結構認識的基本思維。

同年四月，鄧小平於聯合國資源特別總會中發表演說，表示第一世界是現代最強大的支配者與壓抑者，美蘇之間正在爭奪霸權；第二世界搖擺於第一世界及第三世界之間，具有兩面性；第三世界由於受到最嚴重的壓抑與傷害，將成為對抗超級大國的霸權主義之革命性的、改變世界的主要力量。並表明中國站在第三世界的最前頭。然而在戰略上，中國是以第一世界的蘇聯為「最大的敵人」，保持警戒，以反對蘇聯的霸權主義為外交上的重點。

四人幫

以江青（毛澤東妻子、政治局委員）、王洪文（黨副主席）、張春橋（副總理）、姚文元（政治局委員）四人為中心，忠實地實行毛澤東革命理念之團體的蔑稱。積極地推動毛澤東的文化大革命，透過中央文化革命小組的活動進入權力中樞。林彪事件後與周恩來、鄧小平的務實路線對抗，雖然被認為在周恩來逝世、鄧小平再度失勢後將能掌權，但毛死後不久，在華國鋒、葉劍英、王震、汪東興等人的策劃下被一網打盡，逮捕入獄，因而垮台。在一九八〇年遭法院判決「死刑、無期徒刑」，除了姚文元以外，其餘三人皆已離世。

「北京之春」與四項基本原則

一九七八年秋天至一九七九年春天，在北京展開的要求民主化運動，稱為「北京之春」。原本被視為「反革命事件」、導致鄧小平失勢的第一次天安門事件，在一九七八年秋天，被逆轉評價為「群眾的革命性行動」，期待鄧小平東山再起的論調也逐漸高漲。在北京市西邊的繁榮地區「西單」張貼出無數的大字報，並開始出現稱為「民刊」的自主性雜誌。魏京生提倡，在四個現代化之外，必須再加上「第五個現代化＝政治現代化」。諷刺的是，他們所引領期盼的鄧小平在一九七九年三月，於黨中央工作會議「務虛會」中提倡，必須堅持「四項基本原則」（社會主義、共產黨領導、馬克思—列寧主義、毛澤東思想），並逮捕違反此四項基本原則的民運分子，鎮壓其運動。在看待鄧的政治態度之時，必須將一九五七年的反右派鬥爭、一九八九年的第二次天安門事件一併思考，這個時期的主張令人玩味。

社會主義初級階段

最初使用此一名稱是在一九八一年、中共第十一屆六中全會的「歷史決議」上。往後，由領導人與學者深化論述，在一九八七年中共第十三次全國代表大會中，於趙紫陽的「政治報告」中加以系統化，進而成為黨內正式的基本認知。其中，定義中國現階段的社會主義為初級階段，提出最優先的課題是：（一）脫離貧困和落後的狀態、（二）從農業國轉向現代化工業國、（三）從自給自足的自然經濟轉向發達的商品經濟、（四）實現「中華民族的偉大復興」。根據這四項課題，為大膽的經濟自由化理論設計好了理論武裝。一般來說，認為此初級階段是到二〇五〇年左右。

南巡講話

第二次天安門事件帶來經濟停滯的後遺症，仍舊持續著。一九九二年一月至二月春節（舊曆新年），年屆高齡的鄧小平踏訪了南方的開放都市（深圳、珠海、上海等），發表了呼籲加速改革開放的重要講話。其中，鄧大膽地主張：就算是社會主義也能夠實行市場經濟、不該執著於「姓社姓資」（姓社會主義？還是資本主義？）的意識形態論爭、並且以「有利於發展社會主義社會的生產力，有利於增強社會主義國家的綜合國力，有利於提高人民的生活水平」三項有利與否作為判斷是非的基準（三個有利於）。三月於黨中央以二號文件廣發全國，其後，發起對各地方的投資以及對外開放區建設的風潮，中國經濟再度駛向高度成長的軌道。

社會主義市場經濟

在鄧小平的南巡講話中提倡積極推動經濟的市場化，同樣地也在一九九二年十月的中共第十四次全國代表大會中，提出積極結合社會主義體制與市場經濟的理論，並被採納為黨的基本方針。雖然這意味著這是在共產黨領導下的實質性的資本主義化，但並非全面交由自由競爭及市場決定，在必要的時刻，政府也能參與價格管理及所得分配等。在一九九三年十一月的第十四屆三中全會上，通過〈關於建立社會主義市場經濟體制若干問題的決定〉，表明國有企業的改革及現代化企業的確立。

鄧小平二十四字箴言

相對於毛澤東在外交上表現「大國中國」的舉止，鄧小平的外交策略則是認識到中國的力量依然「弱小」，而貫徹實用主義，他的「二十四字箴言」正是具象的表現。面對冷戰崩壞、波斯灣戰爭以及劇烈變動的國際情勢，在不安的中國領導階層面前，鄧小平提出此時中國應該採取的外交基本姿態為：「冷靜觀察、站穩腳跟、沉著應付、韜光養晦、善於守拙、絕不當頭。」此外，鄧幾乎在同一時期提出「兵臨城下、敵強我弱、以守為主」的「十二字箴言」，避開與美國、日本的摩擦，訴求發展經濟、提高整體國力。鄧死後，此路線被繼承下來，經過江澤民政權，至胡錦濤掌權後則漸漸將「大國化的中國」的意識轉向外交政策。

參考文獻

近現代中國概論

（1）姬田光義等編，《中国20世紀史》，東京大學出版會，一九九三年。

該書討論的時期至冷戰結束為止，其觀察中國近現代史的視野，不僅從共產黨的立場出發，更含括了國民黨、民眾及國際等觀點，加以議論。在書頁的空白處，則記載了人物、重要事項說明等，內容詳盡，如教科書一般，對於想要理解現代中國的讀者而言，十分便利。

（2）宇野重昭、小林弘二、史吹晉，《現代中国の歴史》，有斐閣，一九八六年。

活用豐富的資料，並以此為基礎進行分析，即便到了今日，仍舊通用。但是因為出版年代的緣故，討論範圍無法涵蓋改革開放之後的時代，也是無可奈何之事。

（3）天兒慧，《中華人民共和国史》，岩波新書，一九九九年。【編按】該書已於二〇一三年出版新版。

該書精簡地概括了現代中國的狀況，但在文化大革命、天安門事件等歷史解釋上，則是收錄了許多豐富的史料內容。言簡意賅地描繪出中國的光與影（今日的改革開放路線、大國化的中國等），有助於理解現代中國。

（4）H・E・ソールズベリー，《ニュー・エンペラー》（上）（下），天兒慧監譯，福武文庫，一九九五年。【譯按】該書譯自：Harrison E. Salisbury, *The New Emperors: China in the Era of Mao and Deng*；中譯本參見：哈里森・沙茲伯里，《新皇朝：毛澤東與鄧小平的權力遊戲》，林君彥譯，新新聞，一九九二年。

國際上著名記者的遺作。以其在中國國內孜孜矻矻進行專訪的龐大資料為基礎，描繪出以毛澤東、鄧小平為中心的現代中國史。包括中美關係、中蘇關係，以及毛澤東的日常生活等檯面下的歷史，饒富興味，引人入勝。

（5）野村浩一等編，《岩波講座現代中国》全六卷、別卷二卷，岩波書店，一九八九～一九九〇年。

（6）毛里和子等編，《現代中国の構造変動》全八卷，東京大學出版會，二〇〇〇～二〇〇一年。

（7）岡部達味等編，《原典中国現代史》全八卷、別卷，岩波書店，一九九四～一九九六年。

（8）中兼和津次監修，《シリーズ現代中国経済》全八卷，名古屋大學出版會，二〇〇二～二〇〇四年。

（9）中國研究所編，《新中国年鑑》，大修館書店，年刊。

（10）中國總覽編輯委員會編，《中国総覧》，霞山會，隔年刊。

（11）現代中國人名辭典編輯室編，《現代中国人名辞典》（一九九五年版），霞山會，一九九五年。

（12）山田辰雄編，《近代中国人名辞典》，霞山會，一九九五年。

（13）天兒慧等編，《岩波現代中国事典》，岩波書店，一九九九年。

（14）三菱總合研究所編，《中国情報ハンドブック》，蒼蒼社，年刊。

（15）毛里和子，《現代中国政治》（改訂版），名古屋大學出版會，二〇〇四年。

運用豐富的重要資料，描繪難解的中國政治，以理論性的方式詳細解說黨、國家、軍之關係、社會主義與民族主義、民族歸屬之間的關係、領導體制等。

（16）唐亮，《現代中国の党政関係》，慶應義塾大學出版會，一九九七年。

（17）國分良成，《現代中国の政治と官僚制》，慶應義塾大學出版會，一九九七年。

（18）岡部達味，《中国の対外戦略》，東京大學出版會，二〇〇二年。

（19）天兒慧，《中国——溶変する社会主義大国》，東京大學出版會，一九九二年。【編按】中譯本參見：《中國——蛻變中的社會主義大國》，劉靜貞譯，月旦出版，一九九四年。

（20）John King Fairbank（費正清），《中国》（上）（下），市古宙三譯，東京大學出版會，一九七二年。

以「傳統與近代」之問題為中心，站在美國人的立場，闡述美國人是如何理解與歐美文明大不相同的中國文明。同時，正如原書名 *The United States and China* 所示，書中論及中美關係。

中華人民共和國建國以前

（21）西順藏編，《原典中国近代思想史》全六卷，岩波書店，一九七六～七七年。

介紹洪秀全、康有為、梁啟超、孫文、李大釗、陳獨秀、魯迅等近代中國代表性的革命家、思想家們的作品，藉以理解當時政治社會的主要動向及爭論的議題。各卷的解說，也有助於加深對於中國近代思想的理解。

（22）野澤豐編著，《中国国民革命史の研究》，青木書店，一九七四年。

（23）横山宏章，《中華民国》，中公新書，一九九七年。

（24）家近亮子，《蔣介石と南京政府》，慶應義塾大學出版會，二〇〇二年。

（25）村松祐次，《中国経済の社会態制》，東洋経済新報社，一九四九年（一九七五年）。

（26）田中恭子，《土地と権力——中国の農村革命》，名古屋大學出版會，一九九六年。

（27）天兒慧，《中国革命と基層幹部》，研文出版，一九八四年。。

（28）小林弘二，《中国革命と都市の解放》，有斐閣，一九七四年。

建國後至大躍進時期

（29）德田教之，《毛沢東主義の政治力学》，應慶通信，一九七七年。

（30）小島朋之，《中国政治と大衆路線》，應慶通信，一九八五年。

（31）戴晴，《毛沢東と中国知識人》，田畑佐和子，東方書店，一九九〇年。

（32）R・マックファーカー等編，《毛沢東の秘められた講話》（上）（下），德田教之等譯，岩波書店，一九九二、九三年。
(33)薄一波，《若干重大決策與事件的回顧》（上）（下），中共中央黨校出版社，一九九一、九三年。
該書是作者在一九五〇年代，以副總理、國家經濟委員會主任的身分活躍於政壇的回憶錄，是在官方文獻上無法看見的紀錄。可以說是理解一九五〇年代重要政策決定的過程、要因、領導者的判斷等歷史，極為重要的文獻。特別是對於理解毛澤東的決策，有很大的參考價值。
(34)蘇曉康、羅時敘、陳政，《廬山会議——中国の運命を定めた日》，辻康吾等譯，每日新聞社，一九九二年。
(35)《共和國走過的路（一九五三——一九五六）》，中央文獻出版社，一九九一年。
(36)《新中国資料集成》第一—四卷，日本國際問題研究所，一九六三～一九七〇年。
(37)《中国大躍進政策の展開——資料と解說》（上）（下），日本國際問題研究所，一九七三、七四年。

調整期至文化大革命前期（一九六九年）

(38)加々美光行編，《現代中国の挫折》，アジア経済研究所，一九八五年。
在文化大革命成為正式研究主題的時期，從思想、紅衛兵、教育、工人、地方狀況等眾多面向，試圖探討文化大革命的作品，可說是早期的重要研究成果。
(39)嚴家祺、高皋，《文化大革命十年史》，辻康吾監譯，岩波書店，一九九六年。
該書是在中國最早以文化大革命為對象的研究書籍。基本內容是描繪毛澤東、四人幫、林彪集團的權力鬥爭。一九八六年由天津人民出版社發行，不久後遭禁。其後，又在香港出版。在第二次天安門事件後出版的版本所增加的內容，也包括了毛澤東在文革之後的言行。
(40)席宣、金春明，《「文化大革命」簡史》，岸田五郎等譯，中央公論社，一九九八年。
(41)竹內實，《毛沢東》，岩波書店，一九八九年。
(42)楊麗君，《文化大革命と中国の社会構造》，御茶の水書房，二〇〇三年。

（43）國分良成編著，《中国文化大革命再論》，慶應義塾大學出版會，二〇〇三年。

（44）張雲生，《私は林彪の秘書だった》，橫山義一譯，德間書店，一九八九年。

（45）Anita Chan, Richard Madsen, and Jonathan Unger，《チェン村——中国農村の文革と近代化》，小林弘二監譯，筑摩書房，一九八九年。【編按】該書譯自：*Chen Village: The Recent History of a Peasant Community in Mao's China*。

該書是英美研究者於一九七五年至一九八二年間，在廣東省的村莊訪問農民的記錄。從農民的視角出發，描繪出文化大革命、人民公社的解體、農村工業的推廣等過程，是在理解農村社會變化十分寶貴的研究成果。

（46）安建設編著，《周恩來的最後歲月（1966-1976）》，中央文獻出版社，二〇〇二年。

（47）《關於國際共產主義運動總路線的論戰》，外文出版社，一九六五年。

該書是從中國的立場出發，看待中蘇對立的論爭十分有用的資料集。例如和平共存、和平過渡至社會主義等的問題。

（48）大東文化大學東洋研究所編，《現代中国革命重要資料集》全三卷，大東文化大學東洋研究所，一九八〇～一九八四年。

該書蒐集了一九五〇年代至一九八〇年代初期，新民主主義革命期、社會主義改造期、大躍進期、文化大革命期等各時代的重要文獻。雖然並未完整地收錄全數史料，但是作為一本日文文獻資料集，實為豐富、貴重的參考資料。

（49）新島淳良編，《毛沢東最高指示》，三一書房，一九七〇年。

（50）加々美光行編譯，《資料中国文化大革命》，りくえつ，一九八〇年。

文化大革命後期（一九七〇年）至第十一屆三中全會

（51）岡部達味，《中国は近代化できるか》，日本経済新聞社，一九八一年。

運用豐富的資料以及曾在北京居住的經驗，理論性地分析當時中國所面對的課題——作為一個

「發展中十社會主義十大國」的國家所面臨的煩惱。即便是到了今日，仍舊是一本十分具有啟發性的研究書籍。

（52）藤本幸三編譯，《中国が四人組を捨てた日》，德間書店，一九七九年。（原著：童懷周編，《天安門詩文集》）

（53）松井やより，《人民の沈黙——わたしの中国記》，すずさわ書店，一九八〇年。

（54）渡邊俊彥編，《中国自由への鼓動》，日中出版，一九八一年。

（55）青野、方雷，《鄧小平在一九七六》（上）（下），春風文藝出版社，一九九三年。

（56）香港中文大學學生會編，《民主中華——中國大陸民間民主運動被捕者文集》，遠東事務評論社，一九八二年。

（57）毛里和子、毛里興三郎譯，《ニクソン訪中機密会談録》，名古屋大學出版會，二〇〇一年。

（58）毛里和子、增田弘監譯，《周恩来キッシンジャー機密会談録》，岩波書店，二〇〇四年。

改革開放起始至六四天安門事件

（59）天兒慧，《中国改革最前線》，岩波書店，一九八八年。

作者自一九八六年起，在中國度過兩年的生活，並以這些親身體驗及豐富見聞為基礎，生動地描寫出「改革開放」的中國所面臨的現實與困境。書中介紹各地方、各階層人民的心聲「記錄」，在野村浩一等編《岩波講座現代中国》的別卷二中，得到良好的評價。

（60）加藤千洋、天兒慧，《中国大陸をゆく》，岩波新書，一九九〇年。

（61）岡部達味，《中国近代化の政治経済学》，PHP研究所，一九八九年。

（62）岡部達味、毛里和子編，《改革・開放時代の中国》，日本國際問題研究所，一九九一年。

（63）鄧小平，《論當代中國基本問題》，外文出版社，一九八七年。

關於改革開放的經濟、政治、外交政策上，網羅了鄧小平根本性的思想，對於想要理解鄧小平思想的讀者，是十分方便的書籍。

（64）齊辛，《風にそよぐ中国知識人》，伊藤正監修、六木純譯，文藝春秋，一九八三年。

（65）李洪林，《理論風雲》，三聯書店，一九八五年。

（66）方勵之，《中国よ変われ》，末吉作譯，學生社，一九八九年。

（67）劉賓雁，《中国の幻想と現実》，陳逸雄譯，學生社，一九九〇年。

（68）嚴家祺，《中国への公開状》，末吉作譯，學生社，一九九〇年。

（69）矢吹晉編譯，《チャイナ・クライシス重要文献》第一—三卷，蒼蒼社，一九八九年。

（70）加々美光行編，《天安門の渦潮》，村田雄二郎監譯，岩波書店，一九九〇年。

（71）張良編，《天安門文書》，Andrew J. Nathan、Perry Link監修，山田耕介、高岡正展譯，文藝春秋，二〇〇一年。【編按】該書譯自：*The Tiananmen Papers*，中文版為《中國「六四」真相》。

在第二次天安門事件後，將中共中央大量的機密文書帶到海外，經過編輯後，於二〇〇一年以英文出版的資料集，在當時掀起了討論話題。雖然中國當局強調，該資料集是偽造之文書，但編者認定該資料集的真實性，因而決定出版問世。即使在書中的某些地方，讓人感覺有些加油添醋的可能性，不過整體看來，仍不減其可信度。雖然對部分內容可持保留態度，但是在討論第二次天安門事件時，關於中國領導部門的各項對應與決策，該資料集有其極為重要的價值。

（72）江之楓，《鄧小平最後の闘争》，戶張東夫譯，德間書店，一九九〇年。

大國化、一九九〇年代以後的中國

（73）朱建榮，《江沢民の中国》，中公新書，一九九四年。

天安門事件發生之後的一九九二年，在形式上，雖然江澤民已接任黨的總書記與軍事委員會主席的職位，但是鄧小平後的中國，其走向仍舊是不透明的狀態。在如此的時代背景下，正如書名所示，該書大膽地預測了「江澤民時代」的到來。作者將其中國人的有利身分發揮地淋漓盡致，從中國的內部分析江澤民的特徵及定位，其預測與判斷受到眾人的矚目。

(74)朱建榮，《中国二〇二〇年への道》，NHKブックス，一九九八年。

(75)天兒慧，《現代中国——移行期の政治社会》，東京大學出版會，一九九八年。

(76)天兒慧編著，《中国は脅威か》，勁草書房，一九九七年。

將在當時蔚為話題的「中國威脅論」，從國內政治經濟社會動向、國際關係，以及「肥大化的威脅」、「混亂之威脅」等多樣性的視角進行分析，是在思考中國威脅論時，必要的參考書籍。

(77)毛里和子編，《市場経済化の中の中国》，日本國際問題研究所，一九九五年。

(78)津上俊哉，《中国台頭》，日本経済新聞社，二〇〇三年。

(79)馬立誠、凌志軍，《交鋒——改革・開放をめぐる党内闘争の内幕》，伏見茂譯，中央公論新社，一九九九年。【編按】中文版參見：《交鋒——當代中國三次思想解放實錄》，天下文化，一九九八年。

(80)何清漣，《中国現代化の落とし穴——噴火口上の中国》，坂井臣之助、中川友譯，草思社，二〇〇二年。【譯按】該書中文原著為《中國的陷阱》（明鏡出版社，一九九七年），後經刪減修訂後，更名為《現代化的陷阱》、《中國現代化的陷阱》出版。

將焦點放在「大國化」、「肥大化」中國的「影子」部分，試圖闡明幹部腐敗的實際狀況與結構等問題，實為一大力作。該書（中國版本）出版後，作者遭受政治壓力，因而亡命美國。

(81)加藤弘之，《中国の経済発展と市場化》，名古屋大學出版會，一九九七年。

(82)小島朋之，《富強大国の中国——江沢民から胡錦涛へ》，芦書房，二〇〇三年。

全集、選集、傳記、報導記錄及其他

(83)《建國以來毛澤東文稿》，第一——十三卷，中央文獻出版社，一九八七~一九九八年。

幾乎網羅了一九四九年至一九六〇年代前半葉，

毛澤東的筆記、談話、以毛澤東的名義所發出的指示、文書等資料集，內容豐富、龐大。當然，在《文稿》中仍舊存在著至今仍舊未見明朗的事件，但是內容的詳細、豐富，使得讀者能夠嘗試去理解毛澤東決策的發想和背景。在這一層意義上，可以說是理解中國現代史極為重要的第一手資料。

（84）東京大學近代中國史研究會譯，《毛沢東思想万歲》（上）（下），三一書房，一九七四、七五年。

（85）竹內實監修，《毛沢東集》全十卷，北望社，一九七〇～一九七二年。

（86）《毛澤東選集》第一—五卷，人民出版社，一九五一～一九七七年。

（87）竹內實、和田武司編，《民衆の大連合——毛沢東初期著作集》，講談社，一九七八年。

（88）《鄧小平文選》全三卷，人民出版社，一九八三、八九、九三年。

（89）寒山碧，《鄧小平評傳》第一—三卷，東西文化事業公司，一九八四～一九八八年。較早期書寫關於鄧小平的正式傳記。當然，關於歷史解釋上仍舊存在著一些疑問，但是作者運用豐富的資料，細心地再現鄧小平的人生軌跡，有助於重新思考中國共產黨的歷史。日文節譯本可參考：伊藤潔編譯，《鄧小平伝》（中公新書，一九八八年），在理解鄧小平這號人物上，也是十分方便的參考書籍。

（90）毛毛，《わが父・鄧小平》（上）（下），藤野彰、鐙屋一譯，中央公論新社，二〇〇〇年。中文本參見：毛毛，《我的父親鄧小平——「文革」歲月》，中央文獻出版社，二〇〇〇年。

（91）楊炳章，《鄧小平——政治的伝記》，加藤千洋、加藤優子譯，朝日新聞社，一九九九年。

（92）《劉少奇選集》（上）（下），人民出版社，一九八一、八五年。

（93）《周恩來選集》（上）（下），人民出版社，一九八〇、八四年。

（94）《陳雲文選》全三卷，人民出版社，一九八四、八六年。

（95）艾德加·史諾，《中国の赤い星》，松岡洋子譯，筑摩書房，一九七五年。【譯按】該書譯自：

Edgar Snow, *Red Star over China: The Classic Account of the Birth of Chinese Communism*；中譯本參見：《西行漫記——紅星照耀中國》，一橋出版，二〇〇二年。

（96）山本市朗，《北京三十五年》（上）（下），岩波新書，一九八〇年。

作者於一九四四年，以三菱礦山職員的身分被派遣至中國，其後長住中國，親身經驗了共產黨政權的建立、工業建設、反右鬥爭、大躍進、文化大革命、現代化路線的轉換等過程，從庶民的眼光出發，描繪現代中國的歷史。

（97）馮驥才，《庶民が語る中国文化大革命》，田口佐紀子譯，講談社，一九八八年。

（98）陳凱歌，《私の紅衛兵時代》，刈間文俊譯，講談社現代新書，一九九〇年。

（99）西条正，《中国人として育った私》，中公新書，一九七八年。

作者於一九四五年生於東北，於一九六四年回到日本，赤裸裸地描繪出外國人難以窺見的中國社會內部樣貌。雖然當時的中國採取社會主義制度，但是仍舊出現了階級差異、嚴密的檔案制度（身家調查報告制度）、飢餓的庶民等中國社會真實的面貌。

（100）西条正，《二つの祖国をもつ私》，中公新書，一九八〇年。

（101）張承志，《紅衛兵の時代》，小島晉治、田所竹彥譯，岩波新書，一九九二年。

（102）李志綏，《毛沢東の私生活》（上）（下），新庄哲夫譯，文藝春秋，一九九四年。【譯按】中文原著為：《毛澤東私人醫生回憶錄》，時報出版，一九九四年。

一九五四年被指名為毛澤東的主治醫生，至一九七六年毛澤東逝世為止，以毛澤東私人隨從醫生的身分，生動地描繪出各項政治鬥爭及事件中，毛澤東的心理及內心的糾葛等。除此之外，也呈現出毛澤東在女性問題上不為人知的一面。雖然書中也有誇張、錯誤之處，但是在認識活生生的毛澤東這一點上，是極為寶貴的資料。

（103）張戎，《ワイルド・スワン》（上）（下），土屋京子譯，講談社，一九九三年。【編按】英文

原著為：*Wild Swans: Three Daughters of China*，中譯本為：《鴻——三代中國女人的故事》，張樸譯，麥田，二〇一四年。

生動地描繪了祖母（擺脫軍閥將軍之妾的身分，在動亂時期勇敢果斷地謀生）、母親（作為共產黨幹部活躍於政壇不久，便在文化大革命時期遭受鬥爭）、以及作者（曾是文化大革命下的紅衛兵，其後遠渡英國並長住國外）這三代女性的生命歷程，訴說激烈變化的近現代中國史。

（104）James Mann，《米中奔流》，鈴木主税譯，共同通信社，一九九九年。【編按】該書譯自：*About Face: A History of America's Curious Relationship with China, from Nixon to Clinton*。

（105）田中明彥，《日中関係（一九四五—一九九〇）》，東京大學出版會，一九九一年。

（106）古川萬太郎，《日中戰後関係史》，原書房，一九八一年。

年表

西曆	中國	日本	世界
一九〇〇	八月。八國聯軍鎮壓義和團事件，占領北京。	六月。八國聯軍共同出兵。	
一九〇一	九月。簽訂《辛丑條約》，中國淪為半殖民地狀態。		
一九〇二		一月。日英同盟成立。	
一九〇三	十二月。黃興、宋教仁、陳天華組織華興會。		
一九〇四		二月。日俄戰爭（～一九〇五）。	一月。俄國血腥星期日事件。
一九〇五	八月。孫文於東京組織中國同盟會。 九月。廢除科舉，進行官制改革。	九月。日俄簽訂《朴資茅斯條約》。	西伯利亞鐵路通車。
一九〇六		十一月。設立南滿洲鐵道株式會社。	
一九〇七		七月。《日俄協約》簽訂。	八月。英法俄三國協約形成。
一九〇八	九月。清朝發布憲法大綱，承諾召開國會。		
一九〇九		七月。確定日韓合併的	

一九一〇		方針。 八月。《日韓合併條約》簽訂（吞併韓國）。	
一九一一	十月。武昌新軍、中國同盟會起義，發動辛亥革命。		
一九一二	一月。中華民國成立，建立共和體制，孫文就任臨時大總統。 二月。宣統帝溥儀退位，清朝滅亡，袁世凱於北京就任臨時大總統。 八月。孫文等解散中國同盟會，組織國民黨。		
一九一三	十月。袁世凱就任正式大總統。		
一九一四	七月。孫文於東京組織中華革命黨。	八月。對德宣戰（中國山東省）。	七月。第一次世界大戰開始。
一九一五	一月。日本提出「對華二十一條」要求。 五月。袁世凱接受「二十一條」要求中的部分內容。 十二月。袁世凱宣布「恢復帝制」，隔年三月取消。	一月。提出「對華二十一條」要求。	
一九一六	六月。袁世凱去世。		
一九一七		十一月。藍辛—石井協定。	十一月。俄國革命。
一九一八		八月。出兵西伯利亞（～一九二二）。	十一月。第一次世界大戰結束。

一九一九	五月。以北京大學學生為核心，發起反對《凡爾賽條約》、反日的五四運動。 十月。孫文將秘密結社的中華革命黨改組為中國國民黨，成為公開政黨。	五月。巴黎和會將德國在山東的特權交由日本繼承。	一月。巴黎和會召開。 三月。第三國際成立。
一九二〇			一月。國際聯盟成立。
一九二一	七月。在第三國際的指導下，以陳獨秀為總書記，成立中國共產黨。	十二月。美英日法簽訂《四國公約》。	十一月。召開華盛頓會議。
一九二二	二月。簽訂尊重中國主權、保全領土的《九國公約》（刪除日本「對華二十一條要求」中的第五號要求）。	二月。簽訂《九國公約》。	十二月。蘇維埃社會主義共和國聯邦成立。
一九二三		九月。關東大地震。	
一九二四	一月。第一次國共合作，共產黨員得以個人身分加入國民黨。國民黨召開第一次全國代表大會，提出打倒軍閥、打倒帝國主義之政策。	十一月。孫文在神戶演講大亞洲主義。	十一月。蒙古人民共和國成立。
一九二五	三月。孫文逝世。 五月。上海五三〇事件爆發，反帝國主義運動在全國各地展開。 七月。中華民國國民政府在廣州成立。	三月。《治安維持法》通過。	一月。墨索里尼開始獨裁統治。
一九二六	七月。蔣介石擔任國民革命軍總司令，開始北伐。		
一九二七	四月。蔣介石於上海發動「四一二事件」清黨，國共分裂、合作終止。	五月。出兵山東（～一九二八）。	

一九二八	五月。濟南事件（五三慘案），國民革命軍與日本軍爆發衝突。 六月。張作霖被日本關東軍炸死。國民革命軍占領北京，北伐結束。		八月。《巴黎非戰公約》簽訂。
一九二九			十月。世界經濟大恐慌開始。
一九三〇	十二月。蔣介石開始以包圍戰攻擊共產黨根據地。		一月。倫敦海軍軍備裁減會議召開。
一九三一	九月。滿洲事變（九一八事變），關東軍於柳條湖策動鐵路爆炸事件，引發戰火。 十一月。中華蘇維埃共和國臨時政府於江西省瑞金成立，以毛澤東為主席。	六月。中村大尉事件。 七月。萬寶山事件。	
一九三二	三月。滿洲國成立，由清朝最後一任皇帝，宣統帝溥儀出任執政。	五月。五・一五事件。	七月。德國納粹黨成為第一大黨。
一九三三		三月。退出國際聯盟。	十月。德國退出國際聯盟。
一九三四	十月。共產黨軍隊放棄瑞金，開始長征（大西遷）（～一九三六年十月）。	十二月。廢除《華盛頓海軍軍備限制條約》。	
一九三五	一月。中共召開中央政治局擴大會議（遵義會議），毛澤東取得黨內主導權。		七月。第三國際召開第七次大會。

	八月。中國共產黨發布「抗日八一宣言」，呼籲停止內戰，一致抗日。 十二月。對於日本侵略華北，學生在北京發動「一二·九運動」抗日。		
一九三六	十二月。西安事件爆發，張學良軟禁蔣介石，脅迫其一致抗日。	二月。二·二六事件。	
一九三七	七月。發生盧溝橋事件，中日戰爭爆發。 九月。第二次國共合作成立。 十二月。日軍占領南京（南京大屠殺）。	十二月。日軍在南京的屠殺事件。	
一九三八	五月。關於中日戰爭，毛澤東發表《論持久戰》。	四月。制定《國家總動員法》。	九月。慕尼黑會議。
一九三九		五月。諾門罕事件。	九月。第二次世界大戰開始。
一九四〇	一月。毛澤東論述中國革命的現階段與展望，發表《新民主主義論》。	九月。日德義三國盟約簽署。	
一九四一		十二月。太平洋戰爭開始。	六月。德蘇戰爭開始。
一九四二		六月。中途島海戰。	
一九四三	十一月。開羅會議（中、美、英）。	十一月。大東亞會議召開。	十一月。開羅會議、德黑蘭會議（美、英、蘇）。

一九四四			六月。同盟國軍隊登陸諾曼第。
一九四五	五月。毛澤東提出以新民主主義為基礎的國家建設構想《論聯合政府》。 八月。毛澤東、蔣介石重慶會談。	八月。終戰。	八月。第二次世界大戰結束。
一九四六	六月。國共內戰開始。	五月。遠東國際軍事裁判開始。	三月。邱吉爾發表「鐵幕演說」。
一九四七		五月。日本行憲。	三月。杜魯門主義發表。
一九四八			六月。柏林封鎖（～一九四九）
一九四九	十月。中華人民共和國成立（主席毛澤東、總理周恩來）。		三月。蘇聯原子彈試爆實驗成功。
一九五〇	二月。簽訂《中蘇友好同盟互助條約》。 六月。公布《土地改革法》。 十月。中國人民志願軍出兵朝鮮戰線。	八月。設置警察預備隊。	六月。韓戰爆發（～一九五三）。
一九五一	十二月。三反五反運動開始。	九月。舊金山和會召開。	
一九五二		四月。四月。簽訂《中日和平條約》。	十一月。美國氫彈試爆實驗成功。

一九五三	一月。第一次五年計劃開始。 八月。毛澤東提倡「過渡時期總路線」，揭示階段性的社會主義化。 十二月。黨中央委員會通過〈關於發展農業生產合作社的決議〉。		三月。史達林去世。
一九五四	二月。高岡、饒漱石事件。 六月。周恩來訪問緬甸、印度，發表和平共處五項原則的共同聲明 九月。召開第一屆全國人大第一次會議，通過並公布《中華人民共和國憲法》	十月。中國紅十字會代表團訪日。	九月。東南亞條約組織成立。 十二月。《中美共同防禦條約》簽訂（臺灣）。
一九五五	七月。毛澤東報告〈關於農業合作化問題〉。 十月。中共第七屆六中全會，針對農業協同化的問題做出決議。	四月。周恩來、高碕達之助於萬隆會談。	四月。萬隆會議。
一九五六	四月。毛澤東發表〈論十大關係〉，提出獨自的社會主義路線。 五月。毛澤東提倡「百花齊放、百家爭鳴」。 九月。第八次黨代表大會，劉少奇「政治報告」、鄧小平「關於修改黨的章程的報告」。	十月。日本與蘇聯恢復邦交。 十二月。日本加入聯合國。	二月。蘇聯批判史達林。
一九五七	二月。毛澤東發表〈關於正確處理人民內部矛盾的問題〉講話。	六月。岸信介首相訪臺，支持反攻大陸。	十月。蘇聯成功發射人造衛星。

	六月。反右派鬥爭開始。 十月。中蘇簽訂關於國防新技術（原子彈關係）協定。		
一九五八	五月。第八次黨代表大會第二次會議，「社會主義建設總路線」、「大躍進」。 八月。人民公社運動開始。	五月。長崎國旗事件發生。	三月。赫魯雪夫就任蘇聯總理。
一九五九	四月。第二屆全國人大第一次會議，劉少奇就任國家主席。 六月。蘇聯廢除關於中蘇國防新技術的協定。 八月。中共第八屆八中全會，廬山會議解除彭德懷的職務。 一九五九年至六一年，連續三年發生天然災害。	三月。日本社會黨淺沼稻次郎表示「美國帝國主義是日中的共同敵人」。	九月。赫魯雪夫訪問美國。
一九六〇	七月。蘇聯撤回技術人員，廢除契約，停止設備供給。	一月。簽訂新《日美安保條約》。	五月。U—2偵察機擊墜事件，巴黎會談因而流會。
一九六一	一月。中共第八屆九中全會，停止「大躍進運動」。 吳晗發表《海瑞罷官》。		八月。東西柏林斷絕交通。
一九六二	一月。中共中央擴大工作會議，毛澤東對部分的大躍進政策進行自我批判。 七月。鄧小平主張「黑貓白貓論」。	十一月。高碕達之助、廖承志的LT貿易。	十月。古巴危機。

	九月。中共第八屆十中全會，毛強調「社會主義社會中階級鬥爭是不可避免的」。		
一九六三	五月。中共中央公布農村社會主義教育運動的「前十條」，九月公布「後十條」。		八月。美英蘇簽署《部分禁止核試驗條約》。
一九六四	二月。人民日報社論刊載〈全國向解放軍學習吧〉。 八月。中共中央提倡「國防三線建設」。 十月。首次原子彈試爆實驗成功。 十二月。召開第三屆全國人大第一次會議。周恩來首次提起「四個現代化」。	五月。吉田書簡。	十月。蘇聯總理赫魯雪夫下台。
一九六五	一月。毛澤東首次提及「黨內走資本主義道路的當權派」。 十一月。姚文元批判《海瑞罷官》，發展為無產階級文化大革命。	四月。周恩來、川島正次郎會談（雅加達）。 六月。簽訂《日韓基本條約》。	二月。美軍開始對北越進行轟炸。 九月。印尼「九三〇事件」。
一九六六	五月。中共政治局擴大會議通過「五·一六通知」，設置中央文革小組。 六月。紅衛兵登場，大喊「破四舊」、「造反有理」。 八月。毛澤東「砲擊司令部」的大字報，以打倒劉、鄧為文革基調。		
一九六七	一月。人民解放軍為了支援左派，表明參加文革 二月。上海公社成立，發生「二月逆流」事件，老幹	九月。佐藤榮作首相訪臺。	七月。歐洲共同體（European Communities，

	部的抵抗開始表面化。 六月。氫彈實驗首次成功。	十二月。佐藤首相表明非核三原則。	簡稱EC）成立。 八月。ASEAN（東南亞國家協會）成立。
一九六八	九月。全國二十九省、市、自治區成立革命委員會（臺灣省除外）。 十月。中共第八屆十二中全會，開除劉少奇黨籍。	六月。小笠原諸島歸還日本。	八月。蘇聯、東歐軍隊入侵捷克。
一九六九	三月。中蘇於烏蘇里江珍寶島上發生武力衝突。 四月。召開第九次黨代表大會，修改黨章明定林彪為毛澤東的後繼者。		七月。美國阿波羅十一號登陸月球。
一九七〇	八月。中共第九屆二中全會，林彪、陳伯達集團遭受打擊。	五月。周恩來提四原則。	八月。蘇聯、西德簽訂《莫斯科條約》。
一九七一	九月。國防部長林彪政變失敗，逃亡途中因飛機失事墜機死亡。 十月。二十六屆聯合國大會中承認中華人民共和國的中國代表權。	十月。日本阻止聯合國承認中國代表權。	十月。中華人民共和國加入聯合國（臺灣退出聯合國）。
一九七二	二月。美國總統尼克森訪問中國，美中開始親近。 九月。日中建交。	九月。田中角榮訪問中國。日中建交。	五月。美蘇簽訂《第一階段限制戰略武器條約》（SALT1）。
一九七三	三月。鄧小平以國務院副總理的身分於政壇復出。 八月。召開第十次黨代表大會，周恩來「政治報告」、	十月。石油危機。	一月。《巴黎和平協約》簽訂，結束越南戰爭。

	王洪文任黨副主席。	九月。東西德同時加入聯合國。
一九七四	二月。展開批林批孔運動。 四月。鄧小平在聯合國第六屆特別會議中發表「三個世界論」演說。	一月。田中角榮首相遍訪東南亞（反日暴動）。 八月。美國尼克森總統辭職。
一九七五	一月。召開第四屆全國人大第一次會議，周恩來再度提起「四個現代化」。 八月。毛在北京大學批判《水滸傳》，間接批判周恩來、鄧小平。 九月。「農業學大寨」。鄧小平整頓人民公社，提出農業機械化。	四月。越戰結束。 十一月。第一屆工業先進國家領袖會議。
一九七六	一月。周恩來逝世。 四月。「第一次天安門事件」，鄧再度失勢。華國鋒任黨第一副主席兼國務院總理。 七月。唐山大地震，死者超過二十四萬人。 九月。毛澤東逝世。 十月。逮捕「四人幫」。華國鋒就任黨主席、軍事委員會主席。	二月。洛克希德事件。 四月。南北越統一。
一九七七	七月。中共第十屆三中全會，鄧小平再度復出政壇。 八月。召開第十一次黨代表大會，華國鋒「政治報	九月。日本赤軍劫機事件。

告」，宣告文革結束。

一九七八	二月。召開第五屆全國人大第一次會議，華國鋒「政治報告」、「洋躍進」路線。 十一月。北京市革命委員會提出「天安門事件是革命性行動」的逆轉評價。 十二月。中共第十一屆三中全會，決定全黨重點轉為現代化建設。	八月。《中日和平友好條約》簽訂。 十月。鄧小平訪日。	六月。越南侵略柬埔寨。
一九七九	一月。美中恢復邦交。 二月。中越戰爭。 三月。鄧小平於中央理論務虛會提倡「四項基本原則」。 四月。陳雲提出經濟調整。 七月。中共中央決定設立深圳等四個經濟特區。 十二月。封鎖「西單（民主）牆」。	六月。第五屆工業先進國家領袖會議於東京召開。 十二月。大平正芳首相訪中。	三月。埃及、以色列和平。 五月。英國柴契爾內閣成立。 六月。美蘇簽訂《第二階段限制戰略武器條約》（SALT2）。 十二月。蘇聯軍隊侵略阿富汗。
一九八〇	二月。中共第十一屆五中全會，決定恢復劉少奇名譽。 八月。鄧發表「黨與國家領導制度的改革」講話，提倡由上至下的民主化，第五屆全國人大第三次會議，	六月。大平正芳首相去世。首次眾參議員同日選舉。	七月。莫斯科奧運，西方國家抵制。 九月。伊朗、伊拉克爆發戰爭。

年	中國	日本・世界
	趙紫陽取代華國鋒成為國務院總理。 十一月。林彪、「四人幫」的判決，判處江青、張春橋死刑緩刑。	
一九八一	六月。中共第十一屆六中全會，通過「歷史決議」。決定對於文革與毛的評價。 九月。葉劍英對於統一臺灣發表「九項目提案」。 十二月。百分之九十以上的生產隊實施家庭聯產承包責任制。	
一九八二	九月。第十二次黨代表大會，胡耀邦就任總書記，提出工農業總生產額提高四倍。 十一月。召開第五屆全國人大第五次會議。公布新憲法，決定解散人民公社。	六月。教科書檢定，發展為外交問題。 十一月。蘇聯總書記布魯茲涅夫去世。
一九八三	六月。鄧小平在統一臺灣問題上談及特別行政區的「自治」構想。 十月。中共第十二屆二中全會，通過〈關於整黨的決定〉，開始「清除精神汙染活動」。	十月。洛克希德事件，前首相田中角榮被判有罪。 九月。韓國民航機飛入蘇聯領空遭擊墜。
一九八四	三月。中共中央呼籲「建設鄉鎮企業」。 四月。國務院決定對外開放大連、青島等十四都市。 六月。鄧小平發表「一國兩制論」。 十月。中共第十二屆三中全會通過〈關於經濟體制改	九月。韓國全斗煥總統訪日。 二月。蘇聯總書記安德羅波夫去世。 四月。美國雷根總統訪中。

革的決定〉。
十二月。中英兩國政府對於香港歸還事宜發表共同聲明。

一九八五
一月。鄧小平發表「建設中國特色的社會主義」。
三月。中共中央通過〈關於科學技術體制改革的決定〉。
五月。中共中央通過〈關於教育體制改革的決定〉。
九月。中共全國代表會議大規模採用胡啟立、李鵬等「第三代接班人」年輕幹部。
三月。美國國會因貿易失衡問題批判日本。
九月。市場允許日圓升值。
三月。蘇聯戈巴契夫接任總書記。
十一月。美蘇兩國領袖於日內瓦會談。

一九八六
七月。鄧小平表示「五年內實行經濟體制改革，包含政治體制改革」。
九月。中共第十二屆六中全會通過〈關於社會主義精神文明建設指導方針的決議〉。
十二月。鄧小平表示「明確地反對布爾喬亞自由化」。
五月。第十二屆工業先進國家領袖會議在東京召開。
二月。菲律賓總統艾奎諾就職。
十月。美蘇兩國領袖於雷克雅維克會談。

一九八七
一月。中共政治局擴大會議上胡耀邦辭去總書記，由趙紫陽代理總書記。
九月。臺灣《自立晚報》記者因探親首次訪問大陸。
十月。第十三次黨代表大會，提出「社會主義初級階段論」。
十二月　美蘇銷毀中程飛彈條約（ＩＮＦ）簽訂。

一九八八	一月。中共中央對蔣經國離世致電弔唁。向葡萄牙政府聲明澳門問題。 五月。北京市撤廢四種副食品統制價格，之後物價加速高漲。 九月。中共第十三屆三中全會，決定遏止通貨膨脹，進行經濟的整備整頓。	六月。里庫路特事件導致政局混亂。	一月。臺灣李登輝就任總統。 五月。蘇聯軍隊開始從阿富汗撤退。
一九八九	一月。方勵之發表給鄧小平的陳情信，要求釋放政治犯。 三月。第七屆全國人大第二次會議，李鵬強調經濟的整備整頓。 四月。前總書記胡耀邦逝世，學生發起追悼胡的盛大運動。 五月。「五四運動」七十周年紀念，以戈巴契夫訪中為契機要求民主化。二十日，北京發出戒嚴令。 六月。四日，人民解放軍向學生、市民開槍，以軍事行動鎮壓北京。二十四日，中共第十三屆四中全會，解除趙紫陽全部職務，江澤民接任總書記。 十一月。鄧小平辭去中央軍事委員會主席，由江澤民接任。	一月。昭和天皇駕崩。	五月。戈巴契夫訪問中國。 十一月。柏林圍牆倒塌。 十二月。美蘇領袖會談，冷戰結束。
一九九〇	八月。與印尼建交。		八月。伊拉克入侵科威特。

	十月。與新加坡建交。		特。
一九九一	三月。上海《解放日報》刊載皇甫平論文，訴求加速改革。 十一月。中越建交。	四月。派遣掃雷艦至波斯灣。	一月。波斯灣戰爭開始，聯軍獲勝。 十二月。蘇聯崩解。
一九九二	一月。鄧小平「南巡講話」，在各地訴求改革開放。 八月。中韓建交。 十月。中共第十四次黨代表大會，以社會主義市場經濟為基本方針。	六月。通過《聯合國維持和平活動協力相關法律》。 十月。天皇皇后訪中。	三月。聯合國設置柬埔寨臨時權力機構（UNTAC）。
一九九三	四月。第一次「辜汪會談」於新加坡召開。 十一月。江澤民訪美，APEC非正式領袖會談。中共十四屆三中全會，通過〈關於建立社會主義市場經濟體制若干問題的決定〉。	八月。細川護熙聯合內閣成立。	一月。柯林頓就任美國總統。 十月。國際原子能總署（IAEA）要求對北韓進行核武檢查。
一九九四	五月。美國總統柯林頓續予中國最惠國待遇，與人權改善問題脫鉤。 九月。中共第十四屆四中全會「中央領導體制的第三世代交替完成」。	六月。自由民主黨、日本社會黨、先驅新黨三黨成立聯合內閣。	六月。美國前總統卡特訪問北韓，會見金日成。 七月。第一屆東協區域論壇（ARF）召開。
一九九五	一月。江澤民對臺灣統一問題提出「江八點」。 六月。臺灣總統李登輝訪問美國，中臺關係緊張。	一月。阪神大地震。 九月。沖繩美軍強暴少	三月。朝鮮半島能源開發組織（KEDO）成

九月。中共第十四屆五中全會，提出「九五計畫」為二〇一〇年的長期目標。

女事件。

立。

十月。北約（NATO）介入波士尼亞戰爭。

一九九六

三月。中國軍隊在臺灣總統選舉時進行軍事演習。美國派遣航空母艦至臺灣海峽。

九月。中共第十四屆六中全會通過〈關於加強社會主義精神文明建設若干重要問題的決議〉。

四月。日美安全保障共同宣言。

九月。聯合國大會通過《全面禁止核試驗條約》。

一九九七

二月。鄧小平逝世。

七月。香港回歸中國。

九月。第十五次黨代表大會提出國有企業改革、社會主義初級階段論。

十月。江澤民訪美，暌違十二年的正式領袖會議。

九月。橋本龍太郎首相訪中，至柳條湖。

六月。俄羅斯參加工業先進國家領袖會議。

七月。泰銖暴跌（亞洲金融危機）。

十二月。防止地球暖化的京都會議召開。

一九九八

二月。中共第十五屆二中全會通過國務院機構改革方案。

六月。美國總統柯林頓訪問中國，針對臺灣問題發表「三不政策」。長江氾濫，江澤民總書記坐鎮指揮軍隊。

十月。第二次「辜汪會談」（北京）。

十一月。江澤民訪問日本。

一九九九	五月。北約軍隊在南斯拉夫誤炸中國大使館。 七月。李登輝表示「中國與臺灣為特殊的國與國關係」，中臺關係緊張。 九月。中共第十五屆四中全會，胡錦濤任中央軍事委員會副主席。 十月。中華人民共和國建國五十周年。 十二月。澳門回歸中國。	五月。短期外資限額關聯法案成立。 七月。小淵惠三首相訪中。	三月。北約軍隊空襲南斯拉夫。
二〇〇〇	二月。國務院臺灣辦公室發表「一個中國原則與臺灣問題」白皮書。 三月。臺灣總統選舉，民進黨陳水扁當選。	十月。朱鎔基訪問日本。	六月。南北韓首次領袖會談。
二〇〇一	一月。福建省、金門、馬祖「小三通」開始。 四月。南海美中軍機空中擦撞事件。 七月。《中俄睦鄰友好合作條約》簽訂。 七月。確定二〇〇八年奧運於北京舉辦。 十月。亞太經濟合作會議（APEC）於上海召開，中美領袖會談，通過貿易圓滑化的上海共識。 十一月。中國、臺灣正式加入世界貿易組織（WTO）。	八月。小泉純一郎首相參拜靖國神社。	九月。九一一恐怖攻擊事件。 十月。美軍攻擊塔利班政權。
二〇〇二	十一月。第十六次黨代表大會，胡錦濤就任總書記，修改黨章納入「三個代表」。	九月。小泉純一郎首相訪問北韓。	一月。美國小布希總統提出「邪惡軸心」。

二〇〇三

一月。臺灣民航機首次得以經由香港直飛中國（上海）。

四月。世界衛生組織（ＷＨＯ）發布通知因ＳＡＲＳ盡量避免前往香港、廣東。美韓中在北京釣魚台國賓館舉行三邊會談。

七月。香港發生反對《國家安全條例》立法的遊行，九月香港行政長官董建華表明撤回法案。

八月。於釣魚台國賓館召開六方會談。

十月。成功發射載人太空船「神舟五號」。

七月。通過《伊拉克人道復興支援特措法》。

三月。美英開始進攻伊拉克。

十二月。拘留前總統海珊。

二〇〇四

二月。於北京召開第二次六方會談。

三月。臺灣總統選舉，陳水扁總統連任當選。

四月。金正日總書記前往北京，與胡錦濤主席進行非正式的領袖會談。

九月。中共第十六屆四中全會，江澤民辭去中央軍事委員會主席，決定由胡錦濤接任。

一月。開始派遣自衛隊至伊拉克。

三月。陳水扁再度當選臺灣總統。

ISBN 978-957-05-3061-2

中國·歷史的長河

11

巨龍的胎動

毛澤東、鄧小平與中華人民共和國

初版一刷—2016 年 11 月
初版六刷—2022 年 9 月
定價—新台幣 500 元

作者 天兒慧
譯者 廖怡錚
發行人 王春申
總編輯 張曉蕊
責任編輯 官子程
封面設計 吳郁婷
內頁編排 蘇品銓
地圖繪製 吳郁嫻
出版發行 臺灣商務印書館股份有限公司
地址 23141 新北市新店區民權路 108-3 號 5 樓
電話 (02) 8667-3712
傳真 (02) 8667-3709
讀者服務專線 0800056196
郵撥 0000165-1
郵件信箱 ecptw@cptw.com.tw
網路書店網址 www.cptw.com.tw
臉書 facebook.com.tw/ecptw
局版北市業字第 993 號

巨龍的胎動：毛澤東、鄧小平與中華人民共和國／天兒慧著；廖怡錚譯.-- 初版.-- 新北市：臺灣商務，2016.11
448 面；14.8x21 公分
ISBN 978-957-05-3061-2（平裝）

1. 中國史 2. 中華人民共和國

628.7 105018881